사례로 배우는 기문둔갑

사례로 배우는
기 문 둔 갑

동학사

■ 책머리에

둔갑을 열망하는 이를 위하여

거북이는 딱딱한 등을, 코끼리는 길다란 코를 의지하여 살아간다. 사람도 개성이라는 자신만의 편견을 등에 진 채, 또는 코에 매단 채 한세상을 살아간다. 인생대역전을 꿈꾸며 둔갑을 열망하는 개벽쟁이는 스스로의 편견과 독소를 뛰어 넘어야 스스로를 변화시킬 수 있다. 그러나 자신에게 주어진 조건을 뛰어 넘는 것은 아주 힘든 일이다.

이 책의 실제 사례에서 나오는 사람들도 주어진 조건을 극복하지 못하고 자신에게 주어진 궤도 안에서 우연과 인연을 만들며 살았던 평범한 사람들이다. 이들에게 주어진 삶의 궤도와 운명을 기문둔갑의 구궁과 수리를 이용하여 살펴볼 목적으로 이 책을 준비하였다.

자연이 주는 온전한 화평함을 얻기 위해 살아 있는 모든 생명들은 일정한 원칙에 따라 변화하며 살아간다. 이것은 시간과 공간이 결합된 구궁의 각 궁을 균형을 이루며 가는 것과 같다. 이러한 원칙에서 벗어난 사람들은 삶에서 매듭과 독소를 만들어 내는데, 그 매듭들이 그들의 운명에 어떻게 나타나는지 〈인사하지론〉이라는 이름으로 살펴보았다.

전쟁에서 승리하기 위해 방향과 시기를 택하는 것에서 발전해 온 것이 기문둔갑이다. 좋든 나쁘든 운명의 매듭에도 방향과 시기가 관계되며, 이를 슬기롭게 선택하는 것이 기문개운법이다. 즉 개운은 구궁이란 공간에 뿌려진 시간과 관계가 있으며 〈택방택시론〉에서 이에 대해 자세히 알아본다. 특히 '연파조수가'는 국내에서 처음으로 종합적인 해설을 달았다. 기문의 깊이를 더하려는 사람들에게 도움이 되었으면 한다.

기문둔갑을 접한 지 20년이 훌쩍 넘어서야 중화를 위해 운동하는 수리의 원칙을 조금 터득했을 뿐이다. 그럼에도 기문둔갑 홍기 분야의 발전을 위한 욕심에서 이 책을 준비하였다. 여러 가지로 부족하겠지만 완벽한 운세 해단을 꿈꾸는 이들이 징검다리로 이용하였으면 하는 작은 바람이다.

癸未年 立春 上元
斗崗院에서 이을로 拜

일러두기

1 **본서의 서술원칙**
- 기문둔갑 홍기를 이용한 인사 해단의 핵심내용을 수록하였다.
- 부모에서 사망까지 하지론의 전 분야를 사례 중심으로 해설하였다.
- 곧바로 임상에 활용할 수 있도록 하였다.

2 **역학의 기초 수준** : 이 책은 사주 명리와 기문둔갑의 기초를 아는 사람이 실제 임상에서 활용할 수 있도록 쓰여졌다. 기초가 부족한 사람은 『처음 배우는 기문둔갑』(이을로 지음/동학사)을 참고하기 바란다.

3 **홍기 위주** : 기문은 각 궁의 지리상·시간상의 이점을 따져 택방·택시를 하는 학문이다. 전쟁에서 출병 여부를 판단하고 어느 시점에 움직이고 멈출 것인지를 정하는 일부터, 인간사의 시시각각의 변화와 길흉을 판별하고 주객(主客)과 동정(動靜)을 따지는 것이 기문둔갑이다. 기문둔갑은 홍연(洪煙)의 학문이라고 한다. 홍기(洪奇)와 연기(煙奇)를 구분하면 골격과 살로 볼 수 있다. 각기 장점이 있지만 명주의 본래 골격인 체(體)를 살피는 데 홍기만한 것이 없다. 이 책의 사례들은 홍기를 위주로 하고 연기를 참조하는 방식으로 해단하였다.

4 정법과 단법 적용 : 기문둔갑의 인사하지론은 정법(正法)과 단법(單法)으로 나눌 수 있다. 인사를 볼 때는 기문의 다른 분야와 같이 전체의 상황을 보는 정법과 해당 비법인 단법의 조화를 잃지 않아야 한다. 전체의 상황을 보는 것은 수리의 전체 상황을 통하여 알고자 하는 것에 접근하는 방법이다. 실제로 정법에서는 홍기에서 가장 중요시되는 성국(成局)과 통기(通氣)를 바탕으로 한 오행통변이 주가 된다. 단법은 성격이면 성격, 건강이면 건강 등 나름의 특수한 방법을 적용하여 판단한다. 예를 들어 전체적인 상황을 보는 것이 닭인지 소인지 살피는 것이라면, 단법은 급한 닭인지 게으른 소인지를 보는 것이라고 할 수 있다. 여기서는 이 두 방법을 동시에 적용하여 조화를 잃지 않도록 하였다.

5 평생국 위주 : 각종 하지론의 사례에서는 평생국을 위주로 하여 판단하였다. 이것은 실제 상담에서 효율적으로 인사를 감정하기 위한 것이다. 부득이 연국·월국 등의 조식이 필요한 경우에는 기문의 절기와 삼원수를 밝혀 각자 조식 해 보도록 하였다.

6 초신접기 적용 : 국내 일부에서는 기문국을 조식할 때 초신접기(超神接氣)를 적용하지 말자는 주장이 있다. 초신접기는 기문의 3대 묘리 중 하나이고 기문의 근간이 되는 원칙이다. 그런데 초신접기를 부정하고 이를 적용하지 말자며 무윤파 운운하는 것은 이해가 되지 않는 주장이다. 이 책의 모든 조식은 초신접기의 원칙을 적용하였다. 아울러 모든 조식은 '사주기문1.0' 역학 프로그램을 이용하였다.

　프로그램에 대한 자세한 내용은 www.uleenet.com을 참조한다.

7 연파조수가 해설 : 기문둔갑의 기본이 되는 연파조수가(煙波釣叟歌)는 본문과 해설을 함께 실었다. 해설은 연파조수가의 본문을 위주로 하여『기문총서』『작용묘법』『기문묘비』『산향주객』『총법천기』등의 관련사항을 참조하였다.

8 이 책의 전체 구성 : 이 책은 1·2·3부와 부록으로 구성하였다. 1부 〈인사하지론〉은 기문을 이용하여 실제로 판단할 때 바로 이용할 수 있도록 하였다. 성격부터 각종 시기를 따져 보는 응기, 사망에 이르기까지 각 분야별로 사례를 통하여 배울 수 있다. 2부 〈작괘동처론〉에는 기문의 고급단계의 사람들이 사용하는 작괘론과 사진동처론을 실었다. 작괘론은 직부직사작괘법을 위주로 하여 상세한 해설을 덧붙였다. 3부 〈택방택시론〉은 개운법의 주를 이루는 기문부적과 금함옥경도의 기본원리를 살펴본 것으로 연파조수가의 전문과 해설도 함께 실었다.

9 내용의 의문점 : 내용 중 이해가 안 가는 부분은 www.uleenet.com 의 게시판을 이용하여 해결할 수 있다.

차례

■ 책머리에 5   일러두기 7

1부 인사하지론 人事何知論

1장 성격론
1. 한마디로 괴팍한 성격 17
2. 영업으로 돈 버는 성격 따로 있다 28
3. 부부생활에 문제가 없을까? 35
4. 재물을 모을 성격도 있을까? 42

2장 부모론
1. 부모 복이 있을까? 47
2. 의붓아버지, 숨어 있는 어머니 55

3장 부부론
1. 결혼이 가능하다면 언제 결혼할까? 63
2. 바람 피울 팔자, 혼자 살 팔자는? 69
3. 겉궁합과 속궁합이 맞는 부부는? 83
4. 평생 동업할만한 여자일까? 90

4장 자식론
1. 아들을 낳을 수 있을까? 97
2. 언제 자식을 낳을 수 있을까? 104
3. 자식에게 언제 흉한 일이 있을까? 109
4. 자식복이 있을까? 115

5장 직업론
1. 기문에서 직업을 보는 방법 124
2. 무슨 직업을 가진 사람일까? 128
3. 말년이 무난할까? 136
4. 무슨 직업에 종사하는 사람일까? 141
5. 평범한 전업주부? 148

6장 재물론
   1. 감당할 재물, 감당 못할 재물 154
   2. 가게를 열어도 될까요? 167
   3. 돈을 빌려 주어도 될까? 172
   4. 사업을 시작해도 될까요? 180

7장 질병론
   1. 평생 병으로 고생할까? 186
   2. 모든 것이 정신병? 198
   3. 실명하는 기운 214
   4. 무슨 체질일까? 218
   5. 기문으로 본 치료방법 226

8장 응기론
   1. 액회국 233
   2. 화살 237
   3. 응기 239
   4. 가장 안 좋은 달은? 248
   5. 살아날 수 있을까요? 251
   6. 살다가 어떻게 이런 일이 255

9장 사망론
   1. 장수하는 사람, 요절하는 사람의 특징 263
   2. 사망의 응기 267
   3. 언제 흉액이 있을까? 274
   4. 정확히 언제 죽을까? 283
   5. 대액이 발생하는 달은? 292

 2부 작괘동처론 作卦動處論

1장 작괘론
1. 작괘법의 기초 299
2. 기문 작괘법 306
3. 남자와 어떤 일이? 312
4. 가정의 문제가 무엇일까? 318
5. 부부관계에서 무엇이 문제일까? 322
6. 투자일까, 도박일까? 327

2장 동처론
1. 일러두기 330
2. 사진동처 전체보기 331
3. 세궁론 333
4. 중궁론 354

3부 택방택시론 擇方擇時論

1장 태을팔진부
1. 부적의 의의 376
2. 부적을 만드는 방법 378
3. 기문 부적의 종류별 사용법 381
4. 기문둔갑 부적 384
5. 평생국에서 어떤 부적을? 392
6. 연국에서는 어떤 부적을? 394

2장 금함옥경도
1. 금함옥경도의 의의 395
2. 금함옥경도의 기본 구성 396
3. 일진별 금함옥경도 411

3장 연파조수가
1. 연파조수가 개요 413
2. 연파조수가 본문 417
3. 연파조수가 해설 422

부록 467

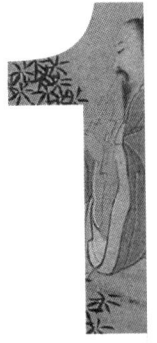

1부 인사하지론

1장 성격론

1. 한마디로 괴팍한 성격

음력 1969년 4월 25일 申時(芒種 中元 陽遁 3局)

```
甲  乙  庚  己  坤命 平生局
申  卯  午  酉
```

2003	1999 月宮	2001 時宮
寅三 己 天甫 九地	卯八 丁 天英 九天	戌五 乙 天禽 直符
午七 己 切體 傷門	巳二 丁 生氣 杜門	戌五 乙 禍害 開門
正財-13-90	偏財-36-68	正官-45-54
墓絶	胎 年年 日馬	養生 日華
2002 世宮	2004 天馬	2006 年宮
酉四 戊 天沖 朱雀	午七 天芮	未十 壬 天柱 騰蛇
亥六 戊 歸魂 驚門	寅三 庚	未十 壬 絶命 生門
比肩-6-49	傷官-16-87	偏官-33-79
死 年馬	年劫 日亡	浴
1998 空亡	2000 空亡	2005 天乙
申九 癸 天任 勾陳	亥六 丙 天蓬 六合	子一 辛 天心 太陰
子一 癸 遊魂 休門	酉四 丙 福德 景門	申九 辛 天宜 死門
劫財-34-77	偏印-40-60	正印-25-80
衰病 年華	旺 日年	帶祿 年亡 日劫

"성격이 고상하십니다. 자존심도 강하고. 그런데 모든 것이 용두사미가 돼 버리는 게 흠이군요. 권태감에 시달리기도 하고……."

이런 말은 아마 상담을 청했던 많은 사람들이 한번쯤은 들어 보았을 것이다. 한편으로 생각하면 맞는 것도 같고, 어떤 때는 정말 그런가 하고 의문을 품기도 하면서, "어머, 사주에 그런 것도 써 있나요?"라는 상담자의 반색하는 질문에 간명하는 이는 신이 오르지도 않은 팔을 휘두르며 음양오행의 칼을 내두른다.

'어쩜' 하는 감탄이 반복되고 상담이 '고맙습니다'로 마감이 되면 더 바랄 일이 없다. 그러나 "글쎄요, 그렇지 않은데……" 하며 별로 신통한 내색이 없으면 간명자는 용신과 격국이라는 작두를 타게 된다. 문제는 아직 신이 오르지 않아서 발을 베일 수 있고, 중화(中和)의 도를 온전히 얻지 못하여 균형을 잡기가 힘들다는 것이다. 등에 땀이 흐르고 머리에 진땀이 배기 시작하면 어디서부터 시작하여야 할지……. 아마도 사주를 익혀 임상하는 이들이 처음에 한번쯤은 겪었을 일이다. 이와 같이 정명(定命)에서 성격을 보는 것은 첫 단추를 끼는 일과 같다고 할 수 있다.

성격은 변하지 않는다

하지론(何知論)이 모두 중요하지만 성격을 아는 것은 운세 상담의 기초가 되므로 특히 중요하다. 어떤 목적의 상담이든 반드시 참고할 것이 명주의 성격이기 때문이다.

'존스 홉킨스 메디컬센터'의 발표에 의하면 심장이 늙어서 죽는 일이 없고, 성격 또한 노인이 되면서 실제로 변하는 일은 없다고 한다. 성격이 유전자의 영향이든 부모와 교육·주변상황의 산물이든 성격은 일생을 살면서 거의 변하지 않는다는 이야기이다. 간명하는 입장에서 보면 기문둔갑의 간명은 체용(體用)으로 나뉘어 유년(流

年)과 소운(小運), 일진과 점사하는 시(時)에 따라 변화무쌍한 통변이 나오는 데 반해 성격은 기문국 중 평생국을 통해 일정하게 나타나므로 그만큼 고정적인 요소라고 생각할 수도 있다.

그러나 성격과는 달리 배우자를 보는 일이나 직업을 보는 일 등은 변화가 많다. 어떤 이는 배우자의 성격을 맞추는 것을 비법인 양 끌어안고 살지만 간단히 생각해 보면 사주 원국(原局)에서 배우자의 성격을 맞추는 일은 재혼 등으로 상대가 바뀌는 것은 설명하지 못한다. 또한 직업을 족집게처럼 맞추는 것도 인생 다모작(多毛作)의 시대를 살아가는 현대인의 다양한 직업변동을 설명하지 못하고 있다. 어떤 이는 대운의 합화(合化) 원리로 직업의 변동을 설명하기도 하는데 그럼 대학을 졸업하여 한 직장에서 정년퇴직을 하신 분은 어떻게 설명할 수 있을까? 참으로 난감한 문제이다. 많은 역학서들이 이런 미묘한 문제를 교묘하게 비껴가고 있지만 실제 임상에서는 매우 중요한 문제들이다.

기문둔갑의 성격 간법

하지론에서 중요한 성격을 기문에서는 어떻게 볼까? 기문둔갑을 조금이라도 아는 사람이라면 칠화심성론(七火心性論)을 전가의 보도처럼 흔들어 댄다. 과연 칠화론만으로 명주의 성격을 모두 맞출 수 있을까? 실제 기문국의 예를 통하여 알아본다.

주의할 것은, 임상에서는 동양에서 성격을 보는 여러 가지 방법을 모두 버리는 것이 아니고 기문둔갑의 간법(看法)과 병행하여 참고해야 한다. 나아가 기문둔갑에서도 성격을 볼 때 복합적인 방법이 동원된다. 특히 홍국 수리와 육친을 결합하는 방법은 낭월 박주현의 접근방법이 탁월하여 많이 참조하였으며, 지면을 통해 깊이 감사드린다. 상담할 때 "출생순서에 따라 성격이 좌우되지요. 맏이니까 독단적·지배적인 성격이 맞지요?" 이렇게 간단하게 성격을 알 수 있다면 얼마나 즐겁고 좋을까 하는 생각도 해 본다.

1) 칠화심성론

기문 조식을 이용하여 명주의 성격을 판단하는 방법은 여러 가지이다. 일진수(日辰數) 자체의 음양오행을 보아 판단하는 방법, 성국·통기에 따른 강한 육친의 기운을 이용하는 방법, 중궁의 생극(生剋)으로 판단하는 방법 등으로, 기본적인 원리는 사주 명리의 방법과 별 차이가 없다. 특별한 방법이라면 평생국의 홍국지반수(洪局地盤數)인 7火를 이용하여 명주의 심성을 판단하는 것이다. 일명 '칠화심성론'이라 한다. 이 방법은 7火가 앉은 궁의 홍국·연국·신살·왕쇠 등을 종합적으로 판단한다.

칠화심성론의 판단방법

7火로 판단하는 근거는 구궁도, 즉 신구낙서(新龜洛書)의 거북이 머리 부분에 7火가 위치하고 있기 때문이다. 그래서 기문국에서 7火는 명주의 마음을 보는 홍국수로 간주된다. 이러한 논리라면 1水의 주변상황을 보아 명주의 생식기능을 보는 것도 가능하지 않을까?

7火를 이용하여 명주의 성격을 보는 방법은 다음과 같다.

① 7火의 기운을 본다. 7火의 기운이 강하거나 다른 궁의 정상적인 도움을 받고 있으면 그 사람의 인품이 고귀하고 원대하다. 수생·승왕·거왕이면 대범한 마음을 가진 사람이다. 홍국수 외에 괘문성장(卦門星將)의 도움을 받으면 그 뜻이 더 강해진다.

- 7화인 지반수가 왕한 경우는 마음이 넓고 뜻이 높다.

- 7火인 지반수가 수극(受剋)·공망(空亡)인 경우에는 소심하고 이기주의자이다. 만일 동업 상대가 이러면 동업을 피한다.
- 7火宮의 괘문성장이 길괘문이면 인자하고 고상하지만 흉괘문이면 사기꾼이거나 교활하다.

② 7火宮에 거(居)하는 천반수를 본다. 다음은 사신(四神)인 괘문성장의 영향 등을 무시하고 7火의 영향만 본 것이다.

- 7火宮 천반수가 木이면 명주의 성품이 인자하다.
- 7火宮 천반수가 火이면 성품이 위엄 있고 예의 바르며 두뇌가 명석하다.
- 7火宮 천반수가 土이면 조율 능력이 뛰어나고 신의가 있다. 그러나 주는 것을 좋아해 궁핍이 우려되는 성격이다.
- 7火宮 천반수가 金이면 살성(殺性)이 강하고 의협심이 있으며, 의리가 있으나 탐욕이 많다.
- 7火宮 천반수가 水이면 권모술수가 뛰어나고 감추는 데 능하며, 늙어서 욕심이 많다. 또 색을 밝히는 경향이 있다.

결국 이것은 7火宮에 있는 오행의 기본적인 성질로 인품을 단하는 것이다. 칠화심성론은 이처럼 간략하게 요약할 수 있지만 오행의 생극제화(生剋制化) 등을 따지면 무한한 통변의 재료가 나올 수 있다는 것에 그 의의가 있다.

칠화심성론을 이용할 때 주의할 점
칠화론은 간단하게 사용할 수 있지만 주의할 점이 있다. 첫째, 삼살회동(三殺會動) 등과의 관계이다. 삼살회동의 경우에 가장 주의

할 것이 삼살의 종극수(終極數)인 9金의 영향을 보는 것이다. 만약 7火 위에 삼살의 종극수 9金이 있다면 칠화심성론보다 9金의 향배에 주목한다. 예를 들어 9金이 식상에 해당되고 관성의 기운이 아주 무력한 경우는 극관(剋官)을 하는 성격적인 면을 고려한다. 둘째, 칠화심성론은 독립적으로 쓰이지 않고 성격을 보는 종합적인 방법 중 하나로 사용한다. 특히 일진수의 오행과 육친적 성격을 가장 많이 참조한다. 그 밖에 고려할 요소로는 신살 · 격국 · 괘문성장 등이 있다.

2) 명리로 본 성격

전통적인 명리이론에 따르면 위의 명주의 일주는 활목(活木)으로 보아야 한다. 乙木이 일지 卯에 뿌리를 두고 있기 때문이다. 이러한 생목(生木)은 火氣인 丙丁을 얻으면 수기(秀氣)가 발동하나 金氣를 보면 스스로 상하는 이치가 있다. 여기서 丙丁을 얻었는지 金氣를 얻었는지는 전체 상황을 보아야 한다. 월령은 제강(提綱)으로 체(體)의 중심이지만 투출이 안 되어 있다. 위의 사주는 金氣가 강하여 스스로 다치는 형상이다. 남편의 기운이 기신(忌神)이 되어 평범하게 결혼하기는 어려워 보인다. 결혼에 관한 이러한 판단은 기문으로 보아도 마찬가지이다.

용신 선정

명리적으로는 金氣인 관성이 기신이 되므로 이 金氣를 해결하는 성분이 용신이 된다. 이와 관련하여 두 가지 방법을 고려할 수 있다. 첫째는 물인 인수를 써 金氣를 설기하는 방법이다. 이 방법은 여름철의 乙木이 뜨겁고 메마른 상태이므로 水氣로 적셔서 윤택하게 한다는 원칙에서 보면 당연한 선택이다. 둘째는 火氣 식상으로 火剋金

하여 강한 金氣를 다스리는 방법이다. 乙木 입장에서 보면 시간(時干)에 甲이 있고 卯에 뿌리가 있으므로 그다지 싫은 방법은 아니다. 그러므로 이 사주는 기신은 金氣 관성, 용신은 인수 水氣, 희신은 식상 火氣가 된다.

그렇다면 신약인데 火氣 식상을 쓸 수 있을까? 위에서 살펴본 바와 같이 火氣로 생목의 수기(秀氣)를 발휘케 한다는 점, 기신인 金氣를 다루는 점, 일주가 약화위강(弱化爲强)의 상황이라는 점에서 식상을 희신으로 봐도 된다. 희신을 무조건 용신을 생하는 요소로 생각하는 사람이 있으나 희신은 용신을 생하면서 일주가 좋아하는 성분이 되는 것이 원칙이다. 아무리 용신을 생하여도 일주가 싫어하면 희신이 안 된다.

성격 판단

2002년은 癸水運으로 용신운이다. 지지를 중심으로 하여 전체적으로 보면 51대운부터 용신의 기운이 들어오고, 그 이전은 申酉戌 서방 금국으로 흘러 흉운으로 판단된다. 이러한 기본 상황을 바탕으로 명주의 성격적인 특성을 살펴본다.

명리적 성격은 일간 가까이 있는 궁을 중심으로 하고 신살 등을 참고한다. 즉 월간·일간·시간·일지의 역삼각형의 궁을 중심으로 본다. 위의 국은 역삼각 전체에 일간과 같은 木氣가 강하여 주체적이고 고집이 강한 면이 있다. 명주의 표현의 특징을 보여 주는 월간은 정관으로 의사를 표현할 때 시시콜콜 가타부타 따지는 특성이 있다. 종교를 보는 시간(時干)은 비견이어서 자신의 의사만 믿지 직관이나 종교 등에는 관심이 없다. 일지와 시지는 원진과 귀문관살이며, 이로 인해 골육간에 정이 없고 변태적이거나 신경쇠약 증상이 있다. 용신이 원국에 없어서 귀천으로 보면 하격이다.

3) 원진과 귀문관살

원진이란

사주에 子未 · 丑午 · 寅酉 · 卯申 · 辰亥 · 巳戌의 지지가 같이 있을 때가 원진(怨嗔)이다. 한자로는 元辰이다. 원진은 보통 십이지를 동물로 분류하여 이 동물들 중 서로 미워하는 관계이다. 예를 들어 子年生이 사주에 未가 있으면 원진이다. 또 사주 어느 기둥을 막론하고, 子와 未가 있으면 원진으로 본다. 또한 남녀 궁합법에서 子年生과 未年生의 남녀가 만나면 원진살이 끼어 좋지 않다고 보는데, 이것은 요즘 겉궁합이라 하여 사용하지 않는 방법이다.

원진의 영향과 논리

명국에 원진살이 있거나 유년이 원진에 닿는 해에는 인덕이 없고 배은망덕한 꼴을 당하며, 골육간에도 정이 없어진다. 이것은 원진의 구성 때문인데 그 구성을 보는 것에는 두 가지 관점이 있다. 첫째는 합을 방해한다는 논리이고, 둘째는 충돌 후에 미워한다는 논리이다.

육합으로 설명하는 논리의 예를 들어본다. 子가 丑과 합하려고 하는데 未가 丑未沖으로 합을 방해하기 때문에 子가 未를 미워하고, 未는 午未로 합하려고 하는데 子가 子午沖하여 합을 방해하므로 子를 미워한다고 설명한다.

충의 논리는 충후일위(沖後一位)로 설명된다. 양에 속한 지지는 순행으로 일위(一位)요, 음에 속한 지지는 역행으로 일위가 된다. 예를 들어 子午가 충인데 양이므로 충후 일위가 되어 未가 원진이 된다. 예전 사람들은 이를 다음과 같이 암기하였다. 서기양두각 우증마불경 호증계취단 토원후불평 용혐저면흑 사경견폐성(鼠忌羊頭角 牛增馬不耕 虎憎鷄嘴短 兎怨猴不平 龍嫌猪面黑 蛇驚犬吠聲). 해석하면 쥐는 양의 뿔난 것을 싫어한다. 소는 말이 밭을 갈지 않고 빈 둥빈둥 노는 것을 미워한다. 범은 닭의 부리가 짧음을 미워한다. 토끼는 원숭이 허리가 굽은 것을 원망한다. 용은 돼지의 얼굴이 검은 것을 혐오한다. 뱀은 개가 짖는 소리에 놀란다.

귀문관살이란

귀문관살(鬼門關殺)은 다음과 같은 관계를 말한다.

日支	子	丑	寅	卯	辰	巳	午	未	申	酉	戌	亥
鬼門	酉	午	未	申	亥	戌	丑	寅	卯	子	巳	辰

丑午·卯申·辰亥·巳戌은 귀문관살이며 원진에도 해당되지만, 子酉와 寅未는 원진에는 해당이 안 되고 귀문에만 해당되는 살이다. 보통 일지를 중심으로 하며, 일지와 짝이 되는 귀문이 사주의 어느 곳에 있어도 귀문관살이 있는 것으로 본다. 즉 일지(日支)에 한 자가 있고 다른 지지에 한 자가 있는 경우이다. 기문둔갑에서는 일진수를 중심으로 각 동처와 비교하여 붙이고 세궁의 경우 천반수와도 비교하여 붙인다. 예를 들어 일진수가 寅3이고 월궁 지반수가 未5이면 해당된다. 이와 달리 년을 기준으로 따지기도 하며, 소아(小兒) 귀문관(鬼門關)과는 다른 살이다.

귀문관살의 작용

① 귀문관살이 있으면 신경쇠약, 정신이상, 근친간의 연애, 노이로제, 근친상간, 미친 짓이 나타난다. 일반적으로 심인성 질환이나 스트레스에 취약하다.

② 일시(日時)가 귀문이면 변태적이거나 불감증인 자와 인연이

있으며 자식으로 인해 근심이 많고 불효자식이 있게 된다.

③ 木火日生이 신약에 귀문이면 정신이상이 된다.

④ 육친 추리상 남명에 재성, 여명에 관성이 귀문이면 그 배우자가 변태적이거나 정신이상이 있고, 동성동본간에 애정관계가 있다. 즉 그 배우자가 귀문관살의 영향을 받는다.

⑤ 유년에도 적용하여 추리한다. 예를 들어 丑日生이 午인 해를 만나면 정신이 피곤하고 미친 행동을 한다. 그러나 공망이 되면 작용하지 않는다.

4) 기문으로 본 성격

이제까지 명리로 성격을 보는 방법을 대강 살펴보았는데 명리로 살핀 성격과 기문으로 본 성격이 다를 경우 어떤 것을 위주로 상담하느냐는 선택의 문제이다.

기문을 전공하는 사람으로서 개인적으로는 당연히 기문둔갑을 위주로 판단한다. 그럼 기문으로 보는 방법이나 설명할 것이지 왜 명리는 들먹이냐고 반문할지 모른다. 이는 실제로 상담을 청한 대부분의 사람이 자신의 사주에 대해선 일가견이 있기 때문이다. 이런 이들에게는 우선 사주적인 측면에서 상담을 시작하는 것이 효과적인 경우가 많다.

또한 기문둔갑의 홍기 분야에서는 사주명리의 판단방법을 원용하는 경우가 많아서 명리적인 지식이 있어야 한다. 이런 필요성 때문에 이 책에서 명리적인 해석을 곁들인 경우가 많다. 복습하는 마음으로 명리를 살폈으면 한다. 그리고 상담의 깊이를 더하기 위해 기문둔갑을 사용하였으면 하는 바람이다.

칠화론 측면

먼저 기문둔갑의 칠화론 관점에서 앞의 명국을 살펴보자. 손궁이 7火宮으로 7火 자체를 보면 수리가 왕하다. 그 이유는 첫째 천반수가 생하고, 둘째 은복지지(隱伏地支)가 생하며, 셋째 월령과 비화(比和)되기 때문이다. 이 정도이면 왕하다고 본다.

전통적인 이론으로 볼 때 명주의 뜻이 넓고 성격이 원대하다고 판단된다. 이 경우 괘문을 참조할 때 해당 구궁의 본래 자리인 상문(傷門)의 영향을 고려한다. 상문은 나쁜 기운을 내포한 투쟁과 활동의 팔문으로 화를 잘 내고 포악하며 조급한 경향이 있다.

다음으로 칠화궁에 있는 천반수를 본다. 천반수가 3木이므로 명주의 성품이 어질고 인자하다. 칠화론에 의하면 마음이 넓고 조급하며 인자하다는 결론이다. 과연 이것이 다일까? 이 정도로는 상담에 전혀 도움이 안 된다. 칠화론이 고서에 나온 전통적인 방법이지만 실제 임상하여 보면 안 맞는 경우가 많아서 문제이다. 그래서 일진수를 위주로 하고 기문국 전체 상황을 참조하도록 권한다. 일진수의 사용방법은 다른 기문국의 예를 통해 상세히 다루고, 여기서는 전체 상황을 위주로 하여 설명한다.

홍국수의 전체 상황

앞에서 예로 든 국의 수리 구성을 보면 월궁의 재성이 수생(受生)·득지(得地)·승령(乘令)하여 아주 강한 상태로 겸왕(兼旺)한 관성을 생하고 있다. 왕자(旺者)는 그 본의(本意)가 극에 있는데, 이 국은 관성을 흡수하여 세궁을 생조하는 기운이 하나도 없다. 이런 상태이면 명주를 치는 관성이 기신이 되고 명주에게 가장 필요한 기운은 인수 또는 식상이 된다.

일진수로 본 성격

전체 상황을 기초로 하고 일진수 자체를 육친으로 분류하여 성격을 알아본다. 일진수가 6水인데, 이 수리는 음수로 발산성격인 정인의 성분이 약하고 내재성격인 상관이 강하다. 또한 이 국은 중궁에 상관수가 있고 인수가 부동(不動)으로 이 영향이 더 강화되는 형세이다. 상관은 예측 불허, 변화 무쌍하고 이기적이며 튀거나 기술적인 것에 능숙한 성격이다.

5) 실제 상황

기문으로 보면 명주의 성격이 활달하지만 이기적이고 변화가 심해 예측할 수 없다. 실제로 이 기문국은 후배가 상담을 청한 것이다. 명주가 어머니를 대신하여 레스토랑을 경영하고 후배가 전체적인 관리를 맡고 있는 상황이었다. 상담을 시작하며 성격에 대해서 이야기하자 후배가 감탄하면서 한마디로 너무 괴팍한 성격이라 도저히 일을 같이 할 수 없다고 하여 실소를 하였다.

2. 영업으로 돈 버는 성격 따로 있다

음력 1964년 7월 7일 辰時(處暑 上元 陰遁 1局)

庚	乙	壬	甲	乾命 平生局
辰	未	申	辰	

1999 年宮 時宮 空亡 午七 辛 天柱 九地 寅三 丁 福德 死門 食神-6-82 墓絶 年馬 年華 日亡	2003 祿 巳二 壬 天心 玄武 卯八 己 歸魂 景門 傷官-41-62 胎	2001 世宮 月宮 天乙 申九 戊 天蓬 白虎 子一 乙 遊魂 休門 比肩-1-54 養生 日華
2000 卯八 乙 天芮 九天 巳二 丙 生氣 生門 正財-3-90 死 年劫 日馬	1998 子一 申九 癸 偏印-15-75 日劫	2005 酉四 庚 天任 六合 亥六 辛 天宜 驚門 劫財-26-69 浴 年亡 年年
2004 天馬 寅三 己 天英 直符 午七 庚 禍害 開門 偏財-33-65 衰病	2002 丑十 丁 天甫 騰蛇 丑十 戊 切體 杜門 正官-45-60 旺 日年	2006 戌五 丙 天沖 太陰 戌五 壬 絶命 傷門 偏官-20-74 帶祿

1) 일진수로 성격을 보는 방법

 위의 기문국은 일진수 위주로 명주의 성격을 해단한다. 동양학에서 성격을 논하며 음양오행사상을 떠나서 이야기할 수 없다. 예를 들어 음화(陰火)의 성격을 논하면서, "음기이니 발산보다는 납기(納氣)에 능하고, 火 오행이므로 성격이 급하지만 예의가 바르다"고 말하면 음양오행으로 풀이한 성격에 대해서는 다 말한 것이다. 명리에서도 이런 점을 극복하기 위해 오행 상호간의 관계인 육친의 개념을 도입하여 어느 육친이 강한지 가늠하고, 오행과 결합하여 명주의 성격을 논한다. 예를 들어 음화 일간이 팔자 구조에서 식신이 강하면 火氣와 식신을 결합하여 명주의 성격을 판단하는 것이다.

 기문둔갑에선 여러 가지 기문요소가 참조되고 전체적인 홍국수를 참조하므로 성격을 판단하는 데 어려움이 있다. 그러나 오행과 육친이 개입되는 것은 명리와 같다. 일진수를 이용하여 명주의 성격을 보기 위해서는 우선 육친의 심리를 알아야 한다. 다음은 육친의 심리를 간단하게 오행도로 그려 놓은 것이다. 조금만 궁리하여 보면 금방 이해가 될 것이다.

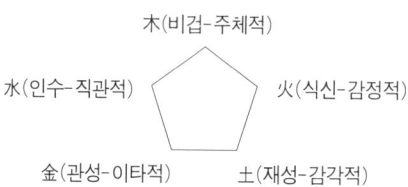

① 木 오행이 비겁이고 주체적이라는 것은 오행의 속성상 木 오행은 비겁의 육친과 그 작용이 유사하다는 것이다. 그리고 육친의 속성상 아집이 강하고 주관적인 측면이 강하다.

② 火 오행은 기문에서 기본적으로 구설 때문에 문제가 생기는 것으로 본다. 즉 형혹성(熒惑星)의 영향을 받는 오행이다. 구설로 인해 문제가 되는 것은 결국 명주의 기운을 너무 설기하여 일어나는 일이므로 식상과 결합이 된다.

③ 土 오행은 명리와 기문에서 모두 재물과 관련된다. 기문에서 5·10 수리가 戊己를 얻으면 재물과 연관짓는 것이 그 예이다. 또한 재성이 강하면 감각이 뛰어나고 디자인 등에 적성을 보이는 것을 감안하고 인수의 직관을 깨는 요소로 보아 그 특성을 감각으로 정한 것이다. 이른바 재극인(財剋印)의 영향을 고려한 것이다.

④ 관성이 이타적이라는 것은 식상이 이기적인 것이라는 것과 연관이 있다. 보통 기문에서 金氣는 질액사상(疾厄死傷)의 성분으로 보지만 여기서는 성격을 다루며 이타적으로 규정하였다. 이것은 허세를 부리는 성분이라고 이해하면 된다. 남에게 보여 주는 경향이

강하다는 것이다. 정상적으로 보여 주고 허세를 부리는 경우는 단정한 공무원의 모습이라고 할 수 있고, 지나치면 깡패의 기질이 된다.

　⑤ 水氣와 인수가 결합된 것은 木氣인 비겁을 생조하기 때문이다. 기문에서는 水氣를 기본적으로 이동성으로 본다. 무엇을 받아들여 움직이는 성분이다. 또한 음란과 정욕을 몰고 오는 요소로 보기도 한다. 인수를 직관으로 보는 것에 대해서는 이의가 없을 줄 믿는다.

　다음으로 수리를 이용하여 명주의 성격을 보기 위해서, 음양 중 음은 납기에 능하고 양은 발산에 능하다는 것을 이해해야 한다. 이는 음양의 이치상 당연한 결론이다. 여기에서는 이것을 내재성격과 발산성격으로 구분하였다.
　마지막으로 양이 양을 극하고 음이 음을 극하는 것과 같이 진극(眞剋)을 당하는 육친의 심리를 내재성격으로 정했다. 이는 체용(體

일진수	발산성격	내재성격
3木	비견 — 강	편재 — 약
8木	겁재 — 약	정재 — 강
7火	식신 — 강	편관 — 약
2火	상관 — 약	정관 — 강
5土	편재 — 강	편인 — 약
9金	편관 — 강	비견 — 약
4金	정관 — 약	겁재 — 강
1水	편인 — 강	식신 — 약
6水	정인 — 약	상관 — 강

用)이론, 오행의 생극(生剋)이론을 보아 정한 것이다. 예를 들어 일진수 3木이 진극하는 것은 5土이며, 木은 비겁이고 土는 재성이므로 재성의 심리가 내재되어 있다.

2) 실제 판단
(1) 일진수의 오행을 본다
성격을 볼 때 세궁 지반수, 즉 일진수의 음양오행을 보는 것이 첫 번째이다. 어떤 책에서는 일진수의 음양을 보아 수리가 음에 속하면 대인관계가 원만치 못하다고 설명하였다. 그러나 이것은 일진수가 음에 속하는 경우가 우리나라 인구의 반 정도라고 생각할 때 그 반이 대인관계가 원만치 못하다고 보아야 하므로 맞지 않다. 마찬가지로 수많은 성격을 단순히 음양오행으로 나누는 것은 너무 간단한 논리이다.

그렇지만 기문에서 일진수의 음양오행으로 성격을 논하는 것은 명국 동처의 상황, 세궁의 기문요소인 육의삼기·괘문성장·신살과 결합되어 천변만화의 변화를 일으키는 것이므로 결코 단순한 일이 아니다.

앞의 기문국의 일진수는 1水이다. 앞에서 보았듯이 水氣는 직관적이고, 이 중 1水는 발산성격인 편인의 속성이 강하고 내재성격인 식신이 약하다는 특징이 있다. 편인은 육친의 본질상 직관을 바탕으로 하며 영감과 관련된 부분에는 탁월하지만 도인과 같은 고독과 수동적·부정적인 사고방식이 문제이다. 이러한 성격을 천간 순서와 결합하여 壬과 같은 속성으로 해석하기도 한다. 壬은 妊(아이 밸임)의 시기이므로 보이지 않는 기운을 받아들이는 데 탁월한 능력이 있다고 보기도 한다. 고개를 항상 외로 꼬고, 사물을 대하면서 의심을 갖고 보는 궁리형으로 볼 수 있다. 어떤 사안에 대해서는 권모

술수를 쓰며 약간 음흉하다는 것이 편인의 특성이다. 편인의 기운은 배신·실직·사기·가식(假飾)·도벽·임기응변·악습·인기예능·기술·지연·신경성 소화기질병·천재지변·용두사미·도식(倒食. 식신을 친다는 뜻)·효신(梟神. 올빼미처럼 낮밤이 바뀐 성격)·극녀(剋女. 부인이나 여자를 치는 것)·변태·권태증 등으로 요약되므로 이를 참고하여 명주의 성격을 논한다.

(2) 일진궁의 상황을 본다

일진수 자체의 음양오행으로 성격을 논하는 것이 성격을 보는 일차적 방법이다. 여기에서 문제는 일진수 자체가 아주 약세여서 거의 역할을 못하는 상황인데도 수리의 음양오행으로 판단해야 하느냐는 문제이다. 그래서 필요한 것이 일진수가 전체 홍국수의 구성에서 어떠한 세력을 얻고 있는지, 앉은 궁 자체에서는 힘을 얻고 있는지를 보는 것이다. 만약 앞의 기문국의 일진수가 아주 약세이면 편인의 속성이 많이 줄어들고 내재성격인 식신의 궁리하는 특성이 커지게 된다. 그러나 이 기문국은 전체 기문국에서 일진수가 차지하는 비중이 아주 크다. 이는 건궁의 겸왕한 편관의 기운이 중궁의 9金을 생하고, 이 9金이 세궁 월궁의 1水를 생하기 때문이다. 나아가 일진궁의 천반수와의 관계도 수생이라서 아주 강한 형세이다. 이런 상황이면 편인의 역할을 톡톡히 하는 것으로 보아야 한다.

일진궁의 상황으로 위의 국의 성격적인 특성을 더 확장하여 추리하면 다음과 같다.

- 일진궁에 화개가 있으므로 술사(術士)의 명이다. 단지 화개의 영향만으로 술사로 판단하는 것은 문제가 있을 수 있지만, 이 국과 같이 편인의 속성이 강한 경우에는 이런 영향이 더욱 강해

진다.
- 타향생활을 할 가능성이 있다. 이것은 세궁이 앉은 자리의 궁 오행으로부터 거극(居剋)을 받는 경우에 나타나는 현상이다. 이러한 경우 타향객지에 살 수 있다. 그리고 이 국과 같이 세궁이 다른 동처의 생조를 받는 등 힘이 있는 경우에는 의지가 강해 자수성가한다. 반대인 경우에는 의지처가 없는 부평초 같은 신세가 된다.
- 변화와 기교에 능한 성격이다. 이것은 둔갑국의 영향을 본 것이다. 둔갑국이란 세궁의 천·지반수가 중궁에 뒤바뀌어 있는 경우를 말한다. 이 때는 명주가 변화와 기교에 능하다고 판단한다.

그 밖에 이 국과 직접적인 관련은 없지만 일진궁의 상황을 볼 때 참고할 것들이 있다.

① 정충(正沖)이 되는 경우는 성격이 소심하고 날카롭다. 정충이란 명리의 천충지충(天沖地沖)과 같은 개념으로 세궁이 다른 동처와 천반수도 충하고 지반수도 충하는 경우를 말한다. 이것은 자신이 안팎으로 깨지는 것으로 소심하고 날카로운 성격이 운명적으로 타고난 성격이라고 볼 수 있다.
② 사진에 천의·유혼이 무거운 경우는 무발(無發)하거나 하급의 명이다. 무겁다는 것은 회집궁(會集宮)에 천의나 유혼이 있는 경우를 말한다.
③ 세궁을 보아 천·지반수가 수화기제(水火旣濟)를 이루었으면 기지가 있다. 이 때 국의 구성이 수화상충(水火相沖)의 형세가 되지 않는지 참조한다. 아울러 경문(驚門)이 동궁하면 달변가이다. 이 경우 명국에서 7火가 왕한 곳에 있으면 명주의 뜻이 원대하다. 반대로

화금상전(火金相戰)의 형세이면 성격이 편굴하고 불 같은 기질이 있다고 본다.

④ 성격과는 관계가 없지만 일진수가 태왕(太旺)하면 명주의 성욕이 왕성하고 조혼(早婚)은 불길하다고 보는데, 이것은 기문이나 명리나 동일하다.

⑤ 세궁에 중겁(重劫)·귀문(鬼門)이나 함지(咸池)가 동궁하면 주색으로 가정파탄의 우려가 있고 정신쇠약으로 신기(神氣)가 발동할 수 있다.

3) 실제 상황

명주의 성격을 요약해 보면 편인의 속성이 강하여 직관이 발달하고 수동적·부정적이다. 또한 술사의 기질도 있고 변화에 능하다. 실제로 명주는 '두강원'에서 기문둔갑을 배우던 사람이다. 어느 날 바람처럼 나타나 석달 정도 배우더니 일본에서 유행하는 개인용 사우나시설 영업을 한다며 그만두었다. 성격적인 특성으로 봐 결국은 역학을 할 것으로 생각된다.

3. 부부생활에 문제가 없을까?

음력 1969년 9월 21일 辰時(立冬 上元 陰遁 6局)

戊	己	甲	己	坤命 平生局
辰	卯	戌	酉	

2004 時宮 祿	1999	2006 空亡 天馬
辰五 庚 天甫 白虎 午七 庚 切體 傷門 正財-13-90 墓絕	未十 丁 天英 六合 巳二 丁 生氣 生門 偏財-36-70 胎 年年 日馬	午七 壬 天芮 太陰 戌五 壬 禍害 死門 正官-45-58 養生 日華
2005 世宮	2003 中宮	2001 年宮 空亡
亥六 辛 天沖 玄武 亥六 辛 歸魂 驚門 比肩-6-51 死 年馬	申九 寅三 己 傷官-16-85 年劫 日馬	巳二 乙 天柱 螣蛇 未十 乙 絕命 杜門 偏官-33-73 浴
2000	1998	2002 月宮 天乙
子一 丙 天任 九地 子一 丙 遊魂 景門 劫財-34-71 衰病 年華	卯八 癸 天蓬 九天 酉四 癸 福德 休門 偏印-40-66 旺 日年	寅三 戊 天心 直符 申九 戊 天宜 開門 正印-25-76 帶祿 年亡 日劫

1) 명리의 궁성이론과 선전현상

궁성이론

이 사주는 명리에서 약간 특이한 현상인 선전(旋轉, 비틀림)현상이 있는데 이를 중심으로 성격의 특징을 알아본다. 선전현상에 대한 설명은 하건충(何建忠) 선생의 궁성(宮星)이론을 따랐다. 선생의 이론은 전통적인 궁성이론과는 달리 각 궁을 다음과 같이 본다.

시주	일주	월주	연주	구분
종교궁	본인	표현궁	부친궁	천간
자식궁	욕구궁·부인궁	남편궁·사회궁	모친궁	지지

선전현상

하건충 선생은 명주의 심리를 따질 때 시간·일간·월간·일지의 역삼각 형태를 중시하였다. 예를 들어 종교궁에 비겁이 있는 경우는 자기 자신에 대한 믿음이 강하여 종교에는 별로 관심이 없다고 본다. 나머지 다른 궁도 해당 궁에 있는 육친과 그 상황을 보고 판단한다. 궁성이론 중 특이한 것으로 선전현상이 있는데 이는 사주 중 일주를 포함한 주변 기둥의 간지가 꼬여 있는 현상이다. 예를 들어 다음과 같은 상태를 말한다.

시 일	시 일	시 일
甲 → 乙	甲 → 丙	丁 ← 甲
子 ← 亥	子 ← 戌	酉 → 子
1급 선전	2급 선전	3급 선전

화살표의 방향을 유심히 보면 알 수 있듯이 위아래가 역으로 꼬여 있는 상태가 선전이다. 이렇게 되면 해당 육친과 꼬여 버리고 인연이 깊지 못하다. 그리고 대개 정신적 혼란을 겪게 되며 주사·낭비·변태·정신분열 등으로 나타난다. 보는 원칙은 다음과 같다.

- 선전에도 급수가 있다. 1급은 甲子와 乙亥의 관계와 같을 때, 2급은 甲子·丙戌과 같은 관계, 3급은 甲子·丁酉와 같이 꼬여 있을 때이다. 선전은 3급까지만 고려하며, 당연히 1급이 꼬임현상이 제일 강하다. 1급은 한 칸, 2급은 두 칸, 3급은 세 칸을 건너 꼬임현상이 일어난 것을 말한다.
- 선전은 신약 사주에 크게 영향을 준다.
- 선전은 일주를 포함하여 일어날 때만 고려한다.

```
戊→己  甲 己 坤命
辰←卯  戌 酉
```

상관의 영향

앞의 사주도 일주와 시주 사이에 1급의 선전현상이 있다. 신약이 아닌 신왕사주이지만 1급에 해당되므로 그 영향이 크다고 보아야 한다. '이 사람 인격파탄증후군의 증상이 있겠구나' 이렇게 성격에 대해 간단히 결론을 내릴 수도 있겠지만 조금 사주의 구조와 관련하여 생각해 볼 필요가 있다.

이 사주는 土氣가 너무 강해서 지나치게 신왕하다. 따라서 木으로 소토(疏土)하는 것이 급선무이다. 또한 이 사주의 경우 월간 甲이 연간·일간과 쟁합을 이루고 있다. 월간 甲을 중심으로 주변을 보면 모두 土 일색이라서 힘을 쓸 수 없는 형편이다. 혹시 일지와 시지의 寅卯辰 방합의 영향을 고려할 수도 있으나 주변의 土의 상황이나 선전현상을 고려하면 천간 甲의 뿌리가 될 수 없다. 결국 일간은 신왕한 기운을 식상의 기운을 이용하여 설기할 수밖에 없다. 상관이 극관(剋官)하므로 부부간에 문제가 있는 사주이다.

2) 기문으로 본 성격

오행의 통기

기문둔갑을 배우는 제자 중 하나가 이 기문국을 보고 동처에 오행이 고루 있어 지혜로운 여자로 보인다는 말을 하여 웃은 적이 있다. 지반수만 생각할 때 오행이 고루 있다는 것은 정상 통기가 된다는 이야기인데, 이런 기문국의 주인공이 모두 지혜가 있고 현인의 성격을 가지고 있다는 것은 말이 안 된다.

고서에서 동처에 오행이 고루 있고 음양이 조화를 이루면 현인의 명이라고 하였지만 행간의 의미는 이 기문국과는 다르다. 고서에서는 또 기문국에 오행이 구비되고 사진에 사중(四仲:子午卯酉)·사맹(四孟:寅申巳亥)·사계(四季:辰戌丑未)가 순서대로 있는 명은 왕 또는 왕비의 명이며, 기문국이 순양(純陽)인 자는 왕비이고 순음(純陰)인 자는 왕이나 천자의 명이라고 하였다.

수리 상황

성격을 판단할 때 수리의 전체적인 상황을 보는 것은 물론 중요하다. 그러나 제대로 보아야 한다. 이 기문국을 전체적으로 볼 때 중궁의 상관이 강화된 형세이다. 시궁과 중궁 천반수가 불규칙삼살을 이루고 삼살이 상생으로 이어진 끝 수인 종극수가 9金이 된다. 본래 삼살의 종극수는 극에 본의(本意)가 있으나 이 국의 경우는 水氣가 겸왕하여 金氣를 받아들일 그릇이 되므로 세궁의 겸왕한 水氣가 강화된다. 그리고 이러한 水氣가 중궁의 지반수인 식상을 생하는 구조로 되어 있다. 그런데도 오행이 고루 있고 음양이 조화를 이뤘다고 현인 운운하는 것은 문제가 있다.

참고로 천을귀인(天乙貴人)으로 천자의 명을 보는 방법을 소개한다. 연궁수는 월간의 귀(貴人), 월궁수는 일간의 귀, 일진수는 시간의 귀, 시궁수는 연간의 귀가 되는 경우 천자의 명이다. 아울러 귀록(貴祿)이 교차된 자는 왕자의 명이다. 예를 들어 연궁수는 월간의 천을귀인, 월궁수는 연간의 록(祿), 일진수는 시간의 귀, 시궁수는 일간의 록이 되는 경우이다.

일진수로 본 성격 판단

위 국의 일진수인 6水의 성격은 성격장에서 가장 먼저 다룬 기문국(음력 1969년 4월 25일생)과 같으므로 해당 기문국의 해설을 참조한다. 음력 1969년 4월 25일생은 관성이 겸왕으로 아주 강한 형세인데 반해 이 기문국은 관성이 무력한 것이 특징이다. 또한 상관의 기질이 강하며 세궁의 육의삼기(六儀三奇)가 모두 金氣로 관성을 치는 것을 도와주고 있다. 즉 성격이 아주 강하다. 고서에 세궁에 庚辛의 의기가 있고 팔장 백호가 들면 그 흉포한 성격이 더 강해진다고 하였다. 이러한 강함은 십간대응결인 신가신(辛加辛爲 伏吟相剋)을 떠나 金氣인 의기로부터 오는 성격이다.

공망의 영향

위의 국은 관성이 공망이어서 상관의 영향을 더 강화시킨다. 왕자(旺者)는 비공(非空)이라 하여 왕한 홍국수가 공망을 만나면 공망의 영향이 감소되는 것으로 보기도 한다. 그러나 이 기문국과 같이 공망을 만난 관성이 절명과 두문(태궁), 화해와 사문(곤궁)이라면 관성이 자신의 역할을 못하는 것으로 판단한다. 즉 상관의 성격이 관성이 공망이 되면 더욱 발휘된다.

관성을 중심으로 명에 영향을 미치는 것들은 다음과 같다.

① 관성이 공망이 되고 휴문 또는 귀혼과 동궁하는 기문국은 발전이 없는 하급의 명이다.
② 천반수가 지반수를 극하여 연궁수가 수극(受剋)되며, 관성이 공망이 되고 두문·절명이 동궁하여도 역시 발전이 없거나 하급의 명이다.
③ 관성이 왕상(旺相)하고 연궁에 개문·복덕이 들며 길격에 해

당하면 귀인의 명이다.

④ 연월일시궁인 사진이 동궁하여 절명이 닿고 중궁에 관성 쌍귀(雙鬼)가 닿는 경우 절처봉생(絶處逢生)으로 귀인의 명이다.

이제까지 살펴본 성격적 특징을 다음과 같이 요약할 수 있다.

- 선전현상으로 정신적인 혼란, 인격 파탄의 경향이 있다.
- 부부간의 문제가 있고 육친간에 정이 깊지 않다.
- 상관적인 성격이 아주 강하다.

3) 실제 상황

이 기문국은 직업적으로 성공할 수 있는지 알기 위해 상담을 청했던 것이다. 2002년 당시 학원강사로, 일진수가 겸왕하고 필요한 오행이 식상이므로 직업 선택은 잘 한 것으로 판단된다. 그러나 그 직종에서의 성공 여부는 별개이다. 결혼한 여자의 국을 볼 때 직업적 성공 여부는 중궁의 궁체(宮體)이론과 내외궁(內外宮)이론을 사용한다.

궁체이론으로 볼 때 중궁 천반수인 궁의 상황이 5·7·9 삼살회동의 종극수로 힘이 있어 바깥일을 하는 것이 길하다고 할 수 있으나, 체(體)인 중궁 지반수가 수극을 당해 가정적으로 문제가 있다. 또한 내외궁으로 볼 때 내궁인 일진궁의 팔문은 경문(驚門)이고 외궁인 일간궁의 팔문은 사문으로 내곤외곤(內困外困)의 형세이므로 일에서는 발전하기 어려운 국이다. 명주는 직업적인 성공보다는 가정의 안정에 최선을 다해야 한다. 2003년에 이혼 가능성이 있다.

4. 재물을 모을 성격도 있을까?

음력 1970년 12월 6일 辰時(冬至 中元 陽遁 7局)

```
甲 丁 戊 庚 坤命 平生局
辰 亥 子 戌
```

1999 時宮 天乙 酉四 丁 天甫 九地 亥六 丙 天宜 景門 偏印-43-59 衰病 年劫	2004 空亡 申九 庚 天英 九天 子一 庚 遊魂 死門 正印-25-86 死	2006 總空 亥六 壬 天芮 直符 酉四 壬 歸魂 生門 偏官-32-70 墓絶 日華
1998 辰五 癸 天沖 朱雀 辰五 癸 禍害 休門 正財-37-64 旺 年年	2000 卯八 巳二 丙 食神-45-55 年亡 日馬	2002 子一 戊 天柱 螣蛇 申九 戊 福德 杜門 正官-17-90 胎 年馬 日劫
2003 丑十 己 天任 勾陳 丑十 己 生氣 傷門 偏財-24-89 帶祿	2005 月宮 天馬 午七 辛 天蓬 六合 寅三 辛 絶命 驚門 劫財-28-77 浴 日亡 日年	2001 世宮 年宮 巳二 乙 天心 太陰 卯八 乙 切體 開門 比肩-8-47 養生 年華

1) 성격 판단과 전체 상황

성격 판단의 중요성

어떤 상담이나 성격을 보는 것은 대단히 중요하다. 학업·직업·애정·재물 등 그 사람이 살아가는 동안 모든 분야에 영향을 끼치기 때문이다. 그럼에도 기존 역학 분야에서 소홀히 하지 않았나 하는 생각이 든다. 단순히 오행으로만 복잡한 성격을 판단하기에는 어느 정도 한계가 있는 것도 사실이다. 이러한 한계에도 불구하고 요즘 명리 분야에서 심리론은 많은 발전을 하고 있다. 특히 작고한 대만의 하건충 선생이 심리론을 체계적으로 정리하였으며, 우리나라에서는 낭월 박주현이 이를 전파하는 데 많은 역할을 하였다.

기문과 성격

명리와 달리 기문학계에서는 성격을 보는 것에 별 흥미가 없는 것 같다. 우선 홍기 분야에 밝은 사람이 없다는 것이 가장 큰 이유인 듯 싶다. 홍기와 연기를 구분하면 골격과 살로 볼 수 있다. 각기 장점이 있지만 명주의 본래 체(體)를 살피는 데 홍기만한 것이 없다. 이 책을 읽으면서 이제까지 연기를 주로 다루었던 이들도 홍기에 관심을 기울였으면 한다.

두 번째 이유는 기문에서 칠화심성론(七火心性論)이나 사진동처론(四辰動處論) 외에는 특별히 성격을 보는 데 활용할 만한 이론이 없기 때문이다. 기문둔갑을 이용하여 타고난 성격을 판단해 주는 것은 상담의 아기자기한 재미도 늘리고 명주에게 근본적이고도 실제적인 도움을 줄 수 있다. 기문에 뜻을 두고 공부하는 이들이 충분한 임상을 통하여 성격론을 완성하였으면 하는 바람이다.

전체 상황과 단법의 조화

기문둔갑 홍기로 성격을 볼 때 가장 주의할 것은 하지론의 다른 분야와 같이 전체 상황과 단법(單法)의 조화를 잃지 않는 것이다. 전체 상황을 보는 것은 성국·통기·감리지견·바탕국·궁체이론 등을 이용하여 전체 수리를 통하여 알고자 하는 것에 접근하는 방법이다. 단법은 성격이면 성격, 건강이면 건강 등 나름의 특수한 방법을 적용하여 판단하게 된다. 예를 들면 전체적인 상황을 보는 것이 닭인지 소인지 살피는 것이라면, 단법은 급한 닭인지 게으른 소인지를 보는 것이라고 할 수 있다.

2) 일진수로 본 성격

성격을 볼 때는 단법이 우선이 되고 전체 상황을 참고로 해야 한다. 거꾸로 전체 상황이 우선이 되면 하지론의 단법이 설 땅이 없으므로 당연한 것이다. 이것을 확인하고 넘어가는 것은 일부 기문을 잘못 운용하는 이들이 전체 상황 하나를 가지고 마치 손오공의 여의봉처럼 흔들어 대는 사례가 있기 때문이다.

기문국의 전체 상황을 보면 명주는 나름대로 수리의 편견을 가지고 살아가게 된다. 이 중 일진수 중심으로 성격을 보는 것은 이런 전체적인 상황 속에서도 명주의 성격이 가장 잘 나타나는 수리가 일진수 자체의 상황이기 때문이다.

다른 기문국의 예에서 살펴본 바와 같이 성격을 보는 핵심은 일진수와 육친을 결합하여 발산성격과 내재성격을 보는 것이다. 그리고 나서 홍국 수리의 전체 상황과 다른 기문요소들을 참조한다. 즉 성격을 볼 때 육친의 논리를 정확히 이해하는 것, 수리 상황을 보는 것이 제일 중요하다.

이 기문국을 일진수를 중심으로 판단하면, 일진수 8木은 발산성격인 겁재는 약하고 내재성격인 정재가 강하다. 비겁 중 겁재는 자기애가 강한 것은 3木과 같으며, 내적인 주관보다는 외적으로 남과 교제할 때 자기의 고집이 강한 성격이다. 이것은 겁재가 명주와는 음양이 다른 요소이기 때문이다. 또한 겁재는 천간과 결합하면 乙木이 되는데 양목(陽木)인 甲木과 달리 자신의 성장보다는 타인지향으로 다른 사람과 얽히는 성격이 있어 적응력·경쟁심이 강한 특징이 있다.

내재성격

내재성격은 정재로 재물에 대한 욕구가 강하다. 내면의 재물에 대한 욕구와 겁재적인 영향이 결합되면 타인의 재물을 취하는 데 일가견이 있으나 기본적으로 재물과 관련된 일은 잘 되지 않는다. 만약 명국에 재성이 불미(不美)하면 재물에 대한 망상과 설계로 밤을 새는 일이 많으나 쌓이는 것은 하나도 없을 수 있다.

발산과 내재의 종합

일진수로 볼 때 명주는 겁재의 심리가 기본이고 정재의 특성이 강하다. 과연 겁재의 영향력이 더 강한지, 정재가 강한지는 기문국의 전체 상황을 고려해야 한다. 이 때 전체 홍국수의 상황, 해당 홍국수의 상황을 함께 살펴보아야 한다. 전체 홍국수의 상황은 성국·통기를 주로 하여 판단하고, 해당 홍국수의 상황은 해당 궁에서 겸수거승(兼受居乘)이 되었는지를 아울러 판단한다. 겸수거승은 겸왕(兼旺)·수생(受生)·득지(得地)와 승령(乘令) 여부를 본다.

이 기문국은 정재가 겸왕이라서 더 강하게 작용한다고 판단된다. 물론 비겁의 상황도 연궁·세궁·월궁이 회집되어 만만한 상황이 아니지만 궁의 천반수와 중궁의 지반수가 설기하는 것을 감안하면 겸왕한 정재수보다 약하게 보인다. 굳이 그 세기를 비교하면 4:6 정도로 정재가 강하다.

3) 실제 상황

명주는 1999년부터 주식을 시작한 기술직 공무원이다. 상담할 때 명주의 표현을 빌리면 주식도박으로 2002년 말 약 3억 원의 빚을 지고 있었다. 그 동안 주식을 하며 아버지의 많은 유산을 형과 명주가 다 없앴다며 언제쯤 복구할 수 있을지 물어왔다. 2003년에 재물의 기운이 보이지만 워낙 빚이 많아서 복구하기가 힘들지 않을까 생각된다.

2장 부모론

1. 부모복이 있을까?

음력 1997년 9월 18일 辰時(霜降 上元 陰遁 9局)

| 戊 甲 庚 丁 坤命 平生局 |
| 辰 午 戌 丑 |

2003 時宮 空亡 酉四 己 天甫 太陰 子一 己 遊魂 死門 劫財-26-72 墓絶	1998 世宮 申九 癸 天英 螣蛇 亥六 癸 天宜 景門 比肩-6-54 胎 年馬 年年 日劫	2005 亥六 辛 天禽 直符 申九 辛 福德 休門 正印-23-83 養生 年亡 日馬
2004 天乙 戌五 庚 天沖 六合 未十 庚 絶命 生門 偏官-25-77 死 日年	2002 卯八 天芮 午七 戊 正財-33-68 伏 日亡	2000 子一 丙 天柱 九天 酉四 丙 歸魂 驚門 偏印-40-58 浴
1999 年宮 天馬 丑十 丁 天任 白虎 戌五 丁 切體 開門 正官-45-57 衰病 年華	2006 午七 壬 天蓬 玄武 卯八 壬 禍害 杜門 食神-14-90 旺	2001 月宮 祿 巳二 乙 天心 九地 寅三 乙 生氣 傷門 傷官-36-60 帶祿 年劫 日華

2장 부모론　47

임제(臨濟) 의현선사(?~866년)께서 말하기를, "부처를 만나면 부처를 죽이고, 조사(祖師)를 만나면 조사를 죽이고, 부모·친척을 만나면 부모·친척도 죽여라. 그래야만 해탈 경계에 도달하여 인혹(人惑)과 물혹(物惑)을 꿰뚫고 자유자재하게 된다"고 하였다. 무명은 아버지이고 탐애는 어머니이며, 자기는 병이면서 약이라는 말일 것이다. 물론 살아 계신 부모를 어찌하라는 이야기는 아닐 것이다. 이번 장에서는 우리 삶의 기반이 되는 부모를 보는 방법에 대해 알아본다. 그리고 두 사례를 통하여 명리적인 문제점도 짚어 본다.

1) 명리로 부모를 보는 방법
(1) 재성이 부모가 될 수 있을까?

편재와 육친정법

명리로 부모를 볼 때 가장 문제가 되는 것은 부모궁이 어디이고 부모에 해당하는 십신(十神. 또는 육친)이 무엇인가이다.

보통 명리를 이용하는 사람들은 편재를 아버지로 본다. 이 논리의 근거는 정인이 명주를 진생(眞生)하는 성분이므로 어머니로 삼고, 이 어머니를 가극(假剋)하는 성분인 편재를 아버지로 삼는다는 것이다. 그러니까 먼저 정인을 어머니로 정해 놓고 이를 극하는 것이 편재이므로 아버지란 것이다. 이 점에 대해『적천수(滴天髓)』에서는 "자평법에서 편재를 아버지로 하고 어머니를 인수로 하여 부모의 길흉을 따지는데 십중팔구는 세(歲)와 월(月)로 그 길흉을 따지는 것이 필요하다"고 비판하였다. 즉, 편재를 아버지로 보는 데 문제가 있으며 부모궁을 우선하여 판단하라는 것이다.

또한 먼저 정인을 어머니로 삼아야 하는지도 의문이다. 만약 정인을 아버지로 삼는다면 정인이 가극하는 상관이 어머니일까? 무엇인가 이치에 맞지 않는다. 이에 대해 기문둔갑에서는 나를 낳은 인수를 부모로 보고 그 중 정인은 아버지요, 편인은 어머니로 삼고 있다. 육친정법의 표는 다음과 같다. 명주가 남자이든 여자이든 공통으로 사용하는 육친관계이다.

生者二神	생아자위부모	偏印 — 母	正印 — 父
	아생자위자손	食神 — 女孫	傷官 — 男孫
剋者二神	극아자위관귀	偏官 — 鬼	正官 — 官
	아극자위처재	偏財 — 妾	正財 — 妻
和者二神	비화자위형제	比肩 — 我	劫財 — 兄

재성을 아버지로 본 예

육친정법을 떠나 편재를 아버지로 보는 것은 분명히 논리적으로 문제가 있음에도 이를 무비판적으로 사용하는 사례가 너무 많다. 그 중 몇 가지 예를 소개한다.

① 편재가 충을 당하면 일찍 부모를 잃는다.
② 편재가 형(刑)을 당하는 운에 명주의 부친이 부상을 당할 수 있다.
③ 인수가 왕하고 재성이 미약하면 명주의 부친이 일찍 사망하거나 그 정을 모르고 헤어진다.
④ 인수가 재와 합이 들면 명주의 모친이 재가한다.
⑤ 편재가 간지에 다 있으면 양자로 들어갈 수 있다.

그 밖에 재성이 입묘(入墓)·사절(死絶)이 되면 아버지가 병을 얻는다. 재성이 크게 조열하거나 차가워지는 해에 불리하다는 것도 있다.

(2) 인수가 부모일까?

인수를 부모로 본 예

편재를 아버지로 설명한 책에서는 또한 인수를 뭉뚱거려 부모로 보았다. 편재를 아버지로 볼 것인지 아니면 인수를 부모로 볼 것인지, 명리를 처음 공부하는 사람들이 보면 좀 헷갈리는 내용인데 소개하면 다음과 같다.

① 인수가 12운성으로 病·死·墓宮이나 절궁(絶宮)에 드는 해에 부모에게 액이 발생한다.
② 인수가 형충이 되는 해에 부모의 사고수·수술수·손재수가 있고 병을 얻거나 재난을 당할 수 있다.
③ 인수의 기운이 아주 강하거나 약한 경우에 불리하다. 예를 들어 재성의 기운이 아주 강한 경우이다. 또한 인수가 조후에 맞지 않는 경우도 아주 불리하다. 예를 들어 사주의 기운 전체가 조열한데 인수가 조열한 경우이다.
④ 인수궁에 상문이 들면 부모가 병에 걸린다.

책 내용의 일부이지만 인수를 부모로 본 것이 틀림없다. 그리고 편재를 아버지로 보는 것보다 이 견해가 논리적으로 타당하다.

상황 비교

위의 사주도 인수를 부모로 보면 납득이 된다. 명주의 사주를 보면 土氣 재성이 너무 강한 것이 흉이 되는 상황이다. 火氣가 강하고 신약이므로 용신은 인수가 된다. 명주에게 戊寅年은 부모의 흉이 예상되는 해이다. 연지는 사주와 寅午戌 火局을 이뤄 기신인 土氣를 생하고 세군(歲君)인 戊도 土氣이므로 재성의 기운이 태왕하다. 부모이면서 용신인 癸는 연지 丑에 암장되어 있는데 연간과 암충(暗沖)하고 戌 중 丁과 암충하고 있다. 즉, 부모의 기운인 인수가 무력하다. 이런 상황에 土氣 재성이 강화되므로 인수가 깨지는 일이 발생한다. 편재를 아버지로 볼 때보다 훨씬 납득이 가는 해석이다. 그러나 정인과 편인을 부모 중 누구에게 배속할 것인지에 대해서는 명리적으로 명쾌한 지침이 없다.

2) 기문으로 부모를 보는 방법 ― 연궁 중심
(1) 기문 부모간법의 대강

궁과 수리

기문으로 부모를 볼 때는 부모 수리와 부모궁을 참조한다. 부모 수리는 명주가 남녀에 상관없이 정인수를 아버지로, 편인수를 어머니로 본다. 부모궁은 지반 연간궁을 부궁으로 보고 연지궁인 연궁을 모궁으로 보는 것이 원칙이다. 아울러 건궁을 부궁, 곤궁을 모궁으로 참조한다. "태백입건곤 부모조년윤몰(太白入乾坤 父母早年胴歿)"이라 하여 구궁 자체를 부모로 보고 해단한 예도 있다.

구분	부	모	비고
부모 수리	정인	편인	천반수를 부모로 보기도 함
부모궁	연간	연지	연간은 지반의기 기준
구궁 배속	건궁	곤궁	

연간과 연지

명국의 연간은 아버지, 연지는 어머니로 본다. 즉 연간에 해당하는 지반의기가 아버지가 된다. 이 점은 중국의 연기에서 일간과 천반의기를 비교하여 육친을 따지는 방법과는 전혀 다르므로 주의한다. 만약 甲木이 아버지가 되는 경우는 순수(旬首)로 대용한다.

참고로 연간궁의 수리가 양수이면 아버지이고, 음수이면 어머니로 보는 경우도 있다. 부모님 중 어느 분이 먼저 돌아가실지 알아볼 때 부모수 중 양수가 길하면 부친이 장수하고, 음수가 길하면 모친이 장수한다고 보는 것이 그런 경우이다. 아울러 연궁 자체를 부모로 볼 때 이러한 기준을 적용하기도 한다. 예를 들어 연간에 六庚이 가림(加臨)되거나 사문·절명이 동궁하면 부모의 액이다.

의기와 괘문

지반 연간궁의 괘문이 흉하면 조실부모한다. 예를 들어 절명·사문을 만나는 경우이다. 또한 지반 연간궁에 丙加庚·庚加丙이면 조실부모한다.

(2) 부모의 횡액 시기

아버지와의 인연

위 기문국의 평생국의 전체 홍국 수리를 보면 정인의 수가 9金이다. 부모의 수리가 9金인 경우 두 부모를 모실 수 있다고 본다. 다른 경우와 마찬가지로 火金의 수리는 그 자체로 흉 작용이 강하다. 부모궁에 삼살이나 공망을 맞으면 부모의 덕이 없는데, 특히 9金인 태백(太白)은 그 영향이 강하여 태백이 부궁인 건궁이나 모궁인 곤궁에 들면 부모와 인연이 없거나 조실부모할 명이다. 위의 평생국이 바로 그러한 상황이다. 아울러 정인인 9金은 월궁의 3木과 寅巳申 삼형을 이루고, 삼살의 종극수이기도 하다. 이 정도의 상황이라면 아버지와 인연이 없는 명이다.

부모의 횡액
① 연궁에 사문·절명이 있거나 쌍화(雙火)·쌍금(雙金)의 수가 있는 경우 부모에게 흉사가 있다.
② 7·9의 수가 부모궁을 극하는 경우에도 부모의 흉사가 있다. 예를 들어 연궁에 7·9가 있고 중궁에 부모가 있는데 극하는 경우, 반대로 중궁에 7·9가 있고 이것이 연궁의 부모를 극하는 경우를 말한다.
③ 연국 등에서 연간·연지궁에 5·7·9가 거하여 삼살회동이 되는 경우 부모의 질환 등 대액이 발생한다. 그 시기는 충하는 시기이다. 예를 들어 7火가 연궁에 있을 경우에 7火를 충하는 것은 水氣이므로 水 오행에 속하는 水月에 액이 발생한다. 즉 亥月과 子月을 말한다.
④ 연궁의 부모수가 중궁의 자손수를 극하는 경우, 중궁의 부모수가 연궁의 자손수를 극하는 경우에 부모가 흉액을 당한다. 즉 중궁과 연궁이 서로 극하면 좋지 않다.

3) 연국 판단과 실제 상황

1998년 연국 : 음력 1998년 9월 18일 辰時(立冬 中元 陰遁 9局)

甲	丁	壬	戊	坤命 1998年局
辰	巳	戌	寅	

3·4월 世宮 時宮	5월	6·7월
午七 癸	巳二 戊	申九 丙
子一 癸	亥六 戊	申九 丙
比肩	劫財	偏印
2월	祿	8월 命宮 天乙
卯八 丁	子一	酉四 庚
丑十 丁	午七 壬	酉四 庚
正官	偏財	正印
12·1월 年宮 空亡	11월 空亡	9·10월 月宮
寅三 己	丑十 乙	戌五 辛
辰五 己	卯八 乙	寅三 辛
偏官	傷官	食神

연국의 판단

위의 기문국은 명주의 아버지가 사망한 1998년의 연국을 약식으로 조식한 것이다. 연국 등의 해석에서 중궁에 부모수가 있으면 대개 그 해에 부모와 관련된 일이 생긴다. 중궁지수가 연궁의 천반수로 가림하는 경우에는 더 확실하다고 본다. 이럴 경우 부모에게 어떤 일이 생길지는 연궁의 상황을 본다. 예를 들어 연궁에 사문과 절명이 동궁하면 부모의 상사(喪事)가 일어난다. 이것은 수리와 사간사지(四干四支)를 결합하여 보는 것인데, 이 개념은 다른 육친의 상황을 보는 데도 활용할 수 있다. 예를 들어 중궁에 식상이 거하고 시궁에 그 식상수가 가림하는 경우는 자식에게 일이 생긴다.

이러한 방법으로 위의 연국을 보면 중궁 지반수 7火가 세궁의 천반수로 가림하고 있다. 세궁의 상황은 수화상충(水火相沖)·실령에 괘문이 흉하며 12운성으로 묘절지(墓絶地)에 닿아 있다. 이 방법의 직접적인 부모와의 연관성을 찾기는 힘들지만 흉액에 노출되면 피하기 어렵다는 것을 예상할 수 있다.

연국을 보면, ① 그 해의 조건을 보는 명궁의 육친이 정인이고 쌍경이 동궁하고 있으며, ② 아버지 궁인 건궁과 중궁이 7·9 상전하는 것만으로도 그 흉함의 깊이를 알 수 있다.

기문에서 연국을 볼 때 중요시하는 것은 중궁·명궁·일진 천반수이다. 중궁은 그 해의 주재자가 된다. 그리고 명궁은 그 해의 조건이 되고 일진 상수, 즉 세궁의 천반수도 그 해의 조건으로 보는 경우가 있다.

실제 상황

명주의 아버지는 명주의 나이 2세인 음력 1998년 4월 8일 회사에 출근하던 도중 차사고로 사망하였다. 사고일의 간지는 戊寅年 丙辰月 庚戌日이다. 1998년의 간지를 명주의 사주와 비교해 보면 편재가 형충을 당하지도 않았으며 편재에 어떤 영향을 줄 수도 없는 해이다.

2. 의붓아버지, 숨어 있는 어머니

음력 1980년 11월 28일 巳時(小寒 上元 陽遁 2局)

癸	辛	戊	庚	坤命 平生局
巳	巳	子	申	

2004 世宮 時宮 申九 乙 天蓬 朱雀 卯八 庚 歸魂 驚門 比肩-8-54 衰病 年華	2000 天乙 天馬 酉四 丁 天任 九地 寅三 丙 福德 開門 劫財-27-69 死 年馬 日劫 日年	2002 年宮 空亡 子一 己 天沖 九天 亥六 戊 天宜 杜門 偏印-38-63 墓絶 年亡 日馬
2003 丑十 壬 天心 勾陳 午七 己 切體 傷門 傷官-45-62 旺	2005 祿 寅三 酉四 辛 偏官-12-90 胎 年年	1998 空亡 亥六 庚 天甫 直符 子一 癸 遊魂 死門 正印-22-80 胎 年年
1999 辰五 癸 天柱 六合 巳二 丁 絶命 景門 食神-24-74 帶祿 年劫 日華	2001 月宮 巳二 戊 天芮 太陰 辰五 乙 生氣 休門 正財-32-65 浴	2006 午七 丙 天英 螣蛇 丑十 壬 禍害 生門 偏財-21-87 養生

1) 수리로 볼 때 부모복이 없는 경우

중국의 연기에서는 사주의 일간과 천반의기(天盤儀奇)를 비교하여 육친을 정하고 육친궁에 동궁한 시가팔문으로 육친의 동향을 살핀다. 이 방법은 명리에서의 육친관계와는 조금 차이가 있다. 이 이론을 실제로 사용하여 보면 육친간의 관계를 시원하게 풀어 주지 못하는 한계가 있다.

이에 반해 우리나라에서는 육친간의 관계를 볼 때 수리가 가장 우선된다. 따라서 부모와의 관계를 볼 때 부모의 수리가 우선한다. 부모의 수리는 아버지는 정인의 수리이고 어머니는 편인의 수리이다. 수리를 보아 부모의 덕이 없는 경우는 다음과 같다. 부모의 덕이 있는 경우는 반대로 생각하면 된다.

(1) 홍국수의 전체 상황으로 볼 때 부모복이 없는 경우

수리를 볼 때 가장 먼저 고려할 것은 수리의 전체 상황이다. 수리의 전체를 보는 것은 성국·통기 여부를 보고 감리지견(坎離之見)하는 것이며, 특정 육친의 역할에 대해서는 필요한 오행과 해당 육친의 수리가 어떤 관계인지를 보면 안다. 부모 수리가 너무 강하여 필요한 오행을 극하면 부모복이 없다. 명리로 치면 기신에 해당된다.

총괘궁

총괘궁(總卦宮)이 부모궁을 극하면 부모복이 없다. 부모에 해당하는 홍국수가 있는 궁과 총괘궁이 극의 관계에 있으면 부모와의 관계가 좋지 않다. 총괘궁이란 중궁 지반수가 속하는 원래의 구궁을 말하는데, 예를 들어 중궁 지반수가 2이면 곤궁이다.

하극상

연궁은 기문국의 원신(源神)으로 아주 중요한데 연궁이 세궁을 극하는 것도 문제이지만, 특히 세궁이 연궁을 극하면 하극상이 되어 명주가 부모에 대한 정이 없고 모시기도 힘들다. 세궁이 연궁을 극하는 것은 세궁과 연궁의 은복지지(隱伏地支) 오행을 기준으로 한다. 예를 들어 태궁에서는 은복지지를 찾아보면 酉이다.

(2) 세궁의 수리로 볼 때 부모복이 없는 경우

세궁만으로 볼 때 부모와 인연이 없는 경우는 세궁의 천지반수(天地盤數)끼리 형·충·극이 된 경우이다. 보통 세궁 홍국수의 천반수·지반수 수리가 진생(眞生)인 음생양(陰生陽)·양생음(陽生陰)이 아닌 경우는 부모와 인연이 없다. 이것은 일종의 단법(單法)이므로 다른 요소와 결합하여 사용한다.

(3) 부모 수리로 볼 때 부모복이 없는 경우

인수 수리

인수궁의 수리가 천반수로부터 제압을 당하는 수제(受制), 월령으로부터 사지(死地)가 되는 승사(乘死), 궁 오행으로부터 사지가 되는 거사(居死)가 되어 무기(無氣)하면 부모의 덕이 없거나 조실부모한다.

다른 육친과 마찬가지로 부모의 수리가 火氣·金氣로 살기를 띠고 있으면 친부모가 아닌 부모를 모시고 살 수 있다. 또한 부모수가 수생하면 길하지만 부모수 위에 4·9 천반수를 만나면 의붓부모를 가질 수 있다. 천반수가 2·7인 경우도 흉하다. 아울러 연궁에 쌍화·쌍금이 있는 경우는 부모에게 우환이 있는 명이다.

사신 참조

부모의 수리를 해석할 때는 의기와 괘문을 참조한다. 부모궁의 괘문성장이 흉하면 그 부모에게 흉액이 있고 조실부모한다. 괘로는 절명·절체, 문으로는 사문·상문 등이 닿는 경우이다.

예를 들어 부모의 수가 유기(有氣)하고 5·10土로 六戊·六己를 득하면 그 부모를 부자로 단한다. 부모의 수리가 길괘문에 있으면 부모복이 있는 것으로 보는 것은 당연한데, 만약 생문과 절명이 함께 있다면 어떻게 해석할까? 팔문이 팔괘에 우선하므로 생문이 우선하여 부모복이 있다고 본다. 그러나 이 경우에도 각종 사신(四神)의 상황을 보아야 한다. 생문이 무기하고 백호·천주 등이 동궁하여 살기가 강하면 당연히 생문의 좋은 기운이 발휘되지 못한다. 기문에서 사신이란 괘문성장을 말한다. 즉 팔괘·팔문·구성·팔장이 된다.

(4) 중궁과 부모궁의 관계 등으로 볼 때 부모복이 없는 경우

수리의 수극

부모의 수가 극을 받는 경우는 좋지 않다. 예를 들어 연궁의 부모 수가 중궁의 식상을 극하거나, 중궁에 부모가 거하고 연궁에 식상이 거하는 경우, 또는 연궁이나 중궁의 7·9가 부모를 극하는 경우도 부모에게 우환이 있는 명이다.

식상 겸왕

중궁 식상의 수리가 겸왕한 경우에는 식상이 인수를 치는 것이므로 부모와의 인연이 없다. 중궁에 재성이 겸왕하면 이 영향이 더욱 커진다. 물론 이러한 경우도 득기한 연궁 등이 중궁의 기운을 눌러 주면 괜찮다.

인수 극제

중궁의 지반수가 식상이고 인수의 수가 가림하는 경우는 식상이 인수인 천반을 상극하는 관계로 부모와 인연이 없다.

2) 실제 상황과 판단
(1) 실제 상황

위의 기문국은 2002년 양력 9월에 상담한 것이다. 나이 어린 사람이 자신의 장래에 유난히 걱정이 많아 장래에 무엇을 해야 적당할지 상담을 청하였다. 상담 뒤풀이로 1시간 여를 진지하게 세상 살아가는 이야기를 나눈 기억이 있다. 상담 중에 부모의 도움을 기대하기 힘들 것이라고 하자, 엄마가 둘이고 식구들과 사이가 안 좋아 홀로 산 지 5년째 접어든다면서 땅이 꺼질 듯 한숨을 쉬었다. 기문둔갑으

로 볼 때 왜 부모의 복이 없는지 수리를 중심으로 살펴보자. 먼저 중국에서 사용하는 연기를 이용하여 간단히 풀어 본다.

(2) 연기상의 부모 판단

연기에서 육친을 따지는 방법은 사주 명리와 유사한데 대조하는 것이 의기(儀奇)가 된다는 것이 다른 점이다. 즉 사주 일간과 천반 육의삼기를 비교하여 육친을 정한다. 사주의 일간이 甲木에 해당하는 경우에 둔갑하므로 해당 일주의 순수(旬首)로 대용(代用)하며, 해당 육친이 甲에 해당되는 경우에도 일주의 순수를 대용한다. 또한 중궁에 있는 지반의기는 천반의기로 대용하여 육친을 정한다. 육친의 명칭 등도 명리적 방법과 거의 같으며 홍기에서 육친정법을 사용하는 것과는 약간의 차이가 있다. 아울러 궁의 명칭도 아래와 같이 조금씩 다르다.

육친 명칭	비견	겁재	식신	상관	편재	정재	편관	정관	편인	정인
남자 배속	형제	자매	남손	여손	재백	부부	질액	관록	부친	모친
여자 배속	자매	형제	여손	남손	재백	관록	질액	부부	모친	부친

- 본명궁(本命宮) : 사주 일간과 같은 천반의기가 있는 궁
- 명주궁(命主宮) : 사주 연간과 같은 천반의기가 있는 궁
- 신주궁(身主宮) : 사주 시간(時干)과 같은 천반의기가 있는 궁

연기상 판단의 문제

위의 육친관계에 의하면 명주의 부친궁은 감궁이 되고 모친궁은 곤궁이 된다. 부친궁의 시가팔문은 휴문이다. 팔문으로 그 성정을 보면 주도면밀하고 호방, 기민하며 성격이 좋다고 해석할 수 있다.

의기로 보아도 무가을(戊加乙爲 靑龍合靈)이므로 그 성격이 좋다고 보아야 한다. 과연 그럴까? 상담할 때 명주의 설명대로라면 전혀 반대이다. 연기이론은 무언가 문제가 있다고 본다.

(3) 홍기상의 부모 판단

홍국수의 전체 구조를 보면 원진 바탕국에 성국이 이루어진 국이다. 정상적인 통기는 식상이 부동(不動)하여 이루어지지 않고 있다. 국의 상황으로 보아 필요 오행은 식상 火氣이다. 인수의 수리가 검왕하고 승령한데 거생하여 그 기세가 대단하므로 필요 오행인 식상을 극하는 상황이다. 혹시 세궁이 인수의 수리를 흡수할 수도 있지 않을까 생각할 수도 있지만 일진수가 강한 9金으로부터 수극을 당하고 있어 이것도 어렵게 보아야 한다. 즉, 부모수가 기신이 되는 상황이다.

다음으로 총괘궁인 귀혼궁과의 관계를 보면 연궁과 화금상전(火金相戰)이 되고, 일진수도 천반으로부터 극을 당했다. 아울러 편인궁은 팔문이 두문이고, 정인궁은 팔문이 사문이다. 그리고 인수가 모두 공망이 된 것도 거슬린다. 마지막으로 세궁의 은복지지 巳와 연궁의 은복지지 申은 화금상전을 이루고 있다. 이런 구조를 보고 부모복 운운하는 것이 이상할 정도이다.

3장 부부론

상담을 하다 보면 '잘못된 만남'이 되어 서로에 대한 원망으로 얼룩진 인생을 살다 새로운 출발을 하기 위해 상담을 청하는 이가 의외로 많다. 약간 잔인한 말이지만 다음의 새 출발도 잘못될 확률이 아주 높다. 대개 이혼하게 된 문제점을 깨닫지 못한 채 재혼하면 십중팔구 다시 이혼하게 된다.

사랑할 때는 분석하지 않다가 이혼할 때는 인수분해뿐 아니라 초월함수의 미적분까지 하고 협박과 공갈·사정·협상 등이 오고 가게 마련이다. 그리고 새롭게 출발한 가정에서도 이 후유증을 가지고 생활하기 때문에 재혼도 실패하게 된다. 반대로 성공하는 이들은 이와는 다른 생각과 힘겨운 노력으로 편안한 가정을 이루는 것이다. 대개 이혼하는 사람들은 부부 한편에 극단적인 하자가 있든지 아니면 선천적·후천적으로 상단전인 눈썹 사이가 막혀 있는 이가 많다고 하는데, 정말 각자의 사연도 많고 응어리도 많은 것이 이혼이다.

이번 부부론에서는 부부문제를 다뤄 본다. 궁합·결혼·이혼 등을 모두 다루지는 못하고, 기문둔갑에서 부부문제를 어떤 방식으로 다루는지 몇 가지 사례를 들어 설명한다.

1. 결혼이 가능하다면 언제 결혼할까?

음력 1966년 6월 16일(大暑 下元 陰遁 4局)

```
庚 癸 乙 丙  坤命 平生局
申 巳 未 午
```

2002 世宮 丑十 丙 天心 太陰 午七 戊 切體 驚門 比肩-7-54 帶祿	2006 年宮 空亡 辰五 辛 天蓬 騰蛇 巳二 壬 生氣 死門 劫財-30-65 旺 年亡 日年	2004 月宮 時宮 空亡 巳二 癸 天任 直符 辰五 庚 禍害 生門 食神-39-57 衰病
2003 子一 丁 天柱 六合 亥六 己 歸魂 傷門 正官-45-55 浴 年劫 年年 日馬	2001 伏 天乙 酉四 寅三 乙 偏印-10-90 日劫	1999 午七 己 天沖 九天 丑十 丁 絶命 開門 傷官-27-78 死
1998 祿 亥六 庚 天芮 白虎 子一 癸 遊魂 休門 偏官-28-71 養生 日華	2005 寅三 壬 天英 玄武 酉四 辛 福德 景門 正財-34-60 胎	2000 卯八 戊 天甫 九地 申九 丙 天宜 杜門 偏財-19-86 墓絶 年馬 年華 日亡

1) 명리로 본 결혼시기

궁합이 맞는지 봐 달라고 하는 것은 어찌 보면 행복한 경우이고, 노처녀와 노총각이 언제 결혼할 수 있는지 상담하는 경우가 많다. 이런 경우에 명리상으로 어떤 원칙을 가지고 결혼시기를 단할지 정말 난감한 문제이다. 대개 식신·합(合)·용신·재(財)·관(官)이 관련되어 비겁운을 제외하고는 거의 결혼이 가능하다고 볼 수 있으므로 일정한 원칙을 가지고 단할 수 없기 때문이다.

명리에서의 조혼사주와 만혼사주

명리에서의 결혼시기는 대체적으로 조혼 또는 만혼하는 사주가 있다.

① 조혼은 남자가 재성이 왕성하거나 여자가 관살이 왕성한 경우이다. 이 경우 일간이 신약하면 반대로 결혼을 늦게 한다.
② 만혼은 건명인데 재성이 없거나 태왕한 경우로, 비겁이 왕하거나 일시가 상충하는 사주도 늦게 결혼한다. 여자는 무관(無官) 사주이거나 관성이 태왕하고 명주가 약한 경우(官星太弱者), 관살혼잡 사주 등이 늦게 결혼한다. 그러나 실제로 임상하다 보면 무재·무관 사주이어도 의외로 일찍 결혼하는 사람을 많이 볼 수 있다.

명리상의 결혼시기

명리에서 결혼할 수 있다고 보는 시기는 다음의 경우이다. 자세히 보면 거의 모든 경우에 결혼할 수 있다.

● 남자의 경우
① 재성의 운 또는 재성과 합이 되는 운. 재성을 처로 보기 때문이다. 가장 많이 결혼시기로 본다.
② 희신이 되는 운. 보조적으로 용신의 운도 참조한다.
③ 재성의 기운이 약할 때 식상운
④ 일지와 육합·삼합되는 운
⑤ 관성과 합이 되는 운
⑥ 도화운

● 여자의 경우

① 관성의 운 또는 관성이 합하는 운. 관성을 남편으로 보기 때문이다.

② 용신이 되는 운이나 용신과 합이 되는 운. 희신도 참고한다. 남자와 달리 용신이 주가 된다.

③ 식상운. 식신과 일지가 합이 되는 운

④ 관성의 기운이 약할 때 재성운

⑤ 일지와 육합·삼합되는 운

⑥ 인수운

⑦ 월지를 충하는 운. 일간이 대운에서 록(祿)에 닿을 때

⑧ 일간과 합이 되는 해. 이 중 丙 일간이 辛의 해이거나 乙 일간이 庚의 해인 경우에 강제로 결혼하거나 정조를 잃을 수 있으며 옛 애인이 나타나는 것으로 보기도 한다.

⑨ 도화운

명리상의 판단

명리적으로 결혼은 할 수 있지만 빨리 하는 명은 아니라고 판단된다. 건명인데 재성이 너무 왕하고 일시가 형(刑)이 되기 때문이다. 또한 재다신약 사주에 재성이 기신이고, 처궁인 일지궁이 기신궁이며, 일시의 巳申刑도 모양이 좋지 않아서 결혼 상황도 안 좋다. 그러나 재다신약 사주라고는 해도 인수인 金氣가 뿌리가 있어 강하고, 전체적인 운의 흐름도 金水로 돌아 재성을 감당할만하므로 아주 비관적이지는 않다.

명리적인 기준을 하나씩 대입하여 1999년 己卯年과 2000年 庚辰年에 결혼할 수 있는지 하나씩 살펴보자.

① 명리에서 가장 많이 결혼시기로 보는 때가 재성의 운, 재성과 합이 되는 운일 때이다. 己卯年과 庚辰年은 관성과 인수의 운으로 해당이 안 된다.
② 희신이 되는 운에 결혼한다. 己卯年은 한신의 운이므로 해당이 안 되고 庚辰年은 희신의 해이므로 조금 가능성이 있다.
③ 재성의 기운이 약할 때는 식상운에도 결혼하는데 이 사주는 재성의 기운이 너무 강해서 해당이 안 된다.
④ 일지와 육합 · 삼합되는 운에도 결혼한다. 己卯 · 庚辰年은 해당이 안 된다.
⑤ 관성과 합이 되는 운에도 결혼하는데 해당이 안 된다.
⑥ 위의 사주의 도화는 卯가 된다. 보통 도화를 날(日) 중심으로 보기도 하지만 원칙은 연지가 중심이다. 이것으로 보면 己卯年은 결혼운이 있다.

실제 임상에서 이런 식으로 따지다 보면 모두 결혼할 수 있는 해가 된다. 이래서는 상담을 청한 이에게 정확하게 결혼할 수 있는 시기를 말해 줄 수 없다.

2) 기문으로 본 결혼 가능성
이 기문국의 주인공이 결혼할 수 있을까? 결혼시기를 판단하기 전에 기문으로 그 가능성을 살펴본다.

홍국수의 상황
전체적인 홍국수의 상황을 살펴보면 중궁의 인수는 회집된 火氣 비겁을 생하고, 비겁은 곤궁의 회집된 식신을 생하는 상황이다. 기운이 빙 돌아 식신에 몰려 있는데 국 중 재성이 부동(不動)이어서 무재국(無財局)이 되었다. 과연 이럴 때 강한 식신이 생재를 할까, 아니면 관성을 극할까? 이 때는 재성의 상황을 살펴야 한다.

기문국이란 게 기본적으로 구궁의 각 궁을 돌다 보면 언젠가는 해당 궁에 닿게 마련이다. 이럴 때 재성 수리와 그 궁의 상황이 안 좋으면 식신이 생재를 할 수 없으므로 재성의 상황을 살피는데 재성 수리를 보면 힘이 있다. 월령을 득한 데다 건궁의 편재가 동처 삼살 회동의 종극수가 되었고, 정재도 약세는 아니다. 12운성으로 보면 재성궁에 닿을 때 일진수 묘(墓)·절(絶)·태(胎)로 약해지지만 일진수 자체의 기운이 강하여 문제될 것이 없다. 결론은 식상의 강한 기운이 생재할 수 있는 조건이다.

乙庚의 상황

지반 乙은 중궁에 있고 지반 庚은 곤궁에 있다. 기곤(寄坤)의 원칙에 의해 같은 외궁(外宮)에 있으므로 아무 문제가 없다. 丁은 신수국에서 딸(아들은 丙)·중매인·첩(부인은 乙)을 뜻한다. 위의 기문국은 庚에 바짝 붙어 있어 문제가 될 듯하지만 같은 외궁에 乙庚이 있는 경우는 그렇게 큰 문제가 되지 않는다.

세궁과 재성궁의 위치

세궁과 재성궁의 위치를 볼 때는 두 가지를 고려한다. 하나는 각 궁이 내궁과 외궁으로 갈라져 있는 것을 본다. 이 기문국은 세궁과 재성궁이 갈라져 있다. 공방의 기운이 있는 셈이다. 그러나 감리지견(坎離之見)하면 이궁의 천반수가 감궁의 지반수를 생조하고 있어서 그다지 큰 영향을 미치지 못한다고 봐야 한다. 다음으로 세궁 자체의 위치가 고허방(孤虛方)인지 본다. 일진수가 고방과 허방 아무 곳에도 해당되지 않으므로 문제될 것이 없다.

기문에서 결혼할 수 있는지 살펴보는 위의 대표적인 방법들로 보면 이 국의 명주는 결혼할 수 있다는 판단이다. 그 밖의 방법들은 다른 사례의 해석을 참조한다.

기문으로 본 결혼시기
결혼이 가능하다면 언제 결혼할 수 있을까? 결혼의 응기를 보는 방법은 명리와 유사한데 대표적인 방법은 다음과 같다.

① 남자는 재성의 운, 여자는 관성의 운에 결혼한다.
② 입중역거(入中逆去)하여 해당 회수(回數)에 결혼한다. 남자는 재성수, 여자는 관성수를 입중역거하여 세궁에 닿는 회수로 정한다. 회수가 1이면 壬年, 10이면 己年 등으로 정한다. 또는 오행의 수를 그대로 취하여 1·6이면 壬癸亥子年, 5·10이면 戊己辰戌丑未年으로 정하기도 한다.
③ 괘문성장과 작괘를 참조한다. 괘문성장은 결혼과 관련된 것을 참조하고, 작괘는 직부직사법을 이용하여 작괘한 후 납갑(納甲)을 붙여 재성효를 해석한다. 물론 여자의 경우는 관성효를 해석한다. 납갑의 방법은 '작괘론'을 참조한다.

판단
위의 기문국은 수리적으로 보면 2000년에 재성운이 왔으므로 결혼이 가능하다. 입중역거의 방법으로 정재수 4를 입중하여 역거하면 세궁인 손궁에 5가 닿는다. 회수가 5이므로 戊己辰戌丑未年이 결혼할 수 있는 해이다. 그러므로 2000년이 가장 결혼하기 쉬운 해이다.

3) 실제 상황

1999년 초에 상담을 청했던 명주이다. 당시 35세로 결혼이 늦은 편이었다. 기문둔갑 평생국으로 1999년이나 2000년에 결혼하게 될 것이라고 판단하였다. 실제로 양력 2000년 10월에 결혼하였다.

2. 바람 피울 팔자, 혼자 살 팔자는?

음력 1951년 11월 29일 午時(冬至 中元 陽遁 7局)

```
甲 辛 庚 辛  坤命 平生局
午 丑 子 卯
```

2008 空亡 祿 巳二 丁 天甫 六合 酉四 丁 歸魂 開門 偏官-27-71 衰病	2004 時宮 午七 庚 天英 勾陳 申九 庚 福德 休門 正官-17-90 死 年劫 日亡 日年	2006 酉四 壬 天芮 朱雀 巳二 壬 天宜 景門 食神-20-78 墓絶 年馬 年華
2007 年宮 天乙 天馬 寅三 癸 天沖 太陰 寅三 癸 切體 杜門 劫財-23-74 旺 年亡 日劫	2000 中宮 亥六 戌五 丙 正財-32-69	2002 申九 戊 天柱 九地 午七 戊 遊魂 驚門 傷官-45-62 胎
2003 世宮 卯八 己 天任 騰蛇 卯八 己 絶命 死門 比肩-8-53 帶祿 日華	2005 月宮 戌五 辛 天蓬 直符 子一 辛 生氣 生門 正印-18-83 浴 年年	2001 未十 乙 天心 九天 亥六 乙 禍害 傷門 偏印-38-63 養生 日馬

1) 명리로 본 부부관계
(1) 사주의 특징과 용신

억부 우선

용신의 절대적 원칙은 없다는 것을 마음에 두고 사주의 용신을 정한다. 용신은 특별한 격국을 제외하고는 억부(抑扶)가 우선이 되고 조후(調候)를 참고로 하는 것이 일반적인 원칙이다. 위의 사주가 신약하고 한랭하다는 것은 누구도 부인할 수 없으므로 이것을 일차적인 기준으로 삼는다. 억부의 원칙으로 보면 위의 사주는 인비(印比)를 용신으로 하여야 한다. 조후의 원칙으로는 火氣인 관성을 용신으로 하여야 한다. 용신은 억부가 우선되는 것이 원칙이지만 모든 경우에 적용될까? 전통적인 용신의 원칙과 함께 개인적으로는 음양용신법과 강자기신원칙(强者忌神原則)을 적용하는데 이 원칙을 적용하면 결과가 달라진다.

음양용신법과 강자기신원칙

음양용신법은 사주의 오행을 음중지음(陰中之陰)인 水와 양중지양(陽中之陽)인 火로 나누어 용신을 정한다. 단지 水火의 형세를 보아 약한 음양 중 하나를 택해 용신을 정한다. 위의 사주에서는 火가 약하므로 火氣를 용신으로 하는 것이 적당하다고 보는 것은 음양용신법을 적용한 것이다. 강자기신의 원칙은 사주를 구성하고 있는 오행에 일정 가중치를 주어 가장 강한 것을 기신으로 삼고, 기신을 해결하는 것을 용신으로 삼는 방법이다. 위의 사주는 특별히 강한 것이 눈에 띄지 않는다. 강자기신의 원칙을 적용할 때 주의할 것은 용신이 정해진 다음부터는 일반적인 용신의 원칙을 적용하여 희용기구한신(喜用忌仇閑神)을 정한다는 것이다.

조후 용신

이 사주는 비겁이 천간에 모여 있으므로 인비보다는 조후 측면에서 접근하는 것이 합리적이다. 조후에서 辛金 일간은 열즉기토용 한즉정화용(熱則己土用 寒則丁火用) 하라는 것이 궁통보감의 시각이다. 이 때 己土를 용신으로 하는 것은 습토가 金氣를 생조하기 때문이고, 丁火를 용하는 것은 丙火를 쓸 경우 병신합수(丙辛合水)하여 한랭한 水氣를 북돋울 염려가 있기 때문이다. 그러나 이런 원칙에도 약간 문제가 있는 것이 사주의 구조를 보아 반드시 丙火를 써야 할 경우도 많은데 굳이 丁火를 쓴다는 것이다. 아무튼 시지 午火에 있는 지장간 丁火를 용신으로 한다.

용신 분석

사주에서 용신 丁火의 상황을 보면 시주(時柱)에만 하나 있는 칠살(七殺)은 귀하다는 원칙으로 봐서는 좋은 용신이지만 용신의 상황은 별로 좋은 편이 아니다. 우선 용신을 생조하는 木氣가 무력하다. 연지 卯木은 子卯刑으로 깨졌고, 시간 甲木은 주변의 어디에도 비빌 언덕이 없는 상태이다. 다음으로 일지·월지 지장간 癸水와 용신이 암충하는 상황도 별로 좋아 보이지 않는다. 용신이 월령과 극을 이룬 것도 참조한다. 결론적으로 용신이 무력하고 신약하므로 운세의 흐름을 제쳐 놓고 점수를 매기자면 하급이다.

대운의 흐름을 전체적으로 보면 木火의 운세를 탔다. 비유하자면 낡은 승용차인 명(命)을 가지고 잘 포장된 도로인 운(運)을 달리는 형세이다.

(2) 부부관계 판단

부부관계 중심으로 사주를 보면 위의 사주는 운의 흐름상 중년에 관성이 왕기를 가지고 있다. 용신이 관성인 점을 감안하면 명주는 부부관계에 문제가 없다고 본다. 굳이 문제를 찾자면 다음과 같은 것들을 생각해 볼 수 있다.

① 고신과숙(孤身寡宿) 중 과숙살이 일지에 닿아 있는 점을 들 수 있는데, 고신과숙은 일지보다는 연지를 중심으로 대조하는 것이 원칙이다.
② 관성의 희신이 무력하다.
③ 월지 남편궁이 자묘형으로 깨져 있다.
④ 일지·시지에 귀문(鬼門)과 원진(怨嗔)이 끼어 있다.

시각의 차이는 있겠지만 이러한 문제점이 사주의 전체적인 구조와 용신의 흐름을 뒤집지는 못한다.

2) 기문으로 본 부부관계

기문국을 이용하여 부부관계를 판단하는 것도 명리적 방법처럼 쉬운 일은 아니다. 어찌 보면 명리적 방법보다 더 복잡하다고 할 수 있다. 이런 복잡함 때문에 기문을 배우는 이들이 단법(單法)이니 비법이니 하며 쉬운 길을 찾지만 찾을 수 없는 것이 현실이다.

부부관계를 보는 것도 다른 하지론과 같다. 보는 비결이라면 홍국수 전체적인 시각을 유지하며, 단법에 대해 하나씩 확실하게 알아나가는 방법밖에는 없다. 기문둔갑으로 부부관계를 판단할 때는 다음 방법들을 함께 사용한다.

① 전체 홍국수의 구성과 특징을 본다.
② 감리지견(坎離之見)한다.

③ 관성궁과 재성궁의 상황을 본다.
④ 세궁을 본다.
⑤ 乙庚의 상황을 본다.

(1) 전체 홍국수로 본 부부

위의 기문국의 특징은 금목상전(金木相戰)의 형세라는 것이다. 우선 木氣인 비겁은 연궁과 세궁이 회집되었고 겸왕하다. 또한 월궁의 1水가 생조하고 있어서 매우 강하다.

관성의 상황

관성은 아주 강하다. 시궁의 9金을 보면 자체적으로 화금상전(火金相戰)의 형세이고 궁으로부터도 거극이 되어 힘을 쓸 수 없어 보인다. 그러나 삼살회동(중궁과 이궁)의 종극수이고, 육의(六儀)도 쌍경(雙庚)으로 본의(本儀)를 얻어 당당한 기세이다. 이런 상태로 金木이 서로 싸우고 있는 형세이다.

극관지명

관성이 매우 강한 경우 水氣인 인수가 제 역할을 하여 관인상생하든지 아니면 식상의 기운이 설기하여 주어야 한다. 그러나 인수는 힘이 약하고, 식상은 부동이고 극을 받아 힘이 없다. 만약 식상의 궁에 유년이나 소운이 닿는다 해도 식상이 역할을 못한다. 식상이 앉은 자리를 보면 은복지지(隱伏地支)가 金氣이고 천반수와 화금상전이 된다. 이런 상황에서 식상이 비겁의 왕함을 없애고 金氣의 독기를 다스릴 것이라고 기대할 수 없다. 결국 명주는 자왕지기(自旺之氣)가 강한 木이 되고 관성이 독으로 작용한다. 강력한 관성에 종하려 하여도 비겁의 기운이 너무 강하여 이도 저도 못하는 상황이다.

이는 명주의 자왕지기를 줄이고 관성의 기운을 다스리려면 아쉬운 대로 식상의 기운을 최대한 사용하여야 한다는 것이다. 즉 식상을 필요 오행으로 한다. 이른바 극관지명(剋官之命)에 해당될 소지가 많다. 홍국수의 전체 상황으로 보아 부부관계는 좋지 않다.

(2) 감궁·이궁의 생조관계로 본 부부

감리지견

기문둔갑에서는 부부관계를 볼 때 감궁 지반수와 이궁 천반수의 생조관계를 참조한다. 본래 감궁의 지반수는 체용(體用) 중 체, 이궁의 천반수는 용이 된다. 이른바 감리지견한다는 것은 기문국의 전체 기운이 소통되는지 보는 것인데 부부관계를 볼 때도 활용한다. 부부관계를 볼 때는 이궁의 천반수는 남자, 감궁의 지반수는 여자로 본다.

수화상충

감궁과 이궁이 서로 상생·상합하면 길하고, 상비(相比)되어 있으면 내조의 공이 있다. 반대로 상극·불합하면 흉하다. 더욱 문제가 되는 것은 두 궁의 천반수와 지반수가 수화상충(水火相沖)·화금상전의 형세를 이루는 것인데, 이 경우는 상극보다 더 흉하게 본다. 안 좋은 순으로 나열하여 보면 수화상충 〉화금상전 〉상극의 순이라고 할 수 있다. 위의 기문국을 감리지견하면 수화상충의 형세로, 부부문제로는 가장 안 좋은 경우에 속한다.

(3) 관성궁·재성궁으로 본 부부

홍국수의 전체 상황을 보거나 감리지견하는 것은 기문국의 전체 상황을 보아 부부관계를 단하는 것이다. 반면에 세궁·관성궁·재성궁·乙庚을 보는 것은 일종의 단법이라고 할 수 있다. 우선 관성·재성궁을 보는 방법을 알아보는데 위의 기문국은 곤명으로, 남자는 재성궁으로 바꾸어 유추 해석한다.

관성 태왕

여자는 세궁의 일진수보다 관성이 태왕하면 남편으로 인하여 패가하든지 나쁜 남편을 만난다.

대응결 등

여명 관성궁에 乙辛이 동궁하면 남편이 첩과 함께 달아난다. 남편의 됨됨이는 관성궁의 괘문성장과 신살 등을 참조하는데, 예를 들어 도화(桃花)가 있으면 주색에 빠질 가능성이 있다.

관성 수리

① 수리 자체 판단 : 관성이 수극 또는 공망이면 상처나 재혼의 기미가 있는 명이다. 이 경우 재성궁이 4·9金이면 재혼의 가능성이 더 높아진다. 아울러 관성수가 승극·거극·수극의 상황이거나 길문·길괘이면 재혼할 수 있다. 이것은 기문국을 판단할 때 홍국수로 먼저 길흉을 보는 이론과 일맥상통한다.

② 천반수의 판단 : 남자는 편관궁의 천반에 재성이 더해지면 처로 인한 화액(禍厄)이 있다.

수리 오행

고서에서 남자의 경우 재성수가 1·6이고 현무·휴문·천봉·역마와 乙庚이 동궁하면 첩과 달아난다고 하였다. 또 재성수가 1·6이면 화류계 출신의 부인을 얻든지 처에게 호색의 기미가 있다.

실제 판단

위의 기문국은 홍국수의 전체 상황을 볼 때 앞에서 말한 대로 남편과의 관계가 좋지 않을 것으로 판단된다. 이궁의 관성수가 화금상전·쌍경살(雙庚殺)·칠구살(七九殺)을 이루어 괘문의 길의를 절대로 살리지 못할 기문국이다.

(4) 세궁과 일간궁으로 본 부부

기문에서 부부관계를 말할 때 나오는 것이 내궁(內宮)과 외궁(外宮)으로 그 의미가 두 가지이다. 하나는 중궁을 중심으로 대충방(對沖方)의 위치에 있는 궁을 둘로 나누어 내궁을 건궁·감궁·간궁·진궁으로, 외궁을 손궁·이궁·곤궁·태궁으로 보는 것이다. 다른 하나는 내궁을 일지궁(세궁), 외궁을 지반 일간궁으로 보는 것인데, 보통 부부관계와 관련하여 이 분류를 많이 사용한다.

부부관계 판단

일반적으로 부부관계를 볼 때 내궁은 일지궁, 외궁은 일간궁의 의미이다. 세궁의 상하 홍국수를 보아 상생·비화이면 집안이 화평하고 처첩의 내조가 있다고 단하는데 이것은 일간궁도 같이 길할 때이다. 예를 들어 일간궁이 왕길하고 세궁이 상극·형파(刑破) 등이면 내곤외발(內困外發), 즉 집안에는 어려움이 있지만 바깥일은 잘 된다. 그러나 일간궁·세궁이 모두 왕길하면 가화만사성이다. 이치적으로 볼 때 일간궁은 의기를 중심으로 보는 것이므로 왕쇠와 길흉은 의기와 괘문성장을 중심으로 판단하는 것이 맞다.

위의 기문국은 세궁과 일간궁의 형세를 비교해 보면 세궁의 괘문은 극흉한 반면 감궁에 있는 일간궁은 생기·생문으로 아주 길하다. 곤명인 점을 생각하면 가정일보다 바깥일에 치중할 조건이다. 또한 이것은 부부관계가 좋지 않을 것이라고 판단하게 하는 부분이기도 하다.

내궁과 외궁에 배치된 관성궁·재성궁의 상황으로도 부부관계를 알 수 있는데, 예를 들어 남자의 경우 위의 기문국처럼 세궁과 재성궁이 내궁과 외궁에 분리되어 있으면 가정불화와 부부간에 이별수가 있다. 그리고 세궁과 재성궁이 대충방에 있으면 이러한 경향이 더 강해진다.

내사궁·외사궁

내궁·외궁과는 전혀 다른 개념으로 내사궁과 외사궁이 있다. 절후를 기준으로 한 양둔궁(陽遁宮)·음둔궁(陰遁宮)의 개념과 같은 것으로, 점사국을 운용하며 출행자의 위치 등을 판단할 때 사용한다. 내사궁은 양둔궁으로 감궁·간궁·진궁·손궁을 말하고, 외사궁은 음둔궁으로 이궁·곤궁·태궁·건궁을 말한다.

(5) 세궁 자체의 상황으로 본 부부

세궁 자체로 부부문제를 볼 때 고려할 사항은 다음과 같다.

일진수

세궁의 지반수인 일진수로 부부관계나 가정사를 본다. 세궁의 지반수가 겸왕·승왕하고 길괘문을 얻으면 일단 부부관계에 좋은 영향을 미친다고 본다. 그러나 모두 좋은 것은 아니다. 예를 들어 쌍5 천강살로 되어 있으면 가정불화·가정 파괴·횡액 살상이 발생한다. 쌍7·쌍9의 경우도 마찬가지로 좋은 영향을 끼치지 못한다. 이러한 것들은 일종의 단법으로 취급하며 전체 홍국수의 상황 내에서 참조한다.

천지반의 관계

세궁의 천반수는 남편, 세궁의 지반수는 부인으로 하여 부부간의 문제를 볼 수 있다. 이 두 수가 상생·상합하면 길하고, 상극·불합하면 흉하게 본다. 건명으로 세궁의 천반에 재성의 홍국수가 있고 재성이 거왕(居旺)하면 처와 재물의 덕을 볼 수 있다. 이것도 단법으로 단지 이런 상황만으로 처덕을 볼 수 있는 것은 아니므로 전체 홍국수의 구조를 참조한다.

세궁의 괘문과 공망

일진수가 극을 받고 사문·절명을 만나면 부부가 이별하는 명이다. 또한 일진수가 고허방(孤虛方)이 되는 경우는 홀아비·과부의 명이고, 일진수가 거사·승사 등으로 쇠약하며 길괘문을 가진 명은 재혼한다. 여기서 고허방은 공망방과 그 대충방을 말한다. 실제로 임상하여 보면 공망방인 고방에 든 것보다 그 대충방인 허방에 있는 경우가 부부관계에 미치는 영향이 더 크다.

세궁 상황

명국의 세궁에 생문·생기가 동궁하면 현모양처를 얻는다. 또한 세궁에 태음·육합이 있으면 이성관계가 문란하고 색정문제가 있으며 구설이 분분할 수 있다. 세궁의 수리도 중요하지만 괘문성장도 참조하여 부부관계를 본다.

실제 판단

위의 기문국은 세궁 일진수는 겸왕하지만 괘문이 절명·사문으로 아주 흉하여 집안의 상황이 별로 밝지 않다.

고허법

① 의의 : 기문은 각 궁의 지리상의 이점을 따져 택방(擇方)·택시(擇時)를 하는 학문이다. 처음에는 전쟁에서 출병 여부를 판단하는 것으로 시작하여 어느 시점에 움직이고 멈출 것인지를 정하는 일로부터 시시각각의 변화와 길흉을 판별하고 주객동정을 따지는 것이 기문둔갑이다. 이런 기문에서 고허법(孤虛法)은 중요한 위치를 차지한다. 고허법의 중요성은 기문 역사에서도 확인할 수 있다. 중국 고대 황제(黃帝) 시대의 풍후(風后)는 병법(兵法) 13편과 고허법 12권을 지었고 둔갑 1080국을 처음 정립한 것으로 전해진다.

② 이론 : 고허방은 기문의 독특한 개념이다. 공망의 위치를 고방(孤方), 대충방을 허방(虛方)이라 하는데 일반적으로는 양 방향을 모두 피한다. 자신의 몸을 지키는 호신용으로 배고격허법(背孤擊虛法)이 있다. 고서에 이르기를 "고방을 뒤로 하고 허방을 공격하면 한 명의 여자가 열 명의 남자 적을 물리칠 수 있다"고 하였다. 특히 고허 중 시고(時孤)를 중요시한다. "공망은 고가 되고 대충궁은 허가 된다. 왕상은 동방 木이 卯에서 왕한 것과 같다. 봄은 木에 속하고 甲乙木은 丙丁火를 생한다. 金에 이르면 그 내부가 쇠하여진다. 이것이 고이다. 고라는 것은 보조할 뜻이 없다는 것이다. 지금은 사폐(四廢)로 설명된다. 그래서 水는 어미가 되고 木은 자식이 되는데, 자식이 실하면 어미는 허해진다. 여기에 이르면 허가 되는 탓이

다. 이것이 병가에서 시일(時日)을 쓰고 천덕월덕방위법이 있는 이치이다. 전쟁에서 진지를 칠 때 고를 배경으로 허에 치는 것이 길하고, 이것이 즉 모사하는 일을 이루는 데 좋고 두루 모든 일을 온전하게 펼칠 수 있게 된다"라고 하였다.

③ 사용 예
- 곤명일 때 관성이 공망이나 고허방에 있으면 좋지 않다. 점사로 결혼을 볼 때 용신(관성수·재성수)에 속한 수리가 실령(失令)하거나 고허방에 들면 억지 결혼을 한다.
- 일간과 시간의 기운을 볼 때 시간과 일간이 묘절(墓絶)·고허방·형충(刑沖)을 만나면 약하게 본다.
- 일진수가 승극·거사이며 상하 홍국수와 상충이고 허방에 있으면 우환·질액으로 고생한다. 명국에서 일간궁이 고허방 중 허방이고 시간궁이 고방이면 어려서 의탁할 곳이 없다. 반대로 시간궁이 허방이고 일간궁이 고방이면 늙어 의지할 곳이 없게 된다.

(6) 乙庚의 상황으로 본 부부

이제까지 살펴본 것이 수리를 중심으로 한 홍기적 방법이라면 乙庚을 이용하여 부부를 보는 것은 연기적 방법이다. 이것은 乙庚이 구궁 중 내궁과 외궁에 분리되어 있는지 보는 것으로 연기로 보는 대표적 방법이다. 내궁이란 구궁 중 건궁·감궁·간궁·진궁, 외궁은 손궁·이궁·곤궁·태궁을 말한다.

乙庚의 위치

부부를 볼 때 지반 육의삼기 중 乙은 처, 丁은 첩, 庚은 남편을 상징하는 것으로, 乙庚이 내궁과 외궁에 따로 있으면 우선 부부궁이 안 좋다고 볼 수 있다. 특히 乙庚이 대충방〔감궁과 이궁같이 구궁 중 일직선에 있는 궁. 이것을 진공방(眞空房)이라고 하여 별도로 구분하는 경우도 있다〕에 있으면 이러한 경향이 강해진다. 물론 부부관계는 여러 가지 요소를 종합하여 보아야 하지만 부부 사이에 문제가 있다고 판단되면 乙과 庚의 상황을 반드시 본다.

乙庚의 생극

乙庚의 각 궁이 상생이면 부부 화합, 상극이면 부부 불화가 있는 것으로 보며, 또 乙庚이 있는 궁에 庚金이 더해지면 해당되는 부부의 운이 안 좋다. 보통 가(加)란 천반육의가 지반육의의 위에 있는 상태를 말하며, 거(居)란 지반육의가 어떤 구궁에 있는 상태를 말한다. 예를 들어 이궁에 가경(加庚)이라고 하면 이것은 이궁에 천반육의 庚이 있다는 뜻이다.

실제 판단

위의 국을 乙庚의 기준으로 살펴보면 쌍을(雙乙) · 쌍경(雙庚)이 내궁과 외궁에 각각 분리되어 있다. 정관의 자리에 쌍경이 있어 느낌이 아주 안 좋은 명국이다. 곤명인 기문국의 六庚에 가해진 庚金은 그 자체로 흉의를 갖고 있다. 아울러 乙庚이 앉은 궁이 서로 화금상전(건궁과 이궁)을 하고 있는 것도 흉하다. 이와 같은 상황만 보아도 乙庚의 기준으로 남편의 복 따위를 이야기한다는 것이 이상할 정도이다.

3) 실제 상황

기문둔갑으로 살펴본 명주의 부부 상황은 다음과 같이 요약된다.

- 홍국수 : 극관지명으로 부부관계에 좋지 않은 상황
- 감리지견 : 수화상충으로 흉하다.
- 관성수 : 화금상전 · 칠구살 · 쌍경살로 흉하다.
- 내사와 외사 : 내사는 흉하고 외사는 길하다.
- 내궁과 외궁 : 쌍을과 쌍경이 각자 분리되어 있는 상태
- 일진수 : 겸왕하나 괘문은 흉하다.
- 乙庚 : 乙庚이 내외궁에 분리. 거궁도 상전. 庚加庚

명주는 모 방송국의 PD로 2002년 상담할 때까지 처녀로 지냈다. 나이가 50이 훌쩍 넘었으니 결혼하기는 어렵겠다. 혼자 살고 있는 집에 가끔 찾아오는 남자가 있을 것이고, 결혼은 하지 못할 것으로 해단한 사례이다. 물론 명주는 애인이 있다는 것은 인정하지 않았다.

이제까지 알아본 바와 같이 명리로 판단한 결과와 기문둔갑으로 판단한 것은 많은 차이가 있다. 과연 어느 것을 기준으로 할 것인지는 간명자의 몫이다. 명리상 고독한 여자를 고부(孤婦)라고 부른다. 그 특징으로 무관의 명(金水冷寒無官者, 水火通明無官者, 印綬多逢無官者, 官星太弱者)과 화개가 많은 명(辰戌丑未를 사주의 지지에 모두 가진 것)을 든다. 위의 명은 시지 午火가 관성이 되므로 무관의 사주는 아니다. 또한 시간의 甲木이 木生火하므로 아무리 생조의 기운이 약해져도 태약으로 볼 상황은 아니다. 명리상으로는 이모저모 따져 보아도 혼자 살 팔자는 아니다.

3. 겉궁합과 속궁합이 맞는 부부는?

부인 : 음력 1968년 5월 12일 巳時(芒種 下元 陽遁 9局)

```
丁  戊  戊  戊  坤命 平生局
巳  申  午  申
```

2006 時宮	2002 月宮 天馬	2004 世宮 年宮
午七 乙 天任 勾陳	巳二 辛 天沖 朱雀	申九 壬 天甫 九地
卯八 壬 歸魂 死門	寅三 戊 福德 驚門	亥六 庚 天宜 傷門
食神-21-82	傷官-40-62	比肩-6-54
墓絶 年日華	胎 年日馬	養生 年日亡
2005 空亡	1998	2000
卯八 己 天蓬 六合	子一 天芮	酉四 戊 天英 九天
午七 辛 切體 生門	酉四 癸	子一 丙 遊魂 景門
正財-13-90	偏印-25-75	劫財-35-69
死		浴 年日年
2001 空亡 祿	2003	1999 天乙
寅三 丁 天心 太陰	丑十 丙 天柱 騰蛇	戌五 癸 天禽 直符
巳二 乙 絶命 杜門	辰五 己 生氣 開門	丑十 丁 禍害 休門
偏財-37-65	正官-45-60	偏官-34-74
衰病 年劫 日劫	旺	帶祿

남편 : 음력 1963년 4월 4일 辰時(穀雨 中元 陽遁 2局)

```
庚  庚  丙  癸  乾命 平生局
辰  子  辰  卯
```

2004 月宮 時宮 空亡 辰五 己 天沖 直符 未十 庚 禍害 開門 傷官-25-77 帶祿 日華	2000 天馬 未十 庚 天甫 螣蛇 戌五 丙 絕命 休門 食神-45-57 旺	2002 午七 丙 天英 太陰 卯八 戊 切體 景門 正印-15-90 衰病 年華
2003 年宮 祿 亥六 丁 天任 九天 申九 己 天宜 杜門 偏財-24-83 浴 年劫	2005 申九 亥六 辛 正官-31-72 日亡	1998 巳二 戊 天芮 六合 寅三 癸 生氣 驚門 偏印-36-60 死 年亡 日年 日馬
1999 子一 乙 天蓬 九地 酉四 丁 福德 死門 正財-40-58 養生	2001 世宮 卯八 壬 天心 朱雀 午七 乙 遊魂 生門 比肩-7-53 旺	2006 寅三 癸 天柱 勾陳 巳二 壬 歸魂 傷門 劫財-33-63 墓絕 年馬 日劫

1) 명리로 궁합 보는 법

실제로 상담하다 보면 부부라는 것이 도대체 무엇으로 유지되는 것인지 의문이 들 때가 많다. 또 어떤 이유로 파경을 맞이하는지 궁금하기도 하다. 많은 사람들이 부부문제에 대해서 상담하고 뒤풀이 시간에 하는 말을 들으면 파경을 맞는 사람들의 공통점은 자신은 '전혀' '아무' 잘못도 없다는 것이다. 그러나 명국을 자세히 보면 명주에게도 그런 파경을 가져올 충분한 기운이 있고 스스로의 기운이 그런 결과를 초래한 것이다. 부부문제는 언제나 상대적이라고 하지만 실제 상담할 때 어느 한 편만 보아도 그런 기미를 눈치챌 수가 있으니 참으로 묘하다.

(1) 겉궁합

겉궁합은 생년을 중심으로 본다. 현대 명리에서는 거의 사용하지 않지만 참고로 간단히 소개한다.

① 납갑법(納甲法) : 납음오행으로 보는 방법으로 생년의 납갑을 비교하여 상생이면 좋다.
② 신살법(神殺法) : 생년의 지지끼리 신살 등을 비교한다. 예를 들어 원진과 충되는 것 등을 따진다.
③ 상합법(相合法) : 두 사람의 생년을 비교하여 합이 되면 좋다. 이 방법에 의하면 띠끼리 삼합이나 육합이 되면 길하다.

이런 방법들은 약간 허무맹랑한 면이 있어 사용하지 않는데, 일반인들이 이렇게 본 궁합의 결과를 가지고 문의하는 일이 종종 있으므로 그 허실을 알 필요가 있다.

(2) 속궁합

속궁합은 명리에서 주로 이용하는 방법이다. 오행의 생극제화로 두 사람의 보충성에 무게를 두고 궁합을 본다. 하나만 사용하여 보는 것이 아니라 다음의 방법 2~3개를 종합하여 판단한다.

용신법

남자의 용신이 여명에 유기(有氣)하고, 여명의 용신이 남명에 유기하는 경우 길하다고 본다. 용신이 서로 돕는 관계일 때도 길하게 보는 경우가 있지만 잘못 이해된 것으로 보인다. 예를 들어 건명이 水 용신, 곤명이 木 용신인 경우는 좀 이해가 가지만 건명이 金 용신, 곤명이 水 용신인 경우는 두 사람 다 木火의 기운 즉 양의 기운이 강하다. 그러면 합성법으로 보았을 때 문제가 있다. 즉 상호 보완성의 문제로 볼 때 문제가 되는 방법이다. 이어지는 합성법의 내용을 보면 이해가 갈 것이다.

합성법
오행의 조화를 보는 법으로, 부부를 하나의 사주로 만들어 중화·균형을 이루어 재관(財官)을 보완하는 방식이다. 남자 8자, 여자 8자를 합하여 16자를 통괄해서 본다. 보통 용신법과 합성법을 응용하는 궁합법이 정도이다. 합성법의 문제점은 뒤에 나오는 기문으로 궁합보는 법을 참조한다.

신살법
남녀 사주의 사지(四支)를 대조하여 보는 방법으로, 원진·형충파해(刑沖破害)·복음(伏吟)·고신과숙(孤神寡宿) 그리고 일지끼리 충하는 것을 꺼린다. 또한 공망이 상대의 일지에 있는 것도 흉하게 본다.

육친법
두 사람의 일간을 대조하는 방법으로 서로 겁재가 되거나 상관이 되면 좋다. 정재·정관은 좋고, 서로 상생하는 육친도 좋다.

대운 정법
대운이 공통으로 나가거나 상반된 대운이면 좋다. 이 방법은 부부가 서로 보완한다는 관점에서 생각하면 문제가 있다.

2) 기문둔갑으로 궁합 보는 법

기문둔갑으로 궁합을 볼 때 문제가 되는 것은 각자의 국을 판단하였을 때 부부궁의 상황이 서로 다르면 어느 것을 기준으로 할 것인지의 문제이다. 예를 들어 명주가 곤명일 때 간명을 하니 남편의 덕이 있는 것으로 판단되었는데 남편의 사주는 처덕이 없는 것으로 판단되었다. 과연 이런 부부를 궁합에서 어떤 점수를 주어야 할까? 당사자들에게 어떻게 상담해 주어야 할지가 문제이다. 개인적으로는 부부의 기문국을 조식하여 부부간의 문제가 많은 기문국을 기준으로 삼는다. 결국 두 사람의 기문국을 대조하는 것인데 일단 이렇게 원칙을 세워 놓고 임상하면 마음 편하게 상담할 수 있다.

그리고 한 편의 기문국에 상대방이 어떠한 위치를 차지하고 있는지 보고, 그 다음으로 상호간의 보충성이 충족되는지 본다. 기문의 방법은 기본 논리에서 명리의 방법과는 차이가 있다. 위의 기문국을 부인의 기문국을 중심으로 하여 궁합이 맞는지 판단해 본다.

(1) 부부궁의 상황

홍국 수리의 상황

부인의 기문국을 홍국수의 전체적인 상황으로 보면 쌍립(雙立)현상을 보이고 있다. 이는 세궁의 수리가 연궁과 회집되고 생을 받아 강하며, 식상의 수리로 기운이 몰려 있기 때문이다. 이러한 경우 재성이 제 역할을 해 주면 다행인데 이 기문국은 그렇지 않다. 재성의 형편을 볼 때 가장 거슬리는 것은 공망을 맞았다는 것이다. 왕자비공(旺者非空)이라 하여 왕한 자는 공망의 영향을 말하지 말라고 하지만 공망은 공망이다. 관성은 겁왕이므로 말할 필요가 없다.

결과적으로 식상과 관성이 강하게 부딪치는 형국이다. 다행히 홍국수가 돌아가고, 감리지견하면 서로 생의 관계에 있어 파국으로 끝날 형상은 아니다. 이것은 세궁 자체의 상황이 그다지 나쁘지 않고, 세궁 천반수가 일진수를 생해 주는 것도 고려한 판단이다.

관성궁의 상황

관성궁은 검왕하여 일진수와 대치하고 있다는 것 외에는 특별히 흠이 없는 상황이다.

乙庚의 상황

乙庚은 곤궁과 간궁, 즉 대충방에 있으므로 진공방(眞空房)에 해당된다. 이러한 상황들로 볼 때 부부간에 파국을 맞을 기문국은 아니지만 남편과의 알력으로 서로 대치하며 공방의 기운이 있다고 판단된다. 점수를 주자면 50점 정도가 적당하다. 그리 크게 흉하지 않다는 뜻이다.

(2) 부부간 기문국의 보충성

육친의 보충성

육친의 보충성을 볼 때는 수리의 음양오행을 보지 않고 서로의 약한 육친을 보완할 수 있는지에 중점을 두고 보며 해당 육친궁의 상황을 참고한다. 단지 육친간의 보충성이 있는지 볼 뿐이다. 명리에서 음양오행의 보충성을 보는 것과 별 차이가 없는 것 같지만 조금 궁리를 하면 본질적으로 다르다.

위의 기문국을 보면 금방 이해할 수 있다. 남편의 기문국을 보면 木氣인 인수가 없는 것이 문제이다. 그런데 부인의 기문국에서는 木氣가 왕성하다. 그러면 서로의 보충성이 충족되었다고 할 수 있을까? 부인의 기문국에서는 木氣가 식상이고 남편의 기문국에서는 土氣가 식상이다. 두 기문국이 모두 식상이 강한데 수리 오행이 보충된다고 해서 궁합이 맞다고 보는 것은 큰 문제가 있다.

실제 판단

육친의 보충성이란 관점에서 기문국을 분석해 볼 때, 남편의 입장에서 인수가 부동이어서 정상 통기가 안 되고 있는데 부인의 국 중 중궁에 인수가 있으므로 불만족한 상황은 아니다. 좀 힘이 약해 보이지만 그래도 영원한 동처인 중궁에 있으므로 봐 줄만하다. 부인의 입장에서 보면 재성이 공망이며 부동이어서 통기가 안 되고 있다. 남편의 기문국에 연궁 재성이 아주 강세이므로 이 또한 불만이 없다. 결론적으로 상호 보충성에는 아무 문제가 없다.

3) 실제 상황

이 부부는 결혼한 지 7년째로 부인의 표현에 의하면 안 싸우고 산 날이 없다고 한다. 티격태격 싸우고 별거 비슷한 생활을 하며 부인은 이혼을 생각한다고 하소연하였지만 위에서 살펴본 바와 같이 궁합에는 아무 문제가 없다. 단지 부부의 기문국에 乙庚이 내궁과 외궁에 갈라져 있어 공방의 영향은 벗어날 수 없다. 부인의 하소연을 일과성으로 보고 다독거렸는데, 명리에서 비겁다봉명국(比劫多逢命局)은 부부관계에 불만이 많은 명국이라는 말이 실감 나는 사례이다.

4. 평생 동업할만한 여자일까?

음력 1959년 2월 18일 卯時(春分 下元 陽遁 6局)

```
癸 丁 丁 己  坤命 平生局
卯 未 卯 亥
```

2000	2005	1998 世宮
巳二 丁 天沖 九地	午七 丙 天甫 九天	酉四 辛 天英 直符
辰五 丙 生氣 死門	未十 辛 切體 驚門	寅三 癸 絶命 傷門
偏財-12-87	正財-43-61	比肩-3-49
衰病	死	墓絶 年日亡 年日華
1999 月宮 時宮 空亡	2001 伏天乙	2003
寅三 庚 天任 朱雀	亥六	申九 癸 天芮 騰蛇
酉四 丁 福德 生門	子一 乙	卯八 己 禍害 景門
正官-7-90	偏印-13-85	劫財-28-78
旺	日亡	胎
2004 空亡 天馬	2006	2002 年宮 祿
卯八 壬 天蓬 勾陳	戌五 戊 天心 六合	未十 己 天柱 太陰
申九 庚 天宜 杜門	巳二 壬 歸魂 開門	午七 戊 遊魂 休門
偏官-37-69	傷官-45-54	食神-20-79
帶祿 年 日劫	浴 年日馬 年日年	養生

상담 상황

2002년 양력 8월에 아는 사람으로부터 전화상담이 들어왔다. 어떤 여자와 동업하려는데 어떨지 봐 달라는 것이었다. 대뜸 이 사람 바람난 여자 아니냐고 하자 그게 동업과 무슨 상관있냐고 반문하였다. 상담을 하다 보면 눈치가 빨라진다. 아마도 서로 바람을 피우다 이젠 평생(?) 동업자로 괜찮을지 묻는 것 같아 씁쓸하였다.

1) 기문 소운의 판단

위의 평생국을 보면 식상이 강하여 극관지명(剋官之命)의 기운이 있다. 2002년 소운을 보면 괘문성장이 모두 바람과 연관되어 상담할 때 그런 말로 시작이 되었다. 소운궁의 천주는 음모 · 변절 · 쾌락 추구와 관련이 있다. 태음은 음란함과 숨어서 몰래 하는 일, 어둠과 몽매함 등을 주사(主事)하는 팔장이다. 팔괘 유혼은 변동 · 허영 · 분열과 연관이 있고, 휴문은 혼인 등과 연관이 되는 팔문이다. 전체적인 수리에 자신이 생겼을 때 이 정도의 괘문성장이면 바람이 났을 것이라는 판단이 당연하다.

2) 연궁의 판단

소운의 판단이 운기에 맞는 판단인지 연국을 조식하여 알아본다. 2002년 연국은 음력 2002년 2월 18일 卯時이며, 춘분 상원 양둔 3국으로 각자 조식해 본다. 조식 결과를 보면 2002년에 명주의 나이가 44세(1959년생)로 명궁은 이궁인 정관궁에 닿는다. 명궁은 그 해의 조건을 말하는 궁이다. 명궁이 관성이므로 남편이나 남자의 일이 조건으로 온다. 아울러 정관 수리가 7 · 9살을 이루어 남편이 깨지는 상이며, 3 · 4월에 있는 편관은 酉四 · 巳二이고 그 대충방에 巳二 · 酉四가 있어 수미복배(首尾腹背)의 형상을 보인다. 편관의 기운과 연결이 된다.

관성의 상황

명주는 3 · 4월경부터 다른 남자를 알았을 것이다. 그리고 남편과는 5월에 별거를 시작하였거나 가출을 하는 등 문제가 드러났을 것이다. 연국에서 바람이 나는 대표적인 경우를 보면, 남자는 중궁의 정재수가 숨어 있으며 중궁 편재수가 생왕하고 연궁이 중궁의 편재수를 생조하는 경우에 첩이 생기게 된다. 첩과 이별하는 것은 편재수가 상하 상극·형충되고 월령이나 연궁에서 편재수를 극하는 경우, 乙庚宮에 丙庚이 가하여지거나 7·9가 상전하는 경우 등이다. 위의 예는 여자이므로 재성을 관성으로 바꾸어 생각한다.

수미복배

수미복배란 구궁의 대충방끼리 천지반 홍국수가 서로 뒤바뀌는 것이다. 예를 들면 감궁에 3/9가 있고 그 대충방인 이궁에 9/3이 있는 경우이다. 이러한 형상은 중궁의 수리가 5/5인 경우를 제외하고 겸왕할 때 나타난다. 수미복배의 영향은 다음과 같다.

① 수미복배의 각 궁은 연관성이 있다. 응기를 볼 때도 수미복배의 현상이 있으면 그 응기는 대충방에서 이루어진다.
② 평생국을 볼 때 사진(四辰)에 수미복배 현상이 있으면 변화에 능하다. 특히 1·6水 2·7火가 수미복배의 현상을 보일 때는 더욱 변화에 능하다. 기문에서 재주가 많은 재사(才士)로 보는 경우는 이 외에도 1·6水가 사진에 가림한 경우, 세궁에 1이나 6이 있는 경우이다.

3) 평생국으로 본 부부운
(1) 홍국 수리 판단

성국의 종극수

어떤 이는 성국이 된 기문국은 인생 대로가 뚫려 있는 국이라고 한다. 기문의 수리를 전체적으로 볼 때 성국을 기의 고속도로가 뚫려 있는 상태라고 하니까 이렇게 말하는지 모르겠지만 성국도 성국

나름이다.

성국을 보는 방법은 성국의 종극수가 극을 하는지 생을 하는지를 본다. 위에서 예로 든 국의 경우 중궁 생 연궁, 세궁 생 연궁으로 연궁의 수리 식신에 힘이 쏠려 있다. 이렇게 기본궁이 상생으로 이어지면 우선 힘이 강화되어 이 기운을 흡수해 줄 재성이 부동이면 식상은 관을 치는 수밖에 없다. 결과적으로 이 국은 극관지명이다.

세궁 상황

부부와 관련해서 성국 다음으로 살필 것이 세궁의 상황이다. 위의 국은 세궁의 괘문이 절명·상문으로 흉하고 화개가 중중(重重)하다. 또한 운성으로도 묘절지로, 부부관계에 좋지 않은 기운들이 골고루 모여 있다. 12운성이 부부관계에 미치는 영향은 다음과 같다.

① 세궁에 욕(浴)이 닿으면 주거 부정·주색문제·부부 불화·성격 음란·패가망신의 경향이 있다.
② 세궁에 병(病)이 닿고 흉격이면 사회 발전이 없고 육친의 덕이 없으며 부부 불화수가 있다.
③ 세궁에 묘(墓, 일명 庫·葬身)가 닿는 경우 곤명이면 부부 이별의 기운이 있다.
④ 세궁에 태(胎)가 닿는 경우는 반길반흉으로 괘문성장에 따라 판단이 달라진다. 평소 생활에 주관이 없으며 부부 불화 등의 기운이 일어난다.

12운성의 기문국에서의 영향은 일종의 단법이므로 해석할 때 다른 기문요소와 종합하여 참조한다.

水氣

마지막으로 중궁의 겸왕한 인수에 관심을 가질 필요가 있다. 고서에서 6水가 왕기를 띠고 화해가 동궁이면 주색에 빠질 우려가 있는 명으로 보라고 하였다. 쌍인(雙印)의 길한 측면을 떠나 水氣가 왕하면 음란하여 일이 생길 우려가 있다. 위의 국과 같이 전체 수리에 부부 불화의 기운이 있는 경우 참고한다. 앞에서 살펴보았듯이 행복한 부부관계와는 거리가 있는 국이다.

(2) 그 밖의 참고사항

공망의 영향

일진수가 고허방에 있을 때는 홀아비 신세를 면하지 못한다. 그만큼 부부의 연이 안 좋다. 위의 국은 세궁이 허방에 있고 고방이 9金의 편관궁이므로 그 영향이 더 크다. 공망에 대해 복습하는 마음으로 다시 한번 살펴본다.

① 일진수가 공망이면 정서불안·무주체성이며 마음이 허하고 망령되게 행동하는 경향이 있다.
② 식상이 공망이면 명주의 자식이 애물이거나 없다.
③ 남자의 경우 재성이 공망이면 부부 불화·공방생활·고독지명이고 재물의 손실수가 있다.
④ 여자의 경우 관성이 공망이면 남편과의 문제가 생기며 직업 변동·실업의 우려가 있다. 지극히 드문 경우이지만 연국 등에서 공망이 길괘문과 동궁하면 확장·변동의 기운이라고 단하기도 한다.
⑤ 인수가 공망이면 조기 가출·부모 무공·관재구설의 기운이 있다.

바람의 기운

위에서 예로 든 국과 직접적인 연관은 없지만 바람을 피는 것과 연관이 있는 경우를 살펴본다.

① 의기 : 남자는 중궁에 정재가 숨어 있고 丙庚이 동궁하는 경우이며, 여자는 숨은 것을 정관으로 보면 된다.
② 괘문 등 : 남자는 천반의 재성(여자는 관성)이 왕하고 경문(景門) · 태음을 만나는 경우이다.
③ 십간대응결 : 乙加庚이고 함지 · 겁살이 동궁하면 여자의 일로 관재구설수가 있다. 乙加辛이고 경문(景門) · 유혼이 동궁이면 첩과 야반도주한다.

4) 명리에서의 참고사항

천한 짓을 하는 명, 즉 천격에 속하는 사주는 신왕 사주로 비겁이 많고 재성이 없는 경우, 관성은 약한데 인수가 많은 경우, 관살혼잡(官殺混雜) 사주, 명암부집(明暗夫集)으로 천간의 관성과 지장간의 관성이 혼잡된 경우, 다음으로 乙巳 · 辛巳 · 癸巳 · 丁亥 · 己亥 일주로 관살이 투출된 경우이다.

이 때 관살혼잡은 사주에 관성(정관과 칠살)이 많아 신약한 사주를 말하며, 거관유살(去官留殺) · 거살유관(去殺留官) · 거관서배(去官舒配) 등은 관살혼잡으로 보지 않으므로 주의한다. 명암부집도 일종의 관살혼잡으로, 관살혼잡이 사주팔자에 정관과 칠살이 있는 것이라면 명암부집은 관성과 칠살이 사주와 지장간에 있다. 사주에 있는 관성은 명부(明夫), 지장간에 있는 관성은 암부(暗夫)가 된다. 이 경우 외정(外情)이 있고 재혼을 하기 쉬운 명으로 본다.

그 밖에 신약 사주가 관살이 아주 강하거나 왕한 재성이 관살을 생조하는 사주, 그리고 식상이 아주 강한 상태로 관성을 치는 경우, 관성도 쇠약하고 일간이 사절지에 앉아 있거나 입묘된 경우, 오행의 구성이 水土가 혼탁하거나 수화상충인데 이를 해결할 오행이 없는 경우도 천격이다.

또한 자식의 기운이 사주에 불리해도 천격인데, 이는 일시(日時)가 무정한 경우로 예를 들면 귀문관살 · 원진 · 형충(刑沖) 등이 있는 경우이다. 일시에 인수가 중중한 경우도 천격에 해당된다.

4장 자식론

1. 아들을 낳을 수 있을까?

음력 1973년 6월 15일 戌時(大暑 上元 陰遁 7局)

| 戊 辛 己 癸 乾命 平生局 |
| 戌 亥 未 丑 |

卯八 丁 天蓬 六合 未十 辛 禍害 休門 食神-39-61 帶祿 남⑨ 여⑥	寅三 乙 天任 太陰 戌五 丙 絶命 開門 傷官-14-81 旺 年年 남④ 여①	未十 壬 天沖 騰蛇 卯八 癸 切體 杜門 偏印-29-77 衰病 日華 남⑦ 여⑧
空亡 申九 己 天心 白虎 申九 壬 天宜 景門 正財-38-70 浴 年亡 日劫 남⑧ 여⑦	中宮 巳二 亥六 庚 偏官-45-53 年馬 日亡 남⑤ 여⑩	戌五 辛 天甫 直符 寅三 戊 生氣 生門 正印-5-90 死 年劫 日亡 남② 여③
年宮 空亡 祿 酉四 戊 天柱 玄武 酉四 乙 福德 傷門 偏財-9-85 養生 年華 남③ 여②	子一 癸 天芮 九地 午七 丁 遊魂 驚門 劫財-21-78 胎 日年 남⑥ 여⑨	世宮 時宮 亥六 丙 天英 九天 巳二 己 歸魂 死門 比肩-2-51 墓絶 日馬 남① 여④

4장 자식론

1) 식상 수리

실제 상황
위의 명주는 양력 2000년 5월에 상담을 한 여성이다. 얼굴이 심약하다고 할까? 좀 선해 보이는 인상이었다. 2001년에 아이를 낳을 예정인데 아들을 낳을 수 있을지 아주 심각하게 물어 기문둔갑을 이용하여 살펴보았다.

자식 수리의 왕상
기문둔갑에서 자식을 낳는 기운을 보려면 먼저 명주가 자식운이 일찍 있는지 살펴야 한다. 기문 홍기 분야에서는 자식수, 즉 식상의 수리가 오행의 왕상휴수사(旺相休囚死)로 어느 구궁에 있는지 살핀다. 왕상의 자리에 있으면 일찍 자손을 얻고, 휴지에 있으면 중년에, 수지에 있으면 늦게 얻거나 얻지 못한다. 자손을 늦게 얻거나 얻지 못하는 경우는 기문국의 다른 요소도 고려하여 판단해야 하지만, 일단 가장 먼저 식상수가 득기하고 있는지 본다. 주의할 것은 식상 수리의 왕상휴수사를 본다는 것은 식상을 중심으로 본다는 것이다. 보통 평생국을 보면 오행의 왕상휴수사나 12운성이 조식되어 있는데, 이것은 세궁의 일진수를 중심으로 하여 득기 여부를 기재한 것이므로 이와 혼동해서는 안 된다.

실제 판단
위의 국은 세궁 일진수가 2이므로 식상의 수는 土의 수인 5·10이다. 5와 10은 손궁과 이궁, 즉 왕상지에 앉아 있으므로 일찍 자손을 볼 수 있는 명이다. 요즈음은 결혼하는 시기가 늦어져 이런 분들이 자식이 들어서지 않아 상담을 청하는 사례가 많으므로 참고한다.

2) 자식을 낳는 시기 — 생기생문법

식상의 수리가 왕상의 기운이 있어 일찍 자식을 낳을 수 있다면 자식을 낳는 시기와 남아인지 여아인지는 어떻게 알 수 있을까? 개인적으로 생기생문법(生氣生門法)이라고 이름을 붙여 사용하는 방법이 있는데, 이것은 남손수와 여손수를 평생국에 입중하여 회수(回數)로 응기를 보는 방법이다.

손수 입중역거

손수(孫數)를 평생국에 입중하여 회수가 3·8이면 甲乙寅卯年으로 보고, 2·7이면 丙丁巳午年으로, 5·10이면 戊己辰戌丑未年으로, 4·9이면 庚辛申酉年으로, 1·6이면 壬癸亥子年으로 본다. 즉 오행이 해당되는 해가 된다. 이 경우 천간 위주로 판단하는 사람도 있는데 지지도 함께 판단해야 한다.

남아 출생년

장남이 출생하는 해는 자식수를 입중하여 생기궁에 다다르는 회수가 된다. 차남의 출생년은 자식수인 손수를 입중하여 생문궁에 다다르는 회수가 된다. 남자아이는 입중하여 구궁을 순행으로 돌리는데 주의할 점이 있다. 보통의 입중역거(入中逆去)나 입중순거(入中順去)는 구궁의 순서에 따라 거꾸로 가든지 아니면 바로 가는 것이 원칙이다. 바로 응기 등에서 사용하는 방법 등이 그것이다. 그러나 생기생문법에서 구궁을 가는 방법은, 남자는 감궁에서 출하고 여자는 이궁에서 출하여 순거 또는 역거하므로 주의한다.

여아 출생년

장녀는 손수를 입중하여 생문궁에 다다르는 회수, 차녀는 손수를 입중하여 생기궁에 다다르는 회수가 되며, 여자아이는 구궁을 역행으로 돌린다. 위의 예는 세궁의 일진수가 2이므로 남손수는 상관의 수로 5가 되며, 여손수는 식신의 수로 10이 된다. 이제까지 설명한 방법으로 중궁에 입중하여 돌려 보면 다음과 같다. 돌린 방법을 자세히 보면 남손수는 입중하여 1씩 더하면서 감궁으로 내려 구궁을 순행하고, 여손수는 1씩 더하면서 이궁으로 올려 구궁을 역행한다는 것을 알 수 있다.

남⑨ 여⑥	남④ 여①	남⑦ 여⑧
남⑧ 여⑦	남⑤ 여⑩	남② 여③
남③ 여②	남⑥ 여⑨	남① 여④

회수의 결정

위의 포국 내용은 명주의 평생국에 표시하여 놓았다. 첫아이를 출산하는 경우이므로 생기·생문이 있는 태궁만 보면 된다. 남② 여③으로 표시되어 있으므로 첫 남자아이는 丙丁巳午年에, 첫 여자아이는 甲乙寅卯年에 낳는다고 판단된다. 명주가 2001년 辛巳年에 아들을 낳을 수 있는지 알고 싶어하는데 아들을 출산할 수 있다. 이것은 손수를 입중하여 생기·생문에 닿는 것을 보고 자식의 출생년을 아는 방법이다.

이것은 명리에서 사용하는 육친의 수리와는 조금 차이가 있으므로 주의한다. 기문둔갑에서의 육친정법은 명주가 아버지인지 어머니인지를 불문하고 남자아이는 상관의 수가 되고 여자아이는 식신의 수가 된다. 상세한 사항은 『처음 배우는 기문둔갑』의 관련 부분을 참고한다.

부모의 기문국 판단이 다를 경우

생기생문법을 사용할 때 실질적으로 부딪히는 문제가 몇 가지 있다. 제일 먼저 생각할 수 있는 것이 부부간의 문제이다. 예를 들어 아버지는 딸을 낳을 수 있다고 판단되는데 어머니는 아들을 낳을 수 있다고 판단이 된다든지, 아니면 아버지에게는 자식의 기운이 안 보이고 어머니에게서만 자식의 기운이 보일 때는 어떻게 판단할지의 문제이다. 이 경우는 자식에 대한 집착이 강한 기문국을 위주로 하여 판단하는 것이 원칙이다. 즉 자식이 필요 오행이 된다든지 자식의 기운이 강한 기문국을 위주로 하여 판단한다. 다음으로 둘째아이인 경우는 첫아이와 인연이 맞는 부모를 택하여 판단한다. 부모 각자의 국을 조식하여 자식을 낳는 시기가 기문상의 판단법과 맞는 부모가 인연이 있는 부모이다.

위에서 예로 든 국을 보면 명주는 사진동처에 식상의 수리가 동하지 않은 상황이다. 즉 필요 오행이 식상이다. 이에 반해 명주의 남편은 음력 1971년 7월 24일 子時生으로 평생국을 조식하여 보면 필요 오행이 재성이다. 이런 경우에는 남편이 아닌 부인을 위주로 하여 판단한다. 남편의 절기는 백로 중원 음둔 3국이므로 각자 조식하여 본다.

3) 연국에서의 자식 판단

임신·출산과 관련하여 연국을 조식하여 알아보는 방법도 있다. 연국에서 임신 여부를 볼 때 생기궁·생문궁·식상궁 이외에 12운성의 태궁(胎宮) 등 여러 가지 요소를 참조한다.

(1) 생기·생문과 임신

생기·생문은 임신·출산과 관련이 많은 기문국의 요소이다. 연국에서도 생기와 생문을 참조하여 임신 여부를 알 수 있다.

① 연국에서 생기와 생문이 같이 시궁이나 월궁에 닿은 경우 임신한다. 또한 년과 일에 생기를 만나도 임신한다.
② 손수가 중궁에 있고 년과 일에 생기 또는 생문이면 임신한다. 위에서 예로 나온 기문국의 2000년 연국을 조식하면 다음과 같다. 세궁에 생문이 들고 중궁에 식신이 겸왕하므로 반드시 임신한다.

2000년 연국 : 음력 2000년 6월 15일 戌時(小暑 下元 陰遁 5局)

| 丙 | 乙 | 癸 | 庚 | 坤命 2000年局 |
| 戌 | 亥 | 未 | 辰 | |

年宮 丑十 乙 天心 六合 寅三 己 福德 景門 偏官	命宮 祿 辰五 壬 天蓬 太陰 卯八 癸 歸魂 杜門 正官	月宮 空亡 天乙 巳二 丁 天任 騰蛇 子一 辛 遊魂 開門 偏財
子一 丙 天柱 白虎 巳二 庚 生氣 休門 正印	酉四 申九 戊 食神	空亡 午七 庚 天冲 直符 亥六 丙 天宜 死門 正財
亥六 辛 天芮 玄武 午七 丁 禍害 驚門 偏印	寅三 癸 天英 九地 丑十 壬 切體 傷門 劫財	世宮 時宮 天馬 卯八 己 天甫 九天 辰五 乙 絶命 生門 比肩

(2) 태궁 수리와 임신

연운을 볼 때 부부의 연국을 조식하여 각자의 태지(胎地) 수리가 충·파되면 해당되는 해에는 임신하기 어렵다고 본다. 반대로 상생이면 임신이 가능하다. 위의 연국은 태지가 감궁이다. 개인적으로 12운성을 돌릴 때 전통적인 양순음역의 방법을 사용하지 않는다.

그 밖에 수리의 왕성 여부를 보아 태궁의 수가 겸왕 또는 거왕하며, 연지 기준으로 12운성을 돌려 왕생(旺生)을 얻고 연지와 세궁에서 생문·생기를 만나면 임신한다. 이 경우에는 연지수와 자식수가 상극하면 결국에는 키울 수 없다. 일진의 왕성 여부를 보아 일진수의 태지(줄여서 日胎)가 거왕·승왕하고 연지에서 생하는 경우도 임신한다.

태궁의 천반에 六癸가 임하면 바람을 피워 밖에서 임신한다. 위의 국도 이에 해당되는데 육계가 천반에 있다고 무조건 그렇게 보는 것은 문제가 있다. 만약 부인에게 문제가 있다면 한 번 정도 사용하여 볼 수 있는 방법이다.

(3) 임신 여부를 보는 그 밖의 방법

중궁에 손수가 동할 때 임신하는 달
손수가 중궁에 동하고 연지에 있으면 임신한다. 예를 들면 손수가 중궁 지반에 있고 연궁의 천반에 있는 경우이다. 이 때 연궁 또는 세궁에 생기가 닿으면 확실히 임신한다. 이 경우는 손수를 입중하여 순행시켜 생기궁에 닿는 회수를 임신하는 달로 본다. 예를 들어 회수가 1이면 음력 1월이 된다. 보통 임신의 응기를 볼 때도 이 방법을 이용한다.

시간 회수
다른 방법으로 일간궁의 천반수를 입중역거하여 자손궁에 닿아 승왕·거왕 등 왕기를 가지면 임신하는 것으로 보기도 한다. 이 경우 응기를 보는 방법은 일간 상수를 입중순거하여 시간(時干)에 닿는 회수로 따진다. 예를 들어 시간에 1·6이 닿으면 1·6월에 임신한다고 본다.

그 밖의 방법

그 밖에 식상의 수리가 겸왕할 때, 명궁의 수리가 왕생할 때, 중궁 또는 명궁에 식상이 동할 때, 식상궁 또는 12운성의 태궁 수리가 왕할 때, 명궁의 수리가 왕할 때도 임신이 된다. 참고로 연기에서는 천예성이나 등사가 길격이거나 득기를 하면 임신으로 보기도 하지만 실제로 임상하여 보면 맞지 않는 경우가 많으므로 홍기 위주로 판단하는 것이 바람직하다.

정리하면 부부간의 자식을 볼 때는 자식에 대한 집착이 강한 국을 위주로 판단하며, 아들인지 딸인지는 평생국에서 생기생문법 위주로 판단한다. 그리고 임신이 되는 달은 연국을 조식하여 중궁순거법에 의해 나온 회수를 응기월로 정한다.

2. 언제 자식을 낳을 수 있을까?

음력 1971년 7월 13일 巳時(處暑 下元 陰遁 7局)

辛	庚	丙	辛	坤命 平生局
巳	寅	申	亥	

2005 時宮 天馬	2000 空亡	1998 空亡
酉四 己 天心 直符	申九 丁 天蓬 九天	亥六 乙 天任 九地
午七 辛 切體 開門	巳二 丙 生氣 驚門	未五 癸 禍害 傷門
時家生門	時家傷門	時家杜門
偏財	正財	偏官
남② 여⑨	남⑦ 여④	남⑩ 여①
2006	2004 中宮 日干	2002 天乙
戌五 戊 天柱 騰蛇	卯八	子一 壬 天沖 玄武
亥六 壬 歸魂 杜門	寅三 庚	未十 戊 絶命 休門
時家休門	時家景門	時家景門
劫財	食神	正官
남① 여⑩	남⑧ 여③	남⑤ 여⑥
2001 世宮	1999	2003 年宮 祿
丑十 癸 天芮 太陰	午七 丙 天英 六合	巳二 辛 天甫 白虎
子一 乙 遊魂 生門	酉四 丁 福德 死門	申九 己 天宜 景門
時家開門	時家驚門	時家死門
比肩	正印	偏印
남⑥ 여⑤	남⑨ 여②	남④ 여⑦

1) 육친 개념을 이용한 수리 통변

이 기문국은 실제 상담이 있은 후 기문둔갑을 배우는 제자들 사이에서 평생국으로 과연 자식이 언제 출생하는지 맞출 수 있을지 논란이 되었다. 음력으로 1999년과 2000·2001년 중 어느 해에 자식을 낳을 수 있는지 살펴보기로 한다. 실제로 인사 기문을 적용할 때 홍기에서 가장 중요시하는 것은 성국과 통기를 바탕으로 한 오행 통변이다. 어떤 이는 오로지 이러한 통변만을 비법인 양 사용하는데 과연 이것으로 점사의 모든 것을 알 수 있을지 의문이다. 성국과 통기의 상황만으로 자식의 출생시기를 맞출 수 있는지 살펴본다.

성국 여부

성국이 된 국인데 성국의 흐름을 보면 연궁 생 세궁, 세궁 생 중궁이 되어 중궁의 홍국수인 식상이 강화된 형국이다. 중궁의 수리는 겁왕이고, 월궁과 亥卯未 삼합을 이루어 그 기세가 매우 당당하다.

통기 상황

일단 사진동처가 생(生)으로 연결되어 있으므로 통기가 되는 국이다. 이렇게 통기가 이루어진 경우는 각 동처의 상황을 살펴 홍국수의 흐름을 예측한다. 세궁의 1水는 수극·득령·실지이다. 일단 그다지 강하다고 판단할 수 없지만 곡삼살(曲三殺)의 종극수인 연궁 9金의 생을 받고 있으므로 약세는 아니다. 연궁의 9金은 곡삼살의 종극수이므로 강하다. 또 중궁의 3木은 성국에서 알아본 바와 같이 강하고, 시궁의 7火는 화금상전(火金相戰)에 金氣가 월령이므로 약세이다. 마지막으로 월궁 5土는 비록 득지하였지만 천반수로부터 생을 받지 못하고 강력한 중궁과 합해 버리는 상황이다. 그리고 공망에 해당되므로 약세이다. 이렇게 각 동처의 상황을 볼 때 재성과 관성의 수리가 약한 편이라는 것을 알 수 있다.

희신과 자식

성국과 통기의 상황을 종합하여 볼 때 식상의 수리가 가장 강한 것으로 판단된다. 이렇게 식상의 수리가 강할 경우 자식을 낳으면 남편과의 관계가 좋지 않을 것이라는 등의 예단은 금물이다. 일단 여기에서는 자식의 기운이 언제 있는지 판단하기 위한 분석이다. 이러한 분석 뒤에 당연히 정인의 운이나 정재의 운에도 자식을 볼 수 있다고 판단할 수 있다. 이것은 명리학 교과서로 유명한 『적천수(滴天髓)』의 이론을 적용한 것이다.

『적천수』자녀편에 "대율의관간자 여희신 즉시관성 기자현준(大率依官看子 如喜神 卽是官星 其子賢俊)"이라는 내용이 있다. 이것을 해석하면 "대개의 경우에 육친 중 관을 자식으로 보므로 만약 관성이 명주가 좋아하는 기운인 희신이 되면 명주의 자식이 현명하고 준수하다"는 뜻이다. 이는 관성이 자식이라는 것인지, 아니면 희신이 자식이라는 것인지 헷갈리기도 하지만 전체의 문맥을 보면 자식을 관성으로만 보지 않은 것이 분명하다.

사주를 해석할 때 만약 일간인 土가 무겁고 식상인 金이 가벼울 경우 자식이 언제 출생할지 보면, 두터운 土를 극해 주어야 土生金의 역할이 되고 극해 주는 木이 관귀가 되므로 대개 이 관귀운에 자녀를 보는 경우가 많다. 이것을 후학들이 단순히 관귀가 자식이라고 보는 경우가 많았던 것이다. 즉, 『적천수』의 견해는 식상이 무거우면 식상의 기운을 설기시키는 운이나 식상의 기운을 극하는 인수운에 자식을 본다는 것이다.

위의 기문국에서는 인수가 희신이라고 할 수 없으므로 식상의 기운을 설기시켜 주는 재성의 운이 자식을 낳을 수 있는 해이다. 바로 2000년이 그런 해이다.

다시 정리하면 수리의 오행 통변이란, 기문국의 사진동처를 보고 성국과 통기의 상황을 살펴 어느 것이 희신인지 판단하고 식상의 기운과 연관지어 판단하는 방법이다.

생기생문법과의 비교

수리 통변의 판단과 비교해 보기 위해 앞에서 설명한 생기생문법의 판단 결과를 알아보자. 우리가 알고자 하는 해는 1999년 己卯年, 2000년 庚辰年, 2001년 辛巳年이다. 생기생문법에 의하면 장남이 태어나는 해는 생기가 닿은 궁의 회수가 7이므로 丙丁巳午년이 된다. 장녀가 태어나는 해는 생문이 있는 궁이 간궁이므로 회수는 5가 되고 간지를 보면 戊己辰戌丑未년이 된다. 그러면 1999년과 2000·2001년 모두 아이가 태어날 수 있는 해이다.

2) 연국을 이용한 판단

생기생문법의 판단 결과와 같이 아이가 태어날 수 있는 해가 여럿인 경우 어떻게 판단할까? 질문에 아이가 하나라고 했으므로 여러 해 중 하나를 택해야 한다. 이런 경우는 연국을 짜 보는 것이 순서이다. 1999년 7월 13일 오전 10시로 1999년의 연국을 짤 때는 절기가 입추 하원 8국이 된다. 그리고 2000년은 입추 중원 5국이 되고, 2001년은 백로 하원 9국이 된다. 연국을 조식하고 결과를 확인해 본다.

2001년은 중궁 식상이 겸왕하지만 괘문이 절체·상문으로 흉하다. 또한 명궁이 비견으로 출산의 환경과는 거리가 멀다. 1999년은 중궁 편인이고, 그 해의 조건을 보는 명궁이 식신이며, 식신궁의 괘문이 복덕·상문이다. 따라서 명궁이 식신인 1999년이 출산할 가능성이 더 높다. 생기생문법에 의하면 1999년에는 딸을 얻는다.

3) 실제 상황

이 기문국을 예로 든 것은 수리 통변으로 본 것과 생기생문법으로 알아본 결과가 다르듯이 오행의 통변이 모든 것을 해결해 주지 않는다는 것을 강조하고 싶어서이다. 실제로 명주는 음력 1999년 8월 28일 오전 11시 44분에 딸을 낳았다. 딸을 낳은 후 결혼식을 올린 부인인데 시댁에서 아들 낳기를 학수고대하여 언제쯤 아들을 낳을 수 있을지 상담을 청했다.

3. 자식에게 언제 흉한 일이 있을까?

음력 1959년 6월 16일 戌時(小暑 下元 陰遁 5局)

```
甲 甲 辛 己  乾命 平生局
戌 辰 未 亥
```

2003 世宮 祿 寅三 己 天甫 直符 寅三 己 福德 傷門 比肩-3-48 衰病 年亡 日馬 日華	1998 卯八 癸 天英 九天 卯八 癸 歸魂 生門 劫財-38-71 死	2005 月宮 戌五 辛 天芮 九地 子一 辛 遊魂 死門 偏印-43-57 墓絶 年華
2004 空亡 酉四 庚 天沖 螣蛇 巳二 庚 生氣 驚門 傷官-45-52 旺 年馬 日劫	2002 午七 申九 戊 偏官-12-90 年劫	2000 未十 丙 天柱 玄武 亥六 丙 天宜 杜門 正印-23-82 胎 日亡 日年
1999 空亡 申九 丁 天任 太陰 午七 丁 禍害 景門 食神-30-80 帶祿	2006 天乙 亥六 壬 天蓬 六合 未十 壬 切體 休門 正財-42-63 浴 年年	2001 年宮 時宮 天馬 子一 乙 天心 白虎 戌五 乙 絶命 開門 偏財-17-83 養生

상담 상황

상담할 때 가장 곤란한 일은 상담을 청한 이가 묵묵부답으로 가만히 있는 경우일 것이다. "그냥 신수나 보려고요" 이렇게 말해 놓고 아무 말없는 사람이 종종 있다. 이런 사람은 병원에 찾아가 배를 보이며 의사에게 내가 어디가 아파서 왔는지 맞춰 보라는 것과 같아 불쾌하기까지 하다. 병원에 가서는 미주알고주알 자기 증상을 이야기하면서 운세 상담에서는 정반대인 경우가 많다. 위의 명주도 2002년 여름에 상담실을 방문하여 사주만 이야기하고 묵묵부답으로 앉아 있었다.

상담을 청한 이가 이렇게 묵묵부답일 경우 문점시(問占時)로 점사국을 조식하여 신수점을 봐 주든지 아니면 방문점을 보는 방법도 있지만, 가장 좋은 것은 역시 평생국을 짜 명주의 운세 흐름을 짚어 보는 것이다. 특히 방문 당시의 상황을 분석하는 것보다 전 해의 운기 상황을 점검하여 이야기해 주는 것이 이야기의 실마리를 풀어 나가는 방법이다. 이렇게 실마리를 풀어야 "그런데요…… 그런데요……아, 그렇군요……" 하며 말이 이어져 상담이 매끄럽게 진행된다. 명주가 방문하기 전 해의 운기를 보아야 하므로 2001년의 상황을 살펴보자. 실제 상담에서는 평생국의 특징, 유년의 특징, 소운의 특징, 육친의 응기를 보는 순서로 아주 짧은 시간에 특징을 잡아 이야기를 진행한다.

1) 평생국의 특징

전체 수리 상황
평생국을 볼 때는 성국과 통기를 감안하여 지반수와 오행 통변을 위주로 보는 것이 원칙이다. 우선 연궁·시궁·중궁이 불규칙삼살을 이룬 것이 눈에 띈다. 월령이 未月인데 연궁·시궁이 5土로 회집되어 있으므로 土氣 재성이 강하다. 이 土星이 삼살의 종극수인 중궁 9金을 생하고 있다.

왕자의 흐름
9金으로 몇 가지 흐름을 생각해 볼 수 있다.

① 관인상생 여부 : 강한 관성이 인수를 생하여 관인상생을 이루는 흐름이다. 이것은 삼살의 종극수는 '극이 우선'이라는 원칙을 감안하여야 한다. 여기서는 생보다 극하는 데 뜻이 있다는 원리를 무시한 예측이지만 일단 살펴볼 필요가 있다.

이러한 힘의 흐름이 이루어지기 위해서는 동처의 인수가 적당하게 힘이 있어야 한다. 그런데 곤궁에 있는 월궁 지반수를 보면 수극·실령·실지로 전혀 힘이 없다. 나아가 괘문성장도 아주 흉하다. 한마디로 힘이 없어서 강력한 중궁 9金의 생을 받기에는 좀 문제가 있다.

② 세궁의 상황 : 세궁의 상황을 보는 것은 강력한 칠살 9金을 감당할 여력이 있는지 보기 위해서이다. 세궁은 3木이 같이 있으므로 겸왕하다. 수리적으로 볼 때 수생보다 더 강하므로 가장 강력한 상황이다. 능히 칠살의 극을 감당할 수 있다고 보아야 한다. 흐름을 보면 칠살은 왕하고, 인수는 감당할 그릇이 못 되고, 세궁은 강한 기운이다.

③ 상외의 흐름 : 중궁의 칠살은 어떤 힘의 흐름을 보일까? 상외(相畏)하는 방향으로 눈을 돌려 보자. 식상은 간궁과 진궁에 있는데 공망을 맞았고 화금상전의 형세이다. 이럴 경우 중궁 칠살이 식상의 수리를 상외하는 것은 자연적인 힘의 흐름이다. 흐름을 정리하면 중궁 삼살의 종극수는 식상을 상외하는 방향으로 움직인다. 이러한 결과로 비겁이 재성을 치는 것도 어렵지 않게 예상할 수 있다.

2) 유년 흐름의 특징

편인의 역할
명주가 상담을 청한 시기의 유년의 특징을 보면 2001년에 명주의 나이가 43세이므로 곤궁에 닿아 있다. 홍국수는 편인의 운이다. 괘문성장을 감안하지 않고 단지 편인의 운만 보면 평생국의 운기 흐름에서 보았듯이 인수가 그 역할을 못할 상황이다. 또한 편인의 기운은 본래의 뜻이 세궁의 일진수를 생하는 것보다 식상을 치는 데 있다는 것도 감안한다.

의기와 괘문성장

의기(육의삼기)를 보면 신가신(辛加辛爲 伏吟相剋)이다. 두 보석을 한 주머니에 넣은 형상으로 사사로운 이익을 취하는 형상으로 보기도 하고, 기와 위에 버드나무를 심는 형상으로 모든 것이 공허해진다. 성문장(星門將)을 보면 더욱 흉한데 천예와 사문이 동궁하면 죽음이라 했던가? 여기에 구지까지 있어서 흉함이 더 말할 나위가 없다고 보아야 한다. 즉, 뼈대는 식상을 치고 살은 흉함을 몰고 오는 유년이다. 평생국에서도 식상의 기운이 상하는 상황이었는데 유년에서도 이러한 기운이 더해진다는 데 주목한다.

3) 소운의 특징

삼살회동

2001년 소운궁을 분석해 보면 홍국 수리가 5土 편재이다. 편재라는 것만 보면 특별한 의미를 부여할 수 없다. 그러나 중궁과 5·7·9 삼살회동이 된 것에 유의해야 한다. 평생국의 상황과 마찬가지로 편관의 흐름에도 관심을 가져야 한다. 세궁 일진수를 치든지 아니면 식상을 상외한다.

사신의 상황

나머지 괘문성장은 모두 상황이 좋지 않다. 을가을(乙加乙爲 伏吟 雜草)이므로 잡초가 뒤엉켜 있는 상황으로 나아가지도 못하고 함부로 움직이는 것은 금물이다. 천심은 숙살지기가 강한 성분이고, 백호는 혈광신이니 피와 재해를 몰고 오는 요소이다. 일주의 상황은 개문인데 주어진 조건이 따라 주지 못하는 꼴이다. 특히 천심과 백호는 월령으로부터 생을 받고 있으며, 궁 오행으로부터 득기한 것에 주의한다. 즉, 확실하게 자기들의 역할을 하고 있다.

소운 판단

어떤 이는 건궁인 소운궁에 절명이 닿아 있어서 재성, 즉 처가 죽는 것이 아닌가 생각하는데 잘못 생각한 것이다. 생기복덕법의 흐름을 생각할 때 절명은 중궁지수가 살아가는 과정 중 절명이라는 순번이라는 것이지 해당 육친이 그런 것은 아니다. 그러니까 중궁의 편관이라는 성분이 절명의 기운에 닿아 있다는 것이다. 이것은 명주의 흐름이 개문이고 편관의 흐름이 절명이므로 숨통이 조금은 열려 있는 상황을 말한다. 이렇게 판단한 뒤에 해당 육친에게도 약간 영향이 있다는 것을 감안해야 한다. 소운궁을 보면 명주의 상황이 그다지 나쁜 편은 아니지만 주변상황이 아주 흉하다.

- 평생국 전체 상황 : 식상의 상외현상이 있다.
- 유년궁의 상황 : 사신(四神)이 흉하고 식상을 친다.
- 소운궁의 상황 : 식상의 상외현상이 있고, 전반적으로 흉하다.

4) 육친의 응기

위와 같은 추상적인 결론만으로는 상담한 이에게 해 줄 말이 없다. 그래서 육친의 응기를 보는 방법으로 명주와 자식·처에게 어떤 일이 있는지 알아볼 필요가 있다. 전통적으로 육친의 응기를 보는 대표 방법이 입중역거이다. 이것은 해당 육친을 중궁수로 입중하여 역행시켜 양의 해에는 지반 庚에 닿는 회수를 따지고, 음의 해에는 천반 庚에 닿는 회수를 따진다. 마침 이 기문국은 쌍경이 진궁에 있으므로 이 궁까지만 역거하면 된다. 명주는 3, 정재는 10, 식신은 7, 상관은 2이다. 이 수들을 모두 같이 역거하면 다음과 같다.

손궁 명주④ 정재① 식신⑧ 상관③	이궁	곤궁
진궁 명주⑤ 정재② 식신⑨ 상관④	중궁 명주③ 정재⑩ 식신⑦ 상관②	태궁
간궁	감궁	건궁

판단하는 해가 2001년 辛巳年이므로 관련이 있는 회수는 정재와 식상이다. 그런데 앞에서 알아본 바와 같이 평생국과 유년의 상황이 식상의 일(事)에 문제가 있으므로 식상에게 흉하다고 판단한다. 회수가 4·9이면 庚辛申酉年에 흉한 응기가 있다.

5) 실제 상황

기문국을 이용하여 운기를 판단하는 것은 그다지 간단한 일이 아니다. 그러나 이것을 명리와 비교해 보면 큰 차이가 있다. 명리가 중에서 辛巳年에 자식에게 크게 흉한 일이 있다고 판단할 이는 없을 것으로 자신한다. 조금 복잡한 과정을 거쳤지만 인사 기문이 그만큼 정확하다. 실제로 명주는 2001년 집안의 화재로 자식을 잃었다.

4. 자식복이 있을까?

음력 1956년 6월 11일 戌時(小暑 中元 陰遁 2局)

```
戊  丙  乙  丙   乾命 平生局
戌  戌  未  申
```

2000 丑十 癸 天心 太陰 午七 丙 切體 休門 偏官-42-66 養生 年華	2004 空亡 祿 辰五 己 天蓬 騰蛇 巳二 庚 生氣 開門 正官-20-77 浴 年劫 日亡	2002 年宮 月宮 巳二 辛 天任 直符 辰五 戊 禍害 杜門 偏印-29-69 帶祿
2001 天乙 子一 壬 天柱 六合 亥六 乙 歸魂 景門 傷官-35-67 胎 年亡 日劫 日年	2008 酉四 寅三 丁 偏財-45-57 年馬	2006 午七 乙 天沖 九天 丑十 壬 絶命 生門 正印-17-90 旺 年年
2005 亥六 戊 天芮 白虎 子一 辛 遊魂 傷門 食神-18-83 墓絶	2003 寅三 庚 天英 玄武 酉四 己 福德 驚門 劫財-24-72 死	2007 年宮 時宮 卯八 丙 天甫 九地 申九 癸 天宜 死門 比肩-9-53 衰病 日馬 日華

상담 상황

양력으로 1999년 5월 31일 일산 신도시의 마두 전철역 인근에서

갈비집을 하는 여성에게서 전화상담이 들어왔다. 식당일을 같이 하는 남편과 크게 부부싸움을 하고 남편이 보따리 하나 달랑 들고 집을 나갔다는 것이다. 평소 머리채를 잡고 식당 물건을 집어 던지며 싸운 적도 있지만 이렇게 집을 나간 것은 처음이라 걱정이 된다는 이야기였다. 오후에 전화가 와 문점시로 점사국을 조식하여 살펴보니 크게 걱정할 상황은 아니었다. 수일 내에 다시 돌아올 것이라고 기문국에 나온 대로 이야기해 주고 안심을 시켰다. 상담이 있은 후 며칠 지나지 않아 부인에게 다시 전화가 와 남편이 돌아왔다고 하였다. 그리고 남편의 운세를 전반적으로 봐 달라고 하여 다시 상담을 하게 되었다. 전화로 세 시간 가까이 상담하여 이제까지의 전화상담 중 최장 기록을 세웠기 때문에 기억에 남는다.

상담 심리

운세 상담을 하다 보면 별별 일을 다 겪는다. 대개 운세 상담을 하면서 궁금한 것을 묻고 장래의 불확실한 것을 해결하려고 할 것 같지만 전혀 그렇지 않은 경우가 많다. 묻는 사안에 대해 스스로 작정을 하고 이것을 확인하려고 상담하는 경우가 의외로 많다. 사람들이 운세 상담을 하는 것은 자신의 확신을 더 확실하게 하려는 게 아닐까 생각한다.

또한 이 상담자처럼 외로움병에 걸린 사람들이 많다는 것이 실감난다. "잠깐만요. 편한 옷으로 갈아입고 다시 전화 드릴게요." 이런 식으로 전화상담이 진행되는 경우가 많다. 시시콜콜한 이야기들이 다 살아가는 모습들로, 외롭기 때문이라고 생각한다. 위의 기문국은 상담자 남편의 평생국이다. 자식과의 관계를 중심으로 살펴보자.

1) 명리로 본 자식관계

깡패 사주

　명리적으로 보면 사주의 형세가 깡패 사주이며 자식과 인연이 없다. 깡패 사주라고 하면 보통 살기로 작용하는 칠살이 강한 사주를 연상한다. 관살이 육친 관계상 이타적이고 위세가 있는 성분이라서 그렇게 부르는 것이 이해가 간다. 적당히 관살의 기운이 발달하면 위세를 부리는 관직을 갖게 되고 직장생활에도 아무 지장이 없다. 그러나 오행의 기운을 볼 때 도가 지나치면 문제가 된다. 즉 관살의 살기가 지나치게 강하면 의리에 살고 의리에 죽는 깡패와 같은 성분으로 변하게 된다.

　그럼 이 사주는 관살의 기운이 전혀 맥을 못 추는데 깡패 사주라고 부르는 이유는 무엇일까? 이 사주는 식상이 유난히 강한 작용을 하기 때문이다. 보통 식상의 성분을 치귀(治鬼)의 성분으로 말한다. 치귀란 도적을 다스리고 질병을 다스리는 행위를 말한다. 이 기운도 적당히 있으면 법을 다루는 일, 질병을 치료하는 의사 등에 적당한 기운이다.

　그러나 위의 사주와 같이 식상이 상관으로 변하는 형국이면 이야기가 달라진다. 관성이라는 성분은 어찌 보면 명예를 이끌어 내는 육친이다. 이런 명예를 사정없이 치는 것이 상관이다. 인수의 기운이 적당히 아우르면 모를까 이 사주와 같은 경우는 제도와 인습을 무시하고 제멋대로 살아가므로 깡패 사주라고 한 것이다.

종아

　위의 사주 구조는 월간의 乙木이 없으면 완전한 종아격(從兒格)으로 볼 사주이다. 乙木의 형편은 월령 未에 묘지(墓地. 개인적으로 양순음역의 방법을 쓰지 않는다)에 닿는다. 주변의 쌍병(雙丙)이 기운을 설기시켜 자기편이 하나도 없다. 그러므로 위의 사주를 종아격으로 분류하여도 무리가 없다. 화토종아(火土從兒)의 운세 흐름은 火土로 운이 흘러야 길한데, 위의 명주는 중년부터 관성의 기운인 구신(仇神)의 흐름을 보이므로 아주 흉하다. 시궁이 丑戌未 삼형을 이루고 식상이 태과(太過)하므로 자식과는 인연이 없다. 태과는 불급(不及)보다 못하다고 하였다.

자식이 없는 사주

전통적으로 명리에서 자식이 없는 기운은 다음과 같은 경우이다.

① 신왕한데 인수도 왕성하고 재성이 없으면 자식이 없다. 또는 인수만 중중(重重)한 경우도 마찬가지이다. 이것은 인수가 자식의 기운을 치는 성분으로 재성이 인수의 강함을 조절하지 못하기 때문이다.

② 식상이 아주 왕하고 인수가 없는 경우는 자식이 없을 팔자이다. 위에서 예로 들고 있는 국의 경우이다.

③ 명주가 신약하고 재성이 매우 왕성한데 인성이 있는 경우도 무자식이다.

④ 오행의 성격상 자식이 없을 기운으로, 화염고초(火炎枯焦)로 사주의 火氣가 너무 왕성한 경우이다. 이 경우는 자궁 계통의 질병에 잘 걸리는 것으로 보기도 한다. 수다목부(水多木浮)·토금냉동(土金冷凍)도 자식이 없다.

⑤ 식상이 약하며 충이나 극을 당하면 자식이 없다. 식상을 자식으로 보기 때문이다. 신약하며 식상도 약하고 비겁이 있고 관성이 있어도 자식이 없다. 오행의 형세를 잘 살피면 이유를 알 수 있다.

⑥ 재관태왕(財官太旺)인 경우도 자식이 없다. 재관이 너무 강하면 명주는 매우 약하므로 식상의 영화를 볼 리가 없다.
⑦ 식상의 기운이 용신을 충하거나 극하면 자식을 보지 못하거나 그 자식이 불효한다.

②의 경우에 비추어 보았을 때 위의 명주는 자식과 인연이 없다. 일단 이러한 명리적인 면을 생각하면서 위의 사주를 기문국으로 판단하여 보자. 자식과 관련하여 볼 때 문제가 되는 것을 중심으로 살펴본다.

2) 자식문제가 있는 기문국
(1) 식상 수리로 자식문제가 있는 기문국
식상의 수리를 중심으로 볼 때 손수는 1·6水이다. 비록 손수가 겸왕하여 왕기를 가졌지만 부동(不動)이므로 운기의 흐름에 있어 제 역할을 못한다고 미리 속단하지 않는다. 겸왕한 수리는 동처가 아니라도 준동처로 간주하는 것이 원칙이다.
자식과 관련하여 이 기문국은 편인의 기운이 너무 왕성하다는 것이 문제이다. 인수가 이런 식으로 회집되고 득지·승령한 경우에는 정상적인 인수의 역할을 하기에는 너무 왕하다. 바로 도식(倒食)의 역할을 한다. 또한 식상궁에서 일진수가 묘(墓)·절(絶)·태(胎)를 만났으므로 일주가 식상의 설기를 감당할 수 있을지 의문을 가질 수도 있다. 그러나 인수의 기운이 이렇게 강하고 비겁이 회집된 상황에서 설기를 감당할 수 없다고 생각하는 것은 무리가 있다. 수리의 측면에서 볼 때 인수가 너무 강해서 자식의 수리를 극하는 상황이다.

(2) 자식복이 없는 기문국

기문에서 손수가 水氣가 강하고 태지(胎地)에 있으면 배다른 자손이 있다고 본다. 위의 국에서 상관이 바로 여기에 해당된다. 이런 경우에 두 가지로 생각하여 볼 수 있다. 자신이 바람을 피워 낳아 온 자식이거나 아니면 부인이 낳아 온 자식일 수 있다. 위의 국의 중궁과 乙庚의 상황으로 볼 때 현재의 부인이 재혼한 것으로 판단된다. 이렇게 두 가지 관점에서 볼 때 명주는 자식과 인연이 없는 것이 확실하다. 그 밖에 기문둔갑에서 자식을 기르기 어렵거나 없을 경우는 다음과 같다.

손수 파진

연궁의 손수를 중궁이 극하고 일진수가 중궁을 생조하는 경우이다. 이 경우는 기문의 기본궁에서 한 궁이 다른 궁의 생조를 받아 왕한 상태로 식상의 수를 친다.

태궁 수리

연궁의 수리가 일진수를 중심으로 본 12운성의 태지(日胎)를 극하는 경우이다. 바로 위에서 예를 들었던 경우이다. 시간궁을 보는 것과 같은 논리로, 손수가 왕하고 수생하여도 12운성으로 생지(生地)·녹지(祿地)·왕지(旺地) 등에 있지 않으면 자식이 없다. 만약 휴지(休地)에 거하면 중년에 얻는다고 보며, 사지(死地)에 거하면 말년에 얻거나 자식이 없을 팔자이다.

시간궁의 상황

시간궁은 남자아이가 속하는 궁이다. 그러므로 공망이나 사지·절지(絶地)·묘지(墓地)에 있으면 자식의 수리가 왕하여도 무자식의 기운이 있다. 단, 시간궁에 생기·생문이 있으면 자식과 인연이 있다. 위에서 예로 든 기문국은 여기에도 해당된다. 시간이 중궁에 입중하고 공망을 만나면 이 또한 자식이 없을 명이다. 이 경우 중궁의 공망은 기곤(寄坤)의 원칙에 따라 곤궁의 상황으로 판단한다.

자식수의 살기

7·9가 자식수이면 고독한 명이다. 즉 무자식의 기운이 있거나 자식과 인연이 없다. 火氣와 金氣는 기문에서 살기로 인식된다.

일진수의 상황

일진수가 운성으로 절지 등에 있어 약세이거나, 살중(殺重)한 가운데 중궁과 연궁에서 생하지 못하면 자식을 갖지 못할 수 있다. 이 경우 시궁이 인수나 관성이면 늦게 자식을 얻는다. 시궁에 관성과 인수가 있을 때 자식을 얻는다는 것은 자식의 육친과 직접적인 관련이 있어서가 아니라 노후에 귀하게 될 요소이기 때문이다.

오행의 상황

국 중에 木氣나 인수가 중첩한 사람은 무자식의 기운이 있는 것으로 단한다. 예로 들고 있는 기문국에서 보듯이 인수가 중첩한 사람은 식상을 극하므로 무자식의 기운으로 단할 수 있다. 木氣가 중첩하면 잎이 무성하여 열매를 맺지 못하는 것으로 해석한 것인데 단지 木氣가 중첩된다는 것만으로 무자식의 기운이 있다고 단하는 것은 무리가 있다. 고서에 나온 말로 일단 참조만 한다.

(3) 배다른 자식이 있는 기문국

배다른 자식이 있는 경우를 고서에서는 사잉(私孕)이라고도 한다. 자식수가 4·9金인 경우, 손수가 1·6인 경우에는 밖에서 낳아온 자식이 있는 것으로 단하고, 이곳이 태지이면 그 가능성이 더 높다. 예로 들고 있는 기문국과 같은 경우이다. 천반의 6水가 六癸와 동궁하여 태지에 있는 경우도 같다.

3) 판단 요약 및 실제 상황
① 명리로 보아 식상 태과이고 자식궁이 삼형이다.
② 기문 수리로 볼 때 인성이 태과이다.
③ 기문둔갑으로 볼 때 자식의 육친과 자식궁이 불미하다.
④ 배다른 자식이 있을 수 있다.

결론적으로 자식과 인연이 전혀 없는 상황이다. 실제로 명주는 자식이 없다. 재혼한 처가 결혼 전에 낳은 자식이 있지만 거의 담을 쌓고 사는 실정이다.

5장 직업론

직업 판단의 중요성

오늘날 헤아릴 수 없이 많은 직업들을 음양오행의 틀로 나누어 예단하는 것은, 어찌 보면 불가능하고 불필요한 작업일 듯 하다. 점사는 결국 후천 연명지책을 찾아 그 방법을 제시하는 학문이고, 보통 사람들이 부딪치는 가장 큰 문제가 애정과 직업이라고 볼 때, 직업에 대한 나름대로의 판단 기준을 가지는 것은 매우 중요하다.

직업간법의 고충

역학적으로 직업을 아는 데 가장 큰 문제는 수많은 직업을 오행의 틀로 일목요연하게 분류하기가 거의 불가능하다는 것이다. 어떤 이가 영업사원을 구류지인(九流之人)으로 분류하는 것을 보고 실소한 적이 있는데, 이와 같이 개개의 직업을 억지로 분류하여 구분짓는 것은 실제의 임상에서 큰 실익이 없다는 생각이다. 직장에서의 영달 문제도 고서에서는 벼슬을 하거나 급제하는 것만 다룬 것이 많고, 오늘날의 서적들은 자기안의 판단방법이 원칙인 양 강조하고 있어 처음 기문을 접하는 사람들을 혼란에 빠뜨리고 있는 것이 현실이다. 그럼에도 불구하고 직업과 직장의 문제는 상담할 때 애정ㆍ재물 관계를 보는 방법과 함께 가장 큰 비중을 차지한다. 직업지법을 배우는 이유도 이 때문이다.

간법의 비법

　기문을 사용하여 직업과 영달의 문제를 다룰 때도 다른 경우와 마찬가지로 특별한 비법이 없다. 승진이 되는지 봐 달라는 상담자에게 "부속실의 비서들을 지나 큰 의자에 앉는 것이 보이는군." 이런 식의 상담은 귀신이 아니면 불가능하다.

　직장에서의 승진·발령·합격 여부를 볼 때도 기문을 보는 일반적인 원칙에서 벗어날 수 없다. 한 예로 몸이 불구가 될 수 있는 대액이 닥쳐올 조짐이 있는 기문국을 놓고 직장에서의 영달을 말할 수는 없다. 항상 전체적인 관점을 유지하는 것이 기문 해단의 첩경이다. 실제 해단에서 보듯 직업을 판단할 때도 성국과 통기를 비롯한 사진동처의 상황을 보는 것에서 출발하며, 응기시기·괘문성장·사신 해석 등이 모두 사용된다.

1. 기문에서 직업을 보는 방법

　기문둔갑으로 명주에게 맞는 직업을 보는 방법은 강자에 따를 것인가, 아니면 필요한 성분에 따를 것인가의 문제이다. 강자에 따른다는 것은 기문국이 가진 심리적 특징에 따라 직업을 결정한다는 것이다.

　필요한 성분에 따른다는 것은 기문국의 필요 오행에 따른다는 것인데, 이것은 국의 구성이 짜임새가 있는 경우이다. 짜임새가 있는 대표적인 경우는 동처가 편집되지 않고 성국·통기가 되는 경우이다. 명리 개념으로 보면 종격과 같이 강한 오행을 따를 것인가, 아니면 용신을 따를 것인가를 따져 보는 것이 직업을 보는 방법이다. 이것을 중심으로 다음의 요소들도 고려하여 명주의 직업을 판단한다.

1) 기문국의 귀천과 고하

품격 우선

기문국의 전체적인 상황을 통하여 국의 귀천과 품격을 제일 먼저 판단해야 한다. 이는 명주의 기본바탕이 되기 때문이다. 국의 고하를 가릴 때는 사진동처 중 기본 삼궁을 중심으로 살핀다. 즉 성국과 통기를 중심으로 하여 국의 고하를 가늠한다. 예를 들어 여자의 명을 볼 때도 왕후의 격인지 비천하고 음란한 천부의 격인지 우선 판단하고 맞는 직업을 보아야 한다. 그 후에 관성의 수리를 중심으로 귀천 여부를 판단하는 것이 원칙이다.

재관의 중요성

재관(財官)은 기문국의 판단에 중요한 기준이다. 크게 귀한 사람은 재성을 쓰고 관살을 쓰지 않으며, 큰 권력을 잡는 사람은 관성을 쓰되 인수를 쓰지 않는다. 이를 이르기를 '귀자용재(貴者用財)요, 권자용관(權者用官)'이라 한다.

관성의 득기가 중요

여자의 명을 볼 때 연궁이나 중궁이 관성을 생조하고 관성이 생왕하며 사진에 길괘문을 만나면 왕후의 명이다. 그만큼 품격이 높다는 것이다. 단, 이 중 하나라도 부족하면 단명한다. 남자의 경우도 관성이 생왕하고 사진에 길괘문이면 바랄 것이 없다. 물론 이를 감당할 일진(日辰)이 뒷받침되어야 한다. 또한 관성이 거사(居死)하여 궁에서 득기를 못한 경우에도 수생이 된 경우는 허물이 없다. 이것은 홍국수의 수생 여부를 제일 먼저 고려하라는 것이다. 홍국수의 세기를 가늠할 때 제일 먼저 고려할 사항이 수생 여부이다. 다음으로 궁에서 생을 받는지, 월령을 득했는지를 순차적으로 살펴보는 것이 원칙이다. 정리하면 수생 여부〉득지 여부〉득령 여부로 판단한다. 물론 성국의 종극수나 통기의 종극수 여부도 반드시 고려한다.

연궁의 중요성

연궁은 세궁의 원신(源神)이 되는 궁이므로 항상 중요하게 취급한다. 직업을 보는 경우도 마찬가지이다. 관성이 왕상(旺相)하고 연궁에 개문·복덕이 들었으며 길격에 해당되면 귀인의 명이다. 연궁이 관성을 극하는 경우에도 관성이 겸왕하면 무구(허물이 없는 상태)하다. 또한 관성이 거사·수극이 되었으나 연궁이 개문을 만난 경우는 무구하다고 보는 예가 연궁의 중요성을 말해 준다. 연궁이 관성궁을 극해도 관직 등에서 다시 기회를 얻을 수 있는 것은 세궁이 관성궁을 생조하는 경우이다. 실질적으로 세궁의 일진수가 관궁의 지반수를 직접적으로 생하는 것은 오행의 구조상 불가능하므로 이것은 세궁의 일진수가 관궁의 천반수를 생하고 지반수가 생을 받아 간접적으로 생하는 경우로 이해한다.

신살 참조

관성수가 세귀(歲貴) 또는 세록(歲祿)일 경우는 일품의 벼슬을 하는 명이다. 관성이 거사·거극이 되더라도 무구한 경우는 년의 천을귀인이 일진에 임한 경우, 일의 천을귀인이 연궁에 있는 경우, 관성이 일진상수(일진의 천반수)인 경우, 연궁이 세궁을 생하는 경우, 연궁과 일진이 수생이 된 경우, 일진이 수극된 경우 등이다. 일진이 수극된 경우는 일진이 쇠약하고 관성궁도 쇠약하므로 허물이 없다. 관성궁의 기운이 강하고 일진상수에 관성수가 가림한 경우는 일진수가 약화되므로 관직 등을 감당할 수 없다.

2) 검왕 오행은 직업의 대분류, 필요 오행은 직업의 소분류

심리국과 기문격국

검왕한 오행은 수리의 오행이 같은 오행(예를 들어 천반수는 1, 지반수는 6)을 말한다. 필요 오행과 육친은, ① 검왕한 오행이 소속된 궁, ② 세궁, ③ 중궁, ④ 월령간의 오행의 구성을 분석하여 결정한다. 이 때 연궁은 세궁의 원신으로 작용하므로 당연히 참조한다. 이 것을 무슨 비법처럼 사용하는 사람도 있지만, 이것 역시 하나의 단법(單法)으로 적용한다.

기문국에서 검왕 오행을 직업의 큰 종류로 단하는 것은 직업에 있어서 심리국의 적용을 받기 때문이다. 필요 오행을 작은 종류로 단하는 것은 기문격국(순수한 격국이론이 아닌 기문국의 형세를 말한다)의 영향을 받는 것을 고려하기 때문이다. 예를 들어 검왕한 오행이 관성이면 공무원 등으로, 필요한 오행이 인수이면 교육직 공무원 등으로 단한다. 다시 말해 검왕한 오행으로는 직업의 기본적인 성격을 보고, 필요 오행으로는 직업의 소분류를 본다. 그러나 이러한 원칙도 하나의 단법으로 적용할 뿐이므로 그 한계를 염두에 두어야 한다.

선택의 문제

필요 오행과 검왕 오행이 다른 경우 명리와 마찬가지로 과연 검왕한 오행에 따르는 직업을 가질 것이냐, 아니면 필요 오행에 따를 것이냐는 선택의 문제가 생긴다. 결국 이러한 선택의 문제는 명리와 같이 강한 기운에 따를 것이냐(즉 자신의 편견을 키우는 방향), 아니면 중화의 도를 얻는 방향으로 갈 것이냐의 차이이다.

이것을 명리적인 사고방식으로 보면 종격용신(從格用神)이냐 아니면 억부용신(抑扶用神)이냐의 선택의 문제이다. 기문국에서 심리가 우선할 것이냐 아니면 격국이 우선할 것이냐의 문제이기도 하다. 판단하기 조금 어려운 점이 있지만 우선 유년 등 운기의 흐름이 안 좋을 때는 심리국의 영향을 받는다고 정리한다.

3) 직업에서 그 밖의 참고사항

명주의 직업을 판단할 때는 명주궁과 신주궁, 사진동처의 상황, 쌍관(雙官)과 쌍인(雙印)의 상황, 기타 관련 괘문성장 등도 참조한다. 기문의 연기에서 명주궁은 명의 주인과 같은 존재로 사주의 연간에 해당되는 천반육의가 붙은 궁을 말하고, 신주궁은 명의 결론과 같은 역할을 하는 것으로 사주의 시간(時干)에 해당하는 천반육의가 있는 궁을 말한다.

이런 명주궁과 신주궁의 사용은 동기(東奇)에서는 별로 중요하게 생각하지 않는다. 연기에서는 일간을 중심으로 일간 대 천반육의로 육친을 정하여 길흉을 논하는 것이 원칙이다. 이 경우 연기에서는 명주궁과 신주궁의 천봉구성 등을 참조하여 그 천성과 직업을 논한다.

2. 무슨 직업을 가진 사람일까?

음력 1945년 11월 26일 丑時(冬至 中元 陽遁 7局)

```
癸 癸 戊 乙   乾命 平生局
丑 酉 子 酉
```

1999 辰五 戊 天柱 螣蛇 酉四 丁 歸魂 休門 正財-34-64 帶祿	1995 命主宮 未十 乙 天心 太陰 申九 庚 福德 生門 偏財-24-89 旺 年亡 年年 日亡 日年	1997 天乙 午七 辛 天蓬 六合 巳二 壬 天宜 死門 劫財-27-77 衰病
1998 天馬 亥六 壬 天芮 直符 寅三 癸 切體 景門 偏印-30-70 浴 年劫 日劫	2000 申九 戌五 丙 食神-39-59 死	2002 世宮 年宮 巳二 己 天任 勾陳 午七 戊 遊魂 開門 比肩-7-47
1994 時宮 子一 庚 天英 九天 卯八 己 絶命 驚門 正印-15-90 養生 年華 日華	1996 月宮 祿 卯八 丁 天甫 九地 子一 辛 生氣 傷門 偏官-25-85 胎	2001 居空 身主宮 寅三 癸 天沖 朱雀 亥六 乙 禍害 生門 正官-45-50 墓絶 年日馬

1) 기문 수리의 전체 상황

제자가 1994년의 신수를 상담한 사례이다. 좀 오래된 예이지만 특별한 기억이 있어 사례로 들어 본다. 신수는 뒤에서 다루고 우선 명주가 무슨 직업을 가진 사람인지 알아보자.

홍국수의 분석과 치귀지명

전체 홍국수의 구성을 살펴보면 중궁에 식상이 동하고 월궁에 편관이 동하였으므로 치귀자(治鬼者. 귀신·범법자·도둑을 다스리는 일, 질병을 다스리는 일을 통틀어 치귀로 본다)의 명이 될 소지를 갖추었다. 치귀자가 되는 경우는 여러 가지인데, ① 동처에 식상이 유력할 때 치귀자로 보는 경우가 있다. 단지 동처에 있다는 것만으로 치귀자로 보는 것은 무리가 있고, 중궁이나 연궁에 있거나 삼살회동 등으로 힘이 실려 있는 경우만으로 한정한다. ② 좀더 좁은 의미로는 사진(四辰. 중궁을 제외한 동처) 중 식상과 관귀가 같이 동할 때만 치귀자로 보는 경우가 있으며, ③ 가장 좁은 의미로는 사진 중 식상과 관귀가 연궁과 중궁에 같이 있을 경우에만 치귀자로 본다. ④ 그 밖에 중궁의 쌍화(雙火)·쌍금(雙金)이 관성이 되면서 동원(同原)이 되는 경우에도 치귀자로 본다. 치귀자는 통치자·공직자·의사·법조인·판사 등의 직업에 어울린다.

삼살회동

위의 국은 중궁과 연궁·세궁이 5·7·9 삼살회동하였다. 비록 불완전삼살이지만 삼살이 되는 경우 삼살의 기운이 가는 방향과 극하는 방향을 추정하여 흉한 면에 치중하여 보는 경향이 있다. 그러나 길격이 되는 경우는 권위 있는 사람이 되는 것으로 보는 좋은 면도 있으므로 이를 간과하지 않도록 한다.

삼살의 길흉

삼살의 흉한 면을 보면 7火가 수생하고 중궁의 천반수 9金을 치는데, 이는 재성을 치는 것으로 부부불화를 생각해 볼 수 있다. 길한 면을 보면 권위가 있다는 것인데 어느 정도 귀한지는 명국의 전체적인 상황으로 판단한다. 보통 귀하다는 명국은 성국과 통기가 되고, 화살이 되는 명국이라고 할 수 있다. 이 중 하나라도 해당되면 우선 합격점을 준다. 위의 명국을 보면 성국이 안 되고 통기는 중궁 천반수를 동원하여야 된다. 이른바 변칙적으로 원상통기(圓狀通氣)가 되는 상황이다. 화살 여부는 쌍인이 동하였는지, 사진에 길괘문이 있는지를 가장 중요하게 취급하는데, 위의 명국은 시궁 인수가 子卯 刑으로 깨져 있고 연궁·세궁은 유혼이 있으며, 월궁은 상문, 시궁은 절명·경문(驚門)으로 화살과는 거리가 있다. 그러므로 삼살이 동하긴 하였으나 귀한 측면으로 작용하지 않는 형세이다. 즉, 삼살의 영향으로 명주가 귀한 사람이 되지는 못한다는 결론이다.

2) 겸왕 오행과 필요 오행

가장 필요한 기운을 찾는 것은 명리에서의 직업론과 마찬가지로 매우 어려운 문제이다. 즉 천직을 찾는 것은 기문 전체국에 대한 이해와 분석 능력이 있어야 하며, 육친에 대한 기본적인 해석 능력이 있어야 하므로 어렵다. 기문국을 분석하여 오행도를 그려보면 다음과 같다.

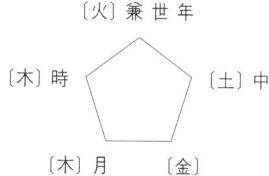

겸왕 오행

위의 오행도를 분석하여 보면 겸왕 오행은 비겁에 해당된다. 아울러 연궁과 같이 있어 회집된 상황으로 아주 강하다. 비겁은 그 본질이 명주 자신을 중심으로 한다는 것이다. 주체성이 강하여 이성에 대한 집착력은 작고 약간 헤매는 형세로 보는 육친이다. 그래서 적당한 직업을 자기 중심적인 사업, 기술을 이용한 사업, 개인사업, 철학원, 승려, 특수자격사업 등으로 본다.

필요 오행

필요 오행을 살피기 위해 각 오행의 형세를 보자.

① 火 비겁은 강세. 이미 알아본 바와 같이 아주 강하다.
② 土 식상은 중간 강세. 중궁에 있으며 火氣의 생조를 받기 때문이다.
③ 金 재성은 부동. 수생이지만 동하지 않았다.
④ 水 관성은 중간 강세. 子卯刑으로 깨질 듯하나 은복지지(隱伏地支)를 얻었고 월령도 얻었기 때문이다.
⑤ 木 인수는 약세. 수생이지만 子卯刑이다. 판단하여 보면 필요 오행이 재성임을 금방 알 수 있다. 인수가 필요 오행이 아닌가 반문할 수 있으나 비겁인 명주가 이렇게 강한데 인수를 필요로 한다는 것은 무리가 있다.

필요 오행을 판단하는 경우 직업상의 필요 오행을 구할 때는 월령과 중궁·세궁만 대조한다는 단정적인 표현을 하기도 한다. 그러나 실제로 필요 오행의 기운을 구하는 일은 기문둔갑에서 그렇게 간단한 문제가 아니다. 설령 월령·중궁·세궁만 본다고 하여도 사진동처의 다른 요소들이 서로 유기적인 관계를 가지고 영향을 미치는 것이 기문국이므로 이렇게 간단한 논리로 필요 오행을 찾을 수는 없다. 개인적으로 연궁을 제외한 채 필요 오행을 따지는 것은 불가능하다는 생각이다.

잠정 결론

일단 위에서 살펴본 내용을 바탕으로 명주에게 가장 적당한 직업을 잠정적으로 결론을 내려 보면, ① 치귀자의 직업에 알맞다. ② 그렇게 귀한 사람은 아니다. ③ 독립적인 비겁의 일에 인연이 있다. ④ 작은 분류로는 재물과 관련이 있다. 따라서 변호사, 경찰직 등의 공직자, 의사 등을 생각해 볼 수 있는데 변호사는 재성이 부동이라 조금 적당하지 않고, 공직은 기운의 흐름이 식상에 몰려 관성을 치는 상황이므로 인연이 없다. 의사라면 잠정 결론으로 쓸만하다.

겸왕 오행과 필요 오행으로 직업에 대해 잠정 결론을 내렸으면 이런 직업에 영향을 주는 다른 기문 요소를 살펴본다. 이제까지 흉기를 다루었으므로 연기적인 요소를 살펴보자. 위의 수리로 본 판단사항을 검증하여 보는 단계이다.

3) 연기에서의 직업 판단

연기 명주궁으로 주인공의 성정을 판단하고 직업을 추론하여 본다. 명주궁은 연간이 있는 이궁이다. 이궁의 천봉구성 중 천심은 득기하면 의술·복술을 하는 것으로 보고, 실기하면 손으로 먹고 사는 수공예 등에 인연이 있는 것으로 본다.

실제로 명주의 직업은 산부인과 의사이다. 기문둔갑의 모든 사항이 그렇지만 직업을 필요 오행으로 판단하는 것은 단법이므로 이것만으로 명주의 직업을 판단해서는 안 된다. 어떤 사람은 단법을 비법으로 알고 여기에 기문국을 맞추기도 하지만 모든 명국의 판단에서 단법으로 해단하는 일이 얼마나 위험한지는 몇 가지를 임상하여 보면 바로 알 수 있다. 반드시 종합적으로 판단한다.

4) 신수 보기

중궁 단법

직업과는 별개로 위의 명국의 부부궁을 해석하고 1994년 甲戌年의 운세를 평생국을 통해 알아본다. 중궁을 보면 지반수가 식상에 해당되는데, 중궁에 식상이 동할 때는 우선 중궁 식상 위에 있는 천반수가 무엇인지 본다. 천반수로 재성이 가림하였는데 이 경우 식신

생재(食神生財)의 영향으로 탐욕이 앞서는 것이 특징이다. 물론 이것은 중궁에 대한 단법이다.

다음으로 중궁의 식상이 생할 재성이 동처에 있는지, 동처에 있으면 어느 궁에 있는지 본다. 사진 중 재성이 없으면 탐욕과 잔재주만 앞서고 실질적으로 재산 증식에는 아무 도움이 안 된다.

부부관계에 있어서는 홍국수의 상황을 보면 비겁에 세궁·연궁이 회집되어 있고 火氣 비겁이 겸왕하다. 이러한 상황은 식상을 생하든지, 아니면 재성을 치는 두 가지로 생각하여 볼 수 있다. 위의 국과 같이 그 회집된 기운이 막강할 때는 재성을 치는 것에 더 비중을 둔다. 즉 처를 치는 기운이 강하므로 부부운이 안 좋은 명이다.

乙庚의 상황을 보면 乙庚이 내궁·외궁에 분리되어 있다. 공방의 기운이 있는 셈이다. 더욱이 감리지견(坎離之見)하면 감궁 지반수와 이궁 천반수가 서로 극의 관계이므로 이러한 영향이 강하다. 이상의 상황을 종합적으로 보면 부부간의 불화를 내재하고 있는 명국이다.

유년

위에서 살펴본 것들을 염두에 두고 1994년 甲戌年의 운세를 보면 1994년에 명주의 나이 50세이므로 유년이 건궁에 닿아 있다. 계가을(癸加乙爲 梨花春雨)이므로 봄비가 꽃을 흩날리는 형상으로 이별의 기운이 있다. 괘문이 모두 흉하고 관성운에 명주의 기운은 묘(墓)·절(絶)에 닿아 있다. 아울러 거공이 된 상황이므로 작사무성, 가정 허무의 기운으로 이루어지는 것이 아무것도 없다.

소운

연기의 1994년은 간궁에 해당된다. 홍국수의 상황을 보면 子卯刑

으로 깨져 있지만 인수의 기운이 동하는 시기이다. 유년에서 이별의 기운이 있으므로 이혼 등의 이야기가 나올 수 있다. 다른 시각으로 보면 한편으로는 재성을 치고 한편으로는 비겁의 기운을 생해 주어 강한 비겁이 재성을 치는 기운이므로 재물의 변동수, 부부간의 문제 등을 추론할 수 있다. 게다가 경가기(庚加己爲 官符刑格)로 살성 태백이 지호에 드는 형상이어서 부인에게 문제가 있다. 왜냐하면 천문은 戊이고 지호는 己로, 점사에서 천문은 귀를 주관하고 지호는 부를 주관하며, 혼인점에서 남자의 집은 천문, 여자의 집은 지호가 되기 때문이다.

관성이 공망이 된 경우

위의 국과 같이 관성이 공망이 된 경우 다음과 같이 해석한다.

① 관성이 장생의 자리에 있는 경우 관성이 공망·수극되거나 연궁상에 두문·휴문이 있어도 종래에는 무구하다. 공망을 비공(非空)으로 보는 경우는 고서 등에 일률적으로 기술이 되었으나 공망의 수리가 득기하여 기운이 조금이라도 있으면 공망의 영향을 발휘하지 못하는 경우가 많으므로 이 점을 조심한다. 예를 들어 관성이 공망의 자리에 있더라도 연궁의 생을 받으면 직업을 잃지는 않는다.

② 관성이 공망을 만나고 흉괘·흉문을 만났으며 연궁이 수극되는 경우 공명을 논할 수 없는 하천한 명이다. 관성이 공망·두문·절명이 되고, 연궁이 수극된 상태에서는 직장에서 공명을 이루기 어렵다. 이 경우는 잠시 휴직하거나 은거하는 것이 마땅하다.

③ 관성이 공망이면 직업 변동의 기운과 실업의 우려가 있다. 지극히 드문 경우이지만 길괘문이면 확장·변동수가 있다고 보는데, 이것은 일진수를 치는 관살의 기운이 비어 있다고 보기 때문이다.

5) 실제 상황

제자가 이 기문국에 대해 물었을 때 관부형격의 영향과 중첩된 화개살, 작괘의 화산려(火山旅)만 보고 부부간의 문제가 있을 것이라고 하였다. 실제로 명주는 그 해에 자신의 잘못과 부인의 바람 때문에 이혼하고 자신의 병원에서 마약에 손을 대 거의 폐인이 되었다.

3. 말년이 무난할까?

음력 1941년 8월 10일 酉時(寒露 上元 陰遁 6局)

```
丁 辛 丁 辛   乾命 平生局
酉 巳 酉 巳
```

2004 世宮 年宮 祿 巳二 丙 天任 螣蛇 酉四 庚 歸魂 傷門 比肩-4-47 養生	1999 天馬 午七 辛 天沖 直符 申九 丁 福德 生門 劫財-39-66 浴 年日亡 年日年	2006 空亡 酉四 庚 天甫 九天 巳二 壬 天宜 死門 偏官-42-54 帶祿
2005 寅三 癸 天蓬 太陰 寅三 辛 切體 驚門 正財-45-50 胎 年劫 日劫	2003 亥六 戌五 己 正印-9-90	2001 月宮 時宮 空亡 申九 丁 天英 九地 午七 乙 遊魂 杜門 正官-22-83 旺
2000 卯八 戊 天心 六合 卯八 丙 絶命 景門 偏財-30-74 墓絶 年華 日華	1998 戌五 乙 天柱 白虎 子一 癸 生氣 休門 傷官-40-59 死	2002 未十 壬 天芮 玄武 亥六 戊 禍害 開門 食神-15-84 衰病 年馬 日馬

1) 직업 변동운

이 기문국은 명주와 관련있는 사람과 상담한 사례이다. 위의 명주는 2002년 대통령선거와 관련이 있고, 이 사람의 거취에 따라 상담을 청한 사람이 직장을 떠날지 결정하여야 할 상황인 듯했다. 상담 목적은 "2002년 이후의 직업운을 봐 달라"는 것이었다. 명주의 직업운을 보면 2002년은 그 직장을 떠난다. 다음의 세 가지를 고려한 판단이다.

① 식상운 : 2002년 소운이 건궁의 식신운이다. 통기의 원칙상 식신은 생재하는 것에 본래의 뜻이 있지만 이 경우는 극의 작용을 한다. 이는 재성이 동하지 않기 때문이다.

② 역마 : 이동성을 보는 역마가 중첩되었다. 2002년은 연지 기준으로도 역마가 되고, 일지 기준으로도 역마가 된다. 역마에 대해 대인은 발전·도약이 있고 소인에겐 장애가 된다는 이야기가 있지만 그래도 역마는 역마로 이동성이 있다.

③ 작괘 : 직부직사법에 의해 소운을 작괘하면 중지곤(重地坤)이 된다. 중지곤의 세효는 상육이 된다. 이를 해석하는 글귀를 보면 야행실촉 방황리정 이전투우 공박기형(夜行失燭 彷徨履程 泥田鬪牛 共剝其形), 즉 어두운 밤길에 촛불을 잃어 방황하며 진흙탕에서 서로 싸워 서로의 얼굴을 깎는다는 뜻이다.『초씨역림(焦氏易林)』에서는 이 효를 다음과 같이 해석한다. 남산대확 도아미첩 겁불감축 퇴이독숙(南山大獲 盜我媚妾 怯不敢逐 退而獨宿). 남산의 큰 원숭이가 나의 아름다운 첩을 훔쳐 가나 겁이 나서 감히 쫓아갈 수가 없어 물러나 혼자 머문다는 뜻이다.

이상을 보면 직장을 그만둘 것이라는 판단에 이해가 갈 것이다.

2) 직업 판단

전체적인 기운

명주의 직업이 무엇인지 판단하기 위해 우선 전체적인 기운을 살펴보자. 먼저 눈에 띄는 것이 金氣인 비겁이 아주 강한 형세라는 것이다. 이럴 경우에는 식상·재관 중 하나를 용(用)해야 한다. 어느 것이 명주에게 가장 필요한 기운인지 살펴보면 식상으로 설기하는 것이 가장 적당해 보인다. 결국 겁왕 오행은 재성이 되고 필요 오행은 水氣 식상이 된다. 이런 판단만으로 직업을 정할 수 있으면 좋겠지만 기문은 그 밖에도 참조할 요소가 많다.

동처 고려

사진동처의 전체적인 생조관계를 보자. 월궁·시궁의 정관이 중궁의 정인을 생하고, 중궁의 정인은 세궁·연궁의 비겁을 생하는 구조이다. 즉 관성이 흐름의 원천이다. 이럴 때는 일찍 직업을 얻고, 관직과 관련이 있는 직종이 된다. 이와 같이 일찍 관직을 얻는 것으로 다음과 같은 경우들이 있다.

- 연궁 관성이 중궁을 생하고, 중궁이 세궁을 생하는 경우
- 연궁 관성이 월궁을 생하고, 월궁이 세궁을 생하는 경우
- 중궁 관성이 연궁을 생하고, 연궁이 세궁을 생하는 경우
- 연궁·월궁에 관성이 있고 관성궁이 중궁을 생하며, 중궁이 세궁을 생하는 경우. 위의 기문국이 여기에 해당된다.

이 경우들을 보면 관성이 공통적이고, 연궁·중궁·월궁이 관련되어 있다.

고위직 여부

관직과 관련이 있는 직업이라면 과연 고위직에 오를 수 있을까? 세 가지 점에서 고위직에 오를 수 있는 기문이라고 결론을 내릴 수 있다.

① 삼살 : 삼살회동이 되고, 중궁 5와 월궁·시궁의 7·9가 불규칙삼살을 이루었다.

② 신살 : 관성수에 귀인이 닿았다. 이것은 일귀(日貴)가 아니고 세귀(歲貴)를 본 것이다. 기문에서는 관성수가 세귀 또는 세록(歲祿)일 경우 옛날 같으면 일품의 벼슬을 하는 명으로 본다.

③ 연기적 판단 : 신주궁의 천봉구성이 천영이다. 천영이 길격과 동궁하는 경우는 학문으로 이름이 높은 사람, 급제하는 사람이다. 천영이 있는 궁의 의기는 정가을(丁加乙爲 燒田種作)로 옥녀 丁이 천덕을 베푸는 형상으로 해석한다. 또한 별이 달을 비추고 지호를 비추므로 부와 관련이 있는 형상으로 해석하기도 한다. 격으로는 천우창기격(天遇昌氣格)이 된다. 길격이고 부·명예와 밀접한 관련이 있는 십간대응결이다.

천봉구성과 직업

연기상의 명주궁은 사주의 연간이 천반의기로 앉은 궁을 말한다. 신주궁은 사주의 시간(時干)이 천반의기로 앉은 궁이다. 구성의 해석은 시간궁에 위치하는 구성에 초점을 맞춰 해석하는 것이 원칙이다. 연국에서 시간궁이 변화의 출발이 되며 기운이 회집되는 곳이기도 하기 때문이다. 또한 직업의 추리에서도 시간궁에 위치하거나 득기한 구성을 참조하여 해석하기 때문에 천영을 본 것이다. 참고로 천봉구성과 직업의 관계를 요약하여 본다.

① 천봉(天蓬) : 길격이면 병(兵)이다. 득기하는 경우는 수장(首將) 또는 반란을 일으키는 자, 실기하면 병졸의 상이다. 흉격이면 도둑·역신(逆臣)·거지 등이다. 사문을 만나면 천인이다.

② 천임(天任) : 세궁에 닿고 격을 이루면 좌상(左相) 격이다. 궁과 조화를 이루면 재물을 얻고 부를 누린다. 기운이 보통이면 농부·하급관리직이다. 천임은 농업을 관장하는 신이다. 실지하면 빈천한 명이다.

③ 천충(天沖) : 길격이면 위엄이 높고 그 직이 병용지수(兵勇之首) 즉 무사의 우두머리이다. 보통 군인·법조인·경찰·스포츠맨에 공명이 있고, 흉격일 경우에는 수위·운전사·하수인이다. 대개 천충은 생사를 다루는 일을 하는 것으로, 격이 떨어지면 부평초 같은 나그네 신세, 또는 조상과 신을 모시는 일을 한다. 천충이 사문·휴문을 만나면 천한 군졸에 불과하다.

④ 천보(天甫) : 천보가 왕상하고 득기하면 학문으로 이름이 높아 한림학사·훈령과 교육에 공명이 있다. 묘(墓)·절(絶)을 만나는 경우는 산림에 숨어사는 사람이나 승려와 같은 명이다. 실지하면 화공(畵工)이다.

⑤ 천영(天英) : 천영은 천보와 같이 문명(文明)을 관장하는 구성이다. 천영이 길격과 동궁하면 학문으로 이름이 높은 사람 또는 과거에 급제하는 명이다. 학자·세도가로 보기도 한다. 실기하면 탐욕이 앞서는 명이고, 흉격이면 빈한한 명이다.

⑥ 천예(天芮) : 득기하는 경우 패도(覇道)의 격이다. 경작 관련의 일 및 수도·결사(사람과 뜻을 모으는 일)·공부에 길하고, 교사·종교인의 직업에 맞다. 실기하는 경우 곤궁·하천하며 도둑·하인·고용인·행상과 같은 명이다.

⑦ 천주(天柱) : 득기하는 경우 충신·호부(豪富)·호족(豪族) 및

언변(言辯)으로 먹고 사는 사람이다. 실기하거나 충극이 되면 기악공(技樂工)의 직업이다.

⑧ 천심(天心) : 천심은 의술과 복술을 전담하는 구성으로 이 분야에 직업적 공명이 있다. 실기하면 수공업 등 손으로 먹고 사는 사람이다. 만약 사문을 만나면 잔재주는 있지만 힘들게 노력하여 살아야 한다.

⑨ 천금(天禽) : 득기하면 원수(元首)·사장(師長. 스승과 우두머리) 등에 공명이 있다. 실기하면 흉악한 패류아 또는 공인(工人)·무녀·법사(法師)의 직에 맞다.

3) 실제 상황

직업을 아는 단법인 겸왕 오행과 필요 오행만으로 직업을 보는 데는 한계가 있다. 틀린 방법이라고 할 수는 없지만 이 방법이 전부는 아니다. 하나의 단법만으로 기문국의 판단이 서는 경우는 없다고 봐도 틀림없다. 또한 종합적인 시각으로 기문국이나 직업을 볼 때 주의할 것은 항상 전체 상황이 우선된다는 것이다. 위의 기문국의 명주는 실제로 국회의원을 지내고 2002년 상반기에 청와대에서 요직을 맡았던 사람이다.

4. 무슨 직업에 종사하는 사람일까?

음력 1951년 1월 25일 戌時(雨水 中元 陽遁 6局)

戊	辛	庚	辛	乾命	平生局
戌	丑	寅	卯		

2000 空亡 午七 壬 天蓬 勾陳 亥六 丙 天宜 開門 偏財-26-65 帶祿 日馬	2005 巳二 庚 天任 朱雀 子一 辛 遊魂 休門 正財-8-90 旺 日年	1998 祿 申九 丁 天沖 九地 酉四 癸 歸魂 景門 食神-15-82 衰病 年華
1999 年宮 卯八 戊 天心 六合 戌五 丁 禍害 杜門 劫財-20-73 浴	2001 子一 巳二 乙 偏印-28-58 年馬	2003 酉四 丙 天甫 九天 申九 己 福德 驚門 傷官-45-52 死 年劫 日亡
2004 世宮 月宮 寅三 己 天柱 太陰 丑十 庚 生氣 死門 比肩-7-48 養生 日華	2006 天乙 未十 癸 天芮 騰蛇 寅三 壬 絕命 生門 正官-11-88 胎 年亡 年年 日劫	2002 時宮 戌五 辛 天英 直符 卯八 戊 切體 傷門 偏官-36-57 墓絕

1) 부부관계

위의 기문국은 실제 상담할 때 명주의 부인이 부부관계를 물어 왔던 국이다. 직업과 함께 부부관계에 대해서 간단히 짚어 본다. 위의 국의 특징을 보면 불성·불통이고 전국(戰局)에 해당된다. 동하지 않은 식상만 겸왕으로 극을 이루지 않고 있으며, 동처가 모두 극으로만 이루어져 있다. 이런 경우 간단히 인생을 전쟁하듯 살아간다고 판단하지만 이것은 명주의 성품에도 영향을 미쳐 대인관계·부부관계도 원만치 않다.

홍국 수리 전체로 본 부부관계

중궁과 연궁이 巳戌로 귀문관살이다. 귀문은 성격 파탄을 암시하는 신살이다. 부부관계를 홍국 수리 전체로 보면 부인의 기운이 아주 약세이다. 부인을 수리로는 이궁의 子—로 보아야 하는데 천반수와의 관계, 궁과의 관계, 월령과의 관계, 어느 것과 비교해 봐도 기운을 받을 곳이 없는 약세이다. 이런 상황에 명주를 뜻하는 일진수가 너무 강하여 부인이 튕겨져 나가지 않으면 다행이다. 부인의 기문국을 보아 무거운 공에 해당되면 서로 부딪치겠지만 명주의 기문국만 보면 부인을 내친다.

부부 단법

의기를 이용한 단법으로 보면 庚은 간궁에 있고, 乙은 중궁에 있다. 기곤의 원칙에 따라 곤궁에 있는 것으로 간주하면 대충방에 乙庚이 있는 셈이므로 진공방(眞空房)의 기운이 있기도 하다. 이러한 영향들로 부부 사이에 공방의 기운이 있고, 억압적·폭압적인 남편이라는 것을 알 수 있다.

욕과 육합의 영향

명주의 국이 전체적으로 강한데 세궁의 원신인 연궁에 육합이 자기 자리인 卯의 자리에 앉아 있어 기운이 왕성하다. 12운성으로는 욕지(浴地)에 닿아 있다. 남자의 경우 욕지에 도화살을 겸하면 벼슬을 하고 발복하는 것으로 보기도 한다. 이렇게 육합과 동궁하면 색정의 문제가 나타난다. 이러한 판단은 세궁에 태음이 동궁하고 있는 것도 참조한 것이다. 결론적으로 부부관계가 원만하지 못하고, 강압적인 부부관계이며, 색정문제가 있다.

팔장의 영향

연궁의 육합을 너무 강조한 것이 아닌가 의문을 제기할 수 있지만 본래 팔장이란 보필의 기운으로 동처의 팔장을 모두 살필 수 없으므로 득기한 것을 위주로 판단한다. 이와 같이 득기한 신장은 직업에도 영향을 준다. 다음은 육합을 간단히 정리한 것이다.

- 육합의 신명(神名) : 호위(護衛)의 신장이지만 기본적으로 화합과 혼인·경사를 나타낸다. 이성관계에 있어서는 음사(淫事)를 주도하는 신장이다.
- 육합의 천문과 지리 : 천문으로는 우뢰·비이며, 지리로는 도랑·병영(兵營)이다.
- 육합의 인물상과 성정 : 풍류를 아는 사람 또는 연예인·목공 등이다. 기본적으로는 그 성정이 선량하고 온순하며 부드럽다. 떠돌이, 미련하고 허위를 일삼는 암매허사(暗昧虛詐)의 사람, 승도(僧徒), 술사(術士), 의원, 글 쓰는 이 등으로 보기도 한다.
- 육합의 직업적 공명 : 직업적으로 음악가·외교관 및 무역·중개 등의 일에 길하다.
- 육합의 길흉 : 육합이 득지하면 합하는 기운이 있어 매매·혼인·교역 등에 길하다. 실지하면 암매허사의 기운이 동하여 어리석고 사기 치기를 좋아한다.
- 육합의 기타 사항 : 부부관계를 볼 때 재성궁에 태음·육합이 동궁하면 이성문란·색정문제가 있고 구설이 분분하다. 육친의 길흉을 팔장으로 보는 경우 육합이 육친의 궁에 닿으면 모든 일이 길하지만 처궁에 닿는 것은 꺼린다. 음사(淫事)의 신이기 때문이다.

2) 기문으로 본 직업의 대분류와 소분류

대분류

검왕 오행과 필요 오행을 중심으로 직업을 판단하여 보자. 기문의 직업 단법으로 검왕 오행은 직업의 대분류인데 위의 국은 검왕 오행이 식상이다. 무조건 직업의 대분류로 보지 않고 다른 기문 요소도 필연적으로 이 방향으로 가는지 판단한다.

기문국에 검왕의 기운이 있을 때 검왕은 홍국수 상하가 같은 오행수로 이루어진 경우이므로 당연히 형충파해(刑沖破害)의 기운이 없다. 그러나 일반적으로는 이 검왕궁을 제외하고 다른 궁의 홍국수 상하가 형충파해의 기운이 있어 판단에 어려움을 겪을 수 있다. 이것은 일단 검왕하면 명주의 심리 흐름이 이쪽으로 흐를 수 있다는 것이 아니라 사진동처의 상황에 따라 달라질 수 있다는 것이다. 위의 국은 식상이 金氣로 검왕하고 동처의 상황이 모두 극으로 이루어진 전국이다. 이런 경우는 다른 국과 달리 검왕한 식상에 더 집착한다고 본다.

소분류

직업의 소분류는 필요 오행으로 판단한다. 홍국 수리의 구성이 木生火 火生土로 土氣에 모든 기운이 모여 있는 형세이다. 식상・재관을 쓸 수 있으나 명주의 입장에서 보면 관성은 동처에 있고, 식상은 검왕궁에 귀혼궁이므로 준동처에 해당된다. 결국 필요 오행은 재성이다. 대분류가 식상이고 소분류가 재성이므로 이 사람은 장사・사업밖에는 할 게 없다.

3) 명리로 직업 판단

명리로 직업을 보는 견해는 다음 세 가지가 대표적인 방법이다.

① 용신이 직업이다.
② 강한 오행이 직업이다.
③ 대운에 따라 직업이 변한다.

직업에 대한 종잡을 수 없는 복잡한 이론 때문에 직업 따위에는 관심이 없다고도 하지만 어느 형태로든 결론을 지어야 할 것이 직업의 분야이다. 직업에 대한 대표적인 견해의 타당성과 문제점을 짚어 본다.

(1) 중화하는 요소, 즉 용신이 직업이 된다

직업은 용신의 오행과 육친이 된다는 견해로, 대개의 명리가들이 이 견해를 취하고 있다. 그러나 이것은 팔자의 용신은 정해져 있어 변함이 없는데 살아가면서 명주의 직업은 여러 가지로 변하는 것을 설명하지 못한다. 너무 간단한 반론 같지만 이게 현실이다. 용신 자체로만 직업을 단하다가 그 사람의 직업 상황과 맞아 떨어지지 않는 경우를 조금 주의 깊게 임상하여 본 사람은 금방 알 수 있다.

(2) 편견, 즉 강한 오행에 따른 것이 직업이 된다

명주의 직업은 용신이 무시되고 사주의 형상대로 결정된다는 견해이다. 언뜻 생각하면 직업도 팔자의 구조를 벗어날 수 없다는 설명인 것 같아 타당성이 있는 듯하지만, 이 또한 살아가면서 명주의 직업이 계속 변하는 현실적인 상황을 설명하지 못한다.

이런 문제점에도 불구하고 개인적으로는 이 견해의 편에 서고 싶다. 이것은 사주의 용신과는 거리가 있는 것으로, 사주의 기운 중 가장 왕한 오행에 따라 직업이 결정된다는 것이다. 주변에 역학을 하는 이가 많은데, 그들의 사주를 보면 이른바 '편인 구덩이'에 앉아 있는 것이 대부분으로 10명 중 7~8명이 이러한 상황이다. 대개 인수가 강하면 식상·재성이 용신이 되는데 단순 논리로 용신이 직업이 된다면 전혀 맞지 않는다.

(3) 대운에 따라 직업이 변한다

용신에 따르는 것과 강한 오행에 따르는 것이 명리에서 직업 판단과 관련하여 가장 많이 사용하는 대표적인 견해이다. 결국 직업을 보는 것은 사주의 구조와 용신 오행의 성격을 참조하여 판단하는 것이다. 이것이 명리에서의 큰 원칙이다.

그 밖에 물과 불이 많은 사람은 해외와 관련된 사업을 많이 하고, 丙子·丁亥日生처럼 水火가 동주(同柱)하는 경우에 그러한 경향이 많다는 등 직업을 보는 방법이 여러 가지 있다. 그러나 이것은 단편적인 판단방법이므로 어떤 원칙이라고 하기에는 무리가 있다.

그러면 어느 때는 용신이고 어느 때는 강한 오행일까? 이것은 가장 기본적인 학리에 접근해야 해결될 성격의 것이다. 예를 들어 운세의 흐름이 안 좋은 경우는 사주의 모양에 따라 살게 되므로 강한 오행에 따라 직업이 결정된다고 보아야 한다. 반대로 운세의 흐름이 좋은 경우에는 용신에 따르는 직업을 가진다고 판단한다.

(4) 명리적 판단

사주의 강약을 보면 寅月의 辛金이 신왕하다. 이것은 土氣 인수가 많기 때문으로 이를 해결하는 것이 용신이 된다. 그렇다면 관성은 쓸 수 없으며 결국 水氣 식상은 희신이 되고, 木氣 재성이 용신이 된다. 직업 선택은 20대 후반에 결정되는데 명주의 대운 흐름을 보면 水局의 흐름을 보이므로 운의 흐름이 나쁘지 않다. 따라서 명주는 재성의 일이 직업이 될 수 있다. 즉, 식품학자 · 경제학자 · 경영자 등과 관련이 있다. 그런데 이 사주 구조는 인수가 기신이 되고 설기 하는 식상이 없으므로 학자보다는 재물과 관련된 경영 쪽에 무게를 둬야 한다.

그러나 명주는 40대 중반부터 기신인 인수운이고, 50 · 60대는 재성의 기운이 왔으나 대운의 흐름이 절각(折脚)되어 대성과는 거리가 있는 운의 흐름이다.

4) 실제 상황

명주는 대학을 졸업한 후 제약회사에 잠시 근무하였으며 얼마 안 있어 바로 약 도매업에 뛰어들어 2002년까지도 이 일을 계속하고 있었다.

5. 평범한 전업주부?

음력 1964년 11월 11일 戌時(大雪 上元 陰遁 4局)

庚	丁	丙	甲	坤命 平生局
戌	酉	子	辰	

2002 年宮 空亡 天馬	2006	2004
巳二 己 天沖 太陰	午七 戊 天甫 螣蛇	酉四 壬 天英 直符
寅三 戊 福德 景門	卯八 壬 歸魂 杜門	子一 庚 遊魂 開門
傷官-31-63	食神-21-82	劫財-26-70
墓絶 年馬 日華 日劫	胎 日年	養生
2003	2001 伏天乙	1999 世宮
寅三 癸 天任 六合	亥六	申九 庚 天芮 九天
巳二 己 生氣 休門	申九 乙	亥六 丁 天宜 死門
偏財-28-66	正印-40-61	比肩-6-54
死 年劫	日亡	浴 年亡 年年 日馬
1998 祿	2005 月宮	2000 時宮
卯八 辛 天蓬 白虎	辰五 丙 天心 玄武	丑十 丁 天柱 九地
午七 癸 禍害 驚門	丑十 辛 切體 傷門	戌五 丙 絶命 生門
正財-13-90	偏官-25-75	正官-45-55
衰病 日華	旺	帶祿

1) 성국과 통기의 상황

이 기문국은 쉽게 말해 아줌마의 기문국이다. 과연 이 국의 명주가 평범한 아줌마인지 아니면 특별한 일을 하고 있는 아줌마인지 살펴보자. 기문국을 해석하는 방법은 여러 가지이지만 홍기에서 기본은 홍국 수리를 판단하는 것이다. 홍국 수리를 해석할 때 가장 먼저 보는 것이 성국·통기·감리지견(坎離之見)이다. 일단 이러한 기본적인 판단에서 합격점을 맞으면 기운의 소통은 이루어진다.

성국의 종극수

성국을 보는 것은 기문국의 기본 3궁인 연궁과 중궁·세궁의 상생 여부를 보는 것이다. 속말로 성국이 되면 기의 고속도로가 뚫린 것으로 보고, 통기가 되면 기운의 지방도로는 뚫린 것으로 본다. 이것은 화살과 관련하여 중요하게 취급되는 관점이다. 또한 형(刑)을 말릴 것은 성국밖에 없다는 이야기도 있다. 그러나 이것은 조금 과장된 감이 있다. 성국을 볼 때 가장 주안점을 둘 것은 성국의 종극수가 무엇이고 이 수리가 어떤 역할을 하는지 판단하는 일이다. 이것을 염두에 두고 위의 기문국을 살펴보자.

힘의 흐름

위의 국을 언뜻 보면 관성의 기운이 회집(會集, 여러 궁이 모여 있는 상태)이 되고 겁왕하다. 보통 이렇게 강하면 세궁이 상처를 받기 십상이다. 그러나 위의 국은 중궁의 金氣가 세궁의 亥六을 생하며, 일진수는 수생이고 은복지의 생을 받고 있다. 전혀 상처를 받지 않는 구조이다. 더 나아가 세궁은 연궁을 생하므로 성국이 된다. 즉, 성국의 종극수가 식상이 되었다. 겁왕 오행을 직업의 대분류에 이용한 것은 겁왕의 기운이 명주를 주도하는 요소라고 보았기 때문이다. 과연 성국이 되는 상황에서도 겁왕궁이 명주를 주도하는지는 의문이 아닐 수 없다.

대개의 경우는 겁왕궁이 주도하는 것으로 보아 이를 기준으로 삼고 있다. 그러나 이 국의 경우는 겁왕수와 종극수가 서로 상극을 이룬다. 누가 이길 것인지를 떠나 겁왕의 왕기가 줄어든다고 보아야 할 것이다. 따라서 이 국에서는 겁왕의 왕기보다 성국의 종극수를 강하게 본다.

상관지명

이제까지 살펴보았듯이 위의 기문국은 식상이 가장 강하다. 이럴 때는 여자의 기문국이므로 혹시 남편을 잡는 상관지명(또는 剋官之

命)이 되는지를 살펴야 한다. 우선 관성이 이렇게 회집되어 있고 겁왕하면 깨지기 힘들다. 다음으로 위의 국은 지반수로는 소통이 안되고 천반수까지 동원하여야 소통이 되는 변칙적 통기에 해당된다. 여러 차례에 걸쳐 개인적으로는 천반수를 동원한 변칙 통기를 안 본다고 강조하였지만, 이 국은 연궁의 巳二가 자기 자리에 앉아 득지하였고 지반수로부터 생을 받고 있다. 더욱이 괘문이 복덕·경문(景門)으로 느낌이 아주 좋다. 소통에 전혀 문제가 없으므로 상관의 기운을 흡수하여 생재하는 데 전혀 지장이 없다. 상관지명의 우려는 없다는 것이다.

2) 기문 수리로 본 직업

가정과 직장

식상의 기운은 활동성을 보았을 때 평범한 가정주부와는 거리가 있다. 그러면 명주가 바깥일에 어울리는지 판단해 보자. 중궁의 궁체(宮體)이론을 대입하는 방법이 있고, 일간궁과 일지궁의 득기 여부를 보는 방법이 있다. 일간궁은 태궁이 되어 일지궁과 같은 궁이 되므로 제외시키고 중궁을 살핀다. 중궁의 천반수인 궁을 보면 월궁·시궁이 중궁 지반수를 생하며, 이 지반수가 천반수를 생하므로 모든 기운이 천반에 모여 있는 형상이다. 즉, 바깥일과 인연이 있다. 직접적인 연관은 없지만 위의 국은 세궁과 중궁의 천지반수가 뒤바뀐 둔갑국이다. 이런 경우는 변화와 기교에 능한 것이 특징이다. 이 점도 명주가 사회생활을 하는 데 점수를 주는 요소이다.

식상의 직업

위의 명주는 어떤 직업이 어울릴까? 앞에서 살펴본 바와 같이 강한 육친인 식상의 일이 좋다. 식상이 기문국을 주도하는 경우 문화·예술·학술 등이 어울린다. 자세히 보면 미래학·미술·작곡·문학·기술계통·자유업·연구원·공장·생산·유통·통역·과학기술·문학·과학자·작가·화가 등과 관계가 있으며, 조형예술가·경제학자도 인연이 있다. 이러한 기운은 여러 사람을 상대하는 흥행업·음식업 등 자신의 끼를 발휘하는 업종이 적당하다. 또한 여러 사람을 상대로 말로 먹고 사는 직업이나 특별한 기술이 필요한 직종도 맞다. 말로 먹고 사는 직업이라면 교사·강사 등, 흥행 관련의 일이라면 배우 등의 연예인과 음식점·일반 판매업·미용실 등을 들 수 있다. 철학원도 이 기운에 맞는 직종이다.

판사·검사·경찰 등의 직종(이를 보통 치귀지명이라고 한다)도 맞는 것으로 보는데, 치귀자는 말 그대로 귀신을 다스리는 자이다. 가장 좁은 의미로 치귀자의 명은 중궁이 연궁의 관귀를 극하거나, 연궁이 중궁의 관귀를 극하고 식상이 유기(有氣)한 경우로 위의 국은 해당이 안 된다.

3) 실제 상황과 유년의 흐름

실제 상황

성국과 통기가 되는 국, 감리상생이 되어 소통이 되는 국, 바깥일을 하는 것이 좋으며 식상의 일에 맞는 국이라고 정리할 수 있다. '연예인이 아닐까' 하는 느낌이 오지 않나? 실제로 명주는 유명한 가수이다. 월드컵 축구 기간에 시청 앞 광장에서 젊은이들에게 그 실력을 맘껏 발휘한 국민가수이다. 또한 치마를 안 입기로도 유명한 분이기도 하다.

유년

상담할 당시까지의 흐름이 좋다. 유년 25세까지는 관성의 운으로 명예수이고 의기가 병가신(丙加辛爲 日月相會)이므로 일월이 어우러지는 형상으로 모든 일에 성취가 있는 시기이다. 28세까지는 진궁에 닿는다. 필요 오행인 재물의 기운이 오며, 괘문성장인 사신(四神)의 상황이 아주 좋다. 재물깨나 모은 시기이다. 이후 31세를 지나 45세까지 전반적으로 좋은 흐름이다. 앞으로의 발전이 기대된다.

6장 재물론

옛말에 가난이 현관을 열고 들어오면 행복이 들창을 열고 나간다는 말이 있다. 그만큼 사람이 살아가는 데 있어서 재물이 중요하다는 것이다.

이 장에서는 역학의 주요 대상인 장수와 요절, 질병과 액사 및 부귀빈천 중 빈부를 보는 방법을 알아본다. 단지 기문에서 사용하는 방법이 어떤 것인지, 실제 명국의 해석에 어떻게 적용되는지 살펴봄으로써 완벽한 해단을 꿈꾸는 이들의 징검다리가 되었으면 하는 것이 작은 바람이다.

1. 감당할 재물, 감당 못할 재물

음력 1944년 9월 9일 午時(霜降 下元 陰遁 2局)

| 丙 | 壬 | 甲 | 甲 | 坤命 平生局 |
| 午 | 戌 | 戌 | 申 | |

2000 祿 子一 壬 天柱 直符 亥六 丙 天宜 景門 偏印-43-60 衰病 年亡 年華 日劫	2004 時宮 亥六 癸 天心 九天 子一 庚 遊魂 杜門 正印-25-75 死	2002 年宮 寅三 己 天蓬 九地 酉四 戊 歸魂 開門 偏官-32-65 墓絶
2001 天馬 巳二 戊 天芮 螣蛇 辰五 乙 禍害 休門 正財-37-62 旺 日年	1999 天乙 辰五 巳二 丁 食神-45-59 年劫 日亡	2006 卯八 辛 天任 玄武 申九 壬 福德 死門 正官-17-90 胎 年年 日馬
2005 居空 午七 庚 天英 太陰 丑十 辛 生氣 驚門 偏財-24-82 帶祿	2003 空亡 酉四 丙 天甫 六合 寅三 己 絶命 傷門 劫財-28-69 浴 年馬	1998 世宮 月宮 申九 乙 天冲 白虎 卯八 癸 切體 生門 比肩-8-54 養生 日華

1) 명리로 본 재물

위의 사주에 대해 명리적으로는 사주의 구조·용신·재물과 관련된 사항을 알아보고, 이어서 기문둔갑으로 재물복이 있는지 해단한다. 특히 명리적 해석에서 괴강의 영향과 용신이 만능인 양 사용하는 것이 얼마나 위험한 일인지를 중점적으로 살펴본다.

사주의 구조를 보면 재물과 관련하여서는 하격(下格)으로 볼 사주이다. 이유는, ① 재다신약 사주이다. ② 곤명이 양팔통(陽八通)의 사주이고, 백호살과 괴강살이 있다. ③ 사주의 구조가 火土가 왕해 편고되었고, 용신이 무력하며 운세 흐름이 불미하기 때문이다.

(1) 재다신약 사주

혹시 이 사주를 재다신약(財多身弱) 사주로 보는 것에 의문을 제기할 수도 있다. 말 그대로 재성이 강하고 일간이 약할 때 재다신약 사주로 보는데 이 사주는 관성과 재성의 형세가 비슷하기 때문이다. 그러나 시간(時干) 丙火가 투출되고 寅午戌 火局이 된 것을 감안하면 재성이 더 강한 것으로 보아야 한다.

재다신약의 특징

재다신약 사주의 특징은 재산을 모으기 힘들고 빈한한 운명이 될 소지가 많다는 것이다. 기본적으로 재다신약 부옥빈인(財多身弱 富屋貧人)으로 재물의 기운이 넘쳐 감당하지 못할 때는 부잣집에서 태어난 가난한 나그네로 본다. 운의 변화에 따라 월주·시주에 식신이 있을 때는 타인의 도움이 있거나 횡재 등을 하게 되는 명으로 보기도 한다. 또 명주의 성품에 따라 재산을 잘 관리하면 부귀공명할 수도 있다. 운의 흐름에 따라 비겁의 운이 적당한 때에 오면 부명(富命)이 되는 경우도 있다. 재다신약의 조건에 너무 연연하지 말고 재성과 일간의 균형을 맞추는 것이 중요하다. 참고로 다음 사주를 보면 전형적인 재다신약 사주이다. 음남(陰男)이어서 대운이 역행하므로 중년에 비겁의 운이 펼쳐진다. 양력 1937년 9월 16일생으로 아주 부자이다.

```
己 丙 己 丁   坤命
丑 午 酉 丑
```

(2) 괴강살

곤명이 양팔통의 사주이고 백호살과 괴강살을 가지고 있다. 여자가 양팔통이면 팔자가 세다고 보는 것이 일반적이다. 임상해 본 대부분의 사주가 평범하지 않은 일생을 산다. 이 사주는 다른 양팔통보다 더 문제가 될 소지가 있는데 너무 火土에 기운이 편중되어 있기 때문이다.

괴강살 이론

백호살에 대한 것은 『처음 배우는 기문둔갑』을 참조한다. 괴강이란 천강(天罡)과 하괴(河魁)를 합쳐 부르는 말이다. 일반적으로 辰戌의 자리에 든다 하여 辰천강·戌하괴로 부른다. 辰이 천강이 되는 것은 수고(水庫)가 되기 때문이며, 戌이 하괴가 되는 것은 화고(火庫)가 되기 때문이다.

즉 水를 12운성으로 돌려 보면 亥에서 록(祿)을 먹고, 寅에서 병(病), 卯에서 사(死), 辰에서 묘(墓)가 닿는다. 또 火를 12운성으로 돌리면 戌에서 墓가 된다. 그러나 이러한 설명은 설득력이 부족하고, 辰戌에는 귀인이 닿지 않기 때문이라는 것이 맞다. 참고로 다음 귀인의 표를 본다.

日干	甲	乙	丙	丁	戊	己	庚	辛	壬	癸
陽貴	未	申	酉	亥	丑	子	丑	寅	卯	巳
陰貴	丑	子	亥	酉	未	申	未	午	巳	卯

괴강의 종류

괴강의 종류에 대해서도 설이 많지만 개인적으로 辰戌이 붙는 모든 간지를 괴강으로 본다. 즉 甲丙戊庚壬이 辰戌과 만날 때이다. 이에 반해 戊庚壬의 간지에 辰戌이 붙는 경우를 괴강으로 보는 설도 있고, 『연해자평(淵海子平)』에서는 庚辰·庚戌·壬辰·戊戌의 4종류만 괴강으로 본다.

괴강의 길흉

일반적으로 괴강을 나쁜 쪽으로만 해석하는 경향이 있는데, 『삼명통회(三命通會)』에 이르기를 괴강취중(魁罡聚衆, 괴강이 일주가 아닌 다른 곳에도 있는 경우)하면 대단한 복이 있다고 한다. 괴강은 극단으로 흐르는 경향이 있으며 길흉에 모두 작용하는 특성이 있다. 즉, 극빈·재앙·부귀가 운세에 따라 변화무쌍하다. 운세의 흐름과 관련하여 괴강이 있는 명은 신왕운으로 흘러야 길하고 재관운으로 흐르면 흉하다. 그 밖의 명운의 영향을 보면 다음과 같다.

- 괴강은 호살(好殺)하는 기운이 있으므로 형(刑)과 같이 있으면 그 화가 심하다. 괴강 일주가 홀로 형충파(刑沖破)를 만나면 소인빈궁의 명이다.
- 괴강이 있는 명은 총명하고 결단력이 있으나 성격이 강하여 이로 인한 실패가 우려된다. 괴강살은 자신이 옳다고 생각하면 누구의 말도 듣지 않는 경향이 있다. 이러한 점은 명주가 신왕이든 신약이든 그 영향이 미친다.
- 남자의 명에 괴강이 많으면 파격이 아닐 때는 영웅격·부귀격이 되기도 하며, 무인·경찰 등의 직업을 갖게 된다. 또한 부귀를 누리는 사람이 많다. 여자는 미인이 많으며 성격이 강해 자기 주장을 하거나 고독수·생사이별수가 있으므로 부부생활에 노력해야 한다. 결혼한 사람은 남편과 불화가 있을 수 있으며, 남성적 기질이 있다.

괴강 사주의 예

```
庚 戌 丙 甲  乾命
申 辰 寅 戌
```

위의 사주는 『적천수(滴天髓)』에 소개된 사주로, 양팔통의 사주에 일주 괴강인 점이 위의 사주와 유사하다. 지지의 구조를 보면 申子辰 水局과 寅午戌 火局이 수화상충(水火相沖)을 이루고 있고, 水火의 다툼을 말려 줄 관성 木氣는 시주 庚申으로부터 寅申沖·甲庚沖되어 깨져 버렸으며, 일지와 시지의 申子辰은 이른 봄의 조후 역할을 못하게 하여 언뜻 火氣를 용신으로 할 것 같지만 단순한 억부의 원칙을 대입하여 金水를 용하여야 할 사주로 판단된다. 운세의 흐름도 중년에 불미하고, 사주의 격도 떨어져 하급의 사주이다. 고서에서는 실제로 일만 저지르고 뒷수습을 못했던 위인으로, 반평생을 감옥에 있다 일생이 불발로 끝난 고인의 명이라고 밝히고 있다.

(3) 용신과 운세의 흐름

위의 사주는 火土가 너무 왕해 편고되었고, 용신이 무력하며 운세 흐름이 불미하다. 주변에서 많은 사람들이 용신사전이니 용신원칙을 정해 놓은 책들을 활용하는 것을 볼 수 있다. 또한 많은 사주 프로그램이 출처가 불분명한 용신의 원칙을 대입하여 처음 공부하는 사람들을 미망에 빠트리는 경우도 많이 봐 왔다. 물론 원칙을 정하여 적용하면 훨씬 편리하겠지만 단순히 계산해 보아도 사주의 종류만 1300만 개이다. 이것을 남녀별로 나누고 기문에서와 같이 구궁의 삼원수로 보면 23억 3200만 개의 종류가 있으므로 단순하게 용신의 원칙을 세운다는 것이 얼마나 우스운 것인지 알 수 있다. 대안으로 일부 명리 프로그램에서는 『궁통보감(窮通寶鑑)』의 각 월별 10간의 용신법을 요약하여 원칙으로 한 경우도 있다. 그러나 궁통보감을 본 사람은 곧 알 수 있지만 이것을 일목요연하게 정리하여 용신의 원칙으로 적용한다는 것은 예외적인 사항이 너무 많아서 거의 불가능하다. 또, 명리사전을 활용하는 것 또한 사주팔자의 간지 8개 중 일간·일지·월령·시간·시지의 5개만 이용하는 한계가 있으므로 이것을 무조건 적용하는 것은 문제가 많다. 이것을 염두에 두고 위의 사주의 용신을 정하고 운세의 흐름과 결부하여 명주의 운세를 살펴본다.

사주의 용신

戌月 壬水인 경우 일반적인 용신의 원칙은 甲木으로 제토하고 丙火로 조후하는 것이다. 즉 木火를 쓴다. 이것은 壬水가 운성으로 戌月에는 관대(冠帶)의 상태가 되므로 스스로 왕하여 木火로 설기하는데 아무 문제가 없는 것이 첫째 이유이다. 둘째는 살전식후(殺前食後)의 원칙을 적용하는 것이다. 살을 먼저 생하고 후에 식신으로 살을 제압하는 것이다. 즉 丙火로 살을 생하고, 甲木으로 살을 조절한다. 이 경우 庚金이 있고 丁火의 제지가 없으면 빈천한 명으로 보기도 한다. 셋째는 丙火를 쓰는 것은 조후도 되고 丙과 壬이 서로 수화기제(水火旣濟)를 이루기 때문이다. 이러한 용신의 원칙은 결국 戌月에 壬水가 진기(進氣)로 왕하고, 토중(土重. 토기가 무거움)을 조절하는 木氣를 쓰며, 한랭하므로 火氣로 조후한다는 교과서적인 원칙이다.

용신의 원칙은 오행의 편고(偏孤)가 어떻게 이루어졌는지를 먼저 보고 결정한다. 오행의 편고를 보는 방법은 여러 가지인데 가장 전통적인 것이 신왕·신약을 가리는 방법과 水火를 중심으로 보는 방법이다. 특히 水火의 균형을 보는 방법은 간단한 것 같아도 음양의 이치에 가장 부합된다. 개인적으로 아주 즐겨 사용하는 방법이기도 하다. 우선 위의 사주를 신왕한 사주로 보는 사람은 없을 것이고, 水火의 균형을 보면 명주는 오행의 구성이 火에 치우친 양성인 사주이다. 즉 金氣를 용신으로 하여야 한다. 이것은 명주가 양팔통의 사주로 발산지기가 강한 점, 음양 중 양인 火氣가 강한 점, 일주 괴강으로 재관을 피하고 신왕으로 향하는 것이 좋은 점 등을 두루 살펴 정한 것이다.

이와 달리 木을 주용신으로 하는 경우 신약한 사주에 더욱 신약함을 부채질하는 꼴이 되고, 이 사주의 문제점인 火를 북돋우는 역할을 하게 되므로 용신으로는 부적절하다. 또한 일부 명리학도들에 의해 용도폐기하자는 주장이 나오는 12운성의 이론 하나만 가지고 壬水 일간이 관대(冠帶)에 닿아 있다고 토중의 상황을 운운하며 甲木을 쓰는 것은 우스운 일이다. 오행의 이론이나 왕상휴수사(旺相休囚死)로 보면 戌土가 壬水를 극하여 壬水가 월령에서 사(死)에 닿는 것이므로 관대만 본다는 것은 문제가 많다.

또한 이 사주는 火氣를 쓸 수 없는 상황이다. 사주의 구조상 火氣가 강한데 단지 한랭한 계절이라는 이유만으로 조후를 운운하는 것은 문제가 있다. 金水의 상황을 먼저 보도록 한다. 연지의 辛金은 사주에서 의지처가 없다. 주변의 천간은 木氣로 극을 이루며 월지의 土氣가 土生金하여 金氣를 보충한다고 볼 수도 있으나, 원래 조토(燥土)는 생금하는 기운이 없는 土氣이므로 이것도 도움이 안 된다. 결국 성정이 강한 壬戌 괴강은 외로운 金氣에만 목을 매는 형상이므로 金水 자체로 메마른 기운으로 본다. 이에 반하여 火를 보면 월령이 조토로 火氣를 가지고 있는 토이고, 일지·시지는 寅午戌 화국을 이룬 데다 丙火가 투출하였으므로 金氣가 하나도 없으면 火氣인 재성에 종재(從財)하는 상황으로도 볼 정도로 火氣가 강하다. 일간과 丙壬沖되는 상황도 고려해야 한다. 즉 火氣가 위 사주의 편고를 부채질하는 기신인데 火氣로 조후하는 것은 확실히 문제가 있다.

운세 흐름

결국 위의 사주의 용신은 金 인수, 火는 기신, 木은 구신이 된다. 용신과 관련하여 운세의 흐름을 보면 36세까지는 아주 좋다. 운세가 金水로 흐르기 때문이다. 또 일주 괴강에 신왕한 운으로 흐르고 용신의 운으로 흐르기 때문이다. 37세부터는 전반적으로 운의 흐름이 아주 흉하다. 이 때 희신인 土運이 오는 경우도 있지만 이른바 절각(折脚)의 영향으로 그 길의를 충분히 살리지 못한다. 특히 위의 사주의 일주가 괴강과 백호살의 영향을 받는다고 보면 그 길흉이 양극단을 오가는 명이다. 용신의 흐름이 불미하고 재성이 기신이 되는 중에 중년에 재성이 왔다. 金氣인 인수가 녹아 내려 일주를 극히 약하게 하므로 재물을 감당할 수 없는 명이다. 이런 경우는 희신인 관성의 기운에 빌붙어 그 기운으로 생존을 모색하여야 하는데 명주가 괴강과 백호의 영향으로 총명하고 스스로 일을 벌이는 경향이 있으므로 그런 일은 바랄 수 없을 것이다.

2) 기문으로 본 재물
(1) 수리로 본 전체 흐름

수리 흐름

기문둔갑으로 재물을 보는 방법은 다른 하지론(何知論)과 마찬가지로 "이것이 재물을 보는 방법이다"라고 말할만한 단법과 비법은 없다. 다시 강조하지만 종합적으로 국의 구성을 보는 것이 최선이다. 재물론에서 기문의 재물을 보는 방법을 살펴보며 예로 든 각 기문국마다 중점적으로 적용한 방법에 조금씩 차이가 있다. 각각의 예를 이해한 후 나름대로 종합하여 보도록 한다.

우선 위의 국의 성국·통기의 상황과 사진(四辰)의 상황을 보면 성국은 이루어지지 않는다. 그러나 감리상생(坎離相生)하고 통기는 이루어진 상황이다. 즉, 감궁과 이궁의 소통은 이루어지고 있으며, 홍국 지반수만으로 이루어지는 정상적인 통기는 이루어지지 않고 있으나 중궁의 천반수를 동원하면 변칙적 원상통기(圓狀通氣)를 이룬다. 신살을 매기는 경우 세궁과 중궁의 천반수도 비교하는 것에서 알 수 있듯이 세궁과 중궁의 천반수는 다른 천반수와는 달리 특별하게 취급한다. 위의 국은 중궁 천반수를 지반수와 같은 비중으로 취급해야 한다. 즉 위의 국은 통기가 이루어지는 명으로 무게를 두어야 한다. 그리고 국 중에 쌍인(雙印)이 동하였고, 쌍인이 시궁에 위치한 한 가지 조건만으로 화살이 되었으며, 일단 부자가 될 사주의 조건은 이루었다고 볼 수 있다.

재물과 인수의 역할

부자가 될 명인지를 보는 기준 중 인수는 명리상의 시각과 아주 다르다. 명리에서는 인수와 재성의 극의 관계에 중점을 두는 데 반하여, 기문에서는 인수를 살을 무력화시키는 화살의 요소로 본다. 화살의 요소가 된다는 것은 부자의 조건이다. 기문둔갑에서 인수를 보는 시각은 다음과 같다.

① 쌍인이 중궁·연궁에 있는 경우 부귀한 명이다. 또한 쌍인이 기문국 내에 있고 중궁에 재성수가 있어도 부귀한 명이다. 단지 국

중에 쌍인이 있는 경우는 해당 유년이 되어 동처가 되면 발복한다. 그리고 동처에 있지 않고 쌍인만 있어도 중간 정도의 부를 이룰 수 있는 명으로 보는 경우가 많다. 쌍인만 있을 때는 중궁에 재성이 있으면 더욱 좋다. 중궁이나 연궁에 단인(單印)이 있는 경우도 부자의 명으로 본다.

② 쌍인이 5·7·9가 되는 경우는 살기가 있는 재로 부자의명과는 관련이 없다. 인수의 홍국수가 월령에서 득기하면 부자의 명이다.

③ 일진수가 아주 신왕한 경우에 쌍인이 병을 키울 수 있다는 것도 참고한다.

재물과 식상의 역할

위의 국은 인수 다음으로 식상에 관심을 기울일 필요가 있다. 재물의 원신인 식상이 중궁에 있기 때문이다. 기문에서는 중궁에 쌍식상이 있는 경우, 연궁이나 중궁에 하나의 식상이 있는 경우 부자가 된다. 그러나 재성궁이 왕한데 식상궁까지 왕하면 가난한 명으로 단하는 경우가 있으므로 유의한다. 이는 귀함을 나타내는 관귀와 명주의 힘이 되는 인수를 치는 파인(破印)의 요소가 되기 때문이다. 결국 사진동처의 힘의 균형을 자세히 보는 것이 필요하다. 또 연궁·중궁에 단손(單孫)이 재성의 수리를 생하는 경우 재물이 풍족하다. 보통 일진 수리가 왕하고 연궁·중궁의 쌍손(雙孫)이 재성을 생조하는 하는 경우 큰 부자로 본다.

전체 흐름으로 본 부자 여부

통기, 감리상생, 시궁의 쌍인, 중궁의 식상, 이러한 것들이 부자의 조건이다. 그러나 이 기문국은 재물을 감당할 수 없는 요소도 함께 가지고 있다. 지반수만 볼 때 재성이 부동하여 시궁의 왕함을 살리지 못하고, 연궁의 4金이 일진 8木을 卯酉沖하며 천반수끼리도 충한다. 통기의 우선 순위를 보면 탐충망생(貪沖忘生. 충을 탐하다 생하는 것을 잊는다는 뜻)보다는 진생(眞生)이 우선한다고 보고, 위치적으로도 근접하므로 연궁은 일진을 충하는 것보다는 시궁의 인수를 생하여 관인상생이 되지 않을까 의문을 가질 수 있다. 그러나 천충지충의 기미를 완전히 없애지는 못하는 것으로 본다. 일단 재물과 관련해서는 중급 정도로 본다.

(2) 일진수의 상황

아무리 재물의 상황이 좋아도 명주가 감당할 그릇이 되어야 한다. 기문에서는 이것을 세궁과 재성궁의 수리를 비교하여 판단한다. 위의 국은 세궁과 재성궁의 세기를 비교하면 일진이 더 약세이다. 인수가 겸왕하므로 일진이 더 왕하다고 판단할 수도 있지만 이것은 삼살의 영향을 무시하고 통기의 흐름을 따진 결과라고 할 수 있다. 일단 이 국은 중궁의 7火가 은복되어 직삼살은 이루지 못하고, 세궁의 천반수와 중궁이 불규칙 은복삼살을 이루었다. 삼살수의 종극수인 세궁의 천반 9金이 金剋木하고 월령을 득하지 못한 점, 거극이 된 점을 감안할 때 일진은 약세이다. 또한 겸왕한 기운은 생보다는 극에 본의가 있다는 것도 감안한다. 이와 같은 상황은 약세인 세궁을 생하거나 같은 오행의 시기에 재물과 관련하여 길의가 나타난다고 보아야 하는 것을 의미한다. 이런 관점에서 평생국의 재물의 길의를 살릴 수 있는 최고의 전성기는 37세까지로 보인다.

(3) 특정 소운 판단

위의 기문국을 1982년[壬戌年, 순수 癸(태궁)]의 운세를 중심으로 해단하여 보자. 운세는 일반적인 기문 해단방법을 사용하여 판단한다.

① 태궁과 중궁은 은복삼살을 이루었다. 칠구살도 된다.
② 중궁과 巳申刑이 된다.
③ 신가임(辛加壬爲 寒塘月影)으로 주옥을 더럽히고 실속없다.
④ 천임은 변화·재운·독불의 경향이다.
⑤ 사문은 형옥(刑獄)·재앙이 있다.
⑥ 현무은 도적과 음란지사·득재 및 타인을 현혹시키는 물건을 의미한다.
⑦ 복덕은 횡재·재물이 있다.

3) 실제 상황

명주는 실제로 1982년에 금융사기로 구속된다. 기문의 기운과 절묘하게 맞아 떨어진다. 이 사주는 제자로부터 입수한 모 씨의 사주이다. 공부하는 이들은 위 명주의 평생 사주를 이용하여 연국이나 월국 등을 조식, 해단하여 기문의 깊이를 더한다. 기문을 익히는 데 임상보다 더 좋은 방법은 없다. 다음은 신문에 발표된 명주의 실제 상황이다.

"1982년 8월 15년형 선고 수감. '거물 사기꾼' 모 씨는 지난 1982년 화려하게 등장했다. 그는 당시 중앙정보부 차장까지 지낸 남편과 함께 자금난을 겪는 기업에 사채를 빌려 주고 그 금액의 2~9배에 이르는 규모의 어음을 받아 시중에 유통시켰다. 그 과정에서 1476억 원이란 천문학적인 액수를 빼돌렸다. 이 사건으로 그 해 8월 15년형을 선고받으며 역사의 뒤안으로 사라져 가는 듯했다. 1992년 3월 출감했지만 그의 사기행각은 곧바로 재연됐다. 사위와 함께 유령회사를 만든 뒤 어음을 남발해 약 70억 원의 부도를 낸 것이다. 그는 출감 1년 8개월만(소운궁은 곤궁에 닿는다)에 사기혐의로 다시 구속돼 4년 형을 선고받았다." ─ 중앙일보 기사 인용 ─

2. 가게를 열어도 될까요?

음력 1962년 7월 22일 酉時(立秋 下元 陰遁 8局)

```
丁 辛 戊 壬  坤命 平生局
酉 卯 申 寅
```

2006 酉四 壬 天甫 太陰 巳二 壬 絶命 驚門 正財-3-90 墓絶 年亡 日馬	2001 居空 天乙 天馬 申九 乙 天英 騰蛇 午七 乙 禍害 死門 偏財-33-72 胎	1999 空亡 亥六 辛 天禽 直符 未十 丁 生氣 生門 正官-45-56 養生 日華
世宮 1998 辰五 癸 天沖 六合 子一 癸 遊魂 傷門 比肩-1-50 死 年年	2005 卯八 天芮 卯八 辛 傷官-11-86 伏日亡	2003 時宮 子一 己 天柱 九天 辰五 己 切體 開門 偏官-20-76 浴
2002 年宮 丑十 戊 天任 白虎 亥六 戊 歸魂 休門 劫財-26-75 衰病 年劫	2000 午七 丙 天蓬 玄武 申九 丙 天宜 景門 偏印-42-63 旺 年馬 日劫 日年	2004 祿 巳二 庚 天心 九地 酉四 庚 福德 杜門 正印-15-78 帶祿 年華

1) 상담 상황

2002년 10월경 지방에 있는 여성으로부터 전화가 왔다. 복잡하게 소개받게 된 경위를 밝힌 후 전화로 상담이 가능한지 물어왔다. 웬만해서 국내에 있는 사람과는 전화상담을 꺼려하지만 장황하게 소개한 사람을 밝혀 어쩔 수 없이 사안을 물어봤다. 땅을 구입하려고

하는데 올해에 사도 되는지를 물었다. 전화를 통해 들려오는 목소리가 맑아 땅투기를 일삼는 스타일은 아닌 것 같은데 왜 땅을 사려고 하는지 물어봤다. 그 동안 남편이 가업을 물려받아 운영해 왔으나 근래 들어 사업이 부진하므로 이것을 축소하고 땅을 구입하여 장사할 건물을 지을 예정인데 시기적으로 맞는지 봐 달라는 것이었다. 그리고 건물을 지으면 남편은 사업을 안 하고 부인이 일부는 임대를 주고 1층은 자신이 직접 아이스크림 가게나 패스트푸드 관련 가게를 할 생각이라고 하였다. 이런 경우 당사자가 땅을 구입하는 것이 시기적으로 적당한지만 살피는 것보다 원천적으로 부인에게 재물복이 있는지 보는 게 중요하다. 실제 상담에서는 남편의 평생 기문국을 조식하여 이야기하였지만 여기서는 부인이 재물복이 있는지를 중심으로 살펴본다.

2) 기문 홍기로 본 부명과 빈명

명주가 재물을 감당할 기운이 되는지는 일진수와 재성수를 비교하는 것에서 시작된다. 그 밖에 참고로 부명(富命)과 빈명(貧命)을 살펴본다.

(1) 부명

재성수

재물과 인연이 있는지 홍기로 볼 때 우선 재성수의 생왕(生旺) 여부를 살핀다. 생왕하면 재물과 인연이 있는 명이다. 보통 생왕이란 홍국 수리가 거수승겸(居受乘兼)의 상태에 있는 것을 말한다. 즉 수생·거생·승생·겸왕·승왕·거왕의 상태를 말한다.

재성궁의 상황
재성궁에 생문·복덕을 만나거나, 재성수가 일진의 천반수로 거하며 길괘문을 만나면 재물복이 있다. 위의 국은 해당이 안 된다.

재성궁의 위치
재성궁은 월궁이 되는 것을 최고로 길하다고 친다. 또한 재성이 월궁에 있으면 근면성실한 사람으로 자수성가한다고 본다. 명리 자평서에서도 재관(財官)은 월상(月上)에 있는 것을 최고 길하다고 본다.

재성궁과 성국
재성궁이 연궁을 생하고 성국이 되는 경우는 부명이다. 즉 재성궁이 연궁을 생, 연궁이 중궁을 생, 중궁이 세궁을 생하는 경우이다.

시궁이 왕한 경우
재성이 왕하고 시궁도 왕한 경우는 큰 부자이다. 단지 시궁이 왕한 것만이 아니라, 일진궁과 재성궁의 균형이 맞고 시궁이 왕해야 한다.

(2) 빈명

재성수와 재성궁
재성수가 수극·거사·승사된 명은 재물복이 없다. 그리고 재성궁에 사문이 동궁하면 손재의 기운이 있다. 위의 국은 팔문이 경문(驚門)과 사문으로 흉하다. 팔문은 일가(日家)와 시가(時家)를 다 본 것으로, 특히 신수국에서 중요하게 취급한다. 위의 국과 같이 세궁과 재성궁이 충을 이루는 경우는 빈명이다.

공망과 재물

재성수가 왕하여도 공망이 되면 재물과 인연이 없다. 이것은 고서에 나온 말이다. 이것을 실제로 기문국에 적용할 때는 주의해야 한다. 왕자비공(旺者非空)이라는 말과 같이 수리가 왕하면 공망으로 보지 않는 경우가 많기 때문이다. 과연 어디까지를 왕하다고 볼 것인지는 각 국의 상황을 보아서 판단한다. 예를 들어 재성궁이 장생의 자리에 있으면 재성이 공망의 자리에 있더라도 선빈후부(先貧後富)의 명으로 본다. 여기서 장생지란 재성수를 기준으로 한 것이 아니라 일진수를 기준으로 할 때이다.

위의 국은 재성수가 화금상전(火金相戰)이고 괘문이 흉하여 왕자(旺者)가 아닌 것이 틀림없다. 더욱이 위의 국은 거공(居空)에 해당된다. 공망의 영향을 순위별로 보면, 총공(總空) 〉 거공 〉 순공(旬空)의 순이다. 즉, 공망의 영향을 볼 때 위에서 예로 든 국은 재물과 인연이 없다.

이렇게 재물과 인연이 없는 명이 재물을 흔들면 대부분 감당하지 못하고 잃어버리게 된다. 물론 상담을 청한 사람의 경우는 건물을 짓는다는 것이지만 건물을 이용하여 자신의 책임으로 사업을 하면 망할 확률이 90% 정도로 본다. 혹시 생계유지 차원에서 장사를 하면 모를까 직접 하지 않는 것이 좋다.

3) 운기 조건

땅 구입년도 판단

명주가 2002년에 땅을 구입하는 것은 운기 조건에 맞지 않는다. 무엇보다 겁재의 운이기 때문이다. 2003년은 2002년보다는 운기 조건이 개선된다. 비록 편관의 운이나 개문이 득기하고 구천이 월령

申에서 왕하기 때문이다. 2003년 소운의 기운 중 己加己는 십간대응 결인 복음연약(伏吟軟弱)으로 보지 않고 재물과 관련하여 본다.

기문에서 오행의 역할은 명리상의 판단과 유사하다. 이는 명리상의 심리론과 유사한 판단이다. 木氣는 비겁, 火氣는 식상, 土氣는 재성, 金氣는 관귀, 水氣는 인수적인 성격을 갖는다. 덧붙여 기문의 독특한 시각으로 火氣·金氣는 살기로 보고, 水氣는 변동이다. 이 중 土氣는 부자 여부를 판단할 때 중요하다. 일단 5·10 지반수가 5 또는 10의 천반수를 만나거나 일진궁에 六戊·六己가 있으면 큰 부자가 될 가능성이 있다. 물론 단법이지만 戊己는 재물과 관련이 있다.

작괘 판단

2003년을 작괘하면 중택태(重澤兌)가 된다. 납갑과 신장을 붙이면 구이효에 재성이 되고 육합이 붙게 된다. 이를 해석하면 "첨백인현 가잔공겁 임력타열 여위견작 언시공복 불감거격이요, 굴정구수 종견기천 곤후득태 화기조면(瞻白引弦 駕孱恐怯 任力墮劣 如猬見鵲 偃視恐伏 不敢拒格, 掘井求水 終見其泉 困後得泰 和氣潮面)"이 된다. 이는 흰 것을 보고 활시위를 당기나 나약한 말이 두려움과 겁에 떤다. 힘이 부족해서 고슴도치가 까치를 보는 듯하다. 넘어져 두렵게 보는 상태로 감히 대적하지 못한다. 그리고 물을 구하기 위해 우물을 파서 마침내 그 샘을 보게 된다. 어려움 뒤에 태평함이 와 화기가 얼굴에 넘치게 된다는 뜻이다. 전화위복의 상으로 새로운 일을 하기에 적당하다. 사주는 재물과 관련하여 빈명과 부명으로 나누어 볼 수 있는데, 부명은 재물을 감당할 수 있는 명이다. 상담한 이는 빈명으로 판명되었다. 이런 경우 금전을 자신이 관리하는 것보다는 남편에게 위임하는 것이 좋다. 아울러 땅도 2002년보다는 2003년에 구입하는 것이 좋다.

3. 돈을 빌려 주어도 될까?

음력 1959년 10월 10일 巳時(立冬 上元 陰遁 6局)

```
癸 丙 乙 己   乾命 平生局
巳 申 亥 亥
```

2004 時宮 空亡	1999 祿	2006 世宮
申九 乙 天柱 玄武	酉四 戊 天心 白虎	子一 癸 天蓬 六合
午七 庚 切體 死門	巳二 丁 生氣 景門	戌五 壬 禍害 休門
偏印-18-82	正印-41-52	比肩-5-46
帶祿 日華	旺 年馬 日劫	衰病 年華
2005 天乙	2003	2001
未十 壬 天芮 九地	寅三	亥六 丙 天任 太陰
亥六 辛 歸魂 生門	寅三 己	未十 乙 絕命 驚門
正財-11-90	偏官-21-73	劫財-38-63
浴 日亡	年亡 日馬	死 日年
2000 天馬	1998	2002 年宮 月宮
戌五 丁 天英 九天	巳二 庚 天甫 直符	午七 辛 天沖 螣蛇
子一 丙 遊魂 開門	酉四 癸 福德 杜門	申九 戊 天宜 傷門
偏財-39-57	傷官-45-48	食神-30-70
養生	胎 年年	墓絕 年劫

상담 상황

위의 국은 명주와 관련있는 제3자가 상담을 요청하였다. 본인이 상담을 청하지 않으면 상담해 주지 않는 것을 원칙으로 하고 있으나 어찌 하다 보니 상담을 하게 되었다. 위 기문국의 명주에게 가게를 할 자금을 대 줘야 할 상황인데 돈을 빌려 주어도 될지 봐 달라는 요지이다. 상담을 청한 이도 명리를 공부한 사람이고 개인적으로 가끔 만나 정담을 나누는 사이이다. 위의 명주가 처의 문제가 복잡한데 그러면 재물의 기운도 똑같이 복잡하지 않을까 하는 의구심이 들어 망설여진다는 것이다. 여기에서는 이러한 재성의 이중성 문제를 명리를 중심으로 간단히 살펴보고, 2002년에 명주에게 돈을 빌려 주면 받을 수 있는지 기문둔갑을 이용하여 살펴본다.

1) 처성과 재성의 이중성 문제

재성과 처성 구분의 필요성

명리에서는 대개 처성(妻星)과 재성(財星)을 같은 의미로 사용한다. 즉, 재성은 재물을 뜻하기도 하고 처를 뜻하기도 한다. 그러나 엄격하게는 이 둘을 반드시 구분하여야 한다. 예를 들어 재물은 풍족한데 악처를 만나 고생하는 경우도 있고, 부인이 현모양처인데 매일 양식을 걱정할 정도로 매우 가난한 경우도 있다. 부부와 재물과 관련하여 이런 경우를 이중성의 예라 할 수 있다.

재성과 처성의 구분 방법

재성과 처성을 구별하여 보는 것은 재산과 처를 구별하여 보는 방법이다. 이 때는 사주의 구조를 전체적으로 보고 회합형충(會合刑沖)을 참고해야 한다. 사주의 구조를 보는 요령은, 생재(生財)하는 식상을 보아 식상이 유력하면 일단은 부자가 될 명이다. 부자이고 처가 아름다운 명은 식상이 유기(有氣)하고 재성이 유력하거나 희신·용신에 해당될 때이다. 아울러 처궁이 기신궁이나 구신궁이 안 되어야 한다. 예를 들어 사주가 신왕 사주로 다음과 같은 구조로 이루어진 경우이다.

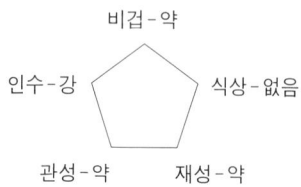

위와 같은 구조는 식상이 없어 생재의 기능을 못하므로 부자일 수 없다. 처성은 비록 약하지만 강한 인수를 쳐 사주의 중화를 이루므로 처가 아름다울 수 있다. 또 다른 신왕사주의 예를 보자.

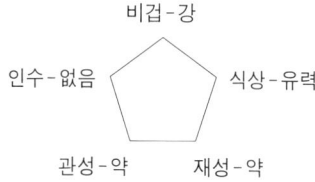

위와 같은 경우는 식상이 유력해서 생재하여 재물은 있다. 그러나 처는 비겁이 강하여 불미하다. 이제까지 살펴본 것이 기본적인 원칙이지만 실제로는 여러 가지 형태로 나타난다. 『적천수(滴天髓)』에 있는 사주를 중심으로 여러 가지 예를 살펴본다.

● 예1 : 부호이며 처가 현숙한 명

```
辛 壬 丙 甲  乾命
亥 寅 子 申
```

득령·실지·득세이고 壬子는 양인(羊刃 또는 陽刃)으로 신왕한 사주이다. 子月 壬水로 냉하고 습한 사주이므로 용신으로 木火가 적당하다. 용신인 丙 재성을 보면 丙壬冲이 되지만 일지에 뿌리를 내리고 甲木으로 생화(生化)되어 유력하다. 즉 용신이 처궁에 뿌리를 내려 유력하다. 희신인 甲木을 보면 子月에 생을 받고 일지에 뿌리를 내렸다. 아울러 寅亥 합목의 비화(比化)로 기운이 있다. 식상이 유력하고 재성이 용신이며 유력하여 부자이며 처가 현숙하다.

● 예2 : 부자이지만 처가 요절한 명

```
丙 丁 癸 丁  乾命
午 卯 丑 丑
```

신왕하고 식상이 유력한 것은 위의 사주와 동일하다. 다만 용신으로 삼아야 할 癸水가 양쪽의 丁火로부터 충을 받아 용신이 무력한 점이 다르다. 아울러 처궁이 구신궁이 되었다. 대운의 흐름을 보면 戌運에는 시지의 午火와 삼합으로 기신으로 바뀌므로 처자를 극하여 풍상이 대단하였다. 酉運에는 卯酉冲으로 기신을 충하고 통관하여 큰 부자가 된 명이다.

● 예3 : 가난하며 처도 불미한 사주

```
壬 丙 庚 乙  乾命
辰 申 辰 亥
```

왕쇠와 사주의 구조를 보면 辰月 丙火로 설기가 심하고 지지는 申子辰 水局으로 물 천지이다. 기신인 壬水가 왕하고, 丙壬冲으로 일간 丙火가 극을 당하고 있는 구조이다. 용신은 연간 乙木이 된다. 식상이 구신이 되고 재성이 기신이 되며 처궁이 기신궁이 되었다. 명주는 무자식에 가난하고 악처를 만난 사람이다.

2) 기문의 필요 오행과 재물

필요 오행

위와 같은 개념을 생각하며 위의 기문국의 필요 오행(명리에서의 용신)을 살펴보자. 중궁의 겸왕한 木氣가 있고 연월궁에 회집된 9金이 삼살의 종극수로 자리하고 있으므로 水氣 재성이 필요하다. 식상의 수리는 강하나 水氣 재성의 상황을 보면 비록 월을 얻었지만 수극이 되고 부동이므로 충분히 역할을 못한다. 결국 부자가 될 소지는 있으나 처가 역할을 못한다. 물론 귀혼궁도 일종의 준동처로 역할을 인정하지만 다른 것을 감안하면 처의 상황이 불미하다.

부부문제를 더 살펴보자. 세궁에 태음과 육합이 동궁하면 명주는 이성관계가 문란한데 위의 국은 육합이 동궁하였다. 재성수가 1·6이면 화류계 출신의 부인을 얻든지 처가 호색하다 하였으므로 부부 모두 문제가 있다. 재성의 수리가 수극 또는 공망이면 명주는 상처나 재혼의 기미가 있다. 이 경우 재성궁에 길괘문이 들면 재혼이 가능하다. 실제로 명주는 초혼에 실패하고 재혼하였다.

수리 흐름과 재물

앞에서 일단 부인에게 문제가 있으나 부자의 기미는 있다고 판단하였는데 과연 그런지 좀더 살펴본다. 이제까지는 식상의 수리와 재성의 수리를 중심으로 재물이 있는지 알아보았다. 이외에 기문국을 볼 때 기문국 전체의 수리를 보는 것도 참조한다.

①성국과 재물 : 성국은 기문국의 기운이 돌기 위한 제1요건이다. 여기에 재성의 수리가 성국의 원신(源神)이 되면 국의 명주는 재물과 인연이 있다. 즉 재성 생 연궁, 연궁 생 중궁, 중궁 생 일진과 같이 성국의 제일 앞에 재성의 수리가 있는 경우를 말한다. 위의 국은 성국이 안 되므로 당연히 해당이 안 된다.

②동처 수리의 득기 : 사진 또는 삼처(예를 들어 연월일)가 생으로 이루어지고 귀록을 만난 자는 부귀가 온전한 명이다. 또한 동처 중 연월일·월일시·일시가 왕·수생 등으로 득기하면 부명인지 보라고 하였다. 즉, 연월일시 수리의 득기는 부명의 기본 조건이다.

또한 사진이 동궁하여 생왕을 받는 경우, 또는 연월일·월일시가 동궁하여 생왕을 받는 경우는 부귀한 명이다. 위의 국을 분류하면 전국(戰局)이다. 단지 중궁의 편관 수리만 겸왕으로 왕하고 다른 모든 동처는 극의 형태로 이루어져 있다. 당연히 수생 등으로 왕기를 가진 동처 수리가 하나도 없다.

③화금상전 : 사진동처의 궁 중 2개 이상이 화금상전의 형세이면 가난한 명이다. 위의 국은 연궁·월궁·시궁이 화금상전이므로 가난한 명이다.

이상에서 알아본 바와 같이 명주는 처의 문제도 있고 금전적인 상황도 좋지 않다. 만약 평생을 두고 상환받아야 할 자금을 주는 것이라면 대 주지 않는 것이 좋다.

재물의 향후 흐름

그렇다면 4~5년 정도의 상환기간을 두고 자금을 대 주면 아무 문제가 없을까? 이것도 다음과 같은 이유로 문제가 있다.

①상관의 왕기 : 감궁의 유년궁을 보면 45세까지는 상관운이다. 언뜻 상관이 왕하면 재물을 낳을 듯도 하지만 너무 강하다. 원래 연궁과 월궁에 식상이 있고 유년에서 하나가 더 보태져 회집된 상황이다. 이럴 때는 金生水로 재물을 낳는 것이 아니라 관성을 치는 역할을 하게 마련이다. 만약 재물의 생에 뜻이 있더라도 재성이 받아먹을 그릇이 못 된다. 또한 상관수가 화금상전의 상황이면 재물을 생하는 것도 어렵다.

②인수운의 영향 : 46세부터 48세까지는 인수운이다. 인수운은 명주에게는 힘이 되지만 寅巳申의 영향으로 재물의 원신을 깨는 작용을 하므로 염려된다. 형(刑)의 작용은 寅午戌 火局과 巳午未 火方의 영향으로 일어나는데 위의 국은 火氣가 너무 강해 형이 일어날 가능성이 많다.

③의기와 괘문의 영향 : 대응결을 보면 경가계(庚加癸爲 反吟大格)이다. 쇠에 물이 들어 녹이 나고 흉화와 재액이 있다. 또한 격으로는 대격(大格)으로, 부귀한 명은 크게 일어나고 보통은 분주하고 일만 많다. 다음으로 팔문도 두문으로 그다지 좋은 기운이 아니다. 복덕의 기운이 좋기는 하지만 엄밀한 의미로 보면 상관의 복덕이 아닌 중궁지수 편관의 복덕이다.

이런 문제점에도 불구하고 명주는 천보와 직부의 영향으로 귀인의 도움을 받을 수 있다. 특히 천보의 경우 월령에서 왕상휴수사 중 상의 상태로 가장 무력한 상황에 있지만 팔문을 얻은 것을 감안한다.

3) 소운과 연국의 판단

소운 판단

실제로 상담할 때 평생국의 소운을 작괘하여 명주의 재물운을 먼저 살펴본 후 2002년의 연국을 짜서 판단하였다. 건궁의 소운을 작괘하면 뇌천대장(雷天大壯)괘가 된다. 이 괘에 납갑을 하면 구사효가 세효가 되고 초구효가 응효가 되면서 재성효가 된다. 세효가 동하는데 그 해석을 보면 다음과 같다. "잠룡득주 변화무궁 천상뢰행 대장기동(潛龍得珠 變化無窮 天上雷行 大壯其動)"이란, 잠긴 용이 여의주를 얻은 상이며, 그 변화가 무궁하고 하늘 위에 우뢰가 있으니 크게 움직인다고 해석할 수 있다. 재물운도 좋고, 작은 규모의 개업에는 나무랄 게 없는 상황이다. 상담에서는 이러한 괘 해석을 바탕으로 명주의 2002년 연국을 조식하여 살펴보았다.

연국 판단

2002년 연국은 2002년 10월 10일로 조식하고, 입동 중원 9국에 해당된다. 조식하면 중궁에 식신이 있고 재성이 겸왕하다. 연국을 볼 때 음력 8월에 재운이 아주 좋다. 천을귀인이 들고 정재가 겸왕한데 천의·생문이 들었기 때문이다.

실제 상황

상담을 청한 시기가 2002년 음력 5월이다. 명주의 2002년 연국 상황을 알려 주고 돈을 빌려 주게 될 것이라고 하였다. 아울러 명주의 상황이 그다지 좋지 않아 빌려 준 돈의 회수에 어려움이 예상된다는 말도 덧붙였다. 상담을 청한 사람과는 가끔 연락이 된다. 실제로 명주는 8월에 돈을 얻어 중급 규모의 슈퍼를 운영한다. 물론 보증금 등 권리 일체는 돈을 빌려 준 이의 명의로 하였다.

4. 사업을 시작해도 될까요?

음력 1973년 9월 28일 午時(霜降 下元 陰遁 2局)

```
丙 壬 壬 癸  乾命 平生局
午 辰 戌 丑
```

2000 世宮 未十 壬 天柱 直符 子一 丙 遊魂 驚門 偏印-18-82 帶祿 日華	2004 時宮 空亡 祿 戌五 癸 天心 九天 亥六 庚 天宜 死門 劫財-26-65 胎 年馬 年年 日亡	2002 居空 巳二 己 天蓬 九地 申九 戊 福德 生門 偏印-43-57 養生 年亡
2001 子一 戊 天芮 騰蛇 未十 乙 絶命 傷門 正官-45-55 死	1999 伏天乙 酉四 午七 丁 偏財-8-90 伏日劫	2006 午七 辛 天任 玄武 酉四 壬 歸魂 開門 正印-15-78 浴 日年
2005 年宮 天馬 亥六 庚 天英 太陰 戌五 辛 切體 休門 偏官-20-71 衰病 年華	2003 寅三 丙 天甫 六合 卯八 己 禍害 景門 傷官-34-60 旺	1998 月宮 卯八 乙 天沖 白虎 寅三 癸 生氣 杜門 食神-11-86 帶祿 年劫 日馬

상담 상황

2000년 말 즈음에 상담이 들어왔을 때 사업을 하기에 적당치 않다고 하였다. 그런데 2001년 말 다시 상담 신청이 들어왔다. 2002년의 운기는 사업을 하면 적당한지 다시 봐 달라는 것이었다. 상담 당시 명주의 나이가 29세이어서 사업을 하기에는 좀 이른 감이 있었다. 요즘 벤처니 뭐니 해서 젊은 나이에도 떼돈을 버는 친구들이 있긴 하지만 그게 일반적인 경우는 아니다. 먼저 평생국의 바탕이 사업을 할만한 그릇이 되는지 살펴보자.

1) 동처의 상황 분석

성국 판단

평생국을 보는 것은 해단의 목적이 어디에 있든 전체적인 소통과 힘의 흐름을 살펴 국의 고하를 보는 것이 원칙이다. 이 때 살피는 것이 성국·통기 여부와 감리지견(坎離之見)·바탕국 등이다. 이런 것들을 살피면서 상담의 목적을 잊지만 않으면 반 정도는 풀리게 마련이다. 그 후에 상담과 직접적인 연관이 있는 단법을 대입하면 된다. 그래도 판단 결과가 미심쩍으면 연국을 조식하여 판단을 더 확실하게 한다.

먼저 순서에 의해 성국 여부를 살펴보자. 본래 성국이 되면 기의 고속도로가 뚫렸다고 하여 명주의 운의 흐름에 굉장히 도움이 될 것이라고 판단한다. 과연 그럴까? 성국이란 각 궁의 수리가 생으로 이어진 경우로 年生中에 中生日, 年生日에 日生中, 中生年에 年生日, 中生日에 日生年, 日生年에 年生中, 日生中에 中生年 등을 말한다. 즉 기문국의 기본궁인 연궁·중궁·세궁이 상생으로 이어진 경우이다. 또 年生月 月生日 日生時 時生日 日生月 月生年이나 年月 共生 日時, 日時 共生 年月 등도 성국이 된다.

성국 간법의 주의점

성국이 되었을 때 상담하며 주의할 것은 성국의 종극수에 주목하는 것이다. 만약 연궁 생 일궁하고 일궁 생 중궁이 되는 경우는 중궁이 종극수가 되는데, 이 중궁의 종극수가 재성이 되면 재성에 주목하라는 것이다. 보통 재성이 끝수가 되면 인수를 극하는 현상이 일어난다. 세세한 국의 내용에 따라 물론 조금씩 차이가 있지만, 대개 그 기운이 강력해져 상승작용을 한다고 보면 틀림없다. 또한 성국이 안 되어도 기본 3궁 중 두 개의 궁이 상생이 되면 상생의 끝수는 그 기운이 강력해진다. 이러한 성국의 개념과 통기를 고려하여 위의 국을 분석한다.

일진의 약세

위의 국은 세궁과 시궁이 회집되어 있다. 보통 회집되면 그 기운이 강해지지만 위의 국은 사정이 다르다. 수리가 모두 천반수로부터 극을 받고 있는 점, 앉은 궁과 수화상충(水火相沖)·수토상전(水土相戰)이 된 점, 모두 월령을 얻지 못한 점, 시궁 수리가 공망이 된 점 등을 감안하면 회집의 장점이 아무것도 없다. 여기에 편인은 거공(居空)이 되고 巳申刑이 되었으며, 정인은 화금상전이 되어 있다. 이런 상태이면 일진수는 약세이다.

재성의 상황

이런 상황에 월궁 식상수가 겸왕하다. 사진동처의 상황으로 볼 때 가장 강한 기운을 가지고 있다. 이런 강한 기운이 중궁의 편재를 생할 수 있을까? 중궁의 지반수 자체로 볼 때는 그릇이 깨진 상태이다. 화금상전이 되고 궁 오행으로부터 생도 못 받고 계절의 도움도 받지 못하기 때문이다. 이러면 겸왕한 월궁의 식신 기운을 받아 먹지 못한다. 이런 논리로 보면 식신은 연궁의 편관을 치는 데 열중할 도리밖에 없다. 즉 상관의 역할을 한다. 이렇게 상관의 역할을 한다는 것은 기본 3궁 중 중궁·연궁 간에 생으로 이어져 연궁이 강해질 것 같지만 그렇지 않다는 것과도 같다. 또한 이 국의 식상의 수리는 생재하는 요소로 보는 데 문제가 있다. 이런 식으로 단법으로 판단하기 전에 반드시 기문국의 본 바탕을 보아야 한다. "식상이 겸왕하고 중궁에 재성이 있으면 부명이다." 이러한 단법의 판단에만 매달리면 처음부터 초점을 잘못 잡고 시작하는 것이다. 그리고 위의 평생국도 전체적으로 판단하여 보면 재물과는 거리가 있다. 젊어서부터 사업을 하기에는 어울리지 않는 기문국이다.

2) 단법의 예

부명
연궁·월궁·중궁과 관련하여 재물을 보는 단법 판단에는 무엇이 있는지, 그리고 이런 판단방법과 위의 국은 어떤 관련이 있는지 알아보자. 다음은 재물의 이익이 있는 운으로 보는 단법들이다.

- 연궁과 세궁이 같이 있으면서 재성이 가림(加臨)한 경우
- 연궁이 왕한 재성을 생하는 경우
- 연궁에 생문이나 휴문을 만나는 경우
- 월궁이 연궁의 재성을 생하고 재가 왕한 경우
- 연궁이나 월궁이 재성수를 생하고 재성의 수리가 생왕(生旺)한 경우
- 연궁에 비겁과 식상이 있고 충극이 되지 않는 경우

이 모든 사항이 연궁·중궁·월궁과 관련이 있다. 물론 다른 모든 경우와 마찬가지로 이 경우도 세궁이 왕하여야 이를 감당할 수 있으므로 세궁이 왕하여야 한다. 그러나 이 때도 세궁과 연궁이 극충(剋冲)하지 않아야 하며, 극충이 되는 경우는 가난한 명이다. 당연하지만 연궁에 비겁과 식상이 있으면 그 연궁이 생하는 재성이 힘이 있어야 부자의 명이다.

빈명

반대로 기본궁의 상황에서 빈명으로 보는 경우는 연궁의 재성이 중궁의 관귀를 생하는 경우, 중궁의 재성이 연궁의 관귀를 생하는 경우로 재물로 인한 화가 있다. 이 때 세궁 수리가 약하면 그 영향이 더 크다.

이와 같이 단법으로 위의 국을 살펴도 사업과는 인연이 없다. 세궁이 너무 약하며 중궁 재성이 칠살을 생하는 것에 해당된다.

3) 연국 판단과 실제 상황

2001년의 판단

2000년 말에 상담하며 사업을 시작하지 말라는 것은 2001년의 상황을 본 것이다. 소운궁인 진궁을 보면, 정관운에 명주의 세기는 사(死)의 상태이다. 명주의 상황이 원래 약한데 다시 정관운이므로 사업을 시작하기에 전혀 맞지 않다. 편재의 상황도 절명이고 문성장(門星將)도 모두 좋지 않다. 이럴 때 사업을 시작하면 반드시 흉하다.

2002년의 판단

2001년에 상담할 때는 2002년의 상황을 보고 사업을 하지 말라고 하였다. 2002년의 소운은 곤궁에 닿아 있다. 인수운에 복덕·생문이 들어 좋아 보이지만 뜯어보면 그렇지 않다. 홍기는 성패를 보는 것이고 연기는 길흉을 본다. 홍기 측면에서 위의 궁을 보면 아주 흉하다. ① 월궁과 寅巳申 삼형을 이룬 점, ② 연궁·중궁과 5·7·9 직 삼살을 이루고 삼살의 종극수가 편인이 된 점. 이 경우는 편인이 도식(倒食)의 역할을 톡톡히 한다. ③ 구지가 곤궁의 자기 자리에 앉아 득기한 점. 이 경우 구지 천하에는 복지부동이 최고라고 했다. 이런 점들을 볼 때 젊어서 사업을 시작하기에는 전혀 기운이 맞지 않는다.

실제 상황

이제까지의 판단이 맞는지는 명주가 보내 온 편지 내용을 보면 알 수 있다. "일찍 성공하고 싶어서 주위의 반대를 무릅쓰고 은행대출을 받아서 검도체육관을 시작하였습니다. 하지만 역시 1년 2개월 만에 실패하였습니다. 아는 사람한테 이용도 당하고 사기 비슷한 것도 당해서 망했거든요. 망하고 난 뒤 경찰시험도 준비했지만 번번이 떨어지고 갈 길은 체육관이라는 생각으로 태권도 사범생활을 하였습니다. 그 동안 준비기간을 갖고 내년에 선배와 같이 태권도체육관을 동업하려고 하는데 내년에는 성공할 수 있는지 궁금합니다. 또 동업을 해도 되는지, 아니면 저 혼자 해야 되는지도 궁금합니다." 양력 2001년 12월 25일 크리스마스에 받은 편지이다.

7장 질병론

1. 평생 병으로 고생할까?

음력 1965년 12월 27일 巳時(小寒 下元 陽遁 5局)

```
乙 丁 己 乙   乾命 平生局
巳 丑 丑 巳
```

2001 年宮 時宮 子一 壬 天英 直符 子一 乙 遊魂 開門 偏財-31-75 帶祿	2006 天乙 亥六 丁 天芮 騰蛇 亥六 壬 天宜 休門 正財-11-90 旺 年日馬 年日年	1999 居空 寅三 庚 天柱 太陰 申九 丁 福德 景門 食神-28-80 衰病 年亡 日亡
2000 巳二 乙 天甫 九天 未十 丙 絶命 杜門 劫財-30-77 浴	2002 祿 戌五 戊 午七 戊 偏印-38-74	2004 居空 卯八 己 天心 六合 酉四 庚 歸魂 驚門 傷官-45-60 死
2005 年宮 月宮 天馬 午七 丙 天沖 九地 戌五 辛 切體 死門 比肩-5-52 養生 年華 日華	1998 酉四 壬 天任 朱雀 卯八 癸 禍害 生門 正官-19-84 胎	2003 申九 癸 天蓬 勾陳 寅三 己 生氣 傷門 偏官-41-69 墓絶 年劫 日劫

1) 동양에서의 질병 관점과 오행의 장부 배속

동양에서 질병을 보는 근본 시각은 오행이다. 그리고 각 장부를 오행에 배속시키고, 해당 오행의 생극제화의 관계를 이용하여 병증을 판단한다.

오행과 장부

인체 \ 천간	甲	乙	丙	丁	戊	己	庚	辛	壬	癸
오장(음)		간장		심장		비장		폐		신장
육부(양)	담		소장		위장		대장		방광 삼초	
인체 외부	머리	목	어깨	가슴	갈비	장	배	다리	정갱이	발

신장의 개념

동양에서 인체를 오행에 배속시키는 것은 위와 같이 간단하지만 실제로는 그렇게 단순치가 않다. 예를 들어 신장(腎臟)의 개념을 보면 동양에서 신장은 명문(命門)과 신수(腎水)를 포함한 생명현상 그 자체이다. 생명현상을 수화기제(水火旣濟)로 본다면 신수가 水를 다스려 진음(眞陰)을 간직하고, 명문은 火를 다스려 원양(元陽)을 간직하는 기관인데 신장은 그 장부의 실체가 없는 기관이다. 보통 음수(陰水)를 신장이라고 보는 것과는 많은 차이가 있다. 신장을 세분하면 다음과 같다.

```
         ┌ 명문 ┌ 심포(고장 방지 — 소극적인 음)
         │      └ 삼초(기관 운전 — 적극적인 양)
신장 ────┤
         │      ┌ 신(생식)
         └ 신수 ┤
                └ 방광(비뇨)
```

명문의 개념

동양에서 신장에 속하는 명문에 대해 아직 확립된 이론이 없다. 명문은 수화지부(水火之府), 음양지택(陰陽之宅), 정기지해(精氣之海), 생사의 규명처, 수중지화(水中之火), 무형지화(無形之火) 등으로 별칭이 많은 기관이다.

이 기관에 대한 이론으로, ① 청명혈(晴明穴)을 말한다. 이것은 태양경락의 기가 지음혈(至陰穴)에 뿌리를 두고 집결하는 곳을 말한다. ② 『난경』에서는 오른쪽에 있는 신장을 명문으로 본다. ③ 『의학정전』에서는 좌우 신장 모두 명문으로 본다. ④ 『본초강목』에서는 좌우 신장 사이에 명문이 있다고 본다. ⑤ 명문은 기해(氣海)와 관원(關元) 사이에 있다. 즉 남자가 사정할 때 곽란의 감각이 있는 곳을 말하며, 여자가 출산할 때의 산도에 명문이 있다는 이론 등이 있다. 이 이론들 중 가장 많이 사용하는 것이 ④이다. 이와 같이 동양에서 신장의 개념은 매우 복잡하므로 사용할 때 주의해야 한다.

2) 질병과 상생상극

(1) 오행의 상생과 상극

오행의 상생이란 오행에 배속된 장기들이 서로 힘을 주고 의존하는 관계를 말한다. 즉, 오행의 상생에는 金生水 水生木 木生火 火生土 土生金의 관계가 있다는 것은 널리 알려진 사실이고, 질병에서는 이를 모자관계(母子關係)로 설명한다. 반대로 오행의 상극이란 장기들이 서로 쳐서 이기려고 하는 관계를 말한다. 이를 단순하게 제약하는 자(극아자)와 제약받는 자(아극자)로 구분한다. 水剋火에서 제약하는 자는 水이고 제약받는 자는 火이다.

이러한 상생과 상극의 논리는 질병의 임상에서 곧잘 이용된다. 예를 들면 오행의 土生金은 비위가 폐의 기능을 도와주며 밀접한 관계에 있다는 것을 의미한다. 임상에서는 폐에 병이 생겼을 때 비위에 장애가 없어도 비위가 나빠지지 않도록 폐를 치료하는 약과 비위를 보호하는 약을 함께 써야 폐병이 잘 나을 수 있다.

(2) 오행의 비정상적인 관계, 상승과 상모

오행의 상생상극은 생극관계에서 정상적인 연관관계이다. 이에 반하여 오행의 상승(相乘)·상모(相侮)는 비정상적인 연관관계를 말한다. 상모는 상외(相畏)라고도 한다. 상승·상모는 병리적인 현상을 설명한다고 할 수 있다. 오행의 상승·상모는 모두 오행의 어느 하나가 유난히 강하거나 약하여 그들 사이에 불균형이 생겼을 때 일어난다. 이런 이유로 상승과 상모는 상극관계에서만 있고 상생관계에서는 없다. 여기서 상승의 '승'은 유리한 기회를 이용하여 습격한다는 뜻이며, 상모의 '모'는 업신여긴다는 뜻이다.

상승 관계

오행의 상승은 상극관계에서 제약하는 자가 제약을 받는 자에 대하여 이상적으로 정상보다 더 세게 제약하는 관계를 말한다. 예를 들면 木, 즉 간에 병이 생겼을 때는 木剋土의 상승·상모의 상호관계에 따라 土인 위나 비장에 병이 옮아가지 않도록 치료 초기부터 위나 비장을 잘 보호하면서 치료하는 것을 원칙으로 한다.『동의보감』「잡병편」에서 "간에 생긴 병은 비장에 잘 옮아간다는 것을 알고 미리 비장을 튼튼하게 하는 대책을 세워야 한다"고 한 것은 木剋土에서 상승관계가 자주 있다는 것을 말한다.

상모 관계

상모는 오행의 상극관계에서 제약을 받던 자가 제약을 하던 자에 대하여 반대로 제약하는 관계이다. 예를 들어 木은 정상적인 조건에서는 金剋木으로 金에 의하여 제약을 받고, 木剋土로 土를 제약한다. 그러나 木이 비정상적으로 편승되거나 편쇠되어 정상적인 관계가 파괴되면 상승·상모의 관계에 놓인다. 즉 木이 편승되면 木은 土에 대해서는 상승하고, 金에 대해서는 반대로 제약하는 상모관계에 놓인다. 반대로 木이 편쇠되면 金은 木에 대하여 상승하고, 土는 木에 대하여 상모하는 관계에 놓인다.

3) 생극관계의 예외
(1) 자병

어느 하나의 장기 계통에만 병이 있고 다른 장기와 관계가 없는 병을 자병(子病)이라고 한다. 예를 들어 심경 또는 심장 자체에 생긴 병으로 다른 장기에 파급되지 않은 경우이다. 증상을 보면 속이 답답하고 번열이 나는 것, 가슴이 울렁거리고 마음이 불안한 것, 변비, 입과 혀가 허는 것 등인데, 주된 것이 잠을 잘 못 잔다는 것이다. 그런데 이러한 증후들은 심장에 장애가 있기 때문에 나타나는 증상들이지 다른 장기들과 관계된 증상들은 아니다. 또한 심화(心火)가 지나치게 성하여 나타나는 것이지 신음(腎陰)이 부족하여 나타나는 증상들이 아니다. 그렇기 때문에 이런 증상들이 있을 때는 심경에 심화가 왕성하여 생긴 병으로 진단하며, 심화를 없애 주고 심혈(心血)을 보하는 방법으로 치료한다.

(2) 상생과 반대되는 관계로 병이 생기는 경우

처음에는 밥맛이 없어지고 권태감과 무력감이 있다가, 다음에 가슴이 두근거리고 마음이 불안하며, 잠이 들지 못하고 기억력이 약화되어 잘 잊어버리는 증상이 있다고 하자. 이 증상을 보면 처음에 나타난 증상들은 비장이 허하여 나타난 것들이다. 그리고 다음에 나타난 증상들은 심화가 지나치게 왕성하여 나타난 것이다. 즉 심화가 지나치게 성하고 비장이 허하여 심(心)을 자양하지 못하고 조장시켜 주지 못하기 때문에 생긴 병이다. 이것을 오행설에 기초하여 분석하면 火生土에서 土에 생긴 병이 火에 옮아간 것으로 본다. 말하자면 아들 장기 계통의 병이 어머니 장기 계통에까지 옮아간 것이다. 그러므로 이런 때에는 먼저 귀비탕(歸脾湯)을 써서 비장이 허한 것을 보하는 동시에 심혈을 보하고 심열(心熱)을 없애 주며 정신을 안정시킨다는 원칙에서 치료해야 한다.

4) 오행의 태과·불급으로 인한 질병

모든 병을 오행의 생극관계로만 살피는 데는 한계가 있지만 아직은 질병의 오행적 판단이 주류를 이루고 있으며 명리에서도 이 방법을 사용하고 있다. 명리에서는 사주 구조 중 어떤 오행이 태과하거나 불급하면 오행의 생극관계로 병이 생긴다고 본다. 이 중 태과한 경우를 중심으로 병증과 처방을 알아본다.

(1) 木氣가 태과한 경우

성정

자신의 고집이 강하며 생각이 많고 신경이 예민하다. 위험한 일이 닥쳤을 때 이를 해결하기보다 노심초사하는 경향이 있다. 반면에 활동적이고 말을 잘한다.

질병과 처방

① 木氣가 태과하고 火氣도 강한 경우 木生火의 영향으로 火氣가

강하여져 갈증·발열·변비가 자주 발생한다.

② 木氣가 태과하고 土氣가 약한 경우 木剋土로 土의 기운이 약해져 소화불량이 심하고 복부 팽만과 소화기 허증이 빈발한다. 이 경우 木을 사하고 土를 보하는 방식으로 간열(肝熱)을 내려 주며, 소화기를 보하는 시호·청피차나 보리밥이 맞는다.

③ 木氣 태과하고 土氣·火氣가 약한 경우 火生土할 수 있도록 백출·인삼·황기차, 사군자탕, 십전대보탕이 좋다.

(2) 火氣가 태과한 경우

성정

판단이 명료하고 외향적이며 열정적이다. 미모가 특출하지만 자신의 설기가 심하여 교만방자한 면도 있다. 생각이 과다하고 마음이 조급하며 단명하는 경향이 있다.

질병과 처방

① 火氣 태과하고 土氣도 약하지 않은 경우 火生土로 土가 강해져 소화불량이 빈발한다.

② 火氣 태과하고 金氣 약세인 경우 火剋金으로 金의 기운이 쇠약해져 호흡기 질환이 빈발한다. 火氣를 가라앉히는 녹차와 씀바귀나물이 좋다. 金氣 부족으로 기가 허한 증상이 나타날 경우는 사군자탕·십전대보탕을 쓴다.

(3) 土氣가 태과한 경우

성정

마음이 대체로 후덕하다. 표현이 묵중하고 세상살이를 두려워하여 현실적·실제적인 생활에 적응을 못하는 면이 있다. 대개 생활에 무력하다.

질병과 처방

① 土氣 태과하고 木氣가 약세인 경우 木剋土할 수 있도록 木을 보하는 당귀·천궁차와 사물탕을 쓴다. 흰살 생선도 어울린다. 아울러 土氣를 가라앉히는 평위산·이진탕·보화환·된장찌개·된장국이 좋다.

② 土氣 태과하고 水氣 약세인 경우 水氣를 보하는 당귀·산약·천궁차와 육미지황탕을 쓴다.

(4) 金氣가 태과한 경우

성정

청렴결백하며 조용하고 차분하다. 결단력도 있고 분별력도 강한 편이다. 자존심이 강하여 손해를 보는 경우가 있다.

질병과 처방

① 金氣 태과한 경우 金氣를 약하게 하는 길경·지각·행인·황금·상백피 등을 쓴다.

② 金氣 태과하고 木氣가 약한 경우 水生木하여야 하므로 산약·당귀차가 맞는다. 水氣를 보하는 육미지황탕, 또는 木氣를 직접 보

하는 사물탕이 좋다.

③ 金氣 태과하고 火氣도 약한 경우 木生火가 안 되어 한증(寒症)이 나타나고 생장기능이 저하된다. 영계백숙이 좋다.

(5) 水氣가 태과한 경우

성정
심사숙고하며 조용한 것을 좋아한다. 책략과 모사를 잘 꾸미며, 타인을 잘 속이는 면도 있다.

질병과 처방
① 水氣 태과하고 木氣도 성한 경우 화증이면 시호차·청피차·귤차를 쓴다.
② 水氣가 태과하고 火氣가 약세인 경우 火氣를 북돋울 수 있는 인삼·백출·황기를 주재료로 한 한방차와 사군자탕, 이중탕이 맞는다.

5) 명주의 질병 판단
(1) 명리에서의 질병 판단

명에서의 판단
명리적인 방법으로 명주가 걸리는 모든 병을 설명하는 데는 한계가 있다. 또한 진료도 하지 않은 채 사주팔자만 가지고 어떤 병에 걸릴 확률이 많다고 하는 것은 문제가 있다. 오행의 생극제화만 살피는 것은 문제가 있다는 것이다. 이 사주의 경우는 土氣 과다하고 水氣가 쇠약하다. 명리적으로 보면 土氣인 비위의 실증(實症)과 水氣

인 신장·방광의 허증(虛症)으로 나누어서 생각할 수 있다. 金氣가 없고 水氣도 없는데 土氣가 강하므로 水氣의 질병에 노출되어 있는 명이다.

운에서의 판단

명주의 운의 흐름을 볼 때 32대운부터 辰土運이므로 水氣의 핍박이 더욱 심하다. 37세부터는 癸水運이다. 단순히 오행상의 이치로만 보면 木氣 인수를 생하여 명주에게 도움이 될 듯하다. 그러나 乙木이 火氣 위에 있어 메마른 상태여서 水氣의 생조를 받을만한 그릇이 못 되므로 일간을 충하는 것에 무게를 둔다. 丁癸沖이 되는 셈이다. 그러니까 일간은 약해지고 병의 요인이 되는 土氣는 더욱 강해진다. 실제로 이런 운기의 영향으로 명주는 신장·방광·비뇨기 계통의 병으로 고생할 수 있다.

그런데 이러한 판단이 섰음에도 뭔가 미진한 구석이 있다. 제일 의문이 생기는 것은 유사한 구조의 사주를 가진 사람이 모두 같은 병증에 시달리는지 여부이다. 실제로 임상을 하다 보면 유사한 구조인데 병이 없이 건강하게 사는 사람도 있으니 문제이다.

인수와 식상의 균형

명이나 운의 흐름만으로 질병을 판단하는 것은 문제가 있으므로 모자관계로 병을 판단하자는 주장도 있다. 모자관계란 사주의 인수와 식상의 균형을 보는 방법이다. 먹고 흡수하는 것은 인수의 상황을 보고, 배설하고 설기하는 것은 식상의 상황을 보자는 것이다. 유난히 인수가 강한 사주는 흡수체질, 식상이 강하면 설기체질로 보아 이런 사주가 병에 걸리면 병이 잘 낫지 않는 것으로 본다. 언뜻 보면 일리가 있지만 이 이론은 오행의 생극이론을 너무 단순화하지 않았나 하는 의구심이 든다. 이 이론에 따르면, 격국체질·심리체질로 나눠 운기의 흐름이 좋을 때는 용신을 따라가고, 운기의 흐름이 안 좋을 때는 사주의 모순점을 따라가기 때문에 운기 흐름이 안 좋을 때 병이 생긴다고 한다. 이것은 결국 다시 오행의 생극논리로 가는 것이므로 그 말이 그 말이다.

(2) 기문에서의 질병 판단

홍기 우선
기문으로 질병을 보는 것은 홍기적 방법과 연기적 방법을 종합하여 사용한다. 개인적으로는 홍기적 방법을 주로 하고 연기적 방법은 보조적으로 참조한다. 홍기적 방법은 사진동처의 홍국수의 상황을 보는 것에서 출발한다. 그 다음에 겸왕 오행과 필요 오행을 살핀다. 질병은 겸왕 오행이 극하는 오행이나 필요 오행이 극하는 오행의 병이 발생한다. 가장 큰 원칙은 홍국수의 전체 상황을 보는 것이라는 것을 명심하고 위의 기문국을 판단하여 본다. 홍국 수리로 보는 상세한 방법은 다음 사례에서 다룬다.

홍국수의 전체 상황
홍국수의 전체 상황을 보면 오행 통기의 결과 水氣 재성에 기운이 모여 있다. 金氣 식상은 동하지는 않았으나 귀혼궁으로 준동처로 간주한다. 木氣가 부동이어서 水氣는 흡수되지 않고 중궁 火氣를 치는 형태가 된다. 즉 수화상충(水火相沖)의 증상이 일어난다. 보통 이런 경우 심장의 이상 등으로 판단하지만 이렇게 구체적인 예단보다는 기본적인 음양의 균형이 전혀 맞지 않는 상황으로 보는 것이 합리적이다.

세궁의 상황

세궁의 수리는 수생하고 월령을 얻었다. 일단 병을 감당할 수 있는 기운이므로 대액까지는 가지 않는다. 문제는 중궁과 연결되어 5·7·9 삼살회동의 가능성이 큰 것이다. 물론 9金이 부동인데 무슨 삼살회동이냐고 의문을 제기할 수 있으나 이런 직삼살의 형태에서는 유년이나 소운에 따라 동처가 되므로 이를 참조한다. 이처럼 강한 金 오행의 수리가 木을 형충하면 사지 불구자·장애자로 볼 수 있는데, 이는 木을 사지골격으로 보기 때문이다. 특히 금목상전(金木相戰)인데 寅巳申 삼형이나 5·7·9 삼살회동인 경우가 대부분이다.

신살 등 참조

위의 국은 일진수의 상황이 안 좋고 대충방인 허방(虛方)에 삼살의 종극수가 있다. 질액으로 고생할 명임을 알 수 있다. 일주가 丁丑으로 백호살에 해당되는데 세궁의 괘문성장의 기운을 보면 아주 흉하다. 백호살에 해당될 때 일진수로 그 병의 종류를 단하지만 실제로 임상하여 보면 맞지 않는 경우가 많다. 단, 세궁의 괘문성장이 흉하면 병이 생기기 쉽다는 것을 확인할 수 있다. 위의 국은 천충·구지·절체·사문이라 흉하다. 丑月生으로 사문이 승령·득지하고, 구지·절체로 흉한 기운이 깊다.

6) 실제 상황

이제까지의 판단을 종합하면 전체적인 홍국수의 상황은 음양이 부조화이다. 금목상전의 영향이 있고 세궁의 상황이 질액에 시달릴 명이다. 실제로 명주는 28세 이전에 '골괴사증'이란 이상한 병이 발병하여 2002년에도 투병 중이다. 유년의 흐름으로 볼 때 앞으로의 전망도 그다지 밝지 못하다.

2. 모든 것이 정신병?

음력 1978년 9월 12일 巳時(寒露 下元 陰遁 3局)

```
丁 戊 壬 戊   坤命 平生局
巳 申 戌 午
```

2001 時宮 天乙	2005 年宮 天馬	2003 世宮
子一 戊 天沖 白虎	亥六 乙 天甫 六合	寅三 辛 天英 太陰
丑十 乙 禍害 生門	辰五 辛 絶命 休門	卯八 己 切體 景門
偏財-18-88	正財-38-58	比肩-8-48
衰病 日華	死	墓絶
2002 空亡	2000	2007
巳二 壬 天任 玄武	辰五	卯八 己 天芮 騰蛇
申九 戊 天宜 死門	亥六 丙	寅三 癸 生氣 傷門
正官-17-90	偏印-24-87	劫財-29-73
旺 年馬 年年	年劫 日亡	胎 日馬 日年
2006 空亡	2004	2008 月宮 祿
午七 庚 天蓬 九地	酉四 丁 天心 九天	申九 癸 天柱 直符
酉四 壬 福德 杜門	午七 庚 遊魂 開門	巳二 丁 歸魂 驚門
偏官-33-65	傷官-45-52	食神-26-82
帶祿	浴	養生 年亡 年華 日劫

1) 홍기로 질병을 보는 법
(1) 세궁의 득기 여부 판단

홍기 우선
질병을 보는 방법 중 홍기적 방법이란 말 그대로 홍기를 우선하는 방법이다. 그러므로 홍기가 우선이 되고 연기적 방법이나 단법은 참조하는 데 그친다. 물론 연기적 방법이나 각종 단법들이 크게 영향을 미치는 경우도 있다.

그러나 연기적 방법이 아무리 영향이 강해 도 그것은 단법으로만 보아야 헷갈리지 않는다. 홍기적으로 질병을 판단할 때 세궁의 득기를 가장 먼저 살펴보아야 한다. 명리에서 신왕한 사람만 재관을 용할 수 있다는 것과 같은 논리이다. 아무리 재성과 관성이 아름다운 사람이라도 명주가 신약하여 그 기운을 감당할 수 없으면 아무 소용이 없다.

일진수의 득기

기문에서 액회·화살과 관련하여 세궁의 지반수인 일진수의 득기 여부가 중요한 판단이 된다. 질액에 노출되어 있는 기문국을 액회국이라 하는데, 이러한 기운을 기문국 자체에서 스스로 처리할 수 있는 능력이 있을 때 이를 화살이라고 한다.

화살의 조건 중에서 가장 중요한 것은 우선적으로 일진수가 기운을 가져 득기한 상태가 되는 것이다. 일진수가 득기한 경우에는 관성을 감당할 수 있으므로 만약에 병이 있더라도 일시적일 수 있다고 판단한다. 세궁의 왕쇠와 함께 다음의 사항들도 참고하여 살펴본다.

- **고허방** : 일진수가 승극·거사된 데다 상하 홍국수가 상충이고 공망의 대충방인 허방에 거하고 있으면 우환·질액으로 고생한다.
- **질액이 있는 명** : 일진의 상하수가 병지(病地)에 있으면 병이 있다. 이 경우 천반수가 세궁에서 병지에 닿으면 젊어서 병에 시달리고, 지반수가 세궁에서 병지에 닿으면 늙어서 그러하다.

- **기문국에서 삼합과 질액** : 일진수를 삼합(三合)처가 생하면 길하고 삼합처가 극하면 질액이 있다.
- **일간궁과 세궁이 흉격인 경우** : 예를 들어 괘문성장 중 백호가 들어 있거나 팔문 중 사문 등이 동궁하는 경우이다. 또한 의기를 참조하는데 庚加己 등의 대응결이 세궁에 나타나면 병자·불구자의 가능성이 높다.
- **신살 등** : 세궁에 중겹·귀문이나 함지가 동궁하면 주색으로 가정파탄의 우려가 있고 정신쇠약으로 인한 신기(神氣)가 발동할 수 있다.

(2) 홍국수의 전체 흐름 판단

기문둔갑에서 질병을 보는 것은 몸의 가장 취약한 요소를 오행으로 찾아내는 것이다. 앞의 세궁의 상황을 보는 것이 일진수가 감당할 수 있는 능력이 있는지를 보는 것이라면, 홍국수의 상황을 보는 것은 오행의 상생과 상극원리로 취약한 요소를 찾아내는 방법이다. 기본 방법은 앞의 사례에서 보듯 홍국수 전체의 상황을 참조한다. 다음으로는 겸왕 오행과 필요 오행을 동시에 참조하여 판단한다.

겸왕 오행

명국의 홍국 수리 중 겸왕한 오행이 극하는 오행의 병이 생긴다. 겸왕이라는 것은 명국상에 1/6, 2/7, 3/3, 4/9, 5/10 등으로 같은 오행의 수가 천반수와 지반수를 만들고 있는 상황을 말한다. 어떤 명국이든 이러한 궁이 1개 이상은 나타난다. 이 때 겸왕하다는 것은 동처 여부를 불문한다. 다시 말해 겸왕한 오행의 수리가 연월일시궁 또는 중궁에 없어도 그 영향을 발휘한다고 본다. 예를 들어 8/3인 궁은 木氣가 겸왕하다는 것이므로, 木剋土로 土氣가 손상을 입어 土

에 해당하는 비장·위장의 이상이 병의 원인이 된다.

필요 오행

명국 중에서 세궁이 가장 필요로 하는 오행이 극하는 오행의 병이 생긴다. 가장 필요한 오행은 주로 세궁·월령과 왕한 오행을 비교하여 결정하지만 세궁·중궁·연궁 등 기본궁의 흐름을 참조한다. 결국은 모든 사진동처의 상황을 모두 참조하여야 한다. 이것을 판단할 때는 명리의 용신 개념으로 본다. 가장 필요한 오행을 극하는 오행의 병이 발생하는 것으로 보는 경우도 있다. 일종의 상외(相畏)현상이다.

겸왕 오행과 필요 오행의 판단 결과를 비교하여 동일한 오행이라면 당연히 그 오행의 병에 취약한 것이다. 예를 들어 金 오행이 겸왕하고 홍국의 구성이 金氣가 필요한 경우라면 木의 질병이 발생한다. 그러나 두 개의 결과가 다를 경우는 겸왕한 오행을 우선한다. 물론 필요 오행의 요소가 완전히 없어지는 것은 아니다. 결국 오행의 생극제화를 헤아려 실증과 허증 등의 여러 요소를 참조한다. 실제로 간명할 때 만일 위의 판단 결과에서 나온 병과 증상이 있으면 난치병으로 판단하고, 다른 병이라면 일시적인 병으로 치유가 가능하다.

(3) 수화상충과 금목상전

기본적으로 오행 중 金氣와 火氣는 질병과 관련있다. 이것은 명리에서도 마찬가지이다. 명리에서 금약우화(金弱遇火)·금왕중병(金旺重病)이면 질병으로 고생하는 것으로 본다. 기문에서 병경살(丙庚殺)·칠구살·삼살회동 등을 모두 좋지 않게 보는 것도 근본적으로는 火氣와 金氣를 질액과 화란으로 보기 때문이다.

수화상충

水火는 양중지양(陽中之陽)과 음중지음(陰中之陰)이 서로 극하는 것으로 상충(相沖)이라 표현한다. 평생국에서 동처 여부를 떠나 겸왕한 水 오행이 이궁에 앉아 수화상충이 되어 있다면 심장병이나 음양의 부조화로 인한 병이다. 또한 동처의 강한 火氣가 水氣를 충하면 신장이 약하다.

금목상전

金木이 상극하는 현상이 있을 때 상충과는 달리 상전(相戰)이라는 용어를 사용한다. 상충은 양중지양인 火氣와 음중지음인 水氣가 다투는 현상이기 때문에 그 기세가 근본을 흔들 정도로 강하고 어느 때는 맹렬한 것이 특징이다.

이에 반하여 상전은 수화상충에 비해 극하는 정도가 약하다. 그러나 유의할 것은 기문둔갑 홍국수 중 金氣는 질액사상(疾厄死傷)과 직접 연관이 있는 수리이므로 성국의 종극수가 된다든지, 승령·수생 등으로 인해 그 기세가 강해지면 木氣에 강한 극의 현상을 나타내므로 기세 분석을 종합적으로 하여야 한다. 금목상전의 현상이 있을 때 나타나는 질병은 다음과 같다.

① 세궁의 수리가 금목상전되어 있거나 원진 등을 이루면 정신적인 불안이 있을 수 있다.

② 동처의 강한 金氣가 木氣를 형충하면 사지 불구자·장애자로 볼 수 있는데 이는 木 오행을 사지 골격으로 보기 때문이다. 특히 금목상전일 때의 사지 불구자는 寅巳申 삼형이나 5·7·9 삼살회동이 있는 경우가 대부분이라는 것은 앞의 사례에서 말한 바와 같다.

③ 금목상전이 있을 때도 수화상충이 있을 때와 같이 정신질환이

일어날 수 있다. 보통 수화상충이 있을 때 정신질환이 있다고 하는데, 금목상전인 경우는 뇌신경 등의 이상으로 정신적인 질환이 나타난다. 그러므로 이러한 경우에 정신질환이 있으면 난치에 속하는 병으로 본다. 보통 木氣는 뇌신경, 火氣는 정신을 주관하는 요소로 보기 때문에 금목상전의 경우 난치에 속한다.

금목상전은 3·2·9 삼형과 5·7·9 삼살회동이 홍국 수리로 이루어지고 종극수가 金剋木하는 것이 대부분이다. 이 경우 천망사장(天網四張)·지망(地網)·패란(悖亂)·육의격형(六儀擊刑)·백호창광(白虎猖狂)과 같은 흉격을 만나 그 영향이 커진다. 해당 격에 대한 자세한 내용은 연파조수가의 장을 참조한다. 오행의 성질상 金氣가 木을 극하면 간장 질환이 있을 수 있다는 것도 참조한다.

(4) 삼살과 삼형

삼살

5·7·9 삼살과 삼형의 살기를 막을 것은 성국밖에 없다는 말이 있다. 삼살은 火氣와 金氣가 생으로 연주된 상황이고 그 독은 짐새(毒鳥)의 독만큼이나 강하게 본다. 실제로 기문국을 볼 때 그 독성을 보는 것도 중요하지만, 질병과 관련하여 판단할 때는 독기가 어느 오행을 극하는지에 우선 주목해야 한다. 삼살의 종극수인 9金이 극하는 것은 木인데, 木에 해당하는 홍국 수리가 실기하고 木宮의 괘문 성장이 흉하면 金氣에 의해 완전히 파극(破剋)되는 것으로 본다.

삼형

삼형은 말 그대로 형벌과 같은 고통을 주는 지지관계이다. 이것은 잘못된 범인을 잡는 형법과 같은 작용을 하는데 寅巳申과 丑戌未는

3개의 지지가 서로 형(刑)하고, 子卯는 2개의 지지가 서로 형하며, 午辰亥酉 4개의 지지는 자기 스스로를 형한다. 형이 일어나는 근본적인 이유에 대해 『음부경』에서 이르기를 "삼형은 삼합에서 생긴다"고 하였다. 이것은 근본적인 원인을, 그 힘이 넘쳐 스스로 화를 자초하여 깨지는 기운으로 본다는 뜻이다. 탐형망생(貪刑忘生)이라는 말을 하지만 이러한 형의 근본원리를 모르면 형이 우선인지 생이 우선인지 판단할 수 없다. 예를 들어 동처에 巳申이 있을 경우 국의 구성이 金氣가 약세라면 형이 일어나지 않는 것으로 보아야 한다. 아래 표의 방합과 삼합하는 지지를 상하로 선을 그어 보면 이해가 갈 것이다.

方合五行	金	水	火	木
方合	申酉戌	亥子丑	巳午未	寅卯辰
三合五行	金	木	火	水
三合	巳酉丑	亥卯未	寅午戌	申子辰

(5) 질액성

질액성은 천봉구성 중 천예를 말한다. 천예성은 기문에서는 육기성(六己星)을 말한다. 북두칠성의 국자부분에서 여덟 번째의 별이며, 천과성(天戈星)·외보(外輔)·좌보(左輔)라고도 한다. 원래 거하는 궁의 이름은 귀혼궁이다.

천예의 기본 해석

천예성은 곤궁의 土星으로 도적·손재·살상의 구성이다. 천봉과 더불어 대흉성이다. 대표 성정은 고집·인내·악독함이다. 기본적으로 병란과 도난을 주관하는 구성이며, 간웅탐공지상(奸雄貪恭之

象. 간사한 영웅이 스스로 공경 받기를 바라는 상)으로 권모·득귀(得貴)를 관장한다. 이 별을 만나면 별무대발(別無大發)로 발전이 없다.

천예 해석에서의 참조사항

① 천예는 음성(陰星)이다. 구성 중 양성(陽星)은 천봉·천임·천충·천보·천금이며, 음성은 천영·천예·천주·천심이다. 『역수총단(易數總斷)』에 양성은 양둔궁인 감궁·간궁·진궁·손궁에 있을 때 길하고, 음성이 이궁·곤궁·태궁·건궁의 음둔궁에 있으면 흉하다고 하였다. 『기문묘비(奇門妙秘)』에서는 감궁에 음성인 천영·천예·천주·천심이 있으면 벽(闢), 감궁에 양성인 천봉·천임·천충·천보·천금이 거하면 개(開)라 한다. 기운이 다한 곳이 감궁이며 음양의 뿌리가 되는 곳이 감궁이다. 그러므로 점을 할 때 개는 길하고 벽은 불길하다. 예를 들어 벽에 해당될 때는 기다리는 사람도 오지 않고 소식도 오지 않는다고 판단한다.

② 천예는 득지(得地)하는 것을 꺼린다. 즉 기운이 강하면 흉기가 발동하기 때문이다. 천예궁이 문기(門奇)를 득하면 인명(人命)에 있어 반역하는 무리와 같은 자이다. 약간의 기운이라도 있으면 처자를 굶게 하지는 않지만 묘(墓)나 공망을 만나면 고독하고 가난하다.

③ 천예·사문이 동궁이면 죽음이나 사냥과 관련있는 일 외에는 모든 일이 흉하다. 사간사지에 丙庚·천예·천주·사문·절명이 있거나 일간궁에 칠구상전을 만나면 요절한다.

④ 천예의 기운을 보기 위해 오토바이 사고로 젊은 나이에 요절한 명을 보면 사망의 유년에 중궁의 관귀가 월궁·세궁을 극하고 5·7·9 삼살회동이 되며, 팔장인 백호에 소운은 천예에 닿아 도적·손재·살상의 기운이 동하였다. 또 안중근 의사의 1909년의 소운에 천예·백호가 동궁하여 극흉으로 단한 예가 있다.

천예의 직업

득기(得氣)·실기(失氣) 여부로 고하(高下)를 가린다. 득기한 경우 패도(覇盜)의 격으로 경작과 관련한 일이나 수도·결사·수업에 길하고, 교사·종교인의 직업에 맞다. 기운이 사수(死囚)이면 곤궁·하천하며 도적·하인·고용인·행상에 응기한다.

천예의 질병

조상의 노여움으로 생기는 병이다. 참고로 천예가 있는 구궁을 보고 질병을 판단하는 방법이 있다. 이것은 고서에 나와 있는 방법이 그대로 전한다. 평생국을 통하여 실제로 임상하여 보면 실제 상황과 맞지 않는 경우가 많으므로 주의하며 천예가 동처에 있을 경우에만 참고한다.

① 천예가 감궁에 있는 경우 : 감궁의 인체 배속은 신장과 음부·귀·단전이다. 천예가 가림하는 경우 신장·단전 등의 원인으로 오는 오한·설사·변비 등과 과음으로 인한 병, 신장이 원인인 모든 병증이 되며 혈증·맥이 불리하다.

② 천예가 곤궁에 있는 경우 : 곤궁의 인체 배속은 복부와 오른쪽 어깨, 오른쪽 귀이다. 천예가 가림하면 비위의 질환, 외부로는 오른쪽 어깨와 귀의 종기와 몸의 피부병이 된다.

③ 천예가 진궁에 있는 경우 : 진궁의 인체 배속은 양쪽 손발, 왼쪽 옆구리와 간(肝)이 된다. 천예가 가림하면 내부로는 간담(肝膽)이 원인이 되는 질병으로 눈이 안 보이거나 혈허(血虛)의 증상 및 화병 등이 되며, 외부로는 왼쪽 갈비 부분과 손발의 병 등이 된다.

④ 천예가 손궁에 있는 경우 : 손궁의 인체 배속은 넓적다리(股)와 왼쪽 어깨, 왼쪽 귀가 된다. 천예가 가림하는 경우 金水로 인한 풍

병, 위장, 간, 폐의 병, 삼초(三焦)의 허열 증상, 천식, 넓적다리와 왼쪽 어깨 및 왼쪽 귀의 통증과 사지 무력, 발광병이 된다.

⑤ 천예가 중궁에 있는 경우 : 중궁의 인체 배속은 심장·복부·자궁·소화기 복부·전신이다. 천예가 가림하는 경우 복부의 병증이 된다.

⑥ 천예가 건궁에 있는 경우 : 건궁의 인체 배속은 머리와 오른쪽 다리이다. 천예가 가림하는 경우 木火의 날에 생긴 병, 발과 머리의 병이 된다. 내부로는 대장의 병이고, 방광염과 대소변이 안 좋은 병이 된다.

⑦ 천예가 태궁에 있는 경우 : 태궁의 인체 배속은 양손, 입, 왼쪽 옆구리와 폐이다. 천예가 가림하는 경우 폐결핵, 근육과 뼈의 병, 해소 천식, 입병, 오른쪽 폐의 병이 된다.

⑧ 천예가 간궁에 있는 경우 : 간궁의 인체 배속은 왼쪽 발이다. 천예가 가림하는 경우 내부로는 비장이 원인인 병과 소화불량, 외부로는 다리의 병, 각기병, 수족마비 등 침구로 치료할 병이 된다.

⑨ 천예가 이궁에 있는 경우 : 이궁의 인체 배속은 머리와 얼굴, 눈이다. 천예가 가림하는 경우 풍병·열병이 된다.

점사국 용신으로서의 천예
- **수학점(修學占)** : 천예가 앉은 궁이 제자가 되고 천보가 선생이 된다. 일반적인 수학점에서는 천보 낙궁이 선생, 천예가 제자가 된다.
- **구인점** : 천예는 종업원, 고용인은 六戊가 된다.
- **임신점** : 천예가 산모, 자궁 상태는 곤궁, 태아는 곤궁의 천반 의기이다.
- **가택점** : 천예는 늙은 가족, 도로, 정원이다.

- 소송점 : 천예가 동하면 뇌물이 오가는 상이다.
- 질병점 : 천예가 질병, 천심과 乙奇가 의원이 된다.
- 결혼점 : 천봉구성의 성정을 참고할 때 천예는 반점이 있고 누렇고 검은 빛이 도는 피부이며 허리가 굵은 형이다.

그 밖에 달아난 하인이나 종업원을 찾을 때는 천봉은 남자, 천예는 여자가 된다.

(6) 질액궁

홍기 · 연기상의 질액궁

기문에서 질액궁은 두 가지 의미로 사용된다. 하나는 홍기상의 질액궁으로 편관에 해당하는 홍국수가 앉은 궁을 말하고, 다른 하나는 연기상의 편관궁을 말한다. 실제 판단에서 홍기적인 질액궁은 단독으로는 거의 사용하지 않는다고 보면 된다. 홍기에서는 작괘법에 의한 체질 감별과 전체 홍국 수리의 상황을 보아 질병을 판단한다. 연기의 질액궁도 점사할 때 제한적으로 사용된다. 보통 질액궁이란 연기의 편관궁을 말하고, 사주의 일간을 진극(眞剋)하는 의기(儀奇)가 앉은 궁을 말한다. 예를 들어 사주의 일간이 甲인 경우 질액궁은 천반의기인 庚이 있는 궁이다.

질액궁을 볼 때 참고사항

질액궁을 볼 때 천봉구성 · 시가팔문 · 팔장을 참고한다. 이 경우 문제가 되는 것은 성문(星門)과 팔장이 일으키는 질병의 종류가 각각 다르면 어느 것을 기준으로 질병을 판단할 것인가의 문제이다. 가장 득기한 것을 기준으로 하는 방법이 있지만 이것도 편법이다.

이러한 문제 때문에 개인적으로 홍국수를 중심으로 판단하고 보조적으로 질액궁을 참고한다. 즉 질액궁은 홍국수의 분석 결과를 다시 한 번 확인하는 정도로만 사용한다. 또한 연기에서 질액궁을 참고할 때 팔괘는 홍기적인 요소이므로 참고하지 않는 것이 원칙이다. 문성장(門星將)의 병증은 다음과 같다.

● 팔문의 질병
- **생문** : 몸이 허한 병, 찰과상, 눈이 상하는 병
- **상문** : 피부가 당기는 증상, 풍한(風寒), 창증(부스럼)
- **두문** : 냉증, 호흡기 · 치아의 병, 위병
- **경문(景門)** : 먹는 것으로 인한 병, 종기
- **사문** : 고괴(蠱塊)로 인한 병, 호흡기 · 혀의 병
- **경문(驚門)** : 피로로 인한 병
- **개문** : 폐의 병, 종기
- **휴문** : 설사병 · 상한(傷寒. 감기 등 추위에 상해서 생긴 병)

● 천봉구성의 질병
- **천봉** : 물로 인한 질병
- **천임** : 묘(墓)의 귀신이 씌어 생긴 병과 냉증
- **천충** : 초상집에 가서 얻은 병, 절기가 바뀌면서 생긴 병, 출산으로 인한 병, 나무로 인한 병
- **천보** : 천신의 노여움으로 얻은 병
- **천영** : 부엌신의 노여움으로 얻은 병
- **천예** : 조상의 노여움으로 생기는 병
- **천주** : 우물과 묘로 인해 얻은 병
- **천심** : 칠성신의 노여움으로 얻은 병

● 팔장의 질병
- **직부** : 양증(陽症)이다. 이에 반하여 구지는 음증이다. 심열(心熱), 심장과 장질환, 머리와 눈·사지의 오한과 신열 증상
- **등사** : 괴이한 병을 특징으로 한다. 미친 여자와 水木土 신으로 인한 재앙, 머리·눈·사지의 통증, 괴이한 일에 놀라 생긴 병
- **태음** : 피로에 의한 병, 폐의 병, 족부 손상, 가슴과 배의 병
- **육합** : 음양의 부조화로 생긴 병, 중풍, 마비, 가슴과 배의 통증
- **구진** : 오한과 신열이 번갈아 생기는 증상, 만성병
- **주작** : 피를 토하는 병, 가슴과 배의 병
- **구지** : 음증(陰症)
- **구천** : 크게 놀라는 병
- **백호** : 종기, 머리와 눈에서 피가 나는 병, 액사 등
- **현무** : 허리와 장의 병, 물에 사는 벌레로 인한 병

(7) 백호살

백호살의 원리

　백호살(白虎殺)이란 사주 원국의 일주를 중심으로 보는 살로, 일명 암검살(暗劍殺)이라고 한다. 해당하는 일주는 戊辰·丁丑·丙戌·乙未·甲辰·癸丑·壬戌이다. 형성 원리는 간지 60개를 감궁에서 시작하여 구궁을 순행시켜 중궁인 오귀궁(五鬼宮. 또는 화해궁)에 닿는 간지들이 된다. 이것을 구궁에 일부 표시하면 다음과 같다.

④ 丁卯	⑨ 壬申	② 乙丑
③ 丙寅	⑤ 戊辰	⑦ 庚午
⑧ 辛未	① 甲子	⑥ 己巳

백호살의 영향

백호살이 있는 경우 각 병증은 세궁의 지반수를 기준으로 판단한다. 주의할 것은 세궁의 괘문성장이 흉할 때만 참고한다는 것이다.

- 3・8木이면 중풍, 간의 병, 신체 손상, 다리의 병
- 2・7火이면 심장・소장・눈의 병이다. 일반적으로 시비가 생기고 패배한다.
- 5・10土이면 비장・위장・피부의 병이다. 일반적으로 실물(失物), 손실, 도로에서의 사고, 타살이다.
- 4・9金이면 폐병, 신경성 질환, 눈의 병이다. 약물 중독・교통사고로도 본다.
- 1・6水이면 신장・방광의 병, 당뇨, 전염병이다. 일반적으로 주색과 관련된 일, 명예 실추이다.

2) 기문국의 판단
(1) 세궁의 상황

세궁 대응결

위에서 예로 든 기문국을 살펴보면 일진수 자체로는 아무 문제가 없다. 수리 3/8로 검왕하기 때문이다. 그러나 전체적인 동처의 구조 속에서 세궁의 상황을 보면 별로 강한 편은 아니다. 우선 12운성으로 묘절지에 닿은 점, 공망의 대충방인 허방(虛方)에 거하고 있는 것이 거슬린다. 허방에 앉아 묘절에 닿으면 질액이 있을 가능성이 높아진다.

또한 의기와 사신의 상황도 그다지 좋지 않다. 의기는 신가기(辛加己爲 入獄自刑)이다. 이 대응결은 보석이 스스로 진흙에 뛰어들고

개구리가 우물에 뛰어드는 형상으로, 배신·송사·다툼 등을 나타내는 것이다. 사신 중 득기한 것을 중심으로 그 영향을 간단히 알아본다.

천봉구성

구성 중 천영은 원래의 자리가 이궁이다. 일가팔문 경문(景門)과 비화(比和)하고 앉은 궁과는 박제화의(迫制和義) 중 화의상태이다. 이 정도면 득기한 셈이다. 더욱이 천봉구성의 득기 여부를 따질 때 월령과의 관계를 제일 중요시하는데, 월령이 戌月로 土月이다. 오행의 왕상휴수사로 따지면 휴의 상태이다. 천봉구성의 왕상휴수사는 휴의 상태를 가장 강하게 본다. 이 점에 대해서는 연파조수가의 장을 참조한다.

천영의 길흉은 대개 근본이 구설·문화·정신적인 것과 관련된다. 질병과 관련을 지으면 정신적 방황, 일성일망(一盛一亡)·일승일패(一勝一敗)의 상황, 잔질(殘疾)과 연관된다. 또한 정신과 관련된 병의 요소가 되고 음행과도 관련된다. 경문(景門)도 유사한 역할을 한다.

팔장의 영향

태음은 길흉에서 주로 음사·우둔함 등을 일으키는 팔장이다. 또한 음인(陰人)의 질환, 구설수를 불러오기도 하는 신장이다. 고서에서는 태음이 천영·경문(景門)과 모이면 구설·음사·우둔함의 영향이 더 강해지는 것으로 보고, 여자의 국을 볼 때는 다른 여자가 남편을 독차지하는 것으로 본다. 그리고 태음의 질병은 가슴과 배의 병이다.

세궁의 상황을 요약해 보면 질병을 이길 힘이 있고, 음사나 정신적인 질병에 취약할 것이라고 예상할 수 있다.

(2) 홍국수의 흐름 판단

양기의 상황

홍국수의 흐름은 우선 전체적인 흐름을 보는 것에서 출발한다. 검왕 오행과 필요 오행으로 병을 보는 방법을 배운 제자 한 사람이 실제로 기문국을 해석하여 보라면 무조건 이 방법을 적용하여 웃은 적이 있다. 한 사람의 병을 보는 것은 그렇게 간단치가 않다. 거미줄처럼 얽혀 있는 포국 요소들 속에서 특징을 잡아 내야 하기 때문이다. 위의 국의 수리를 전체적으로 보면 土氣 재성으로 기운이 몰리고, 水氣가 깨지는 형세이다. 이것은 金氣가 공망인데 화금상전(火金相戰)으로 역할을 못하고, 중궁의 인수도 수극·실령으로 약세이기 때문이다. 수리를 음양으로 나누어 보면 양기만 강한 셈이므로 음양의 부조화현상이 생기게 된다.

손상되는 오행

검왕 오행이 극하는 오행이 병이라는 견해로 보면 土氣가 병이 되고, 필요 오행이 극하는 오행이 병인(病因)이라는 견해로 보면 木氣가 병인이 된다.

두 개의 결과가 다르므로 이 중 하나를 택해야 하는데, 土氣가 병의 요인이 된다는 것은 검왕한 木氣로 인해 土氣가 손상되는 것을 본 것이다. 그러나 土氣 재성을 보면 득지·승령하였고 회집되어 그 기세가 결코 약세는 아니다. 이렇게 보면 木氣가 병의 요인이 되기 쉽다.

홍국수의 전체 흐름을 본 결과 木火가 병의 요인이 되고, 이로 인한 음양의 부조화, 설기 과다의 병증으로 본다.

3) 종합 판단과 실제 상황

2001년은 손궁에 닿아 있다. 중궁 인수의 상황이 약세인데 재성의 운이 왔으므로 명주의 원신을 깨는 상황이다. 질병의 관점에서 보면 水氣가 약해져 火氣를 잡지 못하는 형상이다.

사신 중 득기한 것은 천충인데 천충은 호살지성(好殺之星)으로 살기가 있는 구성이다. 그리고 팔장 백호는 질병점에서 가장 기피하는 혈광신(血光神)이다. 이 정도의 상황이면 질액이 있을 것이라고 짐작할 수 있다. 홍국수리로 본 음양의 부조화, 설기 과다의 병증이 일어날 수 있다.

실제로 명주는 2001년 '사회불안증'이라는 병으로 치료를 받고 있는 여성이다.

3. 실명하는 기운

음력 1959년 11월 18일 辰時(大雪 中元 陰遁 7局)

丙 癸 丙 己	乾命 平生局
辰 酉 子 亥	

2005 時宮 未十 丙 天英 騰蛇 辰五 辛 生氣 景門 正財-37-73 衰病	2000 戌五 癸 天芮 直符 未十 丙 切體 杜門 偏財-23-84 死 日年	1998 天馬 巳二 戊 天柱 九天 寅三 癸 絶命 開門 劫財-28-76 墓絶 年亡 年華 日劫
2006 子一 辛 天甫 太陰 酉四 壬 福德 休門 偏官-32-74 旺	2004 祿 酉四 子一 庚 正印-38-64 伏日馬	2002 世宮 天乙 午七 己 天心 九地 卯八 戊 禍害 死門 比肩-8-52 胎
2001 亥六 壬 天冲 六合 申九 乙 天宜 驚門 正官-17-90 帶祿 年劫 日亡 日華	1999 月宮 寅三 乙 天任 白虎 巳二 丁 歸魂 傷門 食神-25-79 浴 年馬 年年	2003 年宮 空亡 卯八 丁 天蓬 玄武 午七 己 遊魂 生門 傷官-45-60 養生

1) 세궁의 상황

(1) 일진수의 상황

강약 판단

일진수의 상황은 약세이다. 혹시 태궁의 일진수가 월령의 생조를 받고 중궁 지반수 1水로부터 생조를 받으므로 강하다고 생각할 수 있다. 그러나 일진수는 중궁과 子卯刑으로 깨지고 태궁의 은복지지 酉와도 卯酉沖으로 깨졌는데 운성으로도 태지에 앉아 있으므로 아주 약한 상황이다.

사신 판단

사신은 일반적으로 기문의 괘문성장을 말한다. 세궁의 상황을 보면 화해·구지·사문이 동궁하므로 매우 흉하다. 괘문성장 중 사망과 관련된 것은 사문·구지·백호·구진·천예·천충·섭제 등이 득기하는 경우이다. 이 중 구지·사문이 동궁하면 반드시 사망으로 볼 정도로 나쁘다. 일진수의 수리나 세궁의 상황으로 볼 때 질액을 감당할 수 있는 명은 못 된다.

(2) 일간궁의 상황

일진궁의 상황을 보고 보조적으로 지반 일간궁의 상황을 보는 경우도 있다. 이른바 외궁(外宮)으로 간주하여 보는 경우이다. 우선 수리가 寅巳刑으로 깨져 있는데 절명이 들어 있다. 혹시 중궁의 정인이 진생하므로 일간궁의 수리가 강하지 않을까 생각할 수 있다. 그러나 팔괘의 속성은 중궁지수가 살아가는 과정으로 정인이 절명에 닿아 있어 정인의 역할을 다하지 못한다. 개인적으로 일간궁의 수리는 참조하지 않는다. 일간궁 자체가 의기(儀奇)가 주가 되므로 홍국수 자체의 상황을 보는 데 문제가 있기 때문이다.

2) 홍국수의 전체 흐름

(1) 水火를 중심으로 한 수리 흐름

홍국수의 전체 흐름을 水火를 기준으로 하여 살펴본다. 위의 국은 성국이 되었으며 중궁 생 세궁, 세궁 생 연궁으로 연궁이 성국의 종극수가 된다. 성국의 종극 오행이 火氣가 강화되는 형세이다. 다음으로 중궁의 水氣 인수를 보면 천반수로부터 金生水로 수생하여 월령을 얻으므로 득령하여 그 기세가 강하다. 결과적으로 水氣와 火氣가 강한 형세이다. 이런 경우 세궁 8木이 중간에서 그 역할을 하면 다행이지만 위에서 본 바와 같이 그 역할을 할 수 없는 상황이다. 결국 수리의 전체적인 흐름은 수화상충(水火相沖)의 형세이다.

(2) 수화상충인 경우의 질병

수리가 수화상충인 경우 심장과 신장·눈의 이상으로 본다. 홍국수의 수화상충 관계 외에 火氣를 중심으로 격국을 보면 감궁의 丁奇는 화파수지격(火被水地格)이고, 건궁의 丁奇는 화림금위격(火臨金位格)을 이루고 있다. 아울러 시간(時干) 丙火는 건궁에서 卯宮에 닿아 시묘격(時墓格)이다.

다음으로 오불우시격(五不遇時格) 또는 삼기입묘(三奇入墓)의 경우에도 시력에 문제가 있는 국이 많다. 삼기입묘는 丁奇가 간궁에 놓일 때, 丙奇가 건궁에 놓일 때, 乙奇가 건궁에 놓일 때를 말한다. 위의 기문국은 시간 의기와 일간 의기가 극을 하므로 오불우시격에 해당된다. 눈에 문제가 있는 경우는 다음과 같다.

- 火의 홍국수와 육의삼기가 수화상충인 경우가 많다. 수화상충은 홍국수 상호간의 관계와 앉은 궁과의 관계 등 모든 요소를 참조한다. 예를 들어 丙奇·丁奇가 水宮에 속한 감궁에 앉아 있는 경우 등을 말한다.
- 격국으로 오불우시격 또는 삼기입묘의 경우에도 시력에 문제가 있는 국이 많다. 오불우시격은 시간에 해당하는 의기와 일간에 해당하는 의기가 서로 극하는 경우를 말한다. 대표적인 흉격이기도 하다.

삼기입묘격은 기묘격(奇墓格)이라고도 한다. 삼기가 12운성의 묘(墓)에 닿는 경우를 말하며 고서에서는 양순음역의 방법을 사용하였으므로 유의한다. 삼기는 명국 전체를 보는 눈과 같은 존재로 이것이 묘에 들어가면 눈이 감겨지는 것과 같으므로 가는 길이 안 보인다. 약간 다른 취지이지만 고서에서는 삼기입묘의 경우 일체의 출행을 금하라는 말이 있기도 하다.

3) 실제 상황

명주는 안압이 높아져 이궁 18~23유년에 시력을 잃었다. 이궁 유년궁의 상황을 보면 절체·두문으로 세궁과 아울러 가장 흉한 기운을 가지고 있다.

참고로 명리에서 시력이 감퇴하는 시기를 판단할 때도 火氣를 중심으로 판단한다. 즉, 명 중에 약한 火氣가 극상(剋傷)을 당하든지 왕한 火氣에 火氣가 더해지는 시기(柱中弱火 剋傷可知 柱中旺火 更逢加重)에 시력에 문제가 생긴다.

명주는 丙辰年에 시력을 잃었다. 사주를 보면 子月 丙火가 약세이지만 세군(歲君)인 丙이 오므로 이를 보충하는 해가 된다. 대운도 甲戌 대운이므로 火氣에 문제를 일으킬 소지가 없다. 명리적으로 보면 문제가 없는 사주이다.

4. 무슨 체질일까?

음력 1938년 9월 28일 戌時(小雪 中元 陰遁 8局)

| 丙 乙 癸 戊 | 坤命 平生局 |
| 戌 卯 亥 寅 | |

2006 卯八 癸 天沖 玄武 午七 壬 切體 驚門 正財-13-90 墓絶	2001 寅三 壬 天甫 白虎 巳二 乙 生氣 死門 偏財-36-65 胎 年亡 日馬	2008 未十 乙 天英 六合 辰五 丁 禍害 生門 正官-45-61 養生 日華
2007 世宮 申九 戊 天任 九地 亥六 癸 歸魂 傷門 比肩-6-54 死 年劫 年年	2005 中宮 巳二 寅三 辛 傷官-16-82 日亡	2003 辰五 丁 天芮 太陰 丑十 己 絶命 開門 偏官-33-74 浴
2002 年宮 空亡 酉四 丙 天蓬 九天 子一 戊 遊魂 休門 劫財-34-69 衰病	2000 空亡 子一 庚 天心 直符 酉四 丙 福德 景門 偏印-40-62 旺 日年	2004 月宮 時宮 亥六 己 天柱 螣蛇 申九 庚 天宜 杜門 正印-25-80 帶祿 年馬 年華 日劫

1) 체질 분류 기본

체질이란 사람 몸의 변하지 않는 기질을 말한다. 물론 일시적으로 그 기질이 변하기도 하지만 운명적으로 가지고 있는 틀을 말한다. 예를 들어 혈액에 모기가 가장 좋아하는 성분인 유산과 요산 성분이 많이 있어 모기가 좋아한다면 이것은 운명적인 틀이고 체질이라 할 수 있다. 그러나 심장질환 치료제나 고혈압약·화장품·향수 등의 성분으로 인해 모기가 모이면 이것은 일시적으로 기질이 변하는 것이다. 기문으로 보는 체질은 평생의 체질이다.

(1) 체질 분류 방법

사상(四象)체질이든, 팔상(八象)체질이든 체질을 알기 위해서는 종합적인 방법이 동원되는데 외모와 성격을 보는 것이 가장 기본이다. 일반적으로 사용되는 체질 분류 방법으로는 촌관척(寸關尺) 다우징 방법, 촌관척 맥의 맥진을 통한 방법, 오링 테스트(O-ring Test)에 의한 방법, 손톱 등을 보는 방법, 오운육기를 이용하는 방법, 기문둔갑을 이용하는 방법 등이 있다. 개인적으로는 기문 조식을 위주로 하고, 위의 방법 중 맥진의 방법을 참고적으로 이용하고 있다. 여기에서는 기문둔갑을 이용한 체질 분류의 기본적인 사항만 설명한다.

(2) 사상체질

근래에 들어서 권두원 박사에 의해 팔상체질이론이 정립되어 사용되지만 그 이론의 근거는 사상체질론이다. 한의학에서는 동무 이제마(李濟馬) 선생 이후 사람의 체질을 다음과 같이 사상으로 분류하고 있다.

사상(四象)	장부 상태	인생기	주상태
태양(太陽)	폐대간소(肺大肝小)	소년기	조(燥)
소양(少陽)	비대신소(脾大腎小)	청년기	열(熱)
태음(太陰)	간대폐소(肝大肺小)	중년기	습(濕)
소음(少陰)	신대비소(腎大脾小)	노년기	한(寒)

체질의 주상태

위의 체질 분류 중에서 주상태에 대한 것을 조금 더 설명해 보면, 태양과 태음은 조습의 균형을 보고, 소양과 소음은 한열의 균형을 본다. 예를 들어 태양인의 경우 조가 주가 되고 습이 객이기 때문에 그 성격이 조급하고 마르기 쉬운 체질로 설명된다. 소음인은 위수한 이한병(胃受寒裡寒病) 신수열표열병(腎受熱表熱病)이며, 소양인은 위수열이열병(胃受熱裡熱病) 비수한표한병(脾受寒表寒病)으로 설명된다. 즉 소음인은 속이 차고 밖에 열이 있는 병에 잘 걸리고, 반대로 소양인은 속에 열이 있고 밖이 차지는 병에 약하다는 내용이다.

일반적으로는 위의 견해에 이해가 가지만 소양인이 주가 열이라는 것은 주역의 기본 사상과 조금 안 맞는 면이 있다. 왜냐하면 소양의 원 바탕은 음이기 때문이다. 감히 동무 이제마 선생이 동의의 개념을 유가적(儒家的)인 개념에 억지로 대입한 결과가 아닐까 생각해 본다. 더 연구하기를 원하는 사람은『동의수세보원』의 완역본 또는 관련 서적을 참고한다.

2) 기문둔갑을 이용한 체질 분류
(1) 체질 분류 방법

체질을 분류하기 위해 가장 많이 사용하는 방법은 외모와 성정을 보고 맥진을 보는 방법이다. 그러나 맥진은 장기간의 숙련이 필요하다. 맥진의 대안으로 촌관척(寸關尺)이나 오수혈(五輸穴)에 대한 진동자를 이용하기도 하는데 이 방법도 그렇게 만만한 방법은 아니다. 진동자를 의념(意念)에 의해 진동하게 하는 데만도 6개월 내지 1년 정도의 기간이 소요되기 때문이다. 또한 사주 명리에서는 오행별 체질 분류는 가능할지 몰라도 기문과 같이 팔상으로 자세한 체질 분류는 불가능하다.

기문의 체질 분류의 특징은 다른 방법에 비해 사용이 간단하고, 팔상 체질 분류가 가능하다는 데 있다. 기문둔갑에서 체질 분류는 다음 순서로 한다.

① 중궁과 세궁의 홍국 천지반수로 각각 작괘한다.
② 만일 두 궁이 일치하면 대성괘로 팔상을 결정한다.

③ 일치하지 않으면 외모나 두 궁의 힘을 비교하여 결정한다. 단순히 두 궁의 힘의 강약을 비교하여 판단하기도 하고, 다른 체질 감별방법을 이용하기도 한다.

(2) 사상과 팔상

기문에서 쓰는 팔상체질이란 체질의 8가지 분류이다. 주역의 태극에서 음양이 나와 이상(二象)이 되며, 이것이 한번 더 변화하여 사상(四象)이 되고, 다시 변화하여 팔상이 된다. 이를 다시 자세히 보면 다음과 같다.

본체	사상	사상체질	팔상	장부 상태	치료법
양	노양(양/양)	태양인	태	폐〉간	간 보법
			건	대장〉담	대장 사
	소음(음/양)	소음인	진	방광〉위	위 보법
			이	신장〉비	신장 사
음	노음(음/음)	태음인	곤	담〉대장	대장 보
			간	간〉폐	간장 사
	소양(양/음)	소양인	감	위〉방광	위 사법
			손	비〉신장	신장 보

위의 표에서 진 체질의 시작을 보면 처음에 양을 본체로 하여 음효가 하나 올라앉아 사상이 되는데, 이를 소음이라 한다. 사상체질로 소음인은 신대비소(腎大脾小)인 체질을 말한다. 소음에서 한 번더 변화하면 팔상으로, 또 음효가 올라 앉으면 진괘, 양효가 올라앉으면 이괘이다. 이 때 장부 상태는 방광이 실증이고 위가 허증이며, 이 경우에는 위를 보하는 처방을 한다.

(3) 체질 작괘 방법

기문둔갑으로 체질을 감별하기 위해서는 각 홍국 수리의 기본 괘상을 알아야 한다. 홍국수별 괘상은 다음과 같다. 이 방법을 사용할 때 주의할 것은 홍국수가 5일 때는 손괘로 작괘가 된다는 것과, 10은 쓰지 않고 중궁의 은복수를 쓴다는 것이다.

1	2	3	4	5	6	7	8	9	10
坎	坤	震	巽	巽	乾	兌	艮	離	중궁 은복수

예를 들어 중궁이 3/7이고 세궁이 10/10(은복수 8/2)일 경우에 ① 중궁은 진/태이므로 대성괘로 뇌택귀매(雷澤歸妹)괘가 된다. 수괘는 중택태(重澤兌)이다. ② 세궁은 간/곤이므로 대성괘로 산지박(山地剝)이며, 수괘는 중천건(重天乾)이 된다. 만약 세궁의 세력이 강하다면 태 체질이 된다. 이를 사상체질로 분류하면 중택태와 중천건이 모두 태양에 속하므로 태양인이다. 다음의 표를 보면 사상은 수괘에 따라 팔상으로, 그리고 다시 속괘인 64괘로 분류된다. 체질

오행	수괘	속괘							
太陽	重天乾	天風姤	天山遯	天地否	風地觀	山地剝	火地晉	火天大有
	重澤兌	澤水困	澤地萃	澤山咸	水山蹇	地山謙	雷山小過	雷澤歸妹
少陰	重火離	火山旅	火風鼎	火水未濟	山水蒙	風水渙	天水訟	天火同人
	重雷震	雷地豫	雷水解	雷風恒	地風升	水風井	澤風大過	澤雷隨
少陽	重風巽	風天小畜	風火家人	風雷益	天雷无妄	火雷噬嗑	山雷頤	山風蠱
	重水坎	水澤節	水雷屯	水火旣濟	澤火革	雷火豊	地火明夷	地水師
太陰	重山艮	山火賁	山天大畜	山澤損	火澤睽	天澤履	風澤中孚	風山漸
	重地坤	地雷復	地澤臨	地天泰	雷天大壯	澤天夬	水天需	水地比

분류의 기준으로 참고한다. 수괘와 속괘의 변화 방법에 대해서는 기문작괘를 다룬 장을 참조한다.

3) 실제 기문국 판단
(1) 체질 판단

위의 국을 명주의 세궁과 중궁의 홍국수로 작괘하고 보사(補瀉) 처방을 하면 다음과 같다.

작괘 수리	작괘 명칭	음양-사상-팔괘	장부 상태	처방
세궁 9/6	화천대유(火天大有)	양- 태양- 건	대장〉담	대장 사
중궁 2/3	지뢰복(地雷復)	음- 태곤- 곤	담〉대장	대장 보

위와 같이 세궁과 중궁의 수리가 다를 때는 강한 궁을 위주로 한다. 세궁과 월령이 생하는 중궁이 강하다고 판단되므로 태음인으로 대장을 보하는 조치가 필요한 체질이다. 보(補)란 말 그대로 흥(興)·익(益)·가(加)·구(救)·제(濟)하는 것이고, 사(瀉)란 취(取)·탈(脫)·감(減)·극(剋)·살(殺)·억제하는 것이다.

(2) 홍국으로 본 질병

세궁·일간궁의 상황

질병의 상태를 볼 때 제일 처음 보는 것은 세궁과 일간궁의 상황이다. 이것은 명주 자체가 병액을 이길 수 있는지 보는 것이다. 우선 수리의 득기 여부를 보고 사신의 상황을 본다. 일진수의 득기 여부를 보면 6水가 진궁에 있어 사지에 앉아 있다. 세궁은 구지·상문으로 흉하고, 일간궁은 백호·사문으로 흉하다.

겸왕 오행과 필요 오행

겸왕한 오행은 태궁의 土이므로 몸 중 취약한 것은 水 오행이다. 다음으로 필요 오행이 극하는 오행의 장부가 약하므로 먼저 필요 오행이 무엇인지 찾아본다. 본래 세궁이 가장 필요한 요소는 평생국에서 세궁·중궁·월령을 중심으로 하라고 하지만 결국은 사진동처 전체의 흐름을 보는 수밖에 없다. ① 세궁은 수생·승령·거극되어 있고, ② 중궁은 천반수로부터 형을 당하고 승령·거극되며 , ③ 월궁과 시궁은 金氣가 강한 구조로 되어 있고, ④ 세궁의 천반수는 3·2·9 삼형을 이룬다. 이러한 경우 강한 金氣를 치는 火 오행이 가장 필요하다. 金氣에 해당하는 장부는 폐·대장이다. 체질, 겸왕 오행과 필요 오행으로 보아 명주는 金水의 장부인 폐·대장·신장·방광이 취약하다. 만약 이러한 계통에 병이 생기면 치료하기 어렵다고 본다. 아울러 나이 들어 병으로 고생하는 것도 참조한다. 이는 일진 지반수가 천반수에 비해 운성으로 약세이기 때문이다.

4) 실제 상황

실제로 명주는 키가 약 160cm에 체중 80~90kg으로 비만인 편이다. 상담할 때 5년 동안 당뇨로 고생하고 있었다. 1999년 심한 목 디스크로 고생하고, 비뇨기 이상으로 치료를 받은 적이 있다. 1999년 10월에는 직장암으로 판정되어 그 해 11월 5일 모 대학병원에서 수술을 받고 방사선 치료를 받았다. 수술한 1999년의 소운도 간궁이고 유년도 간궁이다. 소운의 흐름을 보면 2003년이 위험하다.

5. 기문으로 본 치료 방법

1) 치료 방법과 의사의 선택

치료 방법 선택

치료 방법은 치귀자(治鬼者)인 식신의 홍국수로 판단한다. 1·6水이면 탕약으로, 2·7火이면 뜸으로, 3·8木이면 산약(散藥)으로, 5·10土이면 환약으로, 4·9金이면 침으로 치료한다. 점사국을 조식하여 병자의 시국을 짜고 그 제약 방법을 보는 방법이 있다. 칠살을 병증으로 보고 치료하는 오행의 맛으로 제약하는 것이 원칙이다. 이것은 한약의 상식과 오행의 보사 방법을 사용하는 것이므로 이 책에서는 자세한 내용을 생략한다.

의사의 선택

기문에서의 청의법(請醫法)은 보통 점사국에서 응용되는 방법으로, 어떤 의사에게 치료를 받을지 결정하는 것이다. 칠살을 치는 식신을 의사로 보는 것이 원칙이지만 천심성으로 보는 경우도 있다. 예를 들어 식신에 해당하는 홍국수로 3인데 이궁에 앉아 있다면 남쪽에 거하는 木性을 쓰는 의사가 인연이 있다.

의사의 고하(高下)는 역시 식신의 상황이다. 식신의 왕쇠는 소문이고, 식신의 득기·득문(得門) 여부는 실력이다. 식신수가 거왕·승왕이고 괘문이 길하면 명의를 만나 치료가 되며, 식신수가 거왕·승왕이나 괘문이 길하지 못하면 소문만 요란할 뿐 치료가 안 된다.

2) 기문침구법

기문둔갑을 이용한 침법 중 대표적인 방법이 연기의 영구취법비

등침법(靈龜取法飛騰鍼法)이다. 이것은 기경팔혈(奇經八穴)을 이용하며 기문둔갑국을 조식하여 침을 놓는 방법이다. 홍기적 방법으로는 홍국수로 판단한 체질이론에 따라 오수혈을 이용하는 방법이 있다.

(1) 영구취법비등침법

기경팔법(奇經八法, 기경팔맥도(奇經八脈圖), 팔혈진침도(八穴盡鍼圖)에 의한 방법이라고도 함]이라고도 한다. 이 방법을 사용하기 위해서는 기경팔혈을 알아야 한다. 기경팔혈은 기경팔맥(奇經八脈)과 12정경(正經)이 만나는 사지(四肢)의 혈이다. 팔혈은 크게 부모·부부·남녀·주객으로 나누어 치료에 이용한다. 표로 나타내면 다음과 같으며, 표에서 임읍(臨泣)은 족 임읍이다.

기경팔혈 분류

분류		팔혈	구궁	정경	팔맥	주로 치료하는 부위
부모	父	公孫	乾宮	足太陰脾經	衝脈	위장·심(心)·가슴
	母	內關	艮宮	手厥陰心包	陰維脈	
부부	夫	後谿	兌宮	手太陽小腸	督脈	방광·소장·어깨·귀·목뒤
	婦	申脈	坎宮	足太陽膀胱	陽蹻脈	
남녀	男	臨泣	巽宮	足少陽膽經	帶脈	귀·목·어깨·가슴
	女	外關	震宮	手少陽三焦	陽維脈	
주객	主	列缺	離宮	手太陰肺經	任脈	폐·인후·가슴
	客	照海	坤宮	足少陰腎經	陰蹻脈	

기경팔혈의 배치도

임읍(臨泣)	열결(列缺)	조해(照海)
외관(外關)		후계(後谿)
내관(內關)	신맥(申脈)	공손(公孫)

위의 내용을 기초로 비등침법이 어떻게 운용되는지 실제 사례로 알아보자. 양력 2001년 12월 20일 오전 11시에 오래된 피부병으로 온 남자 환자의 예이다. 환자의 생년월일은 음력 1955년 12월 2일 巳時生이다. 먼저 조식 방식을 결정한다. 급한 병일 경우에는 병이 발생한 날을 기준으로, 오래된 병일 경우에는 방문일시를 기준으로, 몸 전체의 병일 경우에는 환자의 생년월일시를 기준으로 기문둔갑국을 조식한다. 보통 점사국은 문점(問占) 연월일시를 기준으로 하므로 병에 대한 구분이 불분명한 경우는 방문 연월일시로 한다.

이 사례는 오래된 병이므로 방문 연월일시를 기준으로 다음과 같이 조식된다. 조식에서 乙巳時는 甲辰 순에 속하므로 순수는 壬이 된다. 그러므로 순수궁이 진궁이다. 진궁의 원래 팔문인 상문이 앉아 있는 자리는 직사궁이 된다. 다음의 조식은 첫째 날의 예이다. 환자가 다음날 또 방문할 경우는 방문 연월일시로 다시 조식하여 사용한다.

방문일시 : 양력 2001년 12월 20일 巳時(大雪 中元 陰遁 7局)

```
乙 丁 庚 辛   乾命 時局
巳 巳 子 巳
```

	生門宮	直使宮
丙 天英 九地 辛 天乙 休門 臨泣	癸 天芮 玄武 丙 招搖 生門 列缺	戊 天柱 白虎 癸 攝堤 傷門 照海
旬首宮 辛 天甫 九天 壬 太乙 開門 外關	庚 太陰	己 天心 六合 戊 靑龍 杜門 後谿
壬 天沖 直符 乙 天符 驚門 內關	乙 天任 騰蛇 丁 軒轅 死門 申脈	丁 天蓬 太陰 己 咸池 景門 公孫

조식에 따라 다음의 순서로 침법을 사용한다.

① **첫째 날** : 직사궁의 혈자리로 열고 생문의 혈자리로 닫는다. 이 사례에서는 먼저 조해를 취해 30분 정도 유침(留針)한 뒤에 다시 열결을 취해 30분 정도 유침한다. 이 경우 직사궁의 조해만 취해 유침할 수도 있다. 시의 순수궁에 있는 시가팔문을 치사(値使)라고도 하며 보통 이를 직사팔문 또는 직사라고 한다. 직사팔문이 있는 궁은 직사궁이라 한다. 직사는 시간의 순수에 따라 움직여 10시를 기준으로 구궁을 돌며 조식의 시간에 해당 궁을 가장 먼저 여는 요소이므로 침법을 사용하는 경우 가장 먼저 취하는 부위가 된다. 다른 방법으로 중궁수로 시술하는 경우가 있다. 예를 든 위의 조식은 중궁 지반수가 1이므로 신맥을 취하여 시술한다.

유침시간은 약 30분으로 하며 환자의 반응에 따라 조절한다. 침을 놓을 때 주의할 사항과 보사법(補瀉法) 등 자세한 내용은 한의학 서적을 참조한다. 기문침법을 사용할 때도 남좌여우(男左女右) 원칙을 따른다. 사례에서는 환자가 남자이므로 좌측에 시술한다. 또는 몸의 건강한 부분에 시술하기도 한다.

② 둘째 날 : 둘째 날 방문하였을 때 위의 조식이 만들어졌다면 직사궁의 혈자리(조해) → 증상에 대해 효과가 있는 혈자리 → 생문궁의 혈자리(열결)의 순서로 침을 놓는다. 유침시간은 각 30분 정도이다.

③ 셋째 날 : 셋째 날 방문하였을 때 위의 조식이 만들어졌다면 직사궁의 혈자리(조해) → 생문궁의 혈자리(열결)의 순서로 침을 놓는다. 유침시간은 각 30분 정도이다. 이 날은 직사궁의 혈자리를 생략하고 생문궁의 혈자리만 취할 수 있다.

3일 동안을 대략 보면 첫째 날은 직사궁으로 문을 열고 제일 마지막 날은 생문궁의 혈자리로 마무리한다. 생문은 시기적으로 12월의 동토를 헤치고 생명의 힘이 솟아오르는 변화의 시기이다. 마치 간궁의 소남(少男)처럼 변화를 이끄는 팔문이다.

생문의 본래 위치는 간궁이므로 오행상 土에 속하고 12지지로 보면 丑과 寅이 포함된다. 이것은 종말과 시작(주역에서는 終始라고 부른다)을 말하는 것으로 모든 만물의 신진대사와 변화가 원활히 이루어지는 속성을 가지고 있다. 그러므로 침법을 시술할 때 생문의 혈자리로 마무리한다.

④ 팔문과 구둔의 활용 : 침을 놓을 때는 팔문의 속성과 구둔(九遁)의 길흉을 참고한다. 예를 들어 기체(氣滯)를 치료할 때는 직사궁에 상문이 있으면 크게 효과를 볼 수 있다. 아울러 직사궁의 천반에 乙丙丁 삼기가 있으면 효과가 더욱 좋아진다.

침을 놓을 때 구궁에서 휴사(休詐)를 득해야 효험이 있는 것으로

시가팔문과 질병의 관계

구둔격	격의 구성 요건		효과가 있는 증상
	의기	팔문	
天遁格	丙加丁	생문	각종 증상에 침의 효과가 아주 좋다
人遁格	天盤丁	휴문·태음	인사(人事)를 고려해 사용한다
地遁格	乙加己	개문	침을 놓지 않는다
神遁格	天盤丙	생문·구천	각종 증상에 침의 효과가 좋다
鬼遁格	天盤丁	휴문·구지	침을 놓지 않는다
虎遁格	乙加辛	생문·간궁	정신병
風遁格	天盤丙	개문·손궁	한증(寒症)
雲遁格	天盤乙	개문·곤궁	조증(燥症)
龍遁格	乙加癸	휴문·감궁	열증(熱症)

본다. 휴사는 삼길문인 생문·개문·휴문이 삼기를 만나고 육합궁에 임한 경우를 말한다. 보통 기도·제사에 길한 격이다. 부득이한 경우에는 둔가사 길격을 이루었을 때만 시술하여야 효과를 볼 수 있다고 전한다.

직사궁에 있는 구둔에 따라 침의 효과가 다른데, 천둔격과 신둔격이 있는 경우는 침의 효과가 아주 좋다. 구둔의 구성요건에 대해서는 이론(異論)이 분분하여 가장 많이 사용되는 요건을 따랐다.

(2) 오수혈 이용법

기문국의 중궁수와 세궁수를 이용하여 작괘를 만들어 팔상체질을 정하고 이에 따라 오수혈(五輸血)을 이용하여 침 시술을 한다. 예를 들어 체질을 판단할 때 중수감괘를 얻으면 위장은 실증이고 방광은 허증으로 보아 임읍과 함곡을 보하고 상양과 여태를 사하는 시술을 한다. 다른 예로 수지비괘를 얻으면 담 실증, 대장 허증의 상태로 대장을 보해야 한다. 이 때 덧붙여 곡지 삼리를 보하고 양곡과 양계를 사한다.

음양	오행	12경락	정(井)·木	형(榮)·火	수(輸)·土	경(經)·金	합(合)·水
陰	金	手太陰肺經	소상(少商)	어제(魚際)	태연(太淵)	경거(經渠)	척택(尺澤)
	土	足太陰脾經	은백(隱白)	대도(大都)	태백(太白)	상구(商丘)	음릉천(陰陵泉)
	火	手少陰心經	소충(少衝)	소부(少府)	신문(神門)	영도(靈道)	소해(少海)
	水	足少陰腎經	용천(湧泉)	연곡(然谷)	태계(太溪)	복류(復溜)	음곡(陰谷)
	相火	手厥陰心包	중충(中衝)	노궁(勞宮)	태릉(太陵)	간사(間使)	곡택(曲澤)
	木	足厥陰肝經	대돈(大敦)	행간(行間)	태충(太衝)	중봉(中封)	곡천(曲泉)
陽	金	手陽明大腸	상양(商陽)	이간(二間)	삼간(三間)	양계(陽谿)	곡지(曲池)
	土	足陽明胃經	여태(厲兌)	내정(內庭)	함곡(陷谷)	해계(解谿)	족삼리(足三里)
	火	手太陽小腸	소택(少澤)	전곡(前谷)	후계(後谿)	양곡(陽谷)	소해(小海)
	水	足太陽膀胱	지음(至陰)	통곡(通谷)	속골(束骨)	곤륜(崑崙)	위중(委中)
	相火	手少陽三焦	관충(關衝)	액문(液門)	중저(中渚)	지구(支溝)	천정(天井)
	木	足少陽膽經	규음(竅陰)	협계(俠谿)	임읍(臨泣)	양보(陽補)	양릉천(陽陵泉)

8장 응기론

　액회국(厄會局)과 화살(化殺)·응기(應氣)·사망론은 기문의 꽃이다. 욕심 같으면 여기에 삼살회동도 같이 다루어 서로 비교 검토할 수 있도록 하고 싶지만 공부하는 이들의 편의를 위해 다른 장에서 설명하도록 한다. 처음 이 장을 접하는 이들은 사망시기를 보는 장까지 전체를 한 번 쭉 훑어본 후 공부하도록 한다.

　응기의 의의
　기문을 해단할 때 기문국의 전체적인 형세를 논하고 병을 찾아도 그 병이 언제 발병할지 모르면 아무 소용이 없다. 기문에서 그 시기를 찾는 방법을 응기론이라고 하는데, 응기를 정확히 따지기 위해서는 액회가 무엇이고 이것을 풀어 주는 화살이 무엇인지 확실히 이해하여야 한다.

1. 액회국

1) 액회국의 의미
　액회란 병통(病痛)과 화액(禍厄)이 모여 있는 기문국 또는 그럴 가능성이 있는 기문국을 말한다. 즉 액이 모여 있는 기문국을 액회국이라고 하여 보통의 기문국과 구별한다. 예를 들어 보통의 기문국은 사람으로 치면 뚱뚱한지 여위었는지 보는 구별 방법이라면, 액회국은 어떤 병이 일어날 수 있는 기문국, 즉 잠재적인 병통을 가지고 있는 기문국이다.

2) 액회국의 종류

액회가 일어날 수 있는 기문국은 어떤 것이 있을까? 여기에서는 액회국을 평생국 중심으로 설명하였는데 연국도 대개의 경우 이에 준한다.

(1) 기문 살기인 삼살·火氣·金氣와 관련된 액회국

화금상전

연궁·중궁·세궁 홍국수의 상황으로 액을 보는 법으로, 세 곳이 모두 화금상전(火金相戰)하면 액이 있을 수 있다. 이 경우 연궁에 상문·화해가 동궁하면 반드시 관(官)의 액이다. 수리인 7·9가 상전하는 국으로 7·9가 중궁과 연궁의 지반수에 있는 기문국도 해당된다.

삼살

삼살이 연지와 월지에 있는 국은 액회국이다. 특히 7·9가 연지에 동궁하면 이러한 경향이 더욱 강해진다. 중궁에 7·9가 상전해도 액회국이 된다. 특히 삼살로 인한 액회국은 7·9의 중궁과 세지의 관계에 있어서 어느 것을 생조하느냐에 따라 그 액이 일어나는 것으로 본다. 일단은 7·9 중 어느 것이 생조되는가의 문제를 떠나 살기가 있으므로 액이 있는 것으로 본다.

태백

태백이 직부궁이나 월간에 닿으면 액이 발생하는 국이다. 丙庚도 동일하다. 유년에는 직부에 닿으면 윗사람과 관련된 액이 있고, 월간에 닿으면 형액(刑厄)을 당한다. 이 경우 천반의 일간궁이 유혼을 만나면 큰 액으로 보고, 귀혼·생기를 만나면 옥살이 등에서 풀려 돌아온다. 직부궁이나 월간궁에 공망이 들면 소리만 있고 결실이 없으므로 액이 없다. 연궁의 지반수에는 9金이, 월궁의 지반수에는 7火가 앉은 기문국도 액이 상존하는 국이다. 원래는 庚이 태백이지만 기문에서 9金을 태백으로 혼용하는 경우도 있다.

7火

7火가 직부궁·연지수·월간에 가림한 경우도 흉하다.

丙庚

丙庚이 연궁에 동하고 세궁이 사(死)·절(絶)을 만나면 대액이 발생한다. 이것은 세궁의 원신이 병든 상태에서 세궁 자신도 받아먹을 힘이 없는 경우이다. 또한 丙庚이 연궁·월궁에 각각 있는 경우에도 대액이 발생한다.

(2) 연궁 지반수와 관련된 액회국

수극

연궁 지반수가 수극(受剋)을 당해도 액회국으로 보는 경우가 있지만 다른 요소와 결합이 될 때 액회국으로 보아야 한다. 예를 들어 연지 수리가 수극인데 연궁에 상문·화해를 만나고 동처에 5·7·9 삼살이 동하는 경우이다.

연지수의 살기

연궁의 수리가 칠살로 겸왕할 때 액회국이 된다. 연지수가 쌍 5 · 7 · 9이고 중궁에서 생조를 받는 경우도 액회국이다. 이 경우 액의 종류를 대개 관액으로 본다.

연궁 무력

동처가 회집하여 연궁을 극하는 국은 액회국이 된다. 예를 들어 월궁과 시궁이 회집하여 연궁을 극하는 경우이다. 국의 원신을 파괴하기 때문이다.

(3) 중궁 지반수와 관련된 액회국

중궁의 金氣

칼 등에 상하는 화액(禍厄)이 있는 액회국은 연지수가 중궁 9귀를 생하는 경우, 연지수 9金이 중궁 칠살을 생하는 경우, 중궁에 쌍9가 동하는 경우이다.

중궁의 火氣

약 등으로 인한 액이 있는 액회국은 연지수가 중궁 7귀를 생하는 경우, 연지수 7이 중궁에 있는 칠살수를 생하는 경우, 중궁에 쌍7이 있는 경우이다. 즉 기문국의 기본궁 중 중궁과 연궁에 살기인 火氣 · 金氣가 많거나 삼살회동이 되면 액회국이 된다.

(4) 사진의 상황으로 본 액회국

성국과 통기 여부를 떠나 사진의 관계로 볼 때 기문국의 구성이 다음과 같으면 흉명으로 액회국이다.

① 극으로 연주 : 연궁 극 월궁, 월궁 극 세궁, 세궁 극 시궁인 경우 흉국이다. 즉, 연월일시가 극으로 연주된 경우이다.

② 일진 무력 : 월궁이 절명에 거했는데 세궁의 천반수가 칠살이 되면 평생 액에 시달리는 명이다. 일진수가 극을 당해 약화되었는데 도와줄 월궁 또한 약해졌기 때문이다. 같은 논리로 약한 일진수를 생하는 동처가 흉패문이 동궁하는 등 생할 여력이 없는 경우는 일단 액에 취약한 국이다.

2. 화살

1) 화살의 의미

화살의 의의

화살이란 기문국 전체를 보는 방법 중 하나인데, 간단히 말해 국의 나쁜 기운을 자체적으로 좋게 만드는 요소를 말한다. 기문의 용어로는 화살작권(化殺作權)이라고도 하는데 쉽게 말하여 살이 변해 복이 된다는 뜻이다. 기문국을 조식하면 성국과 통기 여부를 불문하고 동처 자체에 하자를 가지고 있는 것이 대부분이다. 이러한 경우 하자가 있는 기문국 요소가 발동할 것인지 보는 기준 중의 하나가 화살 여부이다. 만약 화살이 되면 기문국이 흉격이라도 위엄이 있고 장수하며 귀한 국이다. 기문국이 흉하더라도 화살이 되면 완전히 흉하게 되지는 않으므로 기문국의 해단에서 매우 중요하게 참조하는 요소이다.

화살의 한계

'약중선약 화살(藥中仙藥 化殺)'이라는 말이 있는데, 이것은 병이 있을 때 좋은 약이 화살이라는 것이다. 그러니까 처음부터 병이 없는 기문국이 더 길하다고 본다. 어쨌든 화살의 관점에서 보면 성국·통기와 더불어 화살이 이루어진 국을 진정한 귀격에 속하는 국이라고 할 수 있다. "화살작권하고 성국하면 혁명에 성공하여 권세를 잡을 수 있는 연국이다"라고 본 것 등이 그 예이다.

2) 화살의 조건

(1) 일진의 왕기·쌍인

화살이 되려면 세궁이 왕해야 한다. 단, 삼살인 5·7·9가 일진수인 경우는 신왕하면 좋지 않다. 명리에서 신왕해야 재관(財官)의 사용을 말할 수 있다고 보는 것과 같은 논리이다. 세궁에 길괘·길문이 있으면 화살이 된다고 보는 것도 결국 세궁이 왕하다는 것에 포함된다. 일반적으로 세궁이 왕하다는 것은 승령·거생·수생한 경우로 볼 수 있다.

세궁 자체적으로 볼 때 수생이 안 되고 제극되는 경우—예를 들어 일진수가 3木 또는 천반수가 5土인 경우 등—도 화살이 된다. 그러나 수극되면 화살이 되기 어렵다. 단, 중궁의 인수가 생하거나 월궁이 인수가 되면 화살이 된다. 또한 동처에 쌍인(雙印)이 있으면 화살이 되는 것으로 본다. 화살의 일반적인 조건으로 연궁 또는 중궁에 쌍인이 있거나 사진에 길괘·길문이 있을 때로만 보는 경우도 있을 정도로 쌍인은 화살의 조건에서 매우 중요하다.

(2) 길괘문

길괘·길문이 동처에 있는 경우에도 화살이 된다. 예를 들어 5·

7·9 삼살회동이 연궁·중궁·세궁에 동하고 삼살이 거왕·승왕·수생이 되거나, 세궁의 지수인 5·7·9가 중궁을 생하면 대흉이지만 길문·길괘는 능히 이를 화살한다.

(3) 연궁의 길함

세궁의 원신인 연궁의 상황이 좋으면 화살이 된다. 예를 들어 연궁에 귀록이 있고, 연궁이 중궁을 생하면 화살이 된다. 반대로 중궁에 귀인과 록(祿)이 있고 연궁을 생하는 경우도 화살된다.

(4) 치귀

예를 들어 관귀가 火나 金의 지반수로 되어 있으면서 왕기를 띠고 있거나 연궁·중궁에 관귀가 동하여 있는 경우는 흉격으로 보지만, 이를 눌러 줄 식상의 기운 또한 왕성하면 제살이 되어 화살된다. 마치 치귀지명(治鬼之命)과 유사한 경우이다.

3. 응기

기문의 응기론(應氣論)은 그 내용이 방대하여 "이것이 응기론이다"라고 말할 수 없을 정도이다. 기문 육친론·괘문성장 등으로부터도 모든 응기가 이루어질 수 있기 때문이다. 좁은 의미에서 응기란, 액회의 응기 시기를 보는 방법을 말한다. 액회란 화액(禍厄)의 기운이 모여 사람에게 흉화(凶禍)가 일어나는 것을 말한다. 즉 모든 기문국이 액회가 일어나는 것이 아니라 일정한 조건이 될 때만 액회가 일어난다. 따라서 우선 액회가 일어날 수 있는 기문국인지를 가리는 것이 응기의 핵심이다.

1) 연기에서 의기를 이용하여 응기를 보는 법

전체 판단

액회의 응기를 따질 때 귀수(鬼數) 입중역거(入中逆去) 방법을 무조건 추종하는 사람도 있으나 기문국의 응기를 따지는 것은 원론적인 접근에서 벗어날 수 없다. 원론적 방법이란 기문국의 전체 상황을 따지는 것으로, 평생국과 연국의 홍국수를 중심으로 판단하고 괘문성장을 보조적으로 사용하여 홍기와 연기에서의 연월의 길흉을 살핀다.

입중역거

귀수 입중역거 방법을 모두 사용하여 알아보고 결과가 같으면 당연히 결과로 나온 해당 연월을 액회시기로 보아야 하지만 서로 다른 경우는 두 가지 방법 중에서 우흉(又凶)한 연월을 액회시기로 본다.

평생국에서 연기상의 년을 따지는 방법과 조식 예

홍기상의 년은 평생국의 유년(流年)을 말한다. 이에 반하여 연기상의 년은 의기(儀奇)를 중심으로 따진다. 연국에서 연기의 월을 따지는 방법은 평생국의 방법과 같다. 해당 국의 월의 순수를 찾아 육의삼기의 방향대로 순행 또는 역행시켜 월을 정하는 것이다. 응기의 월일을 따질 때와는 전혀 다른 방법이므로 혼동하지 않는다. 또한 일부에서 순수에 해당하는 지반육의가 있는 궁을 1월로 보는데 이

년의 간지	甲戌	乙亥	丙子	丁丑	戊寅	己卯	庚辰	辛巳	壬午	癸未
년의 순수	己									
연도	1994	1995	1996	1997	1998	1999	2000	2001	2002	2003

것은 틀린 방법이다. 즉 월의 순수가 己일 경우에 己가 있는 궁이 1월이 아니라 甲戌月인 9월이 된다. 상세한 사항은 해단 예를 참조한다.

● 평생국의 소운 조식 예

음력 1962년 6월 1일 寅時(夏至 中元 陰遁 3局)

庚 辛 丙 壬 坤命 平生局
寅 丑 午 寅

2001 空亡 辰五 乙 丑十 乙 偏印 養生	1996 日干 月宮 丑十 辛 辰五 辛 印綬 浴	1994 午七 己 卯八 己 偏財 帶祿
2002 亥六 戊 申九 戊 劫財 胎	2000 遊 申九 亥六 丙 食神	1998 巳二 癸 寅三 癸 正財 旺
1997 世宮 年宮 時宮 子一 壬 酉四 壬 比肩 墓絶	1995 時干 卯八 庚 午七 庚 正官 死	1999 寅三 丁 巳二 丁 偏官 衰病

2) 일반적으로 응기를 보는 법

(1) 액회국인 경우

귀수를 입중역거하여 연지에 닿는 홍국지수로 액회가 일어나는 해를 판단한다. 즉, 귀수를 중궁에 입중하여 구궁을 역행시켜 연궁에 닿은 회수로 정하는 방법이다. 평생국에서는 년을 이 방법으로 정하고, 연국에서는 월을 이 방법으로 정한다. 예를 들어 중궁에 입중한 홍국 귀수가 6이고 연궁의 지반수가 태궁에 있다면 다음과 같이 역거된다. 위의 국은 6을 입중하여 역거하면 연궁의 지반수에 닿는 회수가 3이다. 甲乙寅卯年이 액회시기이다. 만약 기문국이 연국이라면 甲乙寅卯月에 액회가 일어나는 것으로 판정한다.

7	1	9
8	6	3(年支)
2	10	4

(2) 평국인 경우

① 입중역거하는 경우의 응기 : 평국의 경우 액회가 일어나는 시기는 귀수를 입중역거하여 천반의 庚·丙에 임하는 회수가 액회시기이다. 단, 천반 庚이 팔괘로 절명에 닿으면 그 역할을 못하는 것으로, 지반 庚에 닿는 지반수를 그 액회시기로 판정한다. 또는 양의 해는 지반 庚에 닿는 회수로, 음의 해는 천반 庚에 닿는 회수로 보기도 한다.

② 삼살회동인 경우의 응기 : 특히 연국에서 삼살이 동하였을 경우 그 살성을 생하거나 비화되는 월령에 살성이 발동한다. 쌍5 살성이 동하였을 경우는 화토절(火土節)에 살성이 발생한다. 예를 들어 연궁수가 쌍화 또는 쌍금·쌍5인 경우 이것을 중궁에서 생조하면 액이 있다. 이러한 경우 그 액회시기를 평생국에서는 년으로, 연국에서는 월로 정한다. 즉, 쌍7이면 午月, 쌍9이면 申月에 일어난다.

③ 삼형·삼합인 경우의 응기 : 기문에서 형(刑)은 寅巳申(3·2·9) 삼형을 특히 작용이 강하다고 본다. 삼형의 응기는 3·2·9가 있는 궁에 이를 때에 있는 것으로 보며, 寅巳申 삼형의 작용을 막을 수 있는 것은 성국밖에 없다고 볼 정도로 그 작용이 막강하다.

삼합의 응기는 2개의 지지가 동한 경우에는 나머지 1개의 지지가 오는 유년에 응한다. 평생국을 제외한 다른 기문국에서도 동일한 작용을 한다. 그리고 3개의 지지가 동처에 있을 때는 해당 지지의 유년이 오면 응기가 된다.

3) 육친의 응기를 보는 일반적인 방법

육친의 응기

어떤 육친의 사망 등 흉액의 시기를 알기 위해서는 육의 庚을 이용하여 입중역거하여 살핀다. 예를 들어 부모의 흉액시기를 보는 방법은 부모의 수를 입중역거하여 양의 해에는 지반 庚에 닿는 회수로, 음의 해에는 천반 庚에 닿는 회수로 본다. 이 경우 천반 庚이 공망이면 지반 庚의 회수로, 지반 庚이 공망이면 천반 庚의 회수로 정한다. 그 회수가 '1'이면 壬癸年에 응기가 이루어진다.

그러나 실제로 임상하여 보면 이 이론이 정확히 맞아 떨어지는 경우가 드물고 부모수를 입중역거하여 연지·丙庚·흉궁(凶宮)에 닿을 때 흉액이 강해지는 것을 확인할 수 있다. 또 부친과 달리 모친의 흉액을 알고자 할 때는 모친수를 입중역거하여 절명궁에 닿는 회수를 보는 방법도 있다.

연월일시를 따지는 방법

부모의 사망시기를 보는 법을 기준으로 한다. 다른 육친도 이와 같다.

① 사망월 : 년의 응기를 정한 회수를 재입중하여 역거한다. 예를 들어 회수가 1·6이면 壬癸月로 단한다. 나머지 사항은 사망의 년을

결정하는 것에 준한다.

② **사망일** : 연궁 지반수를 입중역거하여 귀혼궁에 다다르는 회수로 정한다. 예를 들어 1·6이면 壬癸·亥子日로 단한다. 또 월궁에 지반수를 입중역거하는 방법을 쓰기도 한다.

③ **사망시** : 부모수를 극하는 재성수를 시로 쓴다. 예를 들어 재성수가 1·6이면 亥子時로 단한다. 1은 子時, 6은 亥時로 단하는 경우도 있다. 나머지 육친에 대한 사항은 해당되는 장을 참조한다.

4) 그 밖에 응기를 보는 법
(1) 합과 충을 보는 방법

합·충

어떤 사건이 일어나기 전에 충을 만나면 그 사건이 동한다. 그리고 사건이 일어난 다음에 충을 만나면 그 사건이 흩어진다. 합인 경우는 사건이 일어나기 전에 합을 만나면 그 상태를 유지하는 것으로 보지만, 사건이 일어난 다음에 합이 되면 성사의 기운이 된다. 또한 응기에서 합충이 되는 경우는 충합으로 정하는 원칙이 있다. 충이 되는 경우는 합이 되는 날로 날짜를 정하고, 합이 되는 경우는 충이 되는 날이 그 응기가 된다. 지지를 중심으로 정하는 것이 원칙이다.

성문 고려

합충이 안 되는 경우는 성문(星門)의 생극으로 응기를 정한다. 즉 생이 되는 경우는 생하는 날에 응기가 되며, 극이 되는 경우는 극이 되는 날에 응기가 이루어진다. 이 때 성문의 응기도 선후의 구별이 있어서 구성의 응기가 먼저 이루어지고, 팔문의 응기는 나중에 이루어진다.

(2) 공망이 되는 경우

출공(出空)하는 지지에 응기가 이루어진다. 예를 들어 甲子旬에 戌亥가 공망이다. 순수 戌(직부)가 건궁에 거하여 공망을 만난 경우 子日에 이루어지는 것으로 본다.

(3) 홍국수의 반음현상이 있을 때

반음(反吟)이란 원래 천지반 육의삼기·천봉구성이 대충방에 놓이는 경우를 말하는데 홍국수도 이와 같이 대충방에 앉는 경우가 있다. 중궁의 수리가 겸왕한 경우 쌍5일 때를 제외하고는 구궁의 대충방끼리 천지반 홍국수가 서로 뒤바뀌는, 이른바 수미복배(首尾腹背)현상을 말한다. 이와 같이 홍국수가 반음에 들면 모든 응기가 대충방에서 이루어진다.

(4) 세궁에 귀혼이 닿아 있을 때

세궁에 귀혼이 닿아 있으면 전체적인 국의 구성이 안 좋은 경우에도 길의가 숨어 있다. 특히 이 경우는 연국의 해석에서 중요하게 취급한다. 연국이 흉문·흉괘를 득하는 경우에도 귀혼을 충하는 달에 흉한 일이 해결된다. 이는 안정된 것을 흔들기 때문이다.

5) 응기월을 따지는 방법

평생국이 아니라 연국에서 월을 따지는 방법으로, 평생국과 같은 방법도 있고 연국만의 특수한 방법도 있다.

(1) 귀수 입중역거의 방법

丙庚이나 7·9가 연궁의 지반수(歲支), 월간, 시간궁(時干宮)에 가림한 경우에 액회 시기는 귀수(칠살에 해당하는 수)를 입중하여 丙

庚宮에 닿는 회수로 정한다. 평생국과 같은 방법이다. 이 때 연궁 지반수와 세궁과의 관계에서, ① 어느 한 편이 극하면 극을 받는 달을 응기월로 한다. ② 어느 한 편이 생하면 생하는 달을 응기월로 한다.

  (2) 귀수가 寅巳申 삼형인 경우
  귀수가 3·2·9인 경우는 귀수 자체를 액이 발생하는 달로 보는데 예를 들어 2가 귀일 때는 2월로 본다. 이 경우 복음이면 귀수궁의 충궁에 있는 수로 정한다. 반복음이면 세궁 일지수가 회수가 된다. 예를 들어 귀수궁이 간궁에 있으면 곤궁의 수로 정한다. 단, 충하는 궁이 공망이면 태백과 형혹의 달로 정하므로 9월과 7월이 된다.

  (3) 일간에 살기가 가림하는 경우
  일간에 丙庚이나 7·9가 가림한 경우는 귀수를 입중하여 일간궁에 닿는 회수로 그 시기를 단한다. 예를 들어 일간궁에 닿는 회수가 2·7火이면 火月에 질액이 발생한다.

  (4) 연궁에 귀혼이 임한 경우
  명주는 파직의 기운이 있다. 이 경우 귀혼궁의 수를 입중역거하여 연궁에 닿는 회수가 그대로 응기월이다. 예를 들어 1이면 1월로 보며, 일반적인 경우와 같이 1을 水月로 보지 않는다.

 6) 장소와 방향의 응기
  고서의 점사국 등에서 용신 방향의 응기를 보는 방법이 있다. 이것은 용신에 해당하는 천반의기를 중궁에 입중하여 양순음역의 방법으로 구궁에 돌려 천반의기가 동일한 방향에서 응기가 이루어지는 것으로 보는 방법이다. 예를 들어 甲己日 乙丑時이고 양둔 1국 점사인 경우 용신을 丙으로 가정하면, 丙을 입중하여 양둔이므로 구궁을 순행하여 돌린다. 표에서 보듯이 간방에서 천반의기가 같아지므로 이 방향에서 방위의 응기가 일어난다고 본다.

癸丁 辛	戊庚 乙	丙壬 己
丁癸 庚	丙 壬	庚戊 丁
己己 丙	乙辛 戊	辛乙 癸

즉 용신을 정하고 양둔과 음둔으로 나눠 구궁을 돌려 천반의기가 같아질 때 장소의 응기가 일어난다는 것인데 이것은 잘못된 이론이라고 판단된다. 예를 들어 양둔 1국, 乙未日 丁丑時이고 용신이 편재 己인 경우에 의기와 용신을 순행으로 돌리면 다음과 같다. 고서의 이론에 따르면 장소의 응기가 일어나는 곳이 없다.

庚戊 辛	辛癸 乙	乙丙 己
丙乙 庚	己 壬	己辛 丁
戊壬 丙	癸丁 戊	丁庚 癸

4. 가장 안 좋은 달은?

음력 1910년 7월 25일 未時(白露 上元 陰遁 9局)

```
乙 丙 甲 庚   乾命 1910年局
未 寅 申 戌
```

辰十 丁 卯八 癸 偏印 1·10月/戊寅·丁亥月	辰五 癸 寅三 戊 正印 5月/壬午月	時宮 月宮 巳二 戊 亥六 丙 偏官 3·12月/庚辰·己丑月
子一 己 午七 丁 劫財 2·11月/己卯·戊子月	酉四 酉四 壬 偏財 9月/丙戌月	午七 丙 子一 庚 正官 7月/甲申月
世宮 亥六 乙 巳二 己 比肩 6月/癸未月	寅三 辛 辰五 乙 傷官 4月/辛巳月	年宮 空亡 卯八 庚 戌五 辛 食神 8月/乙酉月

1) 응기론의 사용

응기론의 처음 사례는 위의 명주의 1910년 운기 중 가장 안 좋은 달을 알아보는 것으로 시작한다. 기문둔갑의 응기를 볼 때 가장 어려운 일이 홍기와 연기의 응기가 다를 때의 처리방법이다. 우선은 홍기와 연기의 응기를 다 보는 것이 좋다. 두 방법에서 같은 결과가 나오면 다행이지만 결과가 다를 때는 어느 하나를 선택해야 한다.

개인적으로 우흉(又凶)한 달을 선택하지만 이게 말처럼 간단하지는 않다. 일단 홍기적인 방법을 적용한 후 연기적인 방법을 적용하는 것이 순서이다. 그리고 입중역거 등 응기의 단법을 적용한다.

2) 연국의 홍기적 판단

홍기의 기본적인 판단법으로 우선 성국과 통기의 상황을 본다. 위의 국은 세궁 생 연궁 생 중궁으로 성국을 이루고는 있지만 木氣인 인수가 부동하여 통기는 이루어지지 않는다. 木氣 인수는 명궁으로 들어와 있으나 중궁의 金氣가 겸왕하고 월령도 申月이라 힘을 쓸 수 없다. 명궁의 정인을 중심으로 볼 때 천반수도 설기하고 있고 은복 지지의 오행도 얻지 못한 것을 참고한다.

성국

성국의 상황을 볼 때 성국에도 격이 있다는 것을 참고한다. 성국은 세궁의 원신인 연궁이나 구궁의 주재자인 중궁이 세궁을 생하는 것이 가장 바람직한 경우이다. 위의 국과 같이 생이 세궁에서부터 시작하는 경우 기운의 흐름이 중궁이나 연궁에 있게 되므로, 가장 힘을 받는 중궁 金氣가 어떤 역할을 하는지 알아본다. 위의 국은 중궁이 金氣가 겸왕한 상태로 관살인 곤궁의 水氣를 생하고 있다. 즉 세궁의 힘의 원천인 인수의 기운을 누그러뜨리면서 한편으로는 관살을 생한다. 성국의 장점이 많이 없어졌다.

통기

통기에 대해서는 불완전통기니, 기국적통기니 여러 가지 말들을 하지만 가장 바람직한 판단방법은 지반수로만 통기가 되는지 보는 것이다. 그래야 사진동처의 힘의 강약을 바로 알 수 있다. 지반수만 이용하여 통기를 보는 것이 못마땅하면 천반수를 동원하되 육의삼기·지지오행을 동원하지 말아야 한다. 모두 동원하여 통기를 보는 경우 너무 헷갈려 기문국에 대한 직관적인 판단이 잘 안 되기 때문이다. 이 국의 통기 상황을 보면 성국과 마찬가지로 木氣인 인수가 부동하여 병통이 되었다. 천반수를 동원하여 통기를 보면 건궁에 卯木이 있는데 卯木의 상황이 아주 좋지 않다. 지반수로부터 제압을 당하고 은복지지를 못 얻었으며 의기가 모두 金氣이고 월령도 못 얻은 데다 중궁의 겸왕한 金氣와 卯酉沖을 이루고 있다. 세력이 이래서야 어디 관살의 강함을 소화할 수 있겠는가?

결국 홍기적인 면에서 성국과 통기의 상황을 볼 때 음력 6·7월이 가장 흉하다. 이것은 홍기적으로 따진 것으로 곤궁의 은복지지가 未·申이므로 이곳이 6·7월이 된다.

3) 연국의 연기적 판단

홍기적 판단과 달리 연기적 판단은 월을 찾는 것에서 시작한다. 먼저 월의 순수궁을 찾는다. 월의 순수궁은 甲申 庚이므로 태궁에 위치하고 태궁이 甲申月이 된다. 육의삼기가 가는 방향으로 구궁을 짚어 나가면 된다. 결과는 위의 조식에 표시하였다.

연기적으로 흉한 달을 찾으려면 의기를 위주로 하되 괘문성장을 참조한다. 음력 7월을 보면 병경살(丙庚殺)이 닿아 있다. 대응결로도 병가경(丙加庚爲 熒惑入白)이므로 六丙 천성이 태백의 살기를 만나고 형혹성이 들어오는 형상으로, 재산이 흩어지고 도적이 들 흉한 기운으로 본다. 丙加庚에 대해 삼기득사격(三奇得使格)이 아닌가 의문을 가질 수 있으나 직사궁이 아니므로 득사격에 해당되지 않는다. 연기적으로 볼 때 음력 7월보다 흉한 달은 없다.

4) 응기론과 실제 상황

응기론

위의 국을 응기적인 방법으로 보려면 먼저 액회국인지를 보는데 요건에 해당되지 않으므로 평국이다. 평국은 귀수를 입중역거하여 丙庚에 닿는 회수가 된다. 원론적으로는 양의 해인 경우 지반 丙庚에 닿는 회수로 보기도 한다. 그러나 실제로 임상하여 보면 쌍경(雙庚)·쌍병(雙丙)·丙庚·庚 등에 닿는 회수가 더 정확하다. 위의 국은 곤궁에 회수 3이 해당된다. 즉 甲乙寅卯月에 흉한 일이 일어난다.

정리하면 다음과 같다.

① 홍기적으로는 6·7월인 癸未·甲申月이 흉하다.
② 연기적으로는 7월인 甲申月이 흉하다.
③ 응기론으로는 甲乙寅卯月이 흉하다.

실제 상황

위의 기문국은 고종황제의 경술년 연국이다. 고종은 그 해 음력 7월에 경술국치의 대란을 맞이한다.

5. 살아날 수 있을까요?

음력 1966년 6월 4일 戌時(大暑 上元 陰遁 7局)

戊 辛 乙 丙	乾命 平生局
戌 巳 未 午	

2005 世宮 祿	2000 年宮	1998 月宮 空亡
辰五 丁 天蓬 六合	丑十 乙 天任 太陰	午七 壬 天沖 螣蛇
酉四 辛 歸魂 傷門	申九 丙 福德 生門	巳二 癸 天宜 死門
比肩-4-50	劫財-39-75	偏官-42-63
養生	浴 年馬 日亡 日年	帶祿 年亡
2006	2004 天馬	2002 空亡 天乙
亥六 己 天心 白虎	申九	巳二 辛 天甫 直符
寅三 壬 切體 驚門	辰五 庚	午七 戊 遊魂 杜門
正財-45-56	正印-9-90	正官-22-78
胎 年年 日劫		旺
2001	1999	2003 時宮
子一 戊 天柱 玄武	卯八 癸 天芮 九地	寅三 丙 天英 九天
卯八 乙 絶命 景門	子一 丁 生氣 休門	亥六 己 禍害 開門
偏財-30-76	傷官-40-71	食神-15-81
墓絶 日華	死	衰病 年重劫 年華 日馬

상담 상황

양력 2000년 11월 12일(음력 2000년 10월 17일) 오후 5시에 기문둔갑을 배우는 지방에 사는 사람으로부터 전화가 왔다. 아는 사람이 자살을 기도하여 병원 응급실에 있는데 위급한 지경이니, 혹시 죽을지 봐 달라는 것이었다. 이런 말을 들으면 참으로 난감하다. 죽든 살든 최선을 다하는 것이 사람이 할 일인데 먼저 결과를 알아 뭘 어쩌자는 것인지······.

1) 액회국 여부 판단

이런 경우 제일 먼저 명주의 기문국이 액회국인지 판단한다. 만약 액회국이고 화살이 안 된 상태라면 십중팔구는 죽기 때문이다. 명주의 평생국을 액회국이 될 가능성이 있는 부분부터 살펴보면 먼저 눈에 띄는 것이 삼살회동하였다는 것이다. 중궁의 5, 월궁의 7, 연궁의 9가 사진동처에 회동하였다. 나아가 丙庚의 상황을 보면 연궁에도 丙이 있고 중궁에는 庚이 있다.

과연 이런 조건만으로 액회국에 해당된다고 할 수 있을까? 5·7·9 삼살인 경우 삼살의 종극수인 9金이 살의 작용을 하면 액회국이다. 그러나 이 국과 같이 연궁이 세궁과 같은 오행으로 회집된 경우는 결국 세궁을 신왕하게 해 주는 요소가 되므로 단지 삼살회동이 되었다는 것으로 액회국으로 볼 수 없다. 또한 연궁의 괘문이 길하고, 중궁에 단인(單印)이지만 인수가 있어 세궁의 기운을 불어넣는 것도 참조해야 한다. 결국 위의 국은 액회국보다는 평국으로 분류된다.

2) 평국의 응기

평국의 응기를 보는 방법은 귀수를 입중역거하여 丙庚에 닿는 회수로 따진다. 양의 해는 지반 丙庚, 음의 해는 천반 丙庚에 닿는 회수를 응기로 본다. 이 원칙을 떠나 쌍경·쌍병·丙庚·庚에 닿는 회수가 더 정확하다는 것은 이미 말한 바 있다. 위의 국은 귀수 2를 입중하여 곤궁에 닿는 회수가 5이다. 기곤(寄坤)의 원칙에 따라 지반 庚은 곤궁에 있는 것으로 간주된다. 회수 5는 戊己辰戌丑未의 해가 된다. 庚辰年에 자살을 기도했으므로 응기론과는 맞아 떨어진다. 그럼 명주가 죽을까? 중궁의 단인과 세궁의 회집으로 일진수가 강하여 화살이 되므로 젊어서 요절할 기문국은 아니다.

3) 연국의 응기와 실제 상황

```
甲 甲 壬 庚   乾命 2000年局
戌 子 午 辰
```

年宮	月宮	
辰五 壬	丑十 乙	午七 丁
丑十 壬	辰五 乙	卯八 丁
傷官 3·4월	食神 5월	正印 6·7월
帶祿 年華 日華	旺	衰病
		祿 天馬
亥六 癸	申九	巳二 己
申九 癸	亥六 辛	寅三 己
偏財 2월	正官	偏印 8월
浴	年亡 日亡	死 年日馬 年日年
	世宮	時宮 命宮 總空
子一 戊	卯八 丙	寅三 庚
酉四 戊	午七 丙	巳二 庚
正財 1월	比肩 11월	劫財 9·10월
養生	胎	墓絶 年劫 日劫

흉월

위의 명주의 연국을 보면 흉기상 9·10월이 매우 안 좋다는 것을 바로 알 수 있다. 그 해의 주어진 조건을 보는 명궁에 寅巳申 삼형이 들고 쌍경살이 들어 있다. 그러나 이런 흉의에도 불구하고 명주는 죽음까지 가지는 않는다.

안 죽는 이유

죽음까지 안 가는 이유를 들자면 우선 세궁의 火氣가 아주 강하다. 일진수가 수생되고 월령도 얻고 있으며 본의(本儀)도 얻은 상황이다. 더욱이 중궁에 관살이 왔다고는 하지만 시궁과 천충지충(天沖地沖)으로 힘이 아주 약화되었다. 아울러 세궁의 원신인 연궁에 치귀자인 식상이 겸왕하여 죽음까지 이르지는 않는다. 단, 11월의 구지·사문과 쌍병살의 영향으로 고생은 한다고 본다.

실제 상황

명주가 자살을 기도한 이유는 주식투자로 엄청난 빚을 졌기 때문이다. 2000년의 연국 구성을 볼 때 명궁에 겁재가 오고 재성이 부동인데 큰 규모로 주식투자를 하는 것은 무리이다. 추후 완치되어 퇴원하였다는 이야기를 들었다.

6. 살다가 어떻게 이런 일이

음력 1958년 2월 9일 戌時(春分 下元 陽遁 6局 대운수3)

				乾命 平生局
甲	甲	乙	戊	
戌	辰	卯	戌	

63	53	43	33	23	13	3
壬	辛	庚	己	戊	丁	丙
戌	酉	申	未	午	巳	辰

2000 世宮 辰五 丙 天甫 朱雀 卯八 丙 歸魂 驚門 比肩-8-50 衰病 日華	1996 丑十 辛 天英 九地 寅三 辛 福德 開門 劫財-27-75 死 日馬	1998 午七 癸 天芮 九天 亥六 癸 天宜 杜門 偏印-38-63 墓絶 年劫 日亡
1999 空亡 亥六 丁 天沖 勾陳 午七 丁 切體 傷門 傷官-45-56 旺 年年	2001 申九 酉四 乙 偏官-12-90 伏年馬	1994 巳二 己 天柱 直符 子一 己 遊魂 死門 正印-22-78 胎 日年
1995 空亡 子一 庚 天任 六合 巳二 庚 絶命 景門 食神-24-76 帶祿 年亡 日劫	1997 卯八 壬 天蓬 太陰 辰五 壬 生氣 休門 正財-32-71 浴	2002 年宮 時宮 天乙 寅三 戊 天心 螣蛇 丑十 戊 禍害 生門 偏財-21-81 養生 年華

1) 기문국의 수리 판단

명주는 1995년 교통사고가 난 사람이다. 1995년의 운기상의 특징은 어떤지 알아보자. 우선 기문국의 특징을 보면 복음국(伏吟局)에 불성·불통된 하국(下局)이다. 여기서 불성이 되는 것에 주목할 필요가 있다.

기문둔갑을 오래 공부한 사람 중에도 성국의 본래 의미를 간과하는 사람이 있는데, 성국이란 연궁·세궁·중궁의 지반수가 연결 상통하거나 중궁을 제외한 사진의 지반수가 상생으로 이루어지는 경우를 말한다. 이것은 기문국에서 가장 중요한 것이 세궁과 연궁·중궁임을 말하는 것이고, 천반수보다는 지반수를 중시한다는 것을 알 수 있다. 즉 이 세 개의 궁이 기문국의 기본궁이다.

성국을 보는 법

세궁은 명주를 뜻하므로 기본궁이 되는 것이 당연하고, 연궁은 세궁의 원신으로 그 위치가 중요하며, 중궁은 구궁의 주재자로 또한 중요하다는 것은 누차 강조하였다. 기문국을 보는 사람은 먼저 성국의 상황을 보아 기문국의 대강을 알 수 있으며 전체적인 흐름을 알 수 있다. 특히 성국의 종극수가 어떤 역할을 하는지에 관심을 기울인다. 세궁 생 중궁 생 연궁이 된다면 성국의 종극수는 연궁의 수가 된다.

칠살의 상황

위의 국은 기본궁도 상생이 안 되고 사진도 연결 상통함이 없다. 기본궁 세 개의 형세를 보면 연궁은 시궁과 회집되어 재성궁이 되어 중궁의 칠살을 생한다. 이 경우 인수인 水氣가 동하여 겸왕한 칠살의 기운을 빼 주거나, 식상의 기운이 강하여 칠살의 기운을 눌러 주어야 되는데 이러한 기운들이 없으므로 위의 국은 살기에 노출된 국이라고 할 수 있다.

통기 여부

통기는 동처의 천지반 홍국수의 상생관계로 이루어진다. 달리 말하면 오행 동처의 흐름이 이어지는 상태이다. 통기의 종류를 보면 정상적 원상통기(圓狀通氣), 변칙적 원상통기, 기국적(奇局的) 원상통기, 작위적 원상통기 등이 있다. 이 중 홍국 지반수만으로 통기가 되는 정상적 원상통기가 원론적인 통기이다. 간혹 천반수까지 동원하여 통기가 되는 변칙적 원상통기까지 통기로 보기도 하지만 개인적으로는 복잡하여 사용하지 않는다.

위의 국은 水氣인 인수가 동하지 않아 불통인데 천반수를 보면 월궁 진궁의 천반수가 6으로 水氣에 해당된다. 그러나 水氣의 상황을 보면 궁 자체에서 수화상충(水火相沖)이 되고, 나아가 7火는 丁火인 본의(本儀)를 얻어 강하며 월령을 얻었으므로 제 역할을 하기에는 아무리 생각해도 부족하다. 결국 불통이다.

성국 · 통기의 종합

앞에서 살펴본 상황을 종합하여 위의 기문국의 등급을 매겨 보면 불성 · 불통 · 복음으로 상중하 3등급 중 하급에 속한다고 본다. 또한 살기가 강한 국이다. 물론 이러한 분류를 통하여 명주의 상황을 온전히 알 수는 없어도 명주의 격을 해석하는 데 일종의 마음의 지침은 삼을 수 있다. 이러한 지침을 기준으로 각 유년의 상황을 살펴본다.

2) 운기 유년의 판단

유년의 흐름을 볼 때는 전체적인 유년을 보지 말고 명주의 소운에 가까운 유년을 2개 정도 보는 것이 좋다. 개인적으로는 보통 지난 유년과 현재의 유년을 비교한다. 위의 기문국을 본 것이 2000년으로 명주의 나이 43세이므로 곤궁의 38세까지와 45세까지의 유년을 나타내는 진궁을 중심으로 본다.

38세까지의 유년

38세까지의 유년은 곤궁에 닿아 있다. 홍국수의 상황은 통기에서 살핀 바와 같이 인수인 水氣가 필요한 국인데 마침 6水가 들어왔다. 실낱 같은 상생의 흐름은 이루고 있다. 과연 그 생이 역할을 할 수 있을지 다시 한 번 점검해 보자. 6水는 천반의 7火와 수화상충하고 거궁한 곤지(坤地)로부터도 극을 받아 힘이 없으므로 무력한 상황이 되어 버렸다. 비록 癸水로부터 본의를 얻었다고는 하지만 의기가 좋은 역할을 하지 못하므로 이 또한 문제가 있다.

대응결 등의 종합

의기는 계가계(癸加癸爲 伏吟天羅)이므로 대개의 기운이 흉하다고 보고, 특히 송사와 사고 등을 가져오는 기운이다. 격으로는 천망사장격(天網四張格)에 해당된다. 천망사장격은 시간(時干)과 관련되는 격국인데 위의 격은 '계가계'로 하나의 준격을 이루고 있다. 이 중 계가계가 감궁·곤궁·진궁·손궁에 있는 저격(低格)에 해당된다. 일단 일말의 탈출구는 마련되었다고 본다. 다음으로 의기와는 관련이 없지만 위의 국의 곤궁에 시간인 甲이 묘지(墓地)에 닿으므로 시묘격(時墓格)에 해당되는데 이 때는 나아가는 길에 재앙이 따른다고 본다.

다시 한 번 홍국수와 의기·대응결·격국을 살펴보면 천반수는 5·7·9 곡삼살을 이루고 수화상충의 형세이며, 대응결은 복음천라로 사고를 가져오는 기운이고 천망사장인 저격으로 탈출구는 있으며, 시묘격으로 앞으로 나아가는 데 재앙수가 있다. 큰 사고를 예상할 수 있을 것이다. 그러면 사망에 이르지는 않을까? 이런 의문도 가져 볼 수 있다. 그러나 위의 국은 비록 홍국수가 약세이지만 본의인 癸水를 얻고 있고 인수이며, 태을구성이 천을로 사망까지 가지는 않을 것으로 판단된다.

다음으로 사신인 괘문성장을 봐 이러한 판단에 영향을 끼치는 요소는 없는지 살펴본다. 먼저 천예가 자기 본래의 자리에 앉아 있는데, 천예의 기본 속성은 대흉성으로 흉한 측면이 강조되는 구성이다. 자신의 자리에 앉아 기운이 강하다는 것을 참고하면 도적·손재·살상·고집·인내·악독의 측면을 보아야 한다. 또한 위의 기문국에는 표시하지 않았지만 시가팔문을 돌려 앉히면 사문이 앉게 되는데, 이 사문의 원래 자리도 곤궁에 해당되므로 이 영향도 참조한다.

정리하면 기문국 홍국수의 상황은 살성이 강하고 유년궁에 인수가 무력하며, 사신 중 천예와 사문이 득지한 유년으로 사고수가 있다.

45세까지의 유년

45세까지의 유년은 진궁에 닿아 있다. 그리고 火氣인 午火가 수극이 된 채로 중궁의 金氣를 치려 하고 있다. 그러나 겸왕한 金氣를 당할 수 없는데, 이를 상외(相畏)현상이라고 한다. 천반수 6水가 명주에게 절대적으로 필요한 인수이므로 위안을 삼을 수 있으나 이 또한 육의삼기의 방해를 받고 있다. 득기한 천충·절체·구진·상문도 흉의를 잔뜩 갖고 노리고 있으므로 흉사가 계속된다.

3) 액회국 판단과 실제 상황

액회국 판단

이제까지는 일반적인 방법으로 국을 분석하였다. 이번에는 과연 이 국이 액회국에 해당되는지 삼살과 관련하여 살펴보자. 국을 보면 중궁·월궁·세궁 간에 불규칙삼살이 이루어졌다. 삼살에 대해서 돌려 치나 바로 치나 그 영향이 같다는 말이 있지만 아무래도 지반수로만 이루어진 직삼살과 곡삼살보다는 불규칙삼살의 영향이 가볍다고 보아야 한다. 그리고 본래 기문에서는 金氣와 火氣를 살기로 보는데 金氣에는 질액사상(疾厄死傷)이 있고, 火氣에는 구설화란(口舌禍亂)이 있다.

그런데 위의 불규칙삼살은 불규칙이긴 하지만 직삼살 정도의 영향력을 가졌다고 보아야 한다. 중궁의 金氣는 9/4로 겸왕하고, 세궁과 월궁에는 쌍화의 의기가 있기 때문이다. 이럴 경우 가장 필요한 것은 金氣의 살기를 뽑아 내는 水氣의 존재이다. 홍국수 水氣를 보면 곤궁과 태궁에 있다. 언뜻 봐도 수화상충이 되어 그 역할을 못할 상황이다.

세궁의 수리

세궁의 수리를 보면 목토상전(木土相戰)에 12운성이 쇠병이라 힘이 없다. 물론 이것은 인수가 생조하지 않기 때문이기도 하다. 즉 위의 국은 액회국으로 분류된다.

액의 종류

액회국이라면 어떤 액이 발생할까? 연궁이 중궁의 金氣를 생조하는 경우는 칼·무기·차량 등으로 살상을 당한다. 반대로 7火가 있는 경우는 약화사고 등이 있을 수 있다. 이것을 바탕으로 현재 기문국에 나타난 소운 중 가장 흉한 해를 뽑는다. 간궁인 1995년과 손궁인 2000년이 문제가 되는 해이다. 이 중에 그 흉이 강한 곳은 1995년 간궁이다. 쌍경이 쌍병보다 그 흉의가 강하다고 보기 때문이다. 간궁을 분석해 보면, ① 일주 중심 공망이고 소운궁과 중궁이 金氣의 방합을 이루며, ② 쌍경살에 해당되고 巳申刑이다. 이 시기에 사고·횡액이 반드시 생긴다.

실제 상황

위의 명주는 1995년 교통사고 후 현재까지 몸 상태가 정상이 아니다. 특히 실어증으로 명주의 모친이 백방으로 치료하려 하였으나 전혀 효과가 없다.

9장 사망론

 사주 명리에서 사망한다고 보는 경우가 많지만 가장 대표적인 것이 왕신(旺神)을 충하는 경우와 용신을 충하는 경우이다. 왕신이 대개 기신의 역할을 하므로 결국 기신과 용신을 충하는 경우 사망한다고 할 것이다. 물론 왕신은 대부분 태왕으로 보므로 미묘한 차이가 있지만 크게 다르지 않다.

 기문에서는 종명(終命)을 보는 방법이 여러 가지 있어 어지럽기까지 하다. 이 장에서는 실제 기문국의 해단을 곁들여 기문국의 전체 상황을 보는 것을 기초로 하였으며 액회국(厄會局)과 관련한 응기(應氣)에 초점을 맞추었다. 아울러 명주 자신의 죽음은 여기에서 다루고 다른 육친의 죽음은 해당 육친의 장에서 다루었다.

 그러나 간법에서 기문국의 명주가 언제 죽을지, 언제 흉액을 당할지에 집중하면 쉽게 보이지 않으므로 명주가 장수할 여건이 되어 있는지를 우선 본다. 액회국에 해당되는지, 화살은 되고 있는지를 살피는 것으로 시작하여 국의 전체적인 구성이 어떤지 살피는 것이 중요하다. 예를 들어 세궁을 볼 때 액회국에서 언급한 것과 같이 우선 일진수가 왕한지 본다. "일진승왕자(日辰乘旺者)는 입화이불분(入火而不焚)이요, 입수이불익자야(入水而不溺者也)"라는 말이 바로 일진의 왕쇠를 먼저 보아야 한다는 것을 강조한 것이다.

 다음으로 성국과 통기의 상황을 보고, 통기가 될 때는 오행의 흐름이 어디에 집중되는지를 주시하여 살아가다가 액난을 당하지 않고 장수할 국의 조건이 되는지를 검토하며, 그리고 나서 흉액·사망을 이야기한다.

1. 장수하는 사람, 요절하는 사람의 특징

기문에서 사망을 보는 것은 명리와 많은 차이가 있다. 가장 큰 차이점이 홍국수와 육의삼기의 사용에 따라 일어난다는 점이다. 기문국이 살기가 강하다, 액회국이다 하는 것은 모두 홍국수와 육의삼기의 구성으로 일어난다. 이렇게 수리와 의기로 보았을 때 사망하게 되는 극흉한 시기로 가장 대표적인 것이 액회국에서 화살이 안 돼 사망의 응기가 일어나는 경우이다. 그 밖에 삼살회동, 괘문성장의 흉의를 만날 때, 육의격형(六儀擊刑)·천마 등의 신살을 만날 때 사망한다. 물론 이런 요소들이 독립적으로 사망에 영향을 주는 것이 아니고 복합적으로 작용하는 것이 대부분이다.

1) 장수하는 명의 기문국 특징
(1) 사진동처 전체의 상황을 볼 때 장수하는 경우

성국과 통기가 되거나 사신이 길하며 일진수가 왕성하면 장수한다. 예를 들어 거왕·승왕한 사람, 중궁이나 연궁이 일진수를 생하며 길괘문을 만난 사람은 장수한다. 또한 사진동처에 길괘문을 만난 사람도 장수한다. 예를 들어 생문·개문·생기·복덕을 만난 경우이다. 성국이 되는 경우는 세궁 생 중궁, 중궁 생 연궁인 경우를 고려해야 한다. 이 경우는 당연히 연궁이 재성이 된다. 재성이 성국의 종극수가 되면 재파인(財破印)이 되어 일진수의 원신을 깨 일진을 약하게 하며 장수와는 거리가 있다. 이러한 예는 성국이 무조건 좋다는 것과는 차이가 있으므로 주의한다.

(2) 중궁·연궁의 상황을 볼 때 장수하는 경우
사진이 회집되어 절명궁에 있으며 중궁에 관귀가 있는 사람은 절처봉생 등의 이유로 도리어 장수한다. 또한 중궁이나 연궁에 쌍인(雙印)이 있으면 장수한다.

(3) 세궁의 상황을 볼 때 장수하는 경우
세궁이 왕하고 생문·생기를 만나거나 천의를 만난 경우도 길하다. 천의는 의원을 만나 병을 고치는 팔괘이기 때문이다. 반대로 일진수가 귀혼·절명이나 사문을 만나는 경우는 흉하다. 아울러 귀혼이면 약간 길하다고 보는 경우가 있다. 일간궁이 왕한 경우 병으로 요절하는 일은 드물다.

2) 요절하는 명의 기문국 특징
(1) 칠살의 상황을 볼 때 요절하는 경우
- 기문국에 칠살이 동하는 경우 불미하다. 특히 쌍귀(雙鬼)가 중궁에 동하면서 승왕하거나 또는 기문국 내에 동하면서 승왕하면 요절한다. 특히 일진수가 무력하고 쇠약하면 이런 경향이 더 강하다.
- 칠살이 왕하면 요절한다. 예를 들어 칠살수가 수생·승령한 경우이다. 또한 동처의 상황을 보아 연궁·월궁이 칠살을 생하는 경우도 칠살이 왕하다. 이와 반대로 칠살의 기운이 쇠약하면 오래 살 수 있다고 보는데, 예를 들어 승사·거극되는 경우 또는 중궁이나 연궁·월궁에서 칠살을 극제(剋制)하는 경우이다.

(2) 火金 살기를 볼 때 요절하는 경우
- 火金의 살기가 강화되면 요절한다. 예를 들어 연궁의 9金이 중궁의 칠살을 생하는 때이다. 중궁이 쌍7·쌍9를 생조하는 경우는 일진수가 생왕해도 요절한다. 火金의 살기가 강해지기 때문이다.
- 중궁이 연궁의 9金 칠살을 생조하는데 일진이 무력하면 요절한다. 이 경우 일진이 생왕하면 사고 등으로 흉하게 죽는다.
- 火金의 기운이 강하면 요절한다. 특히 칠구상전(七九相戰)이 기문국에 동하면 요절한다. 이 경우 국의 구성이 좋거나 쌍인이 동하면 화살되어 무방하다.
- 쌍금(雙金)은 기본적으로 기문국에서 살기를 가져오는 요소이다. 그러므로 쌍금이 관귀궁·연궁·중궁에 있는 경우에는 요절할 명이다.

(3) 중궁의 상황을 볼 때 요절하는 경우
쌍금이 중궁에 있고 일진이 생해도 요절한다.

(4) 연궁의 상황을 볼 때 요절하는 경우
연궁이 절명인데 이 연궁이 일진을 극하면 요절한다. 이 경우 일진궁의 상황이 생기·복덕 등으로 좋은 조건이라도 마찬가지로 본다. 연궁·세궁이 동시에 절명을 만나는 경우에도 요절한다.

(5) 세궁의 상황을 볼 때 요절하는 경우
- 일진궁의 상하 홍국수가 칠구상전을 보이면 좋지 않다. 이 중 어느 한 홍국수가 왕기를 띠면 요절한다.
- 일진궁의 괘문이 흉하고 약하면 요절한다. 예를 들어 일진궁에

사문·절명을 만나거나 수극·승사·거사된 경우이다. 사진동처의 상황으로 보아 일진수가 약하면 요절한다. 특히 이 경우 중궁이나 연궁이 일진수를 극하면 좋지 않으며, 극하는 중궁이나 연궁이 연궁·중궁의 생을 받으면 더욱 흉하다. 예를 들어 중궁 생 연궁하고 연궁 극 세궁 일진수인 경우이다.

(6) 절명궁을 볼 때 요절하는 경우
• 중궁이 연궁의 절명을 생조하고, 중궁이 세궁·월궁을 극하면 수명을 다하지 못한다. 절명이 있는 궁이 연궁을 생조하고, 절명궁이 일진을 극하는 경우도 수명을 다하지 못한다.
• 절명궁이 중궁을 생조하고 세궁을 극하는 경우 수명을 다하지 못한다.
• 세궁이 흉격인데 절명을 만나고 연궁에 겁살이 있으면 수일 내에 사망한다. 점사국 등에서 사용한다. 세궁에 절명이 동궁하고 시간궁·시궁에 사문·상문이 동궁해도 요절한다.

(7) 그 밖에 요절하는 경우
• 생기궁이 공망을 만나면 수명을 다하지 못한다.
• 일진수가 생왕하더라도 재성궁이 극왕하면 요절한다. 일진수의 원신인 인수를 재파인하기 때문이다.
• 세궁에 생기가 동궁하더라도 원진이 닿고 중궁의 쌍귀가 왕하면 요절한다.
• 사간사지(四干四支)에 丙庚·천예·천주·사문·절명이 있거나 일간궁에 칠구상전을 만나면 요절한다.

2. 사망의 응기

액회국이 화살이 안 될 때 사망하는 경우가 가장 많다. 이것은 제8장 응기론에서 다루었으므로 참조한다. 사망론에서는 사망과 관련한 특별한 응기사항만 다룬다.

1) 삼살 · 살기 · 칠살과 사망 응기

삼살로 인한 사망

삼살회동에 사망하는 경우는 다른 장에서도 여러 차례 이야기하였다. 여기서 말하는 삼살은 직삼살 · 불규칙삼살 · 곡삼살 · 은복삼살 등 삼살의 모든 종류를 망라한 것으로, 이러한 삼살은 기문국에 원초적인 살기를 넣어 주는 요소로 사망과 상당히 밀접하다. 특히 45세 이후에 천반의 5 · 7 · 9 삼살이 동하는 궁에서 사망하는 경우가 많으므로 유심히 관찰한다. 물론 사진동처의 상황과 괘문성장 등의 요소도 아울러 참조한다. 삼살회동에 사망하는 경우는 다음과 같다.

삼살 중 7 · 9가 우방(隅方) ― 간 · 손 · 곤 · 간의 4궁 ― 에서 상전하는 경우는 요절한다. 연국 등에서 참조한다. 아울러 사진에 7 · 9와 丙庚이 상전하는 명은 순(旬) 내에 사망할 수 있으며, 5 · 7 · 9 삼살이 세궁에 있고 다른 동처의 도움을 받으면 사망한다. 세궁수 7 · 9가 연궁이나 중궁의 생을 받는 상태에서 세궁 · 연궁이 사문 · 절명이나 운성(運星)으로 사지(死地) · 절지(絶地)를 만나도 사망한다. 특히 연국 등을 볼 때 연궁에 절명이 닿아 있어 세궁을 도와줄 수 없는데 세궁이 쌍살인 쌍5 · 7 · 9인 경우나, 세궁에 절명이 닿아 있고 연궁이 쌍5 · 7 · 9인 경우에는 사망한다.

유년(流年)에 삼살회동하는 경우에 해당 유년에 상문이나 절체를 만나면 사망한다. 삼살 중 9태백이 연간이나 월간궁에 있고 칠살이 金氣(4·9)인 경우에도 사망한다. 삼살회동에 백호를 만나면 대흉하고 사망하기도 한다.

살기로 인한 사망

쌍화(雙火)는 대란(大亂)이요, 쌍금은 대살(大殺)이다. 관귀궁에 쌍7·쌍9·쌍화·쌍금이 있으면 흉액이 있는데 그 중에 쌍금이 가장 흉액이 크다. 쌍금인 경우 관귀궁뿐만 아니라 연궁과 중궁에 있는 경우에도 사고 등으로 흉하게 죽거나 요절할 기운이다. 그러나 연궁이 중궁의 쌍금인 칠살을 극하거나, 중궁이 연궁의 쌍금 칠살을 극하는 경우는 죽음을 면할 수 있다.

칠살로 인한 사망

연궁과 월궁이 중궁의 9金 칠살로부터 생을 받거나, 연궁의 9金이 중궁의 칠살을 생하는 경우는 대흉이다. 일단 중궁의 9金이 칠살이 되는 경우는 좋은 죽음을 맞이할 수 없다. 중궁에 칠살이 있으며 연궁에 절명·사문이 들고 중궁을 생조하는 경우, 중궁의 칠살이 연궁의 절명·사문을 생조하는 경우는 사망한다. 칠살과 사망의 응기는 다음과 같다.

① 칠살이 중궁에 있는 경우 : 칠살이 중궁에 있고 일진수가 수극되는 경우 사망의 응기는 일진수를 입중역거하여 절명궁에 닿는 회수(回數)로 종명을 판단한다. 예를 들어 1·6水이면 壬癸年이 된다. 다음으로 칠살이 중궁에 있고 연궁이 수극되는 경우 사망의 응기는 연궁 지반수를 입중역거하여 양둔인 경우는 지반 庚金의 회수로, 음둔인 경우는 천반 庚金에 이르는 회수로 한다.

② 칠살이 중궁이 아닌 궁에 있는 경우 : 중궁이 아닌 사진에 칠살이 있는 경우이다. 귀수를 입중역거하여 지반 庚金에 닿는 회수로 정한다. 만약 지반 庚金의 궁이 공망을 만나면 천반 庚金에 이르는 회수이다.

③ 연기상에서 庚金이 칠살이 되는 경우 : 庚金이 칠살이 되면 절명궁에 이르는 수로 사망의 응기를 보고, 절명이 공망을 만나면 사문에 닿는 회수를 사망의 응기로 본다.

2) 사진의 상황과 사망 응기
(1) 사진과 사망
- 사진에 화해·상문이 중첩되어 있는 명은 흉사한다.
- 기문의 기본궁인 연궁·중궁·세궁이 사문·절명을 만나면 사망한다.
- 연궁 지반수가 수극되고 사문·절명이 동궁하면 그 사망 응기는 연궁 지반수로 종명을 본다.
- 세궁에 사문을 만나고 시궁에 절명을 만난 경우, 또는 시궁에 사문·상문·절명을 만난 경우에 사망한다.

(2) 연궁과 사망
이제까지 살펴본 바와 같이 연궁은 세궁의 원신으로 아주 중요한 역할을 한다. 사망도 연궁의 상황과 관련 없는 경우가 드물 정도이다. 연궁이 사망과 관련되는 경우는 다음과 같으며, 이러한 예들은 단독으로 영향을 발휘하는 경우는 드물고 기문둔갑의 다른 요소와 결합하여 흉액이 강한 시기가 되면 사망에 이른다.

- 연궁에 양인(陽刃 또는 羊刃)이 앉아 있을 때 그 영향이 강하게

나타나는 경우
- 연궁이 중궁이나 세궁의 삼살을 생할 때 흉액이 강한 경우
- 연궁이 사문이나 절명이 닿는 궁을 생하는 경우
- 연궁이 왕한 세궁을 형(刑) 등으로 치는 경우
- 연궁이 쌍삼살 등 살기가 강한데 세궁이 약세일 경우
- 연궁에 병경살(丙庚殺)·쌍병(雙丙)·쌍경(雙庚)이 닿아 있는 경우. 이 때 일간이 흉하면 그 액이 더욱 강해진다.
- 중궁이 연궁을 극하는 경우. 이것은 기문국의 원신을 극하는 것이므로 다른 동처가 길해도 액이 발생할 우려가 있다.
- 연궁이 월의 9金 칠살을 생하는 경우. 종업원이나 아랫사람에게 해를 입는다.
- 연궁이 중궁의 살기를 돕는 경우. 연궁에 사문·절명이 있으며, 연궁이 중궁의 관귀를 생하거나 중궁이 연궁의 사문·절명을 생하면 사망한다.
- 연궁이 사문·절명 등 그 기운이 약세이면서 세궁을 생하면 생기가 동궁하여도 요절의 기운이 있다. 세궁이 약세로 사문·절명 등에 앉아 있어도 마찬가지이다.

(3) 중궁과 사망
- 중궁에 쌍귀가 거하면 사망의 기운이 있다. 연국 등에서 참조한다. 이 때 연월일시와 중궁인 사진동처에 절명이 있으면 그 영향이 강하다.
- 중궁이 세궁을 극하면 일단 흉이 강하다고 보지만 단지 이것만으로 흉액이 강하다고 보지 않는다. 그러나 한 가지 예로 연궁과 중궁이 합세하여 세궁을 극하는데 세궁이 사문 등 흉문이 동하고 생기 등이 없는 경우는 사망 등에 이를 수 있다.

(4) 세궁과 사망

- 일진수가 쇠약한데 庚加癸·己加庚으로 십간대응결이 이루어지면 사망한다.
- 세궁의 괘문이 사문·절명으로 흉한데 연궁이나 중궁이 9金일 경우 연궁에 火金의 칠살이 왕동(旺動)하면 사망한다. 일진수가 수극되고 사문·절명이 동궁하는 경우 사망의 응기는 일진수로 종명을 본다.
- 일진수가 약하고 칠살이 강한 경우 사망한다. 세궁이 약한 상황은 모든 흉기의 기본 조건이다. 예를 들어 세궁이 약하다는 것은 일진수가 사지·절지 등에 있는 것과 월령을 얻지 못한 경우가 대표적이다. 또한 다른 동처와의 관계에서 세궁이 약세가 되는 경우가 많은데 제일 먼저 볼 것은 중궁이나 연궁과의 생조관계로, 총괘궁과 어떤 관계를 이루고 있는지 살펴야 한다. 총괘수와 일진수가 상극을 이루면 세궁이 흉한 것이다.
- 칠살이 강하다는 것은 우선 칠살이 기본 3궁인 중궁·연궁·세궁에 있다는 것이 기본 조건으로, 연궁의 칠살이 왕하면서 세궁이 약하고 삼살을 이루면 정상적인 수명을 다하지 못한다. 또한 연국 등에서 연궁에 칠살이 거왕·승왕·겸왕한 상태로 살성이 강하고, 세궁이 운성으로 사지·절지를 만나 무력하면 사망에 이르는 수가 많다. 연궁이 사지·절지에 있으면서 중궁의 칠살을 생하는 경우, 중궁이 사지·절지에 있는 연궁의 칠살을 생하는 경우도 사망 등의 흉액이 있다.
- 9태백이 연간·월간에 가하여지고 칠살이 4·9인 金氣이면 사망한다.
- 관성이 다른 궁으로부터 진생(眞生)을 받는 등 그 기운이 극왕할 때는 칠살의 작용을 하는 것으로 보고 액회국이 된다. 단귀

(單鬼)라도 이것이 동하거나 왕한 경우는 요절의 기운이 있다.
- 세궁에 절명이 있으면 요절의 조건이 된다. 그러나 이러한 경우도 중궁이 년의 관귀를 극하면 절명으로 보지 않고, 또한 세궁이 승왕하거나 생문이 동궁하면 절명이 그 역할을 못하는 것으로 보므로 요절하지 않는다.
- 대개 세궁이 약할 때 사망 등의 액이 발생하는 것으로 보는데, 세궁이 왕해도 사망 등의 액이 발생하는 경우가 있다. 예를 들어 세궁이 왕한데 연궁이 형충(刑沖)으로 치면 자연사가 아닌 흉사가 된다. 자동차 사고, 수술 시 사망 등이 그 예이다. 특히 子午沖이 되면 틀림없다.

3) 시간궁과 사망 응기

시간궁의 중요성

지반의기(地盤儀奇) 중 시간궁은 택시(擇時)와 택방(擇方)을 주로 하는 기문의 속성상 중요한 위치를 차지한다. 직부궁으로 모든 기운이 회집되는 곳으로 보기 때문이다. 인명 해단에서 그 결론을 내릴 때 지반인 시간궁이 중요한 판단 근거가 되는 것도 이러한 이유이다. 인명의 장수 여부를 단할 때도 시간궁은 중요하다. 시간궁이 왕하고 사신이 길할 때는 장수·다복하다고 보며, 다른 기문국에 하자가 있어도 시간궁이 길하면 이를 상쇄시킨다.

시간궁으로 보는 응기

인명 중 사망시기를 보는 방법 중의 하나로, 지반의 시간수를 입중역거하여 양둔일 경우에는 지반 연간에 닿는 회수로, 음둔일 경우에는 천반 연간에 닿는 회수로 사망시기를 정한다. 이 수를 다시 입중역거하여 그 회수로 월의 응기를 따진다. 예를 들어 회수가 1이면 壬癸月이 된다. 만약 날을 알고 싶으면 연간에 닿는 회수를 입중역거하여 귀혼궁에 닿는 회수로 응기일을 삼는다.

4) 괘문성장과 사망 응기

괘문성장 중 사망과 관련된 사문·구지·백호·구진·천예·천충·섭제 등이 득기하면 사망한다. 사문을 흉문이라고 하고 생문을 보통 길의만 강조하여 보는 경우가 많다. 그러나 기문에서 팔문은 항상 길흉의 양면성이 있다. 생문도 흉액이 강해진다고 보는 경우가 있다. 예를 들어 연국 등에서 생문이 궁을 극하는 박제화의격(迫制和義格) 중 박격에 해당되면 사상이 발생한다고 보는 경우이다.

박제화의격은 시가팔문과 구궁과의 관계를 말하는 격으로 4종류이다. 박격(迫格)은 팔문이 구궁을 극하는 경우, 제격(制格)은 구궁이 팔문을 극하는 경우, 화격(和格)은 팔문이 구궁을 생하는 경우, 의격(義格)은 구궁이 팔문을 생하는 경우이다. 시가팔문의 오행은 원래 자리의 오행이다.

- 사망의 유년과 관련하여 유년이 사문에 떨어지고 팔괘가 절체일 때 흉한 것으로 보며, 육의삼기로는 庚加己일 때 사망한다고 본다.
- 백호는 혈광·액사 등을 나타내는 대표적인 흉장이다. 특히 삼살과 같은 궁에 있으면 극흉하다.
- 현무를 부상·사망의 신장으로 본다.
- 구지가 천영·사문과 만나면 사망한다.
- 섭제는 소란이 중중(重重)하며, 사문과 동궁하면 대흉하여 비명·곡성을 듣는 사망의 흉신이다.

• 연궁에 절명이 닿아 있고 세궁이 쌍5·7·9인 경우, 또는 세궁에 절명이 닿아 있고 연궁이 쌍5·7·9인 경우 사망 등의 대액이 일어난다.

사문·절명은 관귀와의 관계를 보아 사망시기를 단하는 경우가 있다. 물론 이 때도 기문국 전체와 화살 등 전체적인 판단이 먼저인데, 다음의 경우는 사망 등 대액이 발생한다. ① 사문·절명이 닿은 궁을 중궁이나 연궁의 관귀가 생하는 경우, ② 연궁의 사문·절명이 중궁의 관귀를 생하는 경우, 반대로 중궁이 연궁의 사문·절명과 동궁한 관귀를 생하는 경우이다. 이 때 일진이 약세이면 더 흉하다.

한편 사문·절명이 공망을 만나면 그 영향력을 발휘할 수 없으므로 괜찮다. 그러나 사문·절명의 궁이 중봉(회집)한 경우는 그 흉을 피할 수 없다. 즉 요절의 기운이 있다.

5) 천마·육의격형과 사망 응기

육의격형(六儀擊刑)과 천마가 닿으면 사망하는 경우가 많다. 특히 천마가 닿으면 중병이 발생할 소지가 많고 이로 인해 사망하는 경우가 있다. 자세한 사항은 천마의 난을 참고한다.

3. 언제 흉액이 있을까?

음력 1936년 3월 9일 寅時(立夏 上元 陽遁 4局)

庚	辛	壬	丙	乾命 平生局
寅	巳	辰	子	

1669 世宮 月宮	1965 天馬	1967 空亡
辰五 戊 天甫 勾陳	丑十 癸 天英 朱雀	午七 丙 天芮 九地
丑十 戊 禍害 驚門	辰五 癸 絶命 開門	卯八 丙 切體 杜門
比肩-1-50	劫財-21-75	偏官-36-63
帶祿 年華	旺 日年	衰病
1968	1970	1972 空亡 天乙
亥六 乙 天沖 六合	申九	巳二 辛 天柱 九天
申九 乙 天宜 傷門	亥六 己	寅三 辛 生氣 死門
傷官-45-56	偏財-7-90	正官-12-78
浴 日亡	年亡 日馬	死 年馬 年年 日劫
1964 時宮 祿	1966 年宮	1971 小運 36세
子一 壬 天任 太陰	卯八 丁 天蓬 螣蛇	寅三 庚 天心 直符
酉四 壬 福德 景門	午七 丁 遊魂 休門	巳二 庚 歸魂 生門
食神-16-76	正印-28-71	偏印-9-81
養生 日華	胎	墓絶 年劫

위의 명주의 1970년을 전후한 사망시기를 기문둔갑의 응기론과 명리로 풀어 보고 기문을 이용하여 직업도 판단해 본다.

1) 명리적 해석

(1) 용신 선정

辰月, 辛金 일간의 용신을 무엇으로 할지에 대해서는 견해가 다를 수 있다. 각각의 견해를 나누어 살펴본다.

木인 재성을 용신으로 보는 견해

辛金은 음금(陰金)으로 유약한 금이고 월령 지장간 중 戊土에 묻히는 형상이므로 먼저 소토가 필요하다는 견해이다. 이것은 잘못된 용신법으로 3월의 辛金은 월령 辰 중 정기(正氣)인 戊土가 사령하기는 하지만 지장간에 癸水가 있기 때문에 습토이다. 습토가 일간을 진생하므로 壬水를 먼저 용하고, 후에 겸하여 戊土를 조절하는 甲木을 쓰는 것이 원칙이다. 『궁통보감』에 이르기를 "신승정기 모왕자상 선임후갑(辛承正氣 母旺子相 先壬後甲)"이라고 하였다. 이는 辰月의 辛金의 기운은 어머니인 인수의 기운이 강하고 자식인 식상의 기운이 약하므로 먼저 壬水를 쓰고 뒤에 甲木을 쓰라는 뜻이다.

水인 식상을 용신으로 보는 견해
위와 같은 이유와 함께 辛金은 水氣가 많은 것을 꺼리지 않는다고 보기 때문이다. 辛金이 물을 얻으면 반드시 기운이 맑아진다고 보며 이로 인한 즐거움이 있다는 데 더 무게를 두고 있다. 그러므로 위의 사주는 월간 壬水를 용신으로 하고, 보조적인 희신으로 甲木을 써야 한다.

(2) 운세의 흐름
위의 명주는 33丙申대운 중 36세인 辛亥年에 어떤 문제가 있을까? 명리적으로 대운은 용신과 丙壬沖하며, 소운인 연지는 일지를 巳亥沖한다. 용신의 충도 문제이지만 일지의 충도 작은 일이 아니다. 일지 충인 경우 辛巳 일주가 천합(天合) 일주로 일주가 약세이면 안정이 필요하고, 충을 당하면 대화가 발생하는 것으로 보기 때문이다. 과연 이런 영향만으로 죽음에 이를지 기문둔갑을 이용하여 살펴본다.

2) 기문둔갑으로 해단
위의 기문국을 기문에서의 다른 판단방법은 되도록 생략하고 화살을 중심으로 해단하여 본다.

(1) 홍국수의 상황

통기

홍국수가 불성·불통된 기문국이다. 연궁의 천반 8木까지 동원하면 변칙통기가 되지만 개인적으로 변칙통기를 통기로 안 보고 있다. 설혹 천반수까지 동원하여 통기로 본다고 해도 연궁이 너무 火氣가 강해 木이 역할을 할 수 없는 상황이다. 전체적인 동처의 상황을 보면 세궁이 월궁과 회집되고 겸왕으로 아주 강한 형상이다. 여기에 土氣가 득령·거생하므로 비겁이 너무 편고된 느낌이다.

삼살

위의 국은 불규칙하지만 5·7·9 삼살회동이 되었다. 삼살회동은 그 영향력이 직삼살 → 곡삼살 → 불규칙삼살 → 불완전삼살 → 은복삼살의 순으로 약해진다. 또한 삼살이 앉은 자리로 그 영향을 말할 때는 세궁의 삼살이 중궁의 삼살을 생할 때 가장 강하다고 본다. 다음으로는 세궁의 지반수가 중궁을 생하지는 않지만 연궁·중궁·세궁이 삼살회동한 격으로 볼 수 있다.

삼살을 볼 때 주의할 것은 건명이면 세궁이나 중궁에 삼살이 있어야 길하다는 것이다. 또한 득관(得官)과 권위를 추구하는 데 길하다고 본다. 단, 삼살이 제극되어야 한다. 이것을 확대 해석하면 기문국에서 1·6水와 3·8木의 홍국수는 왕할수록 길하고, 삼살은 약한 것이 길하다고 볼 수 있다.

삼살과 액회국

위의 국은 삼살의 형편을 보면 연궁의 7火는 삼살수로 비록 제지(制地)에 앉아 있지만 수생되며, 세궁 천반수 5土는 겸왕·거생하고 연궁 7火의 생을 받고 있다. 또한 이런 5土가 중궁의 천반수 9金을 생하고 있다. 삼살회동이 천반수를 동원한 불완전 삼살이기는 하지만 삼살의 영향은 있다고 보아야 한다. 세궁의 삼살이 중궁의 삼살을 생하고, 연궁·중궁·세궁에 삼살이 동하여 삼살의 영향이 강하게 발휘되는 국이다. 이 국의 특징을 요약하면 불성·불통에 편고·삼살회동·복음을 보이고 있다. 액회국으로 분류할 수 있으며, 복음과 관련하여서 쌍병과 쌍금에 주의해야 한다.

(2) 화살

화살이란 이미 알아본 바와 같이 살(殺)이 변하여 복이 된다는 것으로, 넓은 의미에서는 기문국의 병을 스스로 치유하는 작용을 말한다. 아주 좁은 의미로는 5·7·9 삼살과 병경살(丙庚殺) 등이 왕한 기문국 자체에서 그 살의 작용을 잃는 것으로 본다. 이런 경우는 살이 명예를 불러오는 요소로 바뀐다. 명리에도 "유병방위귀 무상부시기 격중여거병 재록양상수(有病方爲貴 無傷不是奇 格中如去病 財祿兩相隨)"란 말이 있다. 기문국도 마찬가지이다. 기문국 자체에 병이 없을 수는 없으나 이런 병이 치명적인 결함으로 진행이 되느냐 안 되느냐를 보는 것이 화살을 보는 요령이다. 마치 명리의 명(命)과 운(運), 체(體)와 용(用) 등의 개념, 더 나아가 용신의 개념과 유사하게 볼 수 있는 중요한 개념이다.

화살을 보는 순서

화살이 되는지 따질 때 우선적으로 보아야 할 것은 전체 홍국수의 상황과 살의 경중이다. 그리고 이런 상황에서 화살이 가능한지 따져 본다. 화살이 안 된다고 판단되면 흉살이 언제 발동할지 헤아리는 것이 실제 임상에서의 요령이다.

화살의 조건과 판단

화살이 되는 경우는 일진수가 왕한 경우, 쌍인이 동한 경우, 사진에 길괘문이 있는 경우, 크게 이 세 가지로 나눌 수 있다. 위의 기문국을 이 조건으로 따져 보면 다음과 같다.

① 일진수의 상황을 보면 신왕을 넘어 극왕으로 분류된다. 신왕해야 화살될 수 있다는 조건에 흠잡을 데가 없는 일진수이다. 그러나 괘문성장을 보면 아주 흉하다. 특히 구진·화해·경문(驚門)이 흉하다. 이 중 구진과 화해는 승령하고 거승하므로 그 흉의가 결코 얕다고 볼 수 없다.

② 쌍인은 동하지 않았고 쌍 비겁의 국이다.

③ 연궁에 휴문이 있고 시궁에 복덕이 있으므로 사진 길괘문의 조건에 해당되지 않는다. 세궁과 연궁에 길괘문이 있는 경우에도 화살이 된다고 보지만 위의 국은 여기에도 해당되지 않는다.

이와 같이 대표적인 화살의 조건을 따져 보아도 조건을 갖추지 못하였다.

(3) 응기시기와 실제 상황

응기시기

명리적으로 辛亥年에 대흉할 것이라는 판단을 기억해 두고 기문의 해당 유년과 소운을 본다. 辛亥年은 명주의 유년이 -36세인 곤궁에 닿아 있다. 우선 육친 칠살이 동한 것이 흉하다. 쌍병살이 닿아 있고 괘문성장도 절체·두문·천예로 모두 흉한 의미를 갖고 있다. 더욱이 36세 소운은 건궁으로 중궁과 寅巳申 삼형이 만들어지고 쌍경살이 닿아 있다. 이런 형세면 흉한 기운을 피해 갈 수 없다.

실제 상황

위의 국은 기문을 배우는 제자가 입수해서 전해 준 기문국이다. 처음에 기문국을 보았을 때 유년 36세를 넘기지 못할 것으로 판단하였다. 실제로 명주는 辛亥年을 넘기지 못하고 급성 폐병으로 요절하였다.

3) 명주의 성정과 부부관계

성정

위의 국과 같이 세궁이 지나치게 왕하면 의지처가 없고 고독한 성정에 소박하며 행동이 대체적으로 느린 특징이 있다. 단, 중궁과 월궁에 재성이 있으면 이런 경향이 줄어든다고 보는데 이것은 재성의 활동성에 무게를 두기 때문이다. 또한 명주의 성품이 지극히 인색하고 처와 처가를 자랑하기 좋아한다.

부부관계

이 국은 중궁에 재성이 있는데도 불구하고 일진 극왕으로 일단 집안의 화목에 문제가 있다. 이것은 전체 홍국수의 구성이 편고되어 더 강해진다. 더하여 중궁에 앉은 홍국수와의 관계, 재성과 일진궁과의 힘의 세기, 乙庚의 상황 등을 두루 보아 부부관계를 살핀다. 중궁에 앉은 홍국수와의 관계는 중궁의 홍국수가 육친으로 무엇에 해당되는지와는 상관없이 본다. 중궁을 여자에게는 자식의 산실인 자궁으로, 남자에게는 부인의 자리로 보기 때문이다. 위의 국은 진극하는 관계이다. 이럴 경우는 부부불화가 있을 수 있고 처로 인해 신경을 쓰는 명이다. 부부 양측의 힘의 세기는 대강 균형을 유지하고 있으나 乙/庚이 내궁과 외궁으로 분리되어 있다. 결론을 내리면 부부불화가 있을 명이다.

4) 명주의 직업

직업 판단

직업에 대해서 알아보는 전통적인 기문의 방법은 검왕 오행과 필요 오행을 보는 방법, 명주궁이나 신주궁의 괘문성장을 보는 방법이 있다. 이 방법들은 간단하지만 적용하는 데 한계가 있는 것이 사실이다. 위의 국은 어떻게 판단할 수 있을까?

- 검왕 오행이 비겁으로 독립적인 자격사업 등에 알맞다.
- 필요 오행이 木 오행인 관성이라고 할 수 있다. 관성은 공무원이나 직장인 등의 구체적인 분류를 떠나 그 속성이 타인지향적이고 타인의 시선을 의식하는 업종으로 본다.
- 명주궁은 연기에서 연간궁을 말한다. 연간이 丙이므로 곤궁에 위치한다. 곤궁의 구성은 천예이다. 천예의 직업을 볼 때 득기하는 경우는 도적의 격이며 경작 관련의 일과 수도·결사·수업에 길하고 교사·종교인의 직업에 맞다. 기운이 사수기(死囚氣)이면 곤궁·하천하며 도적·하인·고용인·행상에 응기한다. 천예가 본래의 자리에 앉아 있어 득기한 것이다.

직업 판단의 보충

직업을 판단할 때 여러 가지 해석이 나오는 것이 문제인데 이 경우에는 다음과 같은 다른 요소를 참조하여 판단에 확신을 갖는 것이 필요하다.

① 비겁이 회집되어 큰돈을 만지는 직종에는 맞지 않는다.
② 중궁·연궁·세궁에 살기가 강한 위의 국의 명주는 술사(術士)의 명이든지 아니면 불심 등 종교심이 강하다.
③ 위의 명과 같이 세궁이 강하고 시궁이 약한 경우는 유시무종의 형세라 하여 모든 일에 시작은 있으나 끝이 없는 명이다. 이 경우 시궁에 동한 육친을 참조하는데, 이것은 노년의 운세를 아울러 참조하는 것이다. 시궁에 관성과 인수가 동하면 일단은 길한 것으로 보는데 위의 국은 식신이 동하였으므로 말년의 운세에 불길한 요소로 작용한다. 즉, 자신이 하는 일에 일가를 이루기는 어려운 명이다.
④ 연궁이나 인수궁·중궁과의 관계를 보아 가업이 있는지 여부를 알 수 있다. 위의 국과 같이 중궁의 지반수가 연궁(연궁이 인수궁이기도 하다)을 극하는 경우는 가업을 물려받지 못하고 자수성가 한다. 조상의 복이 없는 것이다.

이러한 직업에 대한 판단을 종합하여 정리해 보면 독립적인 자격사업, 타인지향적인 일, 경작·수업·교사·종교인의 직업, 돈과는 거리가 있는 직종, 술사나 종교와 관련된 직업 등에 알맞다. 또한 일가를 이루지는 못하지만 자수성가할 명이다. 실제로 명주는 간판을 붙이고 본격적으로 개업하지는 않았지만 역학을 업으로 하였던 사람이다.

4. 정확히 언제 죽을까?

음력 1912년 2월 28일 未時(淸明 下元 陽遁 7局)

```
乙 辛 壬 丙   乾命 平生局
未 酉 辰 子
```

1999 月宮	1995 天馬	1997 時宮
卯八 庚 天英 勾陳	寅三 壬 天芮 朱雀	未十 戊 天柱 九地
辰十 丁 禍害 休門	辰五 庚 絶命 生門	卯八 壬 切體 死門
正財- 37- 66	偏財- 12- 86	劫財- 27- 82
衰病 年華	死 日年	墓絶
軒轅- 雷風恒	太陰- 山火賁	太乙- 水地比
1998	2000	2002 世宮 天乙
申九 丁 天甫 六合	巳二	辰五 乙 天心 九天
申九 癸 天宜 景門	亥六 丙	寅三 戊 生氣 開門
偏官- 36- 75	正印- 43- 58	比肩- 3- 50
旺 日亡	年亡 日馬	胎 年馬 年年 日劫
攝堤- 地雷復	招搖- 重風巽	靑龍- 天澤履
1994 祿 空亡	1996 年宮	2001 時干
酉四 癸 天冲 太陰	子一 己 天任 螣蛇	亥六 辛 天蓬 直符
酉四 己 福德 驚門	午七 辛 遊魂 傷門	巳二 乙 歸魂 杜門
正官- 7- 90	食神- 19- 83	傷官- 45- 56
帶祿 日華	浴	養生 年劫
咸池- 澤山咸	天乙- 火水未濟	天符- 風天小畜

1) 유명 인사 사주의 진실성

통치권자를 비롯하여 많은 유명 인사들의 사주가 사실과 전혀 다른 경우가 많다. 작고한 한진그룹 조중훈 회장의 경우도 인터넷에 양력으로 그럴듯하게 해석하여 놓은 것을 보고 실소한 적이 있다. 사주가 다르면 그 해석이 달라야 하는데 꿰어 맞추는 해석을 한다. 이것이 역학을 공부하는 사람이 역학의 진실성에 의심을 갖는 계기가 되고, 그로 인해 역학 자체에 흥미를 잃어 중도에 공부를 마감하게 된다. 동양학을 하는 입장에서 보면 안타까운 현실이다.

  그러므로 유명 인사의 사주를 해석할 때는 사주의 해석방법보다 먼저 그 사주가 진짜인지 확인한 후 해석한다. 특히 기문은 명리와 달리 시주 등이 다르면 전혀 다른 기문국이 만들어지므로 유의한다. 알려져 있는 몇몇 통치권자의 사주 중 다른 사주의 예를 알아보면 다음과 같다. 여기에 제시된 사주는 모두 알만한 역학자나 역학서적에서 주장하는 사주이다.

이승만 전 대통령

庚	丁	己	乙	乾命
子	亥	卯	亥	

甲	癸	庚	乙	乾命
寅	亥	辰	亥	

정치인 김종필

壬	丙	己	乙	乾命
辰	申	丑	丑	

```
庚 丙 己 乙  乾命
寅 申 丑 丑
```

김대중 전 대통령

```
乙 乙 己 乙  乾命
酉 巳 丑 丑
```

```
丁 乙 乙 癸  乾命
丑 酉 丑 亥
```

```
乙 癸 乙 癸  乾命
卯 巳 卯 亥
```

```
壬 乙 甲 癸  乾命
午 丑 寅 亥
```

```
丙 乙 己 乙  乾命
戌 巳 丑 丑
```

```
己 丙 乙 癸  乾命
丑 戌 丑 亥
```

여기에서는 알려져 있는 다음의 김일성 주석 사주 중 하나를 이용하여 그의 사망시기를 점단하며 그 진위를 가리고 응기의 대강을 알아본다. 1994년 초에 그 해의 북한 정세와 김일성 주석의 사고 여부를 평해 달라는 요구가 있다고 가정하고 해단하여 본다.

김일성

| 乙 辛 甲 壬　乾命 |
| 未 酉 辰 子 |

| 甲 壬 甲 壬　乾命 |
| 辰 子 辰 子 |

| 丙 丁 乙 壬　乾命 |
| 午 未 巳 子 |

| 未 辛 甲 壬　乾命 |
| 詳 酉 辰 子 |

| 丁 辛 丁 癸　乾命 |
| 酉 丑 巳 丑 |

2) 유년 해석

평생국의 해단에서 문제가 되는 것은 과연 1994년의 83세 이후 90세까지 명주의 유년을 어떻게 해석하느냐이다. 만일 90유년을 지나면 세궁인 태궁에 닿게 되는데 홍국수·괘문성장이 좋고 태을구성 청룡이 부설되어 아주 길한 시기가 된다. 과연 90유년을 무사히 지날 수 있을지 살펴본다.

간궁의 홍국수 상황

유년궁인 간궁의 홍국수 상황을 먼저 보면 천지반수가 酉酉자형(自刑)을 이뤄 손상수가 있으며 4金이 겸왕한 상태이다. 전체적인 홍국수의 상황을 보면 90유년에 통기가 되어 별 문제가 없어 보이지만 겸왕한 홍국수의 성질은 그 본질이 생에 있는 것이 아니고 극에 있는 것을 감안하면 문제가 된다. 다른 동처와의 홍국수를 감안하면 월궁·중궁의 천반수와 巳酉丑 金局을 이루어 불완전한 金局이지만, 겸왕한 金氣의 홍국수와 결합하여 金氣가 강화된다. 결국 金氣 관살이 태왕해져 세궁을 치는 형세이므로 흉한 시기가 된다.

육의삼기와 괘문성장

육의삼기와 괘문성장을 보면 계가기(癸加己爲 華蓋地戶)로 작은 웅덩이에 물이 고여 있는 형상이다. 모든 상황이 불안해질 기운으로 흉하게 보는 시기이다. 거생한 괘문성장 중 인상(人象)을 보는 경문(驚門)을 주목해 보자. 경문은 경해(驚駭)라고도 한다. 변환기의 문으로 불안 초조로 시작하여 실명(失命)까지도 갈 수 있는 기운이다.

천충은 팔문이 극하여 그 영향이 미미하다. 그러나 궁을 얻고 있으므로 완전히 파극되는 것으로 볼 수는 없다. 연파조수가의 장에서 보듯이 월령에 왕한 상태이므로 왕상휴수사로 볼 때 두 번째로 그 영향력이 있다. 천충의 기문국에서 해석 예 등을 보면 다른 영향을 전혀 고려하지 않은 상황에서 천충만으로 사망·요절한 사례도 있다. 이는 천충의 기본적인 성정이 호살지성(好殺之星)이므로 그 흉이 극심한 유년으로 해석되기 때문이다.

종합하면 노인의 유년 운세로는 아주 나쁘다고 본다. 혹시 득기한 복덕의 기운을 볼 수도 있으나 이것은 두텁고 무겁게 그치는 간궁에서 결실 정도로 해석한다.

3) 연국 분석

1994년 연국 : 음력 1994년 2월 28일 未時(淸明 上元 陽遁 4局)

```
辛 甲 戊 甲   乾命 1994年局
未 子 辰 戌
```

3·4月 月宮 日干	5月	6·7月 時宮
巳二 丁 天蓬 朱雀	午七 壬 天任 九地	酉四 乙 天沖 九天
子一 戊 遊魂 杜門	亥六 癸 天宜 景門	申九 丙 福德 休門
正印 日華姤	偏印 年劫 日亡	正官 年馬
靑龍 - 天風	攝堤 - 地火明夷	招搖 - 風地觀
天乙 2月		時干 8月
寅三 庚 天心 勾陳	亥六	申九 戊 天甫 直符
丑十 乙 絶命 開門	午七 己	酉四 辛 歸魂 傷門
偏財 年	傷官 伏年亡 伏日亡	偏官 日年
天符 - 風雷益	咸地 - 澤風大過	天乙 - 火澤睽
天馬 1·12月	世宮 11月	命宮 年宮 空亡 9·10月
卯八 辛 天柱 六合	辰五 丙 天芮 太陰	丑十 癸 天英 騰蛇
辰五 壬 切體 生門	卯八 丁 禍害 死門	寅三 庚 生氣 驚門
正財	比肩	劫財 年華 日馬
太乙 - 水山蹇	軒轅 - 雷水解	太陰 - 山天大畜

　연국을 해석할 때 우선 전체적인 기문국을 보고, 흉화(凶禍)가 일어날 수 있는지, 즉 액이 일어날 수 있는 기문국인지 따져 본다. 그리고 흉화가 일어나면 언제 일어날지 응기의 시기를 본다. 연국을 세궁·중궁·명궁 위주로 보는 경우도 있다. 그러나 연국의 해석도 단지 명궁(命宮)이라는 동처만 추가되는 것이 다를 뿐 일반적인 기문국의 해석과 동일한 방법으로 이루어져야 한다.

세궁 상황

세궁은 천예와 사문이 승령한데 사문은 그 흉함을 말할 필요도 없다. 천예는 그 기본 성정을 고집·손재·악독·살상의 기운으로 보므로 세궁 자체로 보아도 흉한 한 해이다.

명궁 상황

명궁의 상황을 보면 공망으로 모든 것이 허망함으로 귀결될 수 있다. 노인과 관련하여 육의삼기를 보면 계가경(癸加庚爲 反吟浸白), 즉 이슬방울이 칼날 위에 달려 있는 형상으로 매사 불안해지고 불성의 기운이다.

전체 흐름

홍국수의 전체 구조를 보면 불성·불통되며, 연궁·세궁은 중궁의 火氣를 생조한다. 그리고 시궁에 겸왕한 金氣가 있으므로 홍국수 전체는 화금상전(火金相戰)의 형세이다. 이럴 경우 火氣와 金氣 중 어떤 기운이 강할지 살핀다. 중궁의 火氣는 천반수로부터 수극되고 월궁의 1水와 子午冲되므로 그 기운이 무력하다. 9金은 불완전삼살인 종극수로 있으므로 그 기운이 막강하다. 다시 말해 치귀자(治鬼者)인 식상의 기운은 미약하고 관귀의 기운은 강한 기문국이다.

4) 액회국 판단

1994년 연국은 액회국이라고 할 수 있을까? 국에 중궁 7火가 있고 시지 9金이 동하여 칠구살을 이루었다. 연지 3木이 중궁 7火를 생하여 7火가 강해지는 국이다. 살기의 시작이 火月에 있는 것은 당연하다. 물론 세궁과 중궁·시궁이 불완전삼살을 이뤄 액회의 조건이 된다는 것도 참조한다. 또한 중궁지수로 나뉘는 변국(變局)별 연국의 길흉을 보는 방법으로 이 국을 살필 수도 있다. 변국 고유궁인 태궁이 金氣가 겸왕하고, 무가신(戊加辛爲 反吟洩氣)과 인상(人象)을 보는 팔문이 상문으로 손상수를 나타내는 궁이다.

정리하면 ① 불완전삼살을 이루었다. ② 동처가 칠구살이 된다. ③ 변국 고유궁이 흉하다. 따라서 위의 국은 액회의 가능성이 있다.

5) 연국의 응기시기와 실제 상황

1994년에 액의 응기월은 언제일까? 기문국에서 응기시기를 보는 방법은 다음과 같다. ① 평생국과 연국의 홍국수를 중심으로 판단하고 괘문성장을 보조적으로 사용하여 홍기상의 연월과 연기상의 연월의 길흉을 살핀다. ② 귀수 입중역거의 방법으로 헤아린다. ①②가 같으면 당연히 해당 연월을 액회의 시기로 보지만, 서로 다른 경우는 ①② 중 우흉한 연월을 응기 시기로 보는 것이 원칙이다.

홍기상의 응기

우선 홍기와 연기의 방법으로 각 응기월을 본다. 명주의 나이를 고려할 때 액은 사망이 될 것이므로 사망과 관련한 달을 찾아본다.

1월은 절체의 기운과 관련이 있으나 성문 중 생문이 득기하고 태을구성 중 태을이 동하여 사망까지는 갈 수 없다. 참고로 절체의 흉의는 성패의 반복, 신체의 손상, 사망의 단계로 본다.

2월은 경가을(庚加乙爲 太白逢星)과 절명의 기운을 의심할 수 있다. 천심과 개문의 영향으로 극흉까지 갈 기운은 아니다.

3·4월의 천봉은 사기·혼란의 흉성이고 파국의 별이라고 알려져 있다. 이 구성이 두문을 생하여 두색불통(杜塞不通)의 기운이 동한다. 홍국수의 상황은 중궁 식상을 천충지충하여 위험하다고 볼 수 있다.

5월은 구지가 승령·거생하였다. 구지는 천영·사문 등과 동궁하면 반드시 사망으로 보는 천봉구성이다. 이는 구지가 생살권을 주장하는 신장이기 때문이다. 섭제도 죽음과 관련이 있는 구성이라 흉하다.

6·7월은 乙加丙과 복덕·휴문의 영향으로 별로 흉하다고는 볼 수 없다. 金氣 관귀가 검왕하여 반길반흉의 기운으로 볼 수 있다.

8·9·10월 등도 6·7월과 같이 반길반흉으로 볼 수 있다.

이처럼 홍기상으로는 3·4·5월이 가장 위험한 시기이다.

입중역거

액회의 시기는 귀수를 중궁에 입중하여 구궁을 역행시킨 후 연궁에 닿은 회수로 정한다. 위의 국에서 연궁의 귀수는 4金이므로 이것을 역거하면 다음과 같다. 연지는 건궁에 있으므로 2火가 닿아 丙丁巳午月에 액이 일어난다고 볼 수 있다.

五	九	七
六	四 귀수	―
十	八	二 연궁

실제 상황

이제까지의 판단을 요약하면 ①연국이 액회국이다. ②홍기상 3·4·5월이 극흉하다. ③응기로 보면 丙丁巳午月에 응기한다. ④ 5·7·9 삼살회동에 중궁 7火이다. 이 모든 것을 참고하면 명주는 1994년 5월을 넘기지 못한다고 단할 수 있다. 실제 사망일은 양력 1994년 7월 5일이고 음력으로는 1994년 5월 27일이다. 명주의 나이 83세이다.

5. 대액이 발생하는 달은?

음력 1947년 6월 1일 巳時(大暑 上元 陰遁 7局)
1988년 연국 : 1988년 6월 1일 巳時(小暑 中元 陰遁 2局)

```
辛 庚 己 戊   乾命 1988年局
巳 午 未 辰
```

年宮 時宮	世宮 日干	月宮 天乙
酉四 乙 天沖 九地	申九 丙 天甫 玄武	亥六 庚 天英 白虎
巳二 丙 絶命 死門	午七 庚 禍害 景門	丑十 戊 生氣 休門
劫財 3·4월	比肩 5월	傷官
帶祿 年重劫 年華日	旺	衰病
辰五 辛 天任 九天	卯八	命宮 天馬 42세
子一 乙 遊魂 生門	卯八 丁	子一 戊 天芮 六合
偏官 2월	正印	辰五 壬 切體 驚門
浴 日年	伏年馬	食神 8월
		死 年年
丑十 己 天蓬 直符	祿	空亡
亥六 辛 歸魂 開門	午七 癸 天心 騰蛇	巳二 壬 天柱 太陰
正官 1월	申九 己 天宜 杜門	酉四 癸 福德 傷門
養生 年亡 日劫	偏財 11월	正財 9·10월
	胎 日馬	墓絶 日華

1) 연국의 기본 판단

신수국인 연국을 해단하는 경우 세궁·중궁·연궁·명궁의 수리를 중심으로 하고 괘문성장을 참조하는 것이 원칙이다.

성국과 통기 등

홍국수로 사진동처의 상황을 보면 평생국과 거의 유사하다. 이렇게 평생국과 연국이 동일한 형태로 구성되기가 쉽지 않다. 연국은 절름발이와 같은 평생국의 상황이 그대로 이어지며, 달라진 것이 있다면 세궁이 겸왕하지 않다는 것과 수화상충(水火相沖)하는 요소로 간궁의 귀혼궁이 대신 들어온 것이다. 평생국과 같이 金氣인 재성이 부동하여 불통이 되는 상황이다. 더욱이 재성은 공망을 맞았고 金氣로 되어 살기가 있는 형태이므로 한마디로 재수 불통인 국이다. 그리고 연궁을 볼 때 괘문이 절명·사문으로 도저히 세궁의 의지처가 못 된다.

명궁

명궁은 연국의 해단에서 그 해의 주어진 조건·환경으로 보는데 다음과 같이 판단된다.

① 십간대응결을 보면 무가임(戊加壬爲 山明水秀)으로 산과 물이 수려하여 모든 것이 풀릴 기운으로 볼 수 있다.

② 격국은 아주 흉하다. 격국에 해당되는지 볼 때 대개 제일 먼저 사간(四干)과 시 순수(旬首)와 특수한 관계인지를 보는데 위의 국은 연간인 戊土가 천반에 있고 지반에는 壬이 있다. 바로 지망차적격(地網遮寂格)의 준격에 해당된다. 癸는 천망이고 壬은 지망이라고 하여 대흉의 기운이 된다.

③ 천반 六戊는 甲子의 순수가 되는데 六戊·乙奇가 궁 오행이 金氣인 자리에 앉는 경우이므로 목입금향격(木入金鄕格)이다. 이 격은 모든 일에 흉한 기운으로 본다.

즉 대응결은 좋으나 격은 지망차적격, 목입금향격으로 흉하다.

명궁의 사신과 외사
명궁의 사신(四神)과 작괘를 통해 그 해의 주어진 조건을 알아본다.

① 작괘하여 보면 천예가 경문(景門)과 결합하여 지화명이(地火明夷)괘를 만드는데 명이는 땅 속에 밝은 불이 갇혀 있는 상태이므로 크게 다친다는 의미가 있다.
② 사신인 괘문성장을 살펴보면 천예는 대흉성으로 살상·고집 등을 나타낸다. 육합은 태궁에 앉아 있어서 반음의 자리이므로 그 영향이 없고 절체 또한 영향이 크다고는 볼 수 없다. 절체는 신체 손상·사망으로 보는 팔괘이다. 인상을 보는 경문(驚門)이 본래의 자기 자리에 앉아 강하게 영향력을 발휘한다. 아주 흉한 경우에는 실명(失命)에 이른다고 보는 흉문에 속한다. 아울러 천마의 영향도 참고한다.

2) 액의 발생시기
(1) 액회국 판단
대액의 발생 여부는 우선 위의 국이 액회국이 되는지 살펴야 안다. 액회국 여부를 판단하는 것은 중요하지만 예를 들어 화살작권(化殺作權)이 되는 국을 가지고 액의 발생시기를 논한다는 것은 우스운 일이다. 액회국이란 간단하게 정의하면, 국 자체의 흉한 정도를 일진이 감당할 수 없는 것이다.

위의 국은 언뜻 보면 중궁에 쌍인이 동하고 일진이 약세는 아니므로 일단 화살이 될 듯하다. 그러나 자세히 보면 중궁의 생조가 있어 일진의 火氣가 강하고 살기가 강하며, 연궁·시궁·세궁이 화금상전이고 월궁·명궁은 수토상전(水土相戰)으로 동처의 구성이 전국(戰局)이다. 더욱이 명궁의 조건이 아주 안 좋은데, 명궁의 천반수와 세궁이 5·7·9 삼살회동을 이루었으며 아울러 세궁에 칠구살·병경살이 닿으므로 액회국이다.

(2) 액의 발생시기

액이 발생하는 시점은 우선 어느 육친에 액이 발생할지 살펴서 따져야 한다. 위의 국은 두 가지로 생각해 볼 수 있다.

① 재성에 문제가 발생할 수 있다 : 전체 동처의 상황을 보아 일진이 火氣가 강해 火剋金으로 재성인 金氣를 치고 중궁과 卯酉沖되며 재성이 공망인 점을 중시한 견해이다. 그러나 신수국에서는 명궁의 상황을 중요시하는데, 명궁의 흐름이 재성의 기운을 조금이라도 생하는 흐름이므로 이 견해는 일단 보류한다.

② 일진에 문제가 발생할 수 있다 : 세궁이 삼살과 칠구살·병경살 등을 이루었다는 것에 근거를 둔 것이므로 ①의 견해보다는 합리적이다.

일진에 문제가 있을 수 있는 기문이라는 판단이 섰다면 그 시기를 두 가지 관점에서 가늠하여 볼 수 있다.

① 午月에 대액이 발생하는 것으로 본다. 이것은 삼합이 될 때는 나머지 한 자가 올 때 응기가 된다는 원칙을 적용한 결과이다. 즉, 명궁에 子辰이 동궁하는데 세궁이 있는 午月에 申子辰 삼합을 이뤄 수화상충하기 때문이다. 더욱이 5·7·9 삼살회동도 되며 병경살·

칠구살이 있는 궁이 午月이다.

② 입중역거의 방법으로 따지면 火月에 대액이 발생한다. 액회국인 경우 귀수를 입중역거하여 연궁에 닿는 수가 회수가 된다. 귀수가 1이므로 연궁까지 역거하면 2가 되며 丙丁巳午月로 해단된다. 결과적으로 午月에 대액이 발생하는 것을 알 수 있다.

3) 실제 상황

1988년 대학에 다니는 아들과 돈 문제로 다툰 후 아들이 자살을 기도하였으며, 그 충격으로 음독자살한 남자이다. 1988년 음력 5월 19일 午時(戊辰年 戊午月 戊午日 戊午時)에 쥐약을 먹고 사망하였다. 안타깝게도 아들은 살아났으나 명주는 불귀의 객이 되었다.

2부 작괘동처론

1장 작괘론

1. 작괘법의 기초

우리나라에도 예전부터 점의 습속이 있다. 부여에서 소를 잡아서 발을 보아 발이 붙어 있으면 전쟁에 이긴다고 판단한 예 등이 그것이다. 그러나 점 하면 가장 먼저 생각나는 것이 주역점이다. 기문둔갑과 주역의 공통점은 미래의 징조를 예지하는 점술이라는 것이다. 점이 원래 신의 섭리를 예측하려는 목적으로 시작되었다고 보든, 속인의 예지욕에 아부하는 술수라고 보든 그 본질은 살아가면서 부딪치는 택방(擇方)과 택시(擇時)의 문제로 귀결된다. 기문둔갑술이 각종 선택에 훌륭한 해답을 주지만 사람의 모든 일을 헤아리기 위해서 주역을 결합하여 사용해 왔다.

여기에서는 기문둔갑의 해석에 주역의 괘를 이용하는 방법을 알아본다. 먼저 주역에서 작괘하는 기본적인 사항을 다루고 몇 가지 실제 사례를 들어 설명한다. 특히 주역은 그 내용이 광범위하여 기문둔갑에서 결합하여 사용하는 데 필수적인 사항만 설명한다.

1) 팔괘

태극에서 음양이 나오고, 음양에서 사상(四象)이 나온다. 다시 사상에서 팔괘(八卦)가 나오는데 이 팔괘를 소성괘(小成卦)라고 부르며, 팔괘는 감괘(坎卦)·곤괘(坤卦)·진괘(震卦)·손괘(巽卦)·건괘(乾卦)·태괘(兌卦)·간괘(艮卦)·이괘(離卦)이다.

팔괘는 선천팔괘와 후천팔괘 두 가지 방법으로 구궁이란 공간에 배치된다. 이 두 가지 방법에 대해 여러 가지 논란이 있지만 기문둔갑에서는 후천팔괘만 사용한다.

선천팔괘

팔괘가 생겨난 순서에 따라 배치하는 방법이다. 배치방법은 양 다음에 음이 생겨난 것을 기준으로 다음의 순서로 배치된다. '양'과 '음'을 주의해서 보면 그 이유를 알 수 있다.

① 일건천(一乾天) : 양에서 양이 생하고 또 양이 생한다.
② 이태택(二兌澤) : 양에서 양이 생하고 또 음이 생한다.
③ 삼리화(三離火) : 양에서 음이 생하고 또 양이 생한다.
④ 사진뢰(四震雷) : 양에서 음이 생하고 또 음이 생한다.
⑤ 오손풍(五巽風) : 음에서 양이 생하고 또 양이 생한다.
⑥ 육감수(六坎水) : 음에서 양이 생하고 또 음이 생한다.
⑦ 칠간산(七艮山) : 음에서 음이 생하고 또 양이 생한다.
⑧ 팔곤지(八坤地) : 음에서 음이 생하고 또 음이 생한다.

이것은 양과 음으로 나뉘어 구궁이란 공간에 순서대로 배치된다. 이러한 선천팔괘는 순서수로 많이 사용되는데 순수한 주역점을 칠 때 그 순서를 반드시 알아야 한다. 예를 들어 책의 페이지로 주역점을 칠 때 46페이지가 나오는 경우 이것을 8로 나누면 6이 남는다. 이런 경우 6이라는 수를 취해 감괘로 괘상을 삼는다.

二兌澤 ☱	一乾天 ☰	五巽風 ☴
三離火 ☲		六坎水 ☵
四震雷 ☳	八坤地 ☷	七艮山 ☶

후천팔괘

수리를 중심으로 구궁의 균형을 맞추는 방식으로 배치한다. 여기서 구궁의 균형을 맞춘다는 것은 구궁에서 어떤 방식으로 직선을 그어도 그 수리의 합이 15가 되는 것을 말한다. 기문 작괘법에서는 이 구궁도만 이용하므로 원래의 위치와 괘상을 확실히 알아야 한다. 아울러 괘의 오행도 알아 두어야 한다. 사록목성(四綠木星)은 오행이 木이라는 뜻이다. 이 오행은 속괘의 오행을 결정하기도 하고, 납갑을 붙이고 육친을 결정하는 기준이 된다. 팔괘를 해석할 때도 구궁도(일반적으로 후천팔괘도를 말하며, 이하 동일하다)에서의 괘의 위치를 기준으로 해석한다. 상세한 해석방법은 『처음 배우는 기문둔갑』을 참조한다.

四綠木星 巽下絶 ☴	九紫火星 離虛中 ☲	二黑土星 坤三絶 ☷
三碧木星 震下連 ☳	五黃土星	七赤金星 兌上絶 ☱
八白土星 艮上連 ☶	一白水星 坎中連 ☵	六白金星 乾三連 ☰

2) 수괘와 속괘

기문둔갑의 포국 요소를 이용하여 작괘한 다음 인사 해단에 응용하기 위해서는 수괘(首卦)와 속괘(屬卦)의 개념을 알아야 한다. 이것은 납갑이 된 각 효에 육친을 붙이는 데 수괘의 오행이 기준이 되기 때문이다. 팔괘가 결합하여 만들어지는 64괘, 즉 대성괘(大成卦)를 기문에서 이용하기 위해서는 대성괘 본래의 속성보다는 수괘의 오행이 더 중요하다. 우선 속괘가 주역에서 어느 위치에 있는지 알아본다.

1단계	2단계	3단계	4단계	5단계	6단계
一氣	陰陽	四象	八卦	首卦	屬卦

편의적으로 위와 같이 분류하였는데 위에서 사상은 태양(太陽)·소양(少陽)·태음(太陰)·소음(少陰)을 말한다. 팔괘인 소성괘 중 같은 소성괘, 예를 들어 감괘와 감괘가 두 개씩 결합되어 대성괘를 이루는 것을 수괘라고 한다. 속괘는 수괘로부터 일정한 원칙에 의해 변한 괘이다. 수괘와 속괘의 개념을 정확히 모르면 주역을 반쪽만 운용하는 것이라고 할 수 있다. 이는 기문뿐만 아니라 육효에서도 마찬가지이다. 왜냐하면 이러한 개념으로부터 세효(世爻)·응효(應爻) 등의 개념이 나오고, 납갑에 의해서 육친의 상징이 나오기 때문이다.

수괘	속괘						
重天乾	天風姤	天山遯	天地否	風地觀	山地剝	火地晉	火天大有

예를 들어 위와 같이 중천건괘는 건괘가 두 개 합하여진 괘이므로 수괘라 부르고, 이 중천건괘로부터 원칙에 따라 변하여 나온 나머지 괘들을 속괘라고 한다. 64괘 중 수괘는 8개가 있고, 각 수괘에 7개의 속괘가 속하여 총 64괘를 이룬다. 속괘인 천지비괘의 오행은 중천건의 오행인 金 오행이 된다. 물론 수괘의 오행은 소성괘의 오행과 같다.

세효와 응효

　수괘가 이끄는 7개의 속괘는 일정한 원칙에 의해 변하는데 변화 방법은 음양의 효가 변화하는 것이며, 초효→이효→삼효→사효→오효→사효→삼효의 순으로 변한다. 단, 마지막 삼효의 변화는 하괘인 소성괘 전체의 음양이 모두 바뀐다. 이 때 변하는 효를 세효라고 하고, 세효로부터 세 번째 위에 있는 효를 응효라고 한다. 괘를 해석할 때 ① 세효는 움직임의 주체, 체용(體用) 중 체, 명주 등을 상징하고, ② 응효는 움직임의 객체, 체용 중 용, 상대방 등을 상징한다. 예를 들어 수괘가 중천건일 경우 세효와 응효는 다음과 같다.

괘명	重天乾	天風姤	天山遯	天地否	風地觀	山地剝	火地晉	火天大有
괘상	─── 世 ─── ─── 應 ─── ─── ───	─── ─── ─── 應 ─── ─── ─ ─ 世	─── ─── 應 ─── ─── ─ ─ 世 ─ ─	─── 應 ─── ─── ─ ─ 世 ─ ─ ─ ─	─── ─── ─ ─ 世 ─ ─ ─ ─ ─ ─ 應	─── 世 ─ ─ ─ ─ ─ ─ 應 ─ ─ ─ ─	─── ─ ─ 世 ─ ─ ─ ─ 應 ─ ─ ─ ─	─── 應 ─ ─ ─── 世 ─── ─── ───

　위에서 世로 표시된 세효는 일정한 원칙에 따라 변하는 효이다. 응효는 세효 위의 세 번째 효이다. 즉, 중천건은 아래에서 세 번째 효가 응효가 되고, 천풍구괘는 아래에서 네 번째 효가 응효가 된다. 주역 64괘에 대한 수괘와 속괘 및 세효와 응효를 일괄해서 표시하면 다음과 같다. 표에서 세효가 상이라는 것은 육효의 가장 위에 있는 효가 세효이며, 세효가 2라는 것은 아래로부터 두 번째 효가 세효라는 뜻이다. 수괘와 속괘의 개념은 괘를 해석하는 데도 응용이 되는데, 예를 들어 다음의 표에서 택산함괘는 그 근본적인 성정을 중택

태, 즉 태괘로 보고 해석한다.

구분	수괘	속괘							
세효	상	1	2	3	4	5	4	3
응효	3	4	5	상	1	2	1	상
金	重天乾	天風姤	天山遯	天地否	風地觀	山地剝	火地晉	火天大有
金	重澤兌	澤水困	澤地萃	澤山咸	水山蹇	地山謙	雷山小過	雷澤歸妹
火	重火離	火山旅	火風鼎	火水未濟	山水蒙	風水渙	天水訟	天火同人
木	重雷震	雷地豫	雷水解	雷風恒	地風升	水風井	澤風大過	澤雷隨
木	重風巽	風天小畜	風火家人	風雷益	天雷无妄	火雷噬嗑	山雷頤	山風蠱
水	重水坎	水澤節	水雷屯	水火旣濟	澤火革	雷火豊	地火明夷	地水師
土	重山艮	山火賁	山天大畜	山澤損	火澤睽	天澤履	風澤中孚	風山漸
土	重地坤	地雷復	地澤臨	地天泰	雷天大壯	澤天夬	水天需	水地比

3) 납갑의 부설

기문둔갑에서 작괘방법은 두 가지이다. 하나는 외사내사법(外事內事法)이고, 하나는 직부직사법(直符直使法)이다. 여기에서는 학리적으로 타당성이 있다고 생각하여 개인적으로 즐겨 사용하는 직부직사법만 소개한다. 기문둔갑에서 어떤 작괘방법을 사용하든 대성괘를 얻으면 이 괘에 세효와 응효를 구하여 표시하고 납갑을 붙여 괘 해석의 기초로 삼는다. 이 납갑은 괘의 해석에 가장 기본이 되므로 붙이는 요령을 숙지한다.

소성괘의 납갑

납갑을 붙일 때 지지가 중요한데, 괘의 음양에 따라 지지를 붙이는 방법이 다르다. 소성괘의 음양은 세 개의 효 중 하나만 있는 효를 기준으로 하는데, 예를 들어 손괘는 음효가 하나만 있으므로 음괘가 되고 진괘는 양효가 하나만 있으므로 양괘가 된다. 각 괘는 지지의 출발점이 다르다. 각 괘의 출발 지지로부터 음괘와 양괘로 나뉘어 음괘는 지지를 두 칸씩 역행하며 아래 효에서부터 지지를 붙여 나가고, 양괘는 두 칸씩 순행하며 아래에서 위의 효 방향으로 붙여 나간다. 이런 요령으로 각 효에 납갑을 붙이면 다음과 같다.

팔괘	坎卦	坤卦	震卦	巽卦	乾卦	兌卦	艮卦	離卦
납갑	― 戊子	-- 癸酉	-- 庚戌	― 辛卯	― 壬戌	-- 丁未	― 丙寅	― 己巳
	― 戊戌	-- 癸亥	-- 庚申	― 辛巳	― 壬申	― 丁酉	-- 丙子	-- 己未
	-- 戊申	-- 癸丑	― 庚午	-- 辛未	― 壬午	― 丁亥	-- 丙戌	― 己酉
	-- 戊午	-- 乙卯	-- 庚辰	― 辛酉	― 甲辰	-- 丁丑	― 丙申	― 己亥
	― 戊辰	-- 乙巳	-- 庚寅	― 辛亥	― 甲寅	― 丁卯	-- 丙午	-- 己丑
	-- 戊寅	-- 乙未	― 庚子	-- 辛丑	― 甲子	― 丁巳	-- 丙辰	― 己卯

납갑의 예

산수몽괘에 납갑을 붙이고 육친을 부설하여 본다. 앞에 나오는 수괘와 속괘의 세효·상효 표를 참조하여 효를 만들어 보면 산수몽은 외괘, 즉 상괘가 간산(艮山)이므로 위의 납갑표의 상괘(☶)를 쓰고, 몽괘의 아래 효는 감수(坎水)이므로 위의 납갑표에서 감괘의 아래 세효(☵)의 납갑을 이용한다. 이렇게 납갑이 이루어지면 육친을 붙인다. 산수몽은 수괘가 중화리괘로 수괘 오행이 火이므로 火와 지지를 비교하여 육친을 매긴다. 몽괘의 납갑에 육친을 매긴 결과 재성의 효가 나타나지 않는다. 이 경우는 수괘에서 재성의 효를 취하여 수괘의 원래 자리에 해당하는 속괘의 효 밑에 옮겨 놓아 육친을 매긴다. 이 재성과 같은 육친을 복신(伏神)이라고 한다.

```
    수괘(중화리)              속괘(산수몽)
   ━━━  己巳             ━━━  丙寅 인수
   ━ ━  己未             ━ ━  丙子 관성
   ━━━  己酉         世  ━ ━  丙戌 식상
                       ▶   己酉 재성
   ━━━  己亥             ━ ━  戊午 비겁
   ━ ━  己丑             ━ ━  戊辰 식상
   ━━━  己卯         應  ━ ━  戊寅 인수
```

2. 기문 작괘법

1) 직부·직사의 개념

작괘방법은 전통적인 방법과 더불어 동전으로 하는 방법, 책의 페이지를 이용하는 방법, 문점시 이용법, 온 방향과 입고 온 옷 색깔 등의 물상으로 하는 방법 등 아주 많다. 이 방법들의 공통점은 정해진 규칙이 없다는 것이다. 특별한 규칙이 있는 작괘법으로는 사주로 하는 방법, 대정수(大定數)로 하는 방법 등이 있다. 기문둔갑에서 사용하는 직부직사 작괘법도 일정한 규칙에 따라 작괘가 된다.

기문 작괘법에서 직부란 직부구성(直符九星), 직사는 직사팔문(直使八門)을 말한다. 직부구성은 시주의 순수(旬首)가 있는 본래의 천봉구성을, 또 직사팔문은 시주의 순수가 있는 본래의 시가팔문이다. 이를 간단하게 "직부구성은 순수 낙재궁(落在宮)의 본래 구성, 직사팔문은 순수 낙재궁의 시가팔문"이라고 한다. 예를 들어 丁壬日 乙巳時 대한 상원 양둔 3국인 경우 고서에 다음처럼 나타낸다.

丁壬日 乙巳時 直符天柱二 直使驚門八

丁 天英 己 休門	乙 天芮 丁 生門	壬 天柱 乙 休門
己 天甫 戊 開門	庚	辛 天心 壬 杜門
戊 天沖 癸 驚門	癸 天任 丙 死門	丙 天蓬 辛 景門

위에서 직부천주이(直符天柱二)와 직사경문팔(直使驚門八)이 의미하는 바를 알아보자. 우선 乙巳時이므로 순수가 甲辰 壬이 된다. 지반육의를 보면 순수가 태궁에 있다. 태궁에 있는 원래의 천봉구성이 천주이므로 이것이 직부구성이 된다. 같은 방법으로 태궁에 있는 원래의 팔문이 경문(驚門)이므로 이것이 직사팔문이 된다. 또한 천주는 위의 구궁에서 보듯이 곤궁에 있으므로 二라고 표시가 되고 이것은 구궁의 수리를 말한다. 경문은 간궁에 있으므로 八이라고 표시한다. 즉, 직부천주二는 예로 들고 있는 위 국의 순수궁에 있는 구성 천주가 곤궁에 자리하고 있다는 뜻이다.

2) 본괘의 작괘방법

본괘와 변괘

작괘는 직부와 직사를 중심으로 본괘(本卦)와 변괘(變卦)를 작괘한다. 본괘는 일의 시초, 숨겨진 동기, 현재의 상태 등을 나타내는 괘이다. 즉, 동효(動爻)를 적용시키기 전의 원래의 괘를 말한다. 변괘는 주역에서 지괘(之卦)라고도 하는데 본괘의 괘가 움직여 변한 괘를 말한다. 일의 결과, 결말 등을 보는 괘이기도 하다. 예를 들어

뺨을 맞아 아픈 상황은 본괘이고, 그 상황으로 인하여 때린 사람을 밀어 뇌출혈로 죽어 교도소에 갔다면 이는 변괘의 상황이라고 할 수 있다. 실질적으로 기문에서는 변괘를 위주로 판단하는데, 그 전에 본괘를 뽑은 이유는 동효를 잡아 괘 해석을 완전하게 하기 위해서다.

구궁의 고유괘

본괘를 만들기 위해 작괘할 때는 직부구성이 앉아 있는 기문국의 구궁에 원래 있던 고유의 괘가 외괘가 되고, 직사팔문이 있는 구궁의 고유 괘상이 내괘가 된다. 각 구궁의 고유 괘는 다음과 같다. 예를 들어 직부구성이 손궁에 있고 직사팔문이 감궁에 있으면, 외괘는 손하절괘가 되고 내괘는 감중련괘가 되어 이를 결합하면 풍수환괘가 된다. 다른 예로 직부는 이궁에, 직사는 감궁에 있다면 본괘는 화수미제의 괘가 된다. 중궁에 천예가 있는 경우는 천금이 직부구성이 되므로 천금이 있는 궁의 괘상을 따른다. 이를 착오하여 천예를 직부구성으로 하면 안 된다.

巽宮 四綠木星 巽卦 ☴	離宮 九紫火星 離卦 ☲	坤宮 二黑土星 坤卦 ☷
震宮 三碧木星 震卦 ☳	中宮 五黃土星	兌宮 七赤金星 兌卦 ☱
艮宮 八白土星 艮卦 ☶	坎宮 一白水星 坎卦 ☵	乾宮 六白金星 乾卦 ☰

3) 변괘의 작괘방법과 동효 결정

변괘는 해단하고자 하는 해당 궁에 앉은 성문을 결합하여 작괘하는데 각 성문의 괘상은 다음과 같다. 이 표를 자세히 보면 구성과 팔문의 원래 고유 궁의 괘상을 작괘 도구로 사용한다.

괘이름	坎卦	艮卦	震卦	巽卦	離卦	坤卦	兌卦	乾卦
구성	天蓬	天任	天沖	天甫	天英	天芮	天柱	天心
팔문	休門	生門	傷門	杜門	景門	死門	驚門	開門

예를 들어 해단하고자 하는 궁의 성문이 천영과 생문이라면 화산려괘가 되고, 다른 예로 천봉과 사문이라면 수지비괘가 된다. 주의할 것은 천금의 경우인데 천금의 괘상은 팔문의 괘상을 따른다. 즉, 천금이 휴문과 동궁하면 중수감괘가 되고, 생문과 동궁하면 중산간괘가 된다. 만약에 본괘가 산천대축이고 변괘가 산수몽이라면 동효는 음양의 효가 바뀐 것으로 한다.

본괘(산천대축)

```
━━
━ ━
━ ━
━━
━━
━━
```

변괘(산수몽)

```
━━      丙寅 인수
━ ━     丙子 관성
世 ━ ━  丙戌 식상
        己酉 재성
━ ━     戊午 비겁
━━      戊辰 식상
應 ━ ━  戊寅 인수
```

구분	본괘	변괘
외괘	직부구성이 거한 궁	해석 궁의 천봉구성
내괘	직사구성이 거한 궁	해석 궁의 시가팔문

4) 변괘에 월장 부설

월장의 배치순서

성문을 결합하여 대성괘를 만들면 이것을 판단하기 위해 납갑과 육친을 붙이고 신장을 부설한다. 신장을 붙이는 것은 조금 주의가 필요한데 일반적으로 사용하는 육효의 방법과 다르며, 육수(六獸)를 붙이지 않고 12지월장(地月將)을 붙인다. 각 지월장의 의미에 대해서는 六壬 서적을 참조한다. 12지월장의 배치순서는 순행의 경우, 천을→등사→주작→육합→구진→청룡→천공→백호→태상→현무→태음→천후의 순서로 납갑의 지지에 붙여 나간다. 판단하려는 변괘가 있는 궁이 양둔지절(감궁·간궁·진궁·손궁)에 있으면 순행하고, 음둔지절에 있으면 역행한다.

천을귀인

월장을 붙이기 위해서는 천을귀인을 알아야 한다. 천을귀인은 강희제(康熙帝) 때의 『협기변방(協紀辨方)』에 나온 것을 원칙으로 하는데 양귀만 쓰는 것을 원칙으로 하기도 하고, 음양둔에 관계 없이 양귀·음귀를 다 쓰기도 한다.

日干	甲	乙	丙	丁	戊	己	庚	辛	壬	癸
陽貴	未	申	酉	亥	丑	子	丑	寅	卯	巳
陰貴	丑	子	亥	酉	未	申	未	午	巳	卯

양귀와 음귀

본래 중국 기문에서는 연반(年盤)·월반·일반·시반으로 나누어 연반에서는 연간(年干)을, 시반에서는 시간을 중심으로 천을을 가려 쓴다. 우리나라에서는 국이 모두 다르므로 오로지 각 변국의 일간(日干)만 중심으로 하여 정한다. 이 경우 양둔이면 양귀를 쓰고 음둔이면 음귀를 쓴다. 정리하면 ① 변국의 일간을 중심으로 해당 국이 양둔국이면 양귀를, 음둔국이면 음귀를 쓴다. ② 변괘의 소속 궁이 양둔 구궁이면 순행, 음둔 구궁에 속하면 역행한다.

월장 배치 예

예를 들어 일주가 乙未, 양둔 3국인 평생국 중 판단하려는 궁이 손궁에 있고 변괘로 산수몽괘가 만들어졌다면 乙일간이 양둔이므로 양귀인 申을 쓴다. 천을귀인을 甲에 붙이고 양둔궁에 있으므로 순행하여 각 지지에 붙이며 변괘의 해당 지지를 찾아 월장을 써 넣는다.

지지	子	丑	寅	卯	辰	巳	午	未	申→	酉	戌	亥
월장	勾陳	靑龍	天空	白虎	太常	玄武	太陰	天后	天乙	騰蛇	朱雀	六合

기문작괘법에서 사용하는 팔문은 일가팔문이 아닌 시가팔문이다. 시가팔문의 자세한 조식방법은 연파조수가 부분을 참조한다.

변괘(산수몽)

```
          ━━━    丙寅 인수(天空)
          ━ ━    丙子 관성(勾陳)
    世    ━ ━    丙戌 식상(朱雀)
                 己酉 재성(騰蛇)
    動    ━ ━    戊午 비겁(太陰)
          ━━━    戊辰 식상(太常)
   動應   ━ ━    戊寅 인수(天空)
```

3. 남자와 어떤 일이?

음력 1980년 11월 26일 卯時(小寒 上元 陽遁 2局)

```
丁 己 戊 庚  坤命 平生局
卯 卯 子 申
```

2004 天馬	2000	2002 年宮 空亡 天乙
丑十 壬 天心 太陰	辰五 乙 天蓬 六合	巳二 丁 天任 勾陳
寅三 庚 福德 驚門	卯八 丙 歸魂 開門	子一 戊 遊魂 杜門
時家 杜門	時家 景門	時家 死門
正印-5-90	偏印-40-56	正官-45-48
帶祿 年馬 年華 日亡	旺	衰病 日華
2003 世宮 時宮	2005	1998 空亡 流年
子一 癸 天柱 螣蛇	酉四	午七 己 天沖 朱雀
巳二 己 生氣 傷門	申九 辛	亥六 癸 天宜 死門
時家 傷門	時家 傷門	時家 驚門
比肩-2-46	正財-14-81	偏官-25-69
浴 年劫 日馬	日劫	浴 年亡 年年
1999 祿	2001 月宮	2006
亥六 戊 天芮 直符	寅三 丙 天英 九天	卯八 庚 天甫 九地
午七 丁 禍害 景門	丑十 乙 切體 休門	戌五 壬 絶命 生門
時家 生門	時家 休門	時家 開門
劫財-32-62	食神-44-51	傷官-19-77
養生	胎 日年	墓絶

상담 상황

명주의 나이가 2002년에 23살로, 어찌 보면 아이를 막 벗어난 여성과 상담한 사례이다. 이런 사람은 대개 직장이나 학업문제를 묻는 것이 보통인데 자리에 앉자 마자 힐끔거리며 지금 사귀고 있는 남자와 결혼할 수 있는지 물었다. 2007년이나 결혼할 수 있으니 그때까지 기다리라는 말로 상담을 끝맺었다. 여기서는 2002년도 정관운이 왔고 천을이 들었는데 왜 결혼할 수 없는지 그 흐름을 먼저 정리하고 2002년의 운기를 평생국의 작괘를 통해 알아본다.

1) 기문작괘

본괘의 작괘

먼저 본괘를 작괘해야 하므로 순수를 찾는다. 지반육의가 순수에 해당하는 육의이다. 어떤 사람은 순수가 천반에 있는 육의라고 주장하는데 어림도 없는 소리이다. 그 이유는 천반육의를 붙이는 방법을 생각해 보면 알 수 있다.

천반육의를 붙이는 원칙은 지반의 순수에 해당하는 육의를 시간(時干)에 해당하는 지반에 올려 붙이는 것이므로 천반에 있는 육의를 순수로 본다는 것은 잘못된 것이다. 특히 이러한 착각은 연파조수가를 해석하는 데 가끔 일어나므로 주의한다.

위의 국은 丁卯時이므로 순수는 甲子 戊가 된다. 순수 戊는 곤궁에 앉아 있다. 순수가 곤궁의 戊이므로 곤궁이 원래 자리인 천봉구성 천예와 시가팔문 사문이 구궁 중 어디에 있는지 찾는다. 직부 천예는 간궁에 있고, 직사 사문은 곤궁에 있다. 그러므로 상괘는 간상련, 하괘는 곤삼절이다. 이 두 개의 괘가 합쳐지면 본괘는 산지박괘가 된다.

변괘의 작괘

변괘도 같은 요령으로 작괘한다. 2002년의 상황을 보는 것이므로 소운 2002년이 있는 곤궁의 성문을 결합하여 작괘한다. 천임과 사문이 있으므로 천임은 간상련, 사문은 곤삼절로 본괘와 같은 산지박괘가 된다. 괘를 판단할 때는 변괘를 위주로 판단한다. 변괘를 판단할 때 동효를 잡기 위해 본괘를 뽑아 보았는데, 이 경우는 본괘와 변괘가 동일하므로 동효가 없는 꼴이다. 산지박괘를 그려 놓고 여기에 괘의 다른 요소를 붙여 본다.

육친 등의 부설

산지박괘의 수괘는 중천건이고 오행은 金이다. 세(世)와 응(應)을 붙이는 법에 의해 세효는 육오(六五. 주역에서 5효를 가리킴), 응효는 육이가 된다. 다음으로 납갑의 방법에 의해 지지를 붙이면 상괘의 지지는 戌子寅이고 하괘의 지지는 未巳卯가 된다. 이 지지의 오행을 수괘의 오행인 金과 비교하여 붙인다. 마지막으로 신장을 붙인다. 일진이 양둔 2국이므로 양귀를 쓰며, 일간 己의 천을귀인은 양귀가 子이고 음귀가 申이므로 子가 천을귀인이 된다. 변괘의 궁이 곤궁에 있으므로 음둔궁이다. 내궁·외궁과 혼동하면 안 된다. 하지가 지나 음둔지절에 궁이 있으면 음둔궁으로, 음둔궁일 때 신장을 역행으로 붙여 나가면 다음의 표와 같이 부설된다. 실제로 사용할 때는 손의 마디를 이용하여서 순행 또는 역행으로 돌려 붙이면 된다.

지지	丑	寅	卯	辰	巳	午	未	申	酉	戌	亥	子
월장	天后	太陰	玄武	太常	白虎	天空	靑龍	勾陳	六合	朱雀	騰蛇	天乙

이제까지의 과정을 대성괘에 표시하면 다음과 같다.

```
            ━━━━  丙寅 財(太陰)
       世  ━ ━   丙子 孫(天乙)
              壬申 比(勾陳)
       命  ━ ━   丙戌 印(朱雀)
          ━ ━   乙卯 財(玄武)
       應  ━ ━   乙巳 官(白虎)
       身  ━ ━   乙未 印(靑龍)
```

2) 홍기로 기문국 판단

정법과 단법

괘의 판단에 앞서 평생국을 홍기 위주로 판단하여 본다. 기껏 힘들게 괘를 뽑아 놓고 왜 홍기를 말하는지 궁금한 사람도 있을 것이다. 기문둔갑의 해석에는 정법(正法)과 단법(單法)이 있다. 정법이란 정통의 방법이다. 예를 들어 사주 명리에서 오행의 생극으로 명을 보는 것과 같은데 기문에서는 수리의 오행통변이 정법이다. 단법이란 사주의 신살을 보는 것과 같이 수리의 오행통변의 바탕 위에서 확신을 더하기 위한 비법과 같은 것이다. 기문둔갑을 배우는 사람들이 이러한 비법 아닌 비법에 매달리는 경향이 있는데 바람직한 방법은 우선 정법을 쓰는 것이다. 그래서 이 국에서도 정법을 먼저 사용하고 단법 중의 하나인 기문작괘법을 사용하자는 것이다.

소운 판단

홍기로 2002년인 곤궁의 상황을 보자. 곤명 23세에 관성이 닿아 있다. 관성 수리의 형편을 살펴보면 子/巳로 구성되어 있어 수화상충(水火相沖)의 형국이다. 전체적인 동처의 상황을 보면 金氣가 중궁에서 겸왕하고 金生水로 관성을 생조하여 나름대로 기운을 가지고 있는 것으로 볼 수도 있으나, 궁 자체에서 수화상충 · 공망이 들어 깨진 상황이다. 결국 중궁의 金氣를 받아먹지 못한다.

소운의 운성

위의 상황에도 불구하고 정관의 기운이 발동한다 하여도 명주 자신의 기운이 쇠병이므로 명주가 정관의 극을 감당하지 못한다고 본다. 일부 처음 공부하는 사람들이 정관궁에 쇠병이 닿으면 정관 자체를 쇠병의 상황으로 잘못 생각하는데 12운성은 일진수의 살아가는 과정이므로 먼저 일진궁의 세기를 재는 것에 관심을 기울이는 것이 원칙이다. 그 다음에 해당 궁의 육친에 영향을 미치는 것으로 판단한다.

소운의 괘문성장

사신인 괘문성장을 보아도 남자와 인연이 없다. 특히 일가팔문이 두문인 것에 주목한다. 두문은 두색불통의 문이요, 장녀가 결혼을 준비하는 시기와 같이 추후에 전진을 준비하는 문이며, 퇴보적 · 보수적인 문이다. 두문의 다른 길의에도 불구하고 그 요점은 극이성(克而成)에 있다고 하겠다. 즉 홍국수의 상황을 보면 정관이 역할을 못하는데 극이성의 기운이 왔다. 결혼 성립과는 거리가 멀다. 아울러 신살도 날을 중심으로 화개(華蓋)가 들어 있다. 화개는 고독살 · 반복살로 말하여진다. 결국 남자의 기운은 왔지만 그 남자와 결혼은 힘들다고 결론을 내릴 수 있다.

3) 작괘 결과 판단

p.315의 작괘결과에 대한 판단은 육효의 판단과 유사하다. 육효 판단에 가장 중요한 것은 어떤 효를 용신으로 할 것인지 정하는 것이다. 육효의 판단은 이 용신 효를 위주로 하기 때문이다. 여기에서는 육효적 판단방법을 모두 다루지 못하며, 기초적이고 일반적인 판단을 하여 본다. 괘의 판단방법을 좀더 알고 싶다면 주역이나 육효 서적을 참고한다.

신수 용신

개인의 신수는 세효를 용신으로 한다. 또한 남자 문제는 관성의 효가 용신이 된다. 위의 작괘에서는 육이(六二, 음에 속하는 미래에서 두 번째 효)가 관성이다. 상담자의 사주를 보면 戊子月 丁卯時이다. 子月은 세효인 육오 식상의 효를 강하게 한다. 이에 반하여 용신 효인 관성의 효는 음효로 세효와 서로 정응(正應, 음효와 양효가 만나는 관계)이 되지 않은 상태에서 세효 식상이 치는 형태이다. 즉 월령을 얻은 식상이 강한 형태이다.

관성 효

육이 관성을 보면 월령인 子月이 수화상충의 형세를 보이고 있고 살상지신(殺傷之神)인 백호가 들어 있다. 육이 관성은 하괘의 중앙에 있어 중정(中正)하다고 할 수 있다. 그러나 주변에 이끌어 주는 양효가 없고 응하는 효도 음이므로 양을 깎는 상이라고 하여 주역에서는 바름을 갉는 효로 본다.

만약 육이가 움직이면 산수몽괘가 된다. 하괘를 볼 때는 곤괘가 감수로 변하므로 험하게 된다. 고서에서 이 효를 해석하여 "야기한 습 귀곡문정 음양불화 하이득평(夜氣寒濕 鬼哭門庭 陰陽不和 何以得

平), 재패속리 불청아사 계어호수 견부득래(齎貝贖狸 不聽我辭 繫於 虎鬚 牽不得來)"라고 하였다. 밤의 기운이 차고 습하며, 귀신이 뜰 앞에서 울어 음양이 화합하지 못한다. 즉 화평을 이룰 수 없다는 뜻이다. 또 돈을 주고 너구리를 샀는데 말을 듣지 않는다. 호랑이 수염으로 만든 끈으로 잡아당겨도 고집을 부리고 끌려 오지 않는다는 뜻이다.

4) 실제 상황

"남자와 헤어질 운기인데 결혼하다니요?" 이리저리 운기를 살피고 반문하자 상담자가 말하기를 1년 넘게 동거한 남자와 이별하였다는 것이다. 이별하였는데 결혼할 수 있나 봐 달라는 것은 무슨 심술인가?

앞으로의 결혼운은 태궁이 되므로 2007년 丁亥年이다. 편관의 운에 연살의 영향을 고려한 것이다.

4. 가정의 문제가 무엇일까?

음력 1971년 11월 18일 酉時(小寒 上元 陽遁 2局)

癸	甲	庚	辛	坤命 平生局
酉	午	子	亥	

2004 空亡 酉四 己 天沖 朱雀 午七 庚 切體 生門 時家 杜門 劫財-24-72 帶祿	2000 世宮 申九 庚 天甫 九地 巳二 丙 生氣 傷門 時家 景門 比肩-2-54 旺 年馬 日亡	2002 小運 亥六 丙 天英 九天 戌五 戊 禍害 驚門 時家 死門 傷官-11-83 衰病 年華
2003 戌五 丁 天任 勾陳 亥六 己 歸魂 死門 時家 傷門 偏官-17-77 浴 日劫 日年	2005 祿 天馬 卯八 寅三 辛 正印-27-68 年亡	1998 天乙 子一 戊 天芮 直符 未十 癸 絶命 休門 時家 驚門 食神-44-58 死
1999 丑十 乙 天蓬 六合 子一 丁 遊魂 開門 時家 生門 正官-45-57 養生	2001 月宮 午七 壬 天心 太陰 酉四 乙 福德 杜門 時家 休門 偏財-6-90 胎 年年	2006 年宮 流年 巳二 癸 天柱 騰蛇 申九 壬 天宜 景門 時家 開門 正財-36-60 墓絶 年劫 日馬 日華

상담 상황

2002년 8월 초에 미국 교포 여성으로부터 강의를 하고 있는 중에 국제전화가 걸려 왔다. 운기 상담을 주로 전화로 하기 때문에 전화 목소리에 유난히 민감한데 목소리가 맑고 단아한 느낌이어서 아주 기분 좋게 예약을 끝냈다.

전화로 상대방의 목소리를 들으면 양귀비의 3대 특징이 항상 생각난다. 귀밑 털이 성하고 통통하며 목소리 끝이 갈라져 잠잘 때는 당나귀 울음소리가 5리 밖에서도 들렸다고 한다. 중국인다운 허풍이 섞여 있는 이야기로 양귀비의 목소리가 탁하다는 말은 아마도 우스개 소리인지 모르겠다.

전화한 이는 상반기가 지나 하반기도 중반에 와 있는데 그 해의 가정사와 신수를 봐 달라고 하였다. 이런 요청을 할 때는 그냥 단순히 신수를 볼 목적이 아니라 분명히 운기를 봐 해결할 사안이 있을 터인데 대개 이런 식으로 상담을 청한다. 그 해에 무슨 일이 있는지 홍기적 판단과 작괘 판단을 병행하여 알아보자.

1) 홍기적 판단

홍기적 판단은 소운궁인 곤궁을 위주로 판단한다. 평생국의 운기 조건을 전체적으로 보면 우선 성국이 안 되었다. 성국은 기문국의 기본궁인 연궁·중궁·세궁의 흐름을 보기 위해 살핀다. 성국 여부를 볼 때 가장 중요한 것은 이 세 궁의 마지막 육친이 기문국에 어떤 영향을 미치고 있는지 보는 것인데 이 국은 불성이다. 중궁은 8/3으로 겸왕하고 월령도 얻은 상황이라 강하다. 세궁은 9/2로 화금상전(火金相戰)의 형상이나 은복지지를 얻고 있어 약세는 아니다. 연궁은 재성궁이 된다. 金氣가 회집되어 이 또한 약세는 아니다. 이렇게 성국의 기본 요소인 궁을 볼 때 재성과 인수가 서로 금목상전(金木相戰)의 기운이 있다.

금목상전이 되는 것은 관성이 동하지 않아서이다. 평생국의 기운이 이런데 소운궁인 곤궁의 육친이 상관이어서 부부불화의 기운이 느껴진다. 이런 상황에 중궁과 곤궁의 홍국수는 寅未 귀문관살(鬼門關殺)로 엮어져 있어 정신적 혼란이 있을 수 있으며 괘문성장이 화해·경문(驚門)·천영·구천으로 이 혼란을 더 부추기는 상황이다. 홍국수 위주로 소운을 판단한 결과 부부불화, 정신적 혼란이 있다.

2) 기문 작괘 판단

위의 국의 괘를 보면 다음과 같다.

```
動  ━━━   己巳 官(朱雀)
動  ━ ━   己未 印(貴人)
世身 ━━━  己酉 比(太陰)
    ━ ━   乙卯 財(勾陳)
    ━ ━   乙巳 官(朱雀)
應命 ━ ━   乙未 印(貴人)
```

작괘는 본괘를 먼저 하고 변괘의 동효를 구하는 순서로 한다. 위의 명주는 癸酉時로 순수가 甲子·戊이므로 직사팔문은 사문이고 직부구성은 천예이다. 사문은 곤궁에 있고 천예는 태궁에 있으므로, 본괘는 택지취괘가 된다. 소운궁의 작괘인 변괘는 곤궁의 구성이 천영, 팔문이 사문이므로 화지진괘가 된다. 화지진은 수괘가 중천건으로 金의 괘이다. 동효는 본괘와 음양이 다른 효이므로 상구와 육오가 동하였다. 이어서 육친을 붙이고 신장을 부설한다.

괘를 통하여 부부관계를 볼 때 용신 효는 관성이 된다. 마침 관성의 효가 동하였고 관성의 효에 붙은 신장이 주작이다. 명주의 일진인 甲午와 巳午未 남방 화국을 이뤄 주작 구설의 기운이 강하다고 판단된다.

상구에 대해 판단한 글을 보면, "상엽부두 의폐여락 여공불성 사포여옥(桑葉腐蠹 衣敝如絡 女功不成 絲布如玉), 암야등루 원망허공 주마절벽 낙상가공(暗夜登樓 遠望虛空 走馬絶壁 落傷可恐)"이라고 하였다. 이는 관성인 남편의 상황이 아득하여 깜깜한 밤에 누각에 올라 먼 곳을 바라보는 것과 같으며, 남편이 달리는 말이라면 그 앞이 절벽이어서 말에서 떨어질까 염려가 된다는 것으로 해석할 수 있

다. 홍기와 결합하여 생각하면 남편이 구설에 시달리고 있으며 나아
가지도 못하고 내리지도 못하는 상황이라고 판단할 수 있다.

3) 실제 상황

상담이 끝날 무렵에 명주가 전한 상황을 보면, 미국인인 남편이
도박에 빠져 다니는 회사의 공금을 횡령하였으며 이 일이 회사에서
발각될까 봐 전전긍긍 하고 있다는 것이다. 월급을 제대로 안 가져
오는 남편을 추궁하여 이러한 사실을 알게 되었으며, 어떻게 처리해
야 할지 난감한 상황이다. 한국의 부모에게 돈을 부탁하려고 해도
잘 살고 있다고 이야기해 놓아 그럴 수 없다는 말도 덧붙였다.

2002년 연국을 조식하여 본 후 9월이 되면 해결될 수 있으므로 기
다려 보라고 하였다. 후에 남편이 회사의 사장에게 사실을 알리고
횡령한 돈은 할부금 형태로 갚기로 하여 해결되었다고 감사 메일을
보내 왔다. 참고로 남편의 생년월일은 양력 1972년 10월 31일 오전
10시 30분이다.

5. 부부관계에서 무엇이 문제일까?

음력 1961년 6월 12일 辰時(大暑 中元 陰遁 1局)

丙	戊	乙	辛	坤命 平生局
辰	午	未	丑	

1999 時宮 辰五 辛 天柱 九天 卯八 丁 歸魂 死門 時家 驚門 劫財-29-69 衰病	2003 世宮 未十 壬 天心 九地 寅三 己 福德 景門 時家 開門 比肩-3-49 死 年劫 年年	2001 月宮 午七 戊 天蓬 玄武 亥六 乙 天宜 休門 時家 休門 正印-14-82 墓絶 年馬 日劫
2000 亥六 癸 天禽 午七 丙 切體 生門 時家 死門 食神-21-75 旺 日年	1998 申九 天芮 酉四 癸 正官-33-64 伏年亡 伏日馬	2005 巳二 庚 天任 白虎 子一 辛 遊魂 驚門 時家 生門 偏印-43-52 胎
2004 年宮 空亡 祿 子一 己 天英 螣蛇 巳二 庚 絶命 開門 時家 景門 傷官-45-50 帶祿 年華 日亡	2002 空亡 天馬 卯八 丁 天甫 太陰 戌五 戊 生氣 杜門 時家 杜門 偏財-8-90 浴	2006 流年 天乙 寅三 丙 天沖 六合 未十 壬 禍害 傷門 時家 傷門 正財-42-55 養生 日華

상담 상황

상담실을 찾는 사람들의 행태를 크게 두 가지로 나누어 볼 수 있다. 대부분은 우물쭈물 자신의 문제를 감춘 채 시험하듯이 상담을 청한다. "용하다는데 어디 한번 내 문제를 맞춰 보시오"라는 식이다. 속이 보이는 느낌이지만 "그래, 한번 보자" 이렇게 흥미를 주는 부류이다. 또 한 부류는 탁 터 놓고 자신의 문제를 상의하는 것이다. 미주알고주알 자신의 현재 처한 상황과 문제를 시원하게 밝히고 같이 의논하려는 사람들이다. 그러나 이런 사람들이 많지는 않지만 가장 좋은 상담태도로 생각된다. 이런 사람들과 문제를 끌어안고 같이 고민하다 보면 진이 빠지는 경우가 많다. 또 이런 경우는 상담자들이 그 상황에 맞게 운기를 해석하여 인생 파탄을 만들 위험도 있다.

이 사례는 후자에 속하는데, 남편이 회사의 여직원과 몇 년 전부터 바람이 났다는 것이다. 눈치를 채고 캐묻자 남편이 정리하였다고 하였는데 2002년 다시 확인해 보니 같은 직장에서 관계를 유지하고 있다는 것이다. 이제는 이혼을 생각하고 있는데, 이혼 후에 다른 남자와 재혼할 수 있는지 혼자 살아가야 하는지 궁금하다고 상담을 청하였다.

이런 식의 상담은 운기적으로 어떤 결론이 나오든 가장 중요한 것은 상담을 청한 당사자가 심정적으로 운기 결론을 받아들여 어떤 행동을 할 수 있도록 해 주는 것이다. 대개의 기문둔갑을 하는 사람들의 문제가 상담을 너무 어렵게 끌고 가거나 듣는 사람이 이해 못하는 전문용어를 쓰는 것이다. 이래서는 상담을 청한 사람들에게 어떤 행동을 이끌어 낼 수 없다. 실제 상담에서는 아주 쉽게 이해할 수 있도록 진행한다.

1) 명리적 판단

상외현상

사주의 전체 기운이 불과 흙인 인수와 비겁의 기운이 아주 강하다. 여명이 너무 세력이 강한 것이 흠이다. 비록 사주에 명주의 기운을 빼 주는 식상 辛金과 乙木이 있지만 역부족이다. 부부관계를 중점적으로 살펴보면 명주가 너무 왕성하여 상외(相畏)현상으로 남편이 발을 붙이지 못하는 구조이다. 남편을 뜻하는 乙木은 乙辛沖으로 깨져 있어 부부관계에 조심해야 한다. 또한 남편이 사는 자리인 남편궁이 기신이고, 丑未沖으로 깨진 점도 부부관계를 어렵게 하는 요소이다.

남편의 모양

부부관계에 희망을 주는 성분들도 있다. 우선 남편의 글자가 앉은 자리에 미약하나마 뿌리가 있다. 이것은 未土의 지장간 중에 乙木이 있는 것을 본 것이다. 다음으로 명주의 대운 흐름에 남편을 앉히면 亥子丑 대운에 남편이 생욕대(生浴帶)로 흘렀다. 더욱이 남편의 기운은 명주에게 반드시 있어야 할 용신에 해당된다. 이런 상황이라면 명주는 이혼보다는 수습하여 부부관계를 유지하는 것이 좋다. 이혼하면 명주의 기운이 너무 강하고, 재물을 대운에 앉히면 절태양(絶胎養)으로 흘러 아주 미약한 흐름이라는 것을 참조한다. 즉 이혼하면 경제적으로 자립하기 어려운 형세이다.

2) 기문으로 본 부부관계

일반적인 판단

기문둔갑으로 명주의 부부관계를 보면 부부관계를 나타내는 乙庚이 대충방(對沖方, 간궁과 곤궁)에 있어 부부불화를 예상할 수 있지만 정관이 겸왕한 상태로 중궁에 거하고 괘문이 천의·휴문으로 길하다. 이런 경우 길흉 여부를 떠나 남편이 그 역할을 톡톡히 할 것으로 예상된다. 2004년 명주의 운이 간궁에 닿으면 다시 부부불화의 기운이 있다. 상담자에게 이 점을 유의하도록 당부하였다. 기문으로 명주의 재복을 보면 편재는 괘문이 흉하고, 정재는 공망이다. 이혼하여 명주의 기운만으로 살아갈 경우 경제적 어려움이 예상되는 것은 명리적 판단과 같다.

작괘 판단

명주의 2002년 소운을 작괘하면 다음과 같다.

```
世動  ━━━  辛卯 比(太常)
 動   ━━━  辛巳 孫(太陰)
身動  ━ ━  辛未 財(貴人)
應動  ━━━  辛酉 官(朱雀)
 動   ━━━  辛亥 印(勾陳)
命動  ━ ━  辛丑 財(天空)
```

작괘할 때 시(時)의 순수 癸가 중궁에 있으므로 중궁의 원래 구성인 천금이 진궁에 붙고 천예가 중궁에 들어와 대리 정사를 하는 것으로 본괘는 중뢰진괘가 된다. 이런 결과로 변괘인 중풍손괘의 모든 효가 동하였다. 명주 효인 세효를 용신으로 하여 괘를 해석한 것을 보면 "산수포노 괴량절주 계난행려 유련수고(山水暴怒 壞梁折柱 稽難行旅 留連愁苦)요, 야강무월 막행승주 시위주사 종귀허무(夜江無月 莫行乘舟 時違做事 終歸虛無)"라고 하였다. 풀이하면 산과 물이 크게 노하여 다리와 기둥을 무너뜨려서 여행이 어려워 계속하여 머무니 근심되고 괴로운 것이요, 깜깜한 강에 달이 없어서 배를 타고 가지 못하여 일을 도모함에 시기가 맞지 않으니 종래는 모든 것이 허무해지는 상황이다. 일부 주역 해설서에서는 상육 효가 동하는 경우 소송에 유리하다고도 해석하지만 전체적인 기운이 이런데 과연 소송이 유리할지 의문이다.

이제까지 살핀 것을 정리하면, 남편이 자신의 역할을 하지만 당사자는 부부불화가 있을 상황이다. 소송 등을 통해 이혼을 고려하는 것은 시기적으로 맞지 않다.

6. 투자일까, 도박일까?

음력 1963년 1월 7일 辰時(大寒 下元 陽遁 6局)

戊 甲 癸 壬	坤命 平生局
辰 戌 丑 寅	

2000 時宮 寅三 丙 天甫 勾陳 午七 丙 切體 休門 時家 傷門 偏官-42-56 養生	2005 卯八 辛 天英 朱雀 巳二 辛 生氣 生門 時家 杜門 正官-20-79 浴 年亡 日亡	1998 空亡 天馬 辰五 癸 天芮 九地 辰五 癸 禍害 死門 時家 景門 偏印-29-65 帶祿
1999 酉四 丁 天沖 六合 亥六 丁 歸魂 景門 時家 生門 傷官-35-60 胎 年劫 年年 日劫 日年	2001 祿 午七 寅三 乙 偏財-45-53 	2003 空亡 天乙 丑十 己 天柱 九天 丑十 己 絶命 開門 時家 死門 正印-17-90 旺
2004 年宮 月宮 申九 庚 天任 太陰 子一 庚 遊魂 驚門 時家 休門 食神-18-88 墓絶	2006 亥六 壬 天蓬 騰蛇 酉四 壬 福德 傷門 時家 開門 劫財-24-71 死	2002 世宮 子一 戊 天心 直符 申九 戊 天宜 杜門 時家 驚門 比肩-9-46 衰病 日年馬 日年華

1) 실제 상황

주식투자와 관련된 사례이다. 명주는 2001년 말에 2002년의 신수를 보면서 남편의 수입이 변변치 않아 부업이라도 해 본다고 푸념하였다. 신수를 볼 때 2002년의 소운이 중궁의 재성과 천충지충(天沖地沖)되어 손실운이므로 절대 큰 규모의 부업은 금물이라고 강조하였다. 2002년 5월 말 명주가 남편 몰래 주식투자를 하여 큰 손실을 봤다고 재차 상담을 청하였다. 어떻게 처리하면 좋겠느냐? 주식투자를 계속하면 손실을 복구할 수 있느냐? 물었지만 재물운이 바닥이라 뾰족한 돌파구가 없는 상황이었다.

2) 괘사의 암시

기문작괘를 하였을 때 이런 운기가 어떻게 나타나는지 살펴보자. 직부구성 천심이 건궁에 있고 직사팔문 개문이 감궁에 있으므로 본괘는 천수송괘이다. 변괘는 2002년의 소운궁인 건궁의 구성과 팔문으로 작괘하면 천택리괘이다. 본괘와 변괘를 비교하면 음효와 양효가 바뀐 것이 초효가 된다.

재물운과 관련하여 이 괘를 살펴보면 재성의 효가 복신이 되고 비겁의 효가 쌍으로 떴다. 아울러 인수가 동한 상황이다. 재물과는 전혀 인연이 없는 운기임을 간단히 알 수 있다.

　참고로 세효를 용신으로 했을 때 주역에서는, "지존지위 자시자결 난거중정 공혹유실(至尊之位 自恃自決 難居中正 恐或有失)"이라고 효를 해석하였다. 이것은 아주 높은 자리에서 스스로를 믿고 결단하므로 비록 중정한 곳에 있으나 혹시 잘못이 있을까 두렵다는 뜻이다. 이에 반해 "작행구식 모귀옥숙 급기실사 안녕무고(雀行求食 暮歸屋宿 及期室舍 安寧無故)"라는 해석도 있다. 참새가 모이를 구하기 위해 나갔다 저녁에 집으로 돌아오니 편안하고 아무 변고가 없다는 뜻이다. 이 해석은 주역의 효사와는 좀 거리가 있는 듯하다. 효사에 이르기를 "구오 쾌리정려(九五 夬履貞厲), 상왈 쾌리정려 위정당야 (象曰 夬履貞厲 位正當也)"라고 하였다. 이는 구오 효가 동한 경우 명쾌하게 밟아 나가지만 그래도 위태한 상황이 되므로 염려가 된다는 뜻이다. 따라서 전자의 잘못이 있을까 두렵다는 해석이 효사에 부합된다.

2장 동처론

1. 일러두기

각 궁을 보는 방법을 기문에서는 보통 사진동처론(四辰動處論)이라고 한다. 사진이란 년·월·일·시궁을 말하고, 동처란 사진에 중궁과 유년·소운궁을 더한 개념이다. 이 장에서는 이 중 기문국에서 가장 중요시되는 세궁과 중궁을 보는 방법만 알아본다.

1) 내용

이 장에는 『처음 배우는 기문둔갑』과 이 책의 각 사례에 사용된 판단방법도 있지만 새로운 것도 있다. 보는 이들이 실제 기문국의 해석에 바로 사용할 수 있도록 각 궁별로 정리하고 간단한 주석을 달았다. 내용 중 중복되는 것은 세궁 → 중궁의 순으로 정리하였다. 즉 세궁과 중궁에 중복되는 해석방법은 세궁에서만 다루었다.

2) 시국 부적용

점사국에서 특별하게 해석되는 사항은 다루지 않았다. 점사의 해석은 『처음 배우는 기문둔갑』을 참조한다.

3) 해석방법

이 장의 내용 중 상호 모순되는 부분도 있다. 이것은 해석 단법(單法)을 적용한 것이므로 반드시 기문국의 전체 상황을 고려하여 적용한다. 아울러 일부 단법들은 실제 임상을 통하여 확립된 이론이 아닌 것도 있다. 이러한 이론들은 학리 연구와 임상을 통하여 학문의 깊이를 더하기를 바라는 마음에서 소개하였다. 전체 상황과 하지론(何知論)을 적용할 때 참고하는 정도로 한다.

2. 사진동처 전체 보기

1) 사진의 흐름

사진의 흐름이 하극상을 보이는 것은 좋지 않다. 기문에서도 일반적인 명리 개념과 같이 근묘화실(根苗花實)의 개념이 도입된다. 이런 이유로 연궁을 월궁이, 세궁이 월궁을, 시궁이 세궁을 극하는 것을 흉하게 본다. 특히 진극(眞剋)은 대흉하고, 가극(假剋)은 소흉하다. 물론 자세한 힘의 방향은 분석이 이루어져야 하지만 하극상이 되는 것은 일단 나쁜 영향이 있다는 것을 알아 둔다.

2) 통기와 음양

기문국은 통기와 음양의 균형이 맞아야 한다. 그래서 현인의 명은 사진과 중궁이 모두 왕하고 음양이 상배(相配)되는 경우이다. 동처가 고루 왕하다는 것은 오행의 흐름에 막힘이 없다는 것이고, 음양이 상배를 이루었다는 것은 음양의 균형이 어느 한 편에 편집되지 않았다는 것이다. 기문둔갑에서 가장 이상적인 것이 성국과 통기가 되는 경우라고 하지만, 성국은 성국의 종극수가 강한 영향력을 발휘하여 기운이 편집되는 일이 발생하므로 주의한다. 예를 들어 연궁 생 중궁하고 중궁 생 세궁일 경우 세궁의 흐름에 주목해야 한다. 만약 식상의 기운이 빈약하면 바로 재성을 깨는 것이 성국의 종극수의 역할이다.

이에 반하여 음양의 균형이 완전히 깨져도 존귀한 명으로 보는 경우가 있다. 그것은 오행이 모두 있는 기문국으로 사맹(四孟, 寅申巳亥)·사중(四仲, 子午卯酉)·사계(四季, 辰戌丑未)의 사진이 연결 상통되며 순음(純陰)으로 이루어져 있는 때이다. 이런 경우는 성인·천자의 명이다. 그러나 반대로 순양(純陽)이면 왕비의 상이다. 이것은 음양의 이치로, 순음은 양을 이끌고 순양은 음을 맞이하기 때문이다.

사진에 사맹·사중·사계가 모두 갖추어진 경우에 화살이 되는 것으로도 본다. 단, 화살이 되어도 치귀자(治鬼者)의 국을 만들지 못하는 경우에는 가정을 저버릴 수 있으며 재물만 탐하는 경향이 있다.

3) 신살 참조

연궁의 수리는 월간의 귀(貴)가 되고 월수는 일간의, 일진수는 시간의, 시수는 연간의 천을귀인으로 이루어진 명은 천자의 명이다. 또 연수는 월간의 귀, 일수는 시간의 귀, 월수는 연간의 록(祿), 시수는 일간의 록이 되는 명은 왕자의 명이다. 문자 그대로 받아들이지 말고 귀인과 록의 귀함을 강조한 것으로 이해한다.

3. 세궁론

1) 일진수의 본질
(1) 성격·직업·체질 판단의 기준
일진수는 기문국의 각종 판단의 기본이 된다.

① 일진수 자체로 성격을 판단한다. 성격을 볼 때는 칠화심성론(七火心性論) 등 기문만의 독특한 방법이 있지만 실제로 임상해 보면 맞지 않는 경우가 많다. 성격을 보는 기본적인 방법은 일진수를 육친과 결합하여 해석하는 것이 원칙이다. 나머지 사진동처는 이러한 일진수에 영향을 주므로 성격을 최종 판단하는 데 참고요소로 활용된다. 즉, 기문국의 가장 기본이 일진수 그 자체이다.

② 체질을 볼 때는 중궁과 세궁의 천지반 홍국 수리로 작괘하여 그 수괘(首卦)로 팔상체질을 정한다.

③ 직업을 볼 때는 겸왕 오행과 필요 오행으로 운기에 맞는 직업을 판단한다. 겸왕 오행의 속성으로 직업의 큰 종류를 정하고, 필요 오행의 속성으로 작은 종류를 정한다. 이 때 필요 오행은 세궁·중궁·월령이 중심이 되어 정한다.

(2) 세궁 지반수는 본인과 가정
일진수는 강한 것이 좋다. 그러나 무조건 좋은 것은 아니다. 세궁의 지반수가 겸왕·승왕·길괘문을 득하면 바랄 것이 없다. 그러나 5·7·9 삼살회동이나 쌍7·쌍9 등이면 좋지 않게 본다. 예를 들어 쌍5인 천강살로 되어 있으면 가정불화·가정파괴·횡액·살상의 일이 발생한다.

이런 이유로 세궁과 재성궁이 대충방에 있으면 가정불화의 조짐이 있다. 대충방에 있다는 것은 내궁과 외궁으로 분리되어 있다는 것이다. 연기적으로 乙과 庚이 대충방에 있으면 진공방(眞空房)이라고 한다. 역시 내궁과 외궁에 분리되어 있는 경우로 부부불화의 기운이 있다.

2) 일진수의 득기 판단
(1) 일진수의 오행

일진이 水氣가 강한 경우
① 사진과 중궁에 살기가 강하거나 水氣가 중중(重重)하면 타향·타국에 살 수 있다. 만약 사진 중 하나가 이런 경향이 강한 경우도 마찬가지이다. 水氣는 이동성을 나타내는 오행이기 때문이다. 水氣가 세궁에 있고 연궁에 水氣가 강하거나 충극이 되는 경우는 일상생활이 바쁘거나 객지생활을 한다. 연궁이 水氣가 강해도 마찬가지이다.
② 곤명에 사진 중 세 개의 동처가 水氣·火氣인 경우 쌍둥이 자식을 출산할 수 있다.
③ 세궁·중궁·명궁에 1·6水가 왕하거나 있으면 손재의 기운이다. 일종의 변동수로 보는 것이다.

세궁에 火·金이 있는 경우
연국 등에서 연궁·중궁·세궁의 홍국수의 상황을 보아 세 개가 모두 화금상전(火金相戰)하면 액이 있다. 이 경우 연궁에 상문·화해가 동궁하면 관(官)의 액이다.

(2) 일진의 천인지 판단

천인지의 방법

일단 건명은 세궁이 왕해야 한다. 단, 5·7·9 삼살인 경우는 왕하면 좋지 않다. 이 경우 신왕(身旺)과 오행의 원류(原流)를 이룬다는 것은 별개의 문제이다. 이런 세기를 볼 때 홍국수뿐만 아니라 의기(儀奇)의 왕쇠도 보아야 한다. 일단 세궁이 왕기를 가지고 있으면 기문국이 흉의를 가지고 있어도 침범당하지 않는다. 예를 들어 중궁이 연궁을 생하고 연궁이 세궁을 극하면 흉하게 보지만 이 때 세궁이 왕하면 그 흉함을 줄일 수 있다. 이것은 화살하는 경우이다.

일진수가 기운을 얻었는지 여부는 다음과 같이 天人地의 기운을 얻었는지를 본다. 天은 천반수와의 관계에서 생을 받고 있는지로 가늠한다. 人의 기운은 천반수·육의삼기와 다른 동처와의 관계 등을 보는데, 이 중 팔문을 가장 중요시한다. 地의 기운은 앉은 궁의 은복지지(隱伏地支)와 어떤 관계인지를 본다. 홍국수는 地의 기운을 볼 때 궁 오행이 아닌 은복지지의 영향을 중요시하므로 주의한다. 이러한 방법은 사신(四神)의 득기 여부를 보는 방법과는 조금 차이가 있다. 사신의 경우는 天이 월령이 되고 地가 앉은 궁의 오행이 된다.

일진의 승령

월령이 세궁을 극하면 세궁에 제약이 된다. 실령 상태가 되는 것이다. 반대로 세궁이 월령을 극하면 자신이 월령을 규율하는 것이므로 세궁의 활동에 큰 제약이 없다.

일진의 왕쇠 판단과 득지 여부

일진수의 득지 여부는 세궁의 은복지지와의 생극관계로 판단한다. 만약 일진이 수극되어 약세라도 득지한 경우는 자손수가 휴지(休地)·절지(絕地)에 있어도 자식이 그 대를 잇는다. 자식과의 인연이 있다는 것이다. 또한 일진이 간궁에 있고 귀혼·두문·생문이 닿은 명은 산에 은거하며 사는 사람이다. 앉은 궁의 속성을 그대로 이용한 판단방법이다.

(3) 일진수의 득기 상황

일진이 겸왕한 경우

세궁이 너무 왕하면 명주는 의지처가 없다. 또 성정은 고독하며 행동이 느리다. 단, 일진수가 아주 왕하고 중궁 또는 월궁에 재성이 있는 경우는 이 영향이 적어진다. 재성을 활동성으로 보기 때문이다. 세궁의 수리가 겸왕하고 동원(同原)되지 않은 경우는 생활에 큰 변동이 있거나 동업하는 일이 생긴다. 뿌리가 없는데 자신의 기운만 강하기 때문이다. 아울러 수리가 겸왕인데 4/4·5/5·6/6·7/7일 경우는 자형(自刑)에 해당되어 세궁에 이러한 것이 있을 때는 관액(官厄)·시비구설이 있다. 중궁·명궁에 있는 경우도 같다.

일진이 왕한 경우

① 연궁 생 중궁하고 중궁이 관귀일 경우 일반적으로 명주에게 흉으로 작용한다. 일종의 살로 작용하기 때문이다. 그러나 일진수가 왕기를 띠면 명주를 장수의 명으로 보는 경우가 있다. 일진이 감당할 수 있기 때문이다. 아울러 칠살이 중궁에 동하고 일진이 수생하며 득기한 경우도 장수의 명이다. 세궁인 기신 효는 일단 왕해야 좋다고 본다. 고서에서 기신이 왕하면 백살이 불범(不犯)이라고 한 것은 이를 두고 한 말이다.

② 연국을 조식하여 일진수를 볼 때 일진수가 거왕 · 거생 등으로 왕기를 띠면 그 해에 인구가 늘고 전답을 늘린다.

③ 건명인 경우 일진이 왕하면 좋지만, 곤명은 세궁이 왕하고 살기를 띠면 일부종사를 못한다. 그러나 이 경우에도 관성궁이 아름답고 운기가 길한데 관성궁이 길하고 살을 띠지 않으면 귀부인의 명으로 보기도 한다. 일단 세궁이 너무 왕하면 가정 화목에 문제가 있으며 부부간의 문제에 평생 신경을 써야 한다. 물론 이 경우는 전체 홍국수의 구성이 편고된 경우이므로 명리에서 비겁이 태왕한 경우와 유사한 경우에 해당된다.

④ 곤명이며 중궁 또는 세궁에 4 · 9金이 겸왕하고 동원(同原)이 되면 남편을 얻기 어려우며, 남자에게 잘 해 주어도 남자가 없는 여명이다.

일진이 약한 경우

일진을 보는 기본적인 방법은 다른 동처를 보는 것과 유사한데, 다른 동처들이 소통에 무게를 둔다면 일진수는 그 세기를 보는 데 중점을 둔다는 것이 다르다. 보는 방법은 일진수의 득기여부와 사신을 살핀다. 일진수가 수극 · 승사(乘死) · 거사(居死) 등으로 실기하고 괘문이 흉한 경우는 빈천하며 수명이 길지 않은 명이다. 이렇게 판단하는 것은 유년의 흐름이나 소운의 흐름에서 질액이 오면 일진이 쇠약하여 이를 감당하지 못하는 것이 가장 큰 이유이다. 건명에 세궁이 너무 쇠약하면 질액을 달고 사는 명이다. 더욱이 다른 동처와 정충(正沖)이 되면 매질을 당하는 것을 조심하고, 객사 할 수 있으며 명주의 성격이 소심하고 날카롭다.

특히 수명이 길지 않고 요절하는 사람은 다음과 같은 특징을 가진다.

- 일진궁의 상하 홍국수가 칠구상전(七九相戰)하면 좋지 않은데 이 중 어느 한 홍국수가 왕기를 띠면 요절한다.
- 일진궁의 괘문이 흉하고 약하면 요절한다. 예를 들어 일진궁에 사문 · 절명을 만나고 수극 · 승사 · 거사된 경우이다.
- 사진동처의 상황으로 보아 일진수가 약하면 요절한다. 특히 이 경우 중궁이나 연궁이 일진수를 극하면 좋지 않으며, 극하는 중궁이나 연궁이 연궁 · 중궁의 생을 받으면 더욱 흉하다. 예를 들어 중궁 생 연궁하고, 연궁 극 일진수인 경우이다.

관직에서 크게 성공하지 못하는 명은 다음의 특징이 있다.

- 세궁 자체가 무력하다. 세궁수가 거극 · 거사 · 수극되는 것을 가장 꺼린다.
- 관성의 기운이 너무 왕하다.
- 인수의 기운은 강하나 관성이 약하다.
- 재성이 왕하고 관성이 약하다.
- 관성이 왕하고 인수가 약하다.

요약하면 일진수가 무력하고 재관인의 균형이 안 맞는 경우이다.

3) 일진 천반수
(1) 일진 천반수를 보는 방법

일진 천반수가 그 해의 주사(主事. 주된 일)가 되는 경우가 있다. 기문 5변국(평생국 · 연국 · 월국 · 일국 · 시국)에서 각 국을 주도하는 기운은 행년(行年, 명궁) · 중궁 · 일진수를 이용하여 판단한다. 특히 연국에서는 일진의 상수, 즉 일진 천반수를 위주로 판단한다. 연국 등의 판단에서 그 해의 주사를 결정하는 것은 그렇게 단순한 일이 아니다. 가장 일반적인 방법이 행년의 개념을 이용하는 것이다. 명궁(命宮)이라고도 하는 행년은 명주의 나이를 따라 남자는 순행하고 여자는 역행한다. 행년의 개념은 주로 연국에서만 활용되므로 그 활용에 문제가 있다고 할 수 있다.

주사를 결정하는 것은 이미 말한 바와 같이 여러 가지 방법이 있는데 만약 서로 다른 결론이 나오면 사진동처의 상황이나 득기 여부로 그 우선 순위를 정한다. 예를 들어 일진의 천반수가 편관이 가림한 경우 질액·손재 등이 일어난다고 본다. 이 때 편관이 살중(殺重)한 9金이라면 행년과 중궁 지반수의 영향보다는 일진 천반수의 영향을 더 중요시한다. 결국은 홍국 수리의 힘의 행방을 따라가는 기본적인 해석법으로 돌아가게 되는 것이다.

또한 연국에서 세궁에 임하는 천반수의 육친을 보아 해당 육친과 관련된 일이 일어나는 것을 안다. 예를 들어 비겁이 임하면 친구에 대한 일이 일어나고, 아울러 재물과 관련된 일은 추진하는 데 어려움이 있다.

천지반의 상충

연국의 해석에서 세궁의 천지반이 상충하면 이사를 하든지 집안이 소란하다. 이에 따른 길흉은 전체 홍국수의 기세와 육충(六沖)의 종류에 의한다. 더하여 六庚이 임하면 흉사가 있고, 六丙이 임하면 집안이 소란하다.

일진 천반수와 가택

가택의 상황을 볼 때 세궁의 천반수는 남자, 지반수인 일진수는 여자이다. 따라서 천지반수가 서로 상생·상합하면 길하고, 상극·

불합하면 흉하다.

세궁 천지반수의 음양

세궁의 천지반 홍국수가 양극양(陽剋陽), 예를 들어 1/7이면 부모의 속을 많이 썩인다. 또 세궁 천지반 홍국수가 음극음이면 부모에 대한 기억이 별로 없으며, 세궁 천지반 홍국수가 양생양이면 어머니와 인연이 별로 없으며 의붓어머니를 모실 수도 있다. 그러므로 건명에서 세궁의 상황을 볼 때 가장 부모와 인연이 좋다고 할 수 있는 홍국수의 구성은 음생양·양생음의 상태이며 다른 것은 부모와 인연이 별로 없다.

(2) 일진 천반수의 육친

일진 천반수가 관성

세궁수가 수극을 당하거나 일진 위에 살기가 있는 경우에는 일생 이루어지는 일이 없다. 물론 다른 동처가 일진수를 생조하지 못하는 경우이다. 또한 일진수가 12운성으로 절(絶)이고 수극되는 경우에는 유년에서 액이 있으면 이것을 감당할 수 없다. 액회가 되는 경우이다.

일진수가 제극(制剋)되면 화살이 될 수 있다. 즉, 일진수 위에 재성이 있는 경우이다. 그러나 일진수 위에 관성이 있는 수극의 상태는 세궁 자체의 상황으로는 화살이 되기 어렵다고 본다. 이 경우에도 중궁이 인수로, 인수가 생하거나 월궁이 재성·인수가 되면서 화살이 되면 길하다.

관성의 기운이 강하고 일진에 관성수가 가림하여 수극이 되면 일진수가 약화되므로 이름을 떨치거나 큰일을 이루기 어려우며, 관직 등을 감당할 수 없는 명이다. 즉, 관귀가 왕하고 수극을 당하는 경우이다. 관성이 득기하고 운성으로 대왕(帶旺)의 자리에 있는 경우는 고관의 명으로 보는데 물론 이것을 감당할 일진의 힘이 뒷받침되어야 한다. 세궁이 거왕지(居旺地)에 있거나 연궁과 충극이 안 되거나, 연궁·월궁에 재성·관성·인수가 있어야 발복이 된다.

연국 등의 판단에서 세궁의 일진수가 극을 만나고 절체를 만나면 상복을 입거나 가족이 다친다고 본다.

일진 천반수가 재성

일진 상수에 재성이 가림하고 일귀(日貴)가 연궁에 임하면 대귀지명(大貴之命)이다. 단, 관성이 득기하여야 한다는 조건이 있다. 일진 천반에 재성이 임하고 재궁이 왕하면 처덕을 볼 수 있다. 건명의 세궁에 재가 임하고 유기(有氣)하면 해당되는 해에 처첩의 일이 있다. 경문(景門)과 태음이 임하면 여자에게 인기는 있으나 명주에게 실속이 없다. 또 다른 예로 乙加辛이 동궁하고 경문(景門)·유혼이 동궁하면 첩을 얻어 도주한다.

일진 천반수가 인수

일진 천반수가 인수라는 것은 수생의 상태를 말하며 공명과 인덕이 있다. 편인보다는 정인이 더 좋다. 이 경우 생하는 인수가 살기인 火金일 때는 완전히 달라진다. 세궁이 살기로 수생되거나 살중하고 시궁에 재성이 있으면 승려의 명이다. 또한 건명에 사진이 육충이 되고 재성궁과 식상궁이 기운이 없으면 승려의 명이다. 이 경우 火氣가 강하면 불상을 모시거나 불심이 강한 명으로 본다.

4) 세궁의 상황
(1) 세궁과 괘문성장

세궁과 팔괘
① 세궁 또는 연궁에만 길괘·길문이 있는 경우에도 화살이 된다고 보는데 이 경우는 관록(貫祿)이 길하다. 길괘는 보통 생기·천의·복덕을 말한다.
② 연국에서 세궁에 7·9가 있고 팔괘 중 천의가 동궁하는 경우 병이 생기지만 치료가 된다.
③ 연국에서 세궁이 수극되어 있는데 절체를 만나면 가정·부부 문제가 발생한다.
④ 세궁·중궁·명궁에 화해가 동궁하면 시비가 생긴다.
⑤ 연국에서 세궁에 팔괘 중 유혼을 만난 명은 출입 등이 잦아진다.

세궁과 팔문
① 세궁에 상문이 있는 경우 직업적 공명이 한약 방면에 있다. 하나의 단법이다.
② 연국에서 세궁의 지반수가 왕한 상태로 경문(景門)을 만나면 결혼에 대한 경사가 있거나 식구 수가 늘어난다.
③ 세궁에 경문(驚門)이 있으면 명주의 성격이 허위를 일삼고 말을 잘한다.

세궁과 구성
① 세궁에 천심성이 있으면 천심이 의술·복술을 주관하므로 이 방면에 직업적인 공명이 있다.
② 구천이 세궁이나 명궁에 있으면 명주의 기세가 자못 등등한 형

상이다.

세궁과 팔장

① 세궁에 태음·육합이 동궁이면 이성관계가 문란하고 색정문제가 있으며 구설이 분분하다.

② 세궁에 백호가 있으면 불구자인 경우가 많다. 고서에 나온 단법이다. 실제로 임상하여 보면 단지 백호가 있다고 해서 그런 경우는 드물고 다른 기문요소와 결합하였을 때에 그런 경향이 강하게 나타난다.

(2) 세궁과 신살

세궁의 신살 포국

일반적인 신살 포국은 지반수를 위주로 한다. 아울러 기문국의 기본궁인 세궁·중궁·연궁을 홍국 천반수와 비교하는 경우도 있다.

세궁의 역마

① 역마 중 일마(日馬)가 연궁에 있거나 연마(年馬)가 세궁이나 중궁에 있는 경우도 관직의 일에 길하다.

② 연국에서 세궁으로 이사시기를 볼 때 세궁의 상하가 비화(比化)인데 년·월 기준으로 역마가 세궁·중궁에 있으면 명주가 이전하든지 아니면 이사를 간다. 그 시기는 세궁의 일진수를 충하는 시기이다. 예를 들어 세궁의 일진수를 충하는 수가 3木이면 3월 또는 寅月이라고 단하고, 만약 3이 공망지에 거하면 세궁의 지반수가 그대로 이전·이사의 시기이다. 또한 세궁 상하가 상충·상극이고 일마가 연궁·중궁·세궁에 있으면 유배나 귀향을 가는 것으로 단하

는데 소인에겐 그 화가 크다.
　③ 세궁에 역마가 동하면서 세궁이 왕한 경우는 세상에 이름을 떨친다고 보지만, 세궁이 약하면 유랑자·거지·행상인이다.

세궁의 백호
일진수에 백호가 가림하면 자손을 일찍 못 본다.

삼살회동과 세궁
세궁에 삼살회동하는 경우 다음의 사항을 참고한다.

　① 건명이면 세궁이나 중궁에 삼살이 있어야 길한 국으로 보고 득관(得官)하는 데 길하게 본다. 단 5·7·9 삼살은 제극되어야 하며, 기문국에서 1·6水와 3·8木의 홍국수는 왕할수록 길하고 삼살은 보통 약해야 길하게 여긴다. 그러나 삼살과 세궁이 무기(無氣)하면 오히려 길하게 보는 경우가 있는데 사주 명리의 종격과 관련하여 생각하면 이해가 갈 것이다.
　② 연국을 볼 때 기본 세 궁인 세궁·중궁·명궁에 쌍화(雙火)·쌍금(雙金)이 동하는 것을 크게 나쁘다고 본다. 특히 명주에게 위해한 것으로 보며 해당 육친도 나쁘다.
　③ 5·7·9 삼살이 세궁·중궁·명궁에 있으면서 왕기를 띠고 화해·절명 등을 만나면 필연 액사·흉화이다.
　④ 세궁 지반수가 쌍5·쌍7·쌍9이면서 연궁·세궁이 사절을 만나면 신액이 있다. 이 경우 연궁의 칠살이 겸왕·거왕하면 사망한다. 연궁이 중궁의 칠살을 생하는 경우, 또는 연궁의 칠살을 중궁이 생하는데 연궁·월궁의 지반수가 세궁의 칠살수를 생하는 경우도 액이 있다.

⑤ 연국에서 7·9가 세궁·중궁에 있어도 이사하게 된다. 유혼이 있다면 이러한 경향이 더욱 강해진다.
⑥ 사진에 살기가 강하면 술사의 명이든지 아니면 불심 등 신앙이 강한 경향이 있다.

세궁과 공망

세궁이 공망인 경우는 고독한 명이다. 거공(居空)된 명은 입산수도할 가능성이 있는 명으로 보며, 공망에 해당하는 육친과는 약간의 거리가 있고 거공된 육친과는 인연을 깊이 할 수 없다. 왕지·생지의 일진수는 거공을 논하지 않는다. 세궁이 공망이 되는 경우 부모와의 인연이 없고 부부와의 인연도 없다. 특히 세궁이 공망인데 시궁이 대충방에 있으면 그 경향이 더욱 강해지고 일생 인고의 세월을 보낸다.

세궁의 귀문·함지

세궁에 귀문관살(鬼門關殺)이 있으면 그 영향이 크다. 앉은 궁의 은복지지(隱伏地支)와 홍국수가 같은 귀문관살이면 진귀문(眞鬼門)이라고 하여 그 영향이 가장 크다고 본다. 세궁 수리가 수극이 되고 水氣이면서 함지가 동궁하면 음란한 행동이 있다.

(3) 세궁과 12운성

강한 운성을 만나는 경우

① 녹왕쇠(祿旺衰) : 기문에서 보통 록(祿)은 일진수를 기준으로 정한다. 이 일록(日祿)이 연궁에 닿으면 관직 등에 길하다. 또한 연간을 기본으로 한 세록(歲祿)이 일진·관성궁·중궁에 닿아도 관직

에 길하다. 세궁에 제왕이 닿는 여명인 경우 사회적으로 성공하지만 가정적으로는 화합하지 못하는 결점이 있다. 세궁이 쇠(衰)에 닿으면 성품이 온순하고 내성적인 성향이 있다. 학문에 밝아 연구직 등에서 일하면 발복한다.

② 생욕대 : 일진수가 12운성으로 목욕(沐浴)에 닿으면 색란(色亂)이 일어난다.

약한 운성을 만나는 경우

① 병사묘(病死墓) : 일진수가 휴수궁에 있으면 용두사미의 경향이 있다. 일진수가 사(死)·묘궁(墓宮)에 있으면 재물과 인연이 별로 없다. 또한 일궁과 시궁이 묘궁에 앉아 있으면 우환이 계속된다. 일간이 입묘, 세궁의 지반수가 절묘(絶墓)이고, 중궁에 쌍귀(雙鬼)가 있으면 요절한다.

② 절태양(絶胎養) : 일진수가 절궁에 있으면 부부 사이에 말썽이 많으며 질액·병사·횡사의 기운이 있다. 세궁이 사절(死絶)을 만나 약할 때 연궁과 중궁에 삼살 중 7·9가 동하면 사망한다. 물론 이 경우 육의삼기·괘문성장도 참조한다. 년과 일진에 양(養)이 들면 양자로 간다.

5) 세궁과 다른 동처와의 관계

(1) 동처간의 합형충파해

세궁·연궁의 홍국수 상하가 삼형이 되면 액이 있다. 연국 등을 볼 때 참조한다. 세궁이 충되는 경우 연국에서는 변동운이 있으며, 중궁도 같다. 평생국에서는 세궁이 다른 동처로부터 극충을 당하면 정신 없는 일을 많이 한다. 단, 화살이 되는 명은 그 영향이 감소된다. 세궁이 왕하면서 충극을 만나면 옥사와 재화(災禍)를 만나는 명이고, 처와 명주의 명도 길지 않다. 반대로 세궁이 너무 약한 상태에서 충극을 만나면 형제간에 우애가 없고 주변의 인복도 없다. 또한 세궁의 일진수가 너무 약하거나 살중하면 자식을 두기도 어렵다.

(2) 세궁과 중궁

세궁과 중궁의 특징
① 둔갑국 : 세궁의 천지반수가 중궁에 뒤바뀌어 있는 경우 이것을 둔갑국(遁甲局)이라고 한다. 변화와 기교에 능한 사람이다. 거꾸로 생각하면 그 만큼 삶의 곡절이 많다는 것이다. 홍국 수리의 예를 들면 세궁은 3/1이고 중궁은 1/3이 되는 경우이다.
② 공망과 중궁 : 공망을 볼 때 주의할 것은 왕자(旺者)는 비공(非空)이라는 것이다. 이 말은 왕하면 공망으로 보지 말라는 뜻이다. 왕한 대표적인 경우가 겁왕, 장생 거, 중궁의 생을 받는 경우로, 그래도 공망의 영향을 완전히 벗어나지는 못한다.

세궁과 중궁의 합형충파해
① 중궁과 세궁의 합 : 세궁과 중궁이 합이 되고 지극히 무력하며 水氣를 띠면 음란한 명으로, 부인을 쫓아내고 첩을 들이며 고독한 명이다. 이 경우 세궁에 생기·복덕이 있으면 배우자가 정숙하다.
② 세궁과 중궁의 충 : 중궁과 세궁이 정충(正沖, 천지반이 서로 충되는 경우)이 되면 변동이 일어난다. 연국 등에서 참조한다.
③ 중궁과 가극 : 건명에서 세궁과 중궁이 가극(假剋)관계이면 부부간에 불화하고 처로 인해 신경을 많이 쓰는 명이다.

중궁에 재성

건명의 부부 인연을 볼 때 세궁이 겸왕·수생되고 중궁에 재성이 있으면 세궁의 왕기를 설기하므로 화살이 된다. 이 경우 명주의 성품은 지극히 인색하고 처와 처가를 자랑하기를 좋아한다.

중궁에 관성

연국에서 세궁이 왕할 때 중궁에 관성이 거하면 화살이 되는데 중궁의 관성이 흉격을 띠면 오히려 위험하다. 기곤의 원칙에 의해 곤궁을 보아 격을 가린다. 곤명이 세궁이 왕하면서 중궁에 식상·관성이 있고, 식상과 관성이 극충이 되는 경우는 음란한 명이 된다. 아울러 은혜를 모르는 사람이 된다. 또한 이 경우 5·10土가 세궁이면 나이 차이가 많은 사람과 정을 통한다.

중궁에 인수

① 중궁 인수 : 곤명으로 중궁에 관성·인수가 동하거나 사진 중에 관성·인수가 있으면 부모의 덕이 있다. 이 경우 세궁이 왕하거나 살을 띠고 있으면 덤벙거리고 물건을 소홀히 하는 습관이 있다. 또한 세궁이 왕하고 중궁 또는 시궁에 인수가 임하는 경우 먹을 복이 많다. 이것도 일종의 단법으로 이해한다. 중궁에 인수가 쌍인(雙印)이거나 단인(單印)인 경우 일단 부자의 조건을 가진 것이다. 여기에 세궁이 왕하면 중궁 생 세궁으로 세궁이 극왕해질 우려가 있다. 이 때 식상의 설기가 충분치 않고 재성이 실기하면 부자와는 전혀 관계가 없다. 이것은 기문국을 해단할 때 반드시 전체 상황을 고려하여야 한다는 것을 말해 준다.

② 중궁과 자식 : 세궁이 약세인데 중궁과 연궁에서 생하지 못하면 자식이 없다. 이 경우 시궁이 인수나 관성이면 늦게 자식을 얻는

데, 관성이 너무 왕하거나 살을 띠면 첩의 몸에서 자식을 얻게 되며 중궁에 재성이 있는 경우는 무방하다.

(3) 세궁과 연궁

세궁·중궁·연궁은 기문국의 기본궁이다. 이 세 궁이 극의 관계이면 흉하게 보는데 그 중에서 다음의 경우를 더욱 흉하게 본다.

- 연궁이 세궁을 극하고 연궁이 중궁의 생을 받는 경우
- 중궁이 세궁을 극하고 중궁이 연궁의 생을 받는 경우

일단 일진궁은 득기의 측면에서 연궁과 중궁의 생을 받는 것이 길하다. 예를 들어 연궁을 볼 때 연궁과 세궁 지반수의 상극관계를 중시하여 연궁의 지반수가 세궁의 지반수를 생하면 기문국 전체가 흉하더라도 개흉으로 단하지 않는다.

세궁·연궁의 형충

세궁이 왕한데 연궁이 형충(刑沖)으로 치면 자연사가 아니라 흉사한다. 예를 들면 수술 시 사망, 자동차 사고로 인한 사망 등이다. 이 경우 1·7 子午沖이 되면 틀림없다.

연궁이 관살

기문국 해석에서는 연궁이 세궁을 생조하는 것을 중요시하므로 연궁이 관살이면 세궁이 연궁을 극하는 것보다 화가 크다고 본다. 그러나 관살이 연궁인 경우 중궁에 인수가 있으면 관인상생(官印相生)으로 길한 작용을 한다.

연궁이 재성

세궁이 연궁을 극하는 경우, 즉 연궁이 재성인 경우이다. 이 경우 운세 해석에서 연궁이 세궁을 극하는 것보다는 화가 적다. 평생국을 판단하면 공무원 등 관직에는 인연이 없고 장사 등으로 생계를 유지하는 것이 좋다. 또한 세궁이 연궁을 극하면 부모에 대한 정이 없고 모시기도 힘든 명이다.

(4) 세궁과 월궁

세궁과 월궁의 극충

월궁과 세궁이 상생이면 길하고 가업을 물려받는다. 그러나 상비(相比)하고 극충이면 가업이 전혀 없다. 세궁과 월궁이 극충이거나 세궁 자체가 극충이면 혼자 쓸데없는 생각을 많이 하며 추진력도 부족하다. 특히 명주에게 재복이 없는데 재물을 탐하는 경향이 있다. 다른 면으로는 세궁과 월궁이 극충되면 살던 곳을 떠나 타향에 살게 된다고 보는데, 기본적으로 월궁을 환경궁으로 보기 때문이다.

월궁에 식상·비겁

세궁이 왕하면서 월궁·시궁에 식상이나 비겁이 동하면 그의 처가 현숙치 못하고 재물로 인한 화도 많다. 그러나 연궁에 식상·비겁이 동하면 이러한 영향이 없다.

(5) 세궁과 시궁

시궁과 세궁의 극충

곤명에 있고 세궁과 시궁이 극충이 되면 자식이 없을 명이다. 그러나 시궁이 아름답거나 화살되면 자식을 얻는다. 또한 세궁과 시궁이 상충되면 살아가면서 억울하고 분한 일을 많이 당한다.

세궁과 시궁의 강약 비교

세궁이 왕하고 중궁 또는 시궁에 인수가 임하는 경우 식록이 무궁하다. 시궁은 근묘화실 중 실(實)로 보기 때문이다. 이에 반하여 세궁이 강하고 시궁이 약한 국은 모든 일에 시작은 있으나 끝이 없는 명이다. 즉 용두사미의 경향이 있다.

시궁과 자식과의 인연

건명의 자식관계는 세궁을 중심으로 세궁과 시궁의 관계를 본다. 세궁과 시궁이 서로 합을 하면 자식이 효자이며, 식상궁이 살기를 띠면 자식이 불효한다. 식상궁이 시궁에 있으면 자식을 갖기 어렵다고 본다. 단, 중궁에 재성이 있는 경우는 길격이다. 시궁에 식상궁이 있으면 자식과의 인연이 없다고 보는 이유는, 시궁이 근묘화실의 개념으로 볼 때 말년의 운세를 보는 자리인데 식상이 있으면 관성을 치기 때문이다. 관성은 명예이다.

6) 세궁과 육친궁과의 관계
(1) 세궁과 식상궁

세궁이 왕하고 식상궁도 왕한 경우 그 자식이 재혼을 한다. 단법으로 그만큼 자식의 운이 안 좋다는 것이다. 세궁이 약하고 식상궁이 왕한 경우는 빈곤하고 요절하며 발복이 어렵다. 특히 이 경우 월령이 식상이거나 충극이 되면 그 영향이 강하다.

(2) 세궁과 재성궁

세궁이 왕, 재성이 약

세궁이 왕기를 띠고 사진에 재성이 없으면 고독하고 외로운 명이다. 이 경우 재성이 살기를 띠면 가난한 명이다.

세궁이 왕하면서 재성궁이 약하면 우선 처와의 인연이 없다. 여기에 재성궁이 흉살을 띠면 부부문제로 고민하고 번민하는 명이다. 재성궁이 충극되면 말년이 고독하다. 또 세궁이 약하고 재성이 왕하거나, 시(時)에 재성이 있는 경우, 세궁이 천반수로부터 수극되거나 설기되는 상황에 흉살을 가지면 처와의 인연이 없다. 이 경우 기문국의 재성이 왕하면 처를 폭행하고 학대하며, 처는 생활력이 강하고 주권이 강하다. 세궁이 왕한데 식상·재성은 약하고 관성이 강해도 처와 인연이 없다. 그러나 재성궁이 중궁에 있으면 이러한 영향이 없다.

세궁이 약, 재성이 왕

건명인 경우 세궁이 약하고 재성이 왕하면 그 사람 됨됨이가 인색하고, 세궁이 약하고 재성이 강할 뿐만 아니라 관성도 강한 경우는 의처증 증세가 있고 바람기가 있다. 일진수와 재성수를 비교할 때 일진수는 약한데 재성수가 거왕·승왕·겸왕으로 너무 왕하면 그 처가 고집이 세다.

명주의 재복을 볼 때는 재성궁이 있는 위치를 보아 재성궁이 월궁에 있으면 가난은 면한다고 본다. 또한 일진수가 약하고 재성궁이 왕한데 식상궁까지 왕하면 가난하다. 이것은 세궁이 약한데 식상의 설기가 있어 재물을 감당할 수 없기 때문이다.

재성이 강하고 세궁이 약한 경우는 자식과도 인연이 없다. 만약 식상궁이 득기하고 아름다우면 늦게라도 자식을 보지만, 식상궁이 火氣·金氣이거나 흉살을 띠면 이복 자식을 두게 되고 그 자식이 불미한 행동을 한다.

(3) 세궁과 관성궁

여자의 경우 일진수보다 정관 수리가 태왕하면 남편 때문에 고생하거나 집안이 망하고 나쁜 남편을 만날 명이다. 곤명에 재성이 왕하고 관성도 왕한 경우 돈도 주고 몸도 주고 버림받는 형상이다. 이때 중궁에 식상이나 관성이 왕하면 일부종사하기 어렵다. 또 식상과 관성이 합충되는 시기에 이혼하며 인수·관성운에 재혼한다.

세궁이 쇠약한데 관성궁이 왕한 경우 관성궁에 살기가 있으면 자식을 두기 어렵다. 여기에 식상궁이 살을 가지고 있거나 칠구상전·丙庚이 있으면 낙태할 수도 있다. 그리고 세궁 신약에 관성궁이 왕하거나 살기를 띠면 몸이 완전치 못하다. 세궁이 4·9金이거나 관성궁이 4·9金이면 더 그렇다. 곤명의 경우는 남자와 인연이 오래 가지 못하고 남자로 인한 고민으로 세월을 보낸다.

(4) 세궁과 인수궁

인수궁과 세궁

세궁과 인수궁이 모두 왕한 경우 왕한 인수가 그 자식을 치므로 자식을 얻기 힘들고, 자식을 얻더라도 그 자식이 빈천한 명이 되는 경우가 많다.

인수궁의 왕약

인수궁의 수리가 수극·승사·거사이면 조실부모하고 부모덕이 없다. 반대이면 부모의 운이 길하다. 이 경우 부모의 수가 5·10土 이거나 六戊·六己를 득해도 그 부모가 부자이다. 부모의 수리가 4·9金 또는 火氣·金氣로 살기를 띠고 있으면 친부모가 아닌 부모를 모시고 살 수 있다.

사진동처의 인수와 부귀 여부

기문국에서 중궁이나 연궁에 쌍인이 동하면 부자가 될 명이다. 동처에 쌍인이 있으면 그 다음으로 보며, 만약 단인이 중궁이나 연궁에 동하여도 부자가 된다. 단, 일진수가 극왕하면 이런 영향이 없다.

4. 중궁론

1) 중궁수 기본사항

기문둔갑 해단의 어려움은 홍국수를 중심으로 한 뼈대와 괘문성장인 살을 보고 어느 사항이 핵심인지 즉각적으로 결정하고 이를 중심으로 간명을 풀어 나가는 데 있다.

① 어느 요소가 어느 정도 관여하는지 결정한다.
② 만약 어느 한 요소가 관여할 때 어떤 방향으로 관여하는지 결정한다.

①은 종합적인 간명 방법으로 전체적인 홍국수의 상황과 성국·통기·화살 등과 관련된 사항이고, ②는 기문둔갑 포국 요소 하나하나에 대한 이해를 분명히 하는 것에서 시작된 방법으로 비결 또는 단법 등으로 부른다. 그러나 비법이라는 것은 ①에 있는 것이지 ②

에 있는 것이 아니다. 그러나 이러한 단법도 무시할 수 없으므로 여기에서는 중궁을 보는 단법을 소개한다. 이 방법은 말 그대로 단법으로 전체 홍국수의 상황 등 득기 여부가 무시된 것이므로 이 방법만으로 기문을 해단하면 큰 잘못을 범할 수 있다는 점을 확실히 해둔다.

중궁을 보는 법

중궁을 볼 때 기본적으로 염두에 둘 것은 중궁에 어느 육친이 암동(暗動)하는지 살피는 것이다. 예를 들어 식상이 동하면 재성이 암동하고, 재성이 거하면 관성이 암동한다. 관성이 암동하고 해당 기문국의 관성궁이 아름다우면 그 역할이 이루어져 길하다. 또한 국의 전체적인 원신은 연궁이므로 연궁과의 관계도 반드시 살펴보고, 세궁과의 관계도 아울러 살펴보아야 한다.

다음으로 중궁의 생조에 가장 큰 영향을 주는 것이 연궁이므로 연궁의 상황을 보아야 한다. 예를 들어 중궁에 인수가 거하는데 연궁에 관성이 있으면 그 영향이 강화되는 것이고, 연궁에 재성이 있으면 그 영향이 감소되는 것으로 단한다.

궁체이론과 중궁

중궁의 천반수는 궁(宮), 지반수는 체(體)라고 한다. 궁은 객과 같은 존재이며 먼저 움직여 활동하는 것으로 만일 궁이 왕생하면 외부적인 것을 추진하는 데 길하다. 체는 집주인과 같은 존재로 체가 약한 경우에 내부적인 일을 도모함에 불리하다. 여기서 왕생하다는 것은 중궁의 오행이나 월령이 생해 주거나, 또는 다른 동처에 있는 홍국수가 앉은 자리나 천반·월령의 생을 받고 그 홍국수가 중궁의 홍국수를 생하는 경우 등을 말한다.

중궁의 특별 취급

중궁은 기문국의 영원한 동처로 다음과 같이 특별 취급을 한다.

① 중궁 지반수가 있는 원래 궁이 공망일 경우 총공(總空)이라고 하며 일반적인 공망보다 그 영향이 아주 강하다.

② 성국은 기본 3궁인 중궁과 연궁·세궁과의 관계를 보는 것으로 이 기본궁의 연결로 성국 여부를 판단한다.

③ 은복삼살과 같이 중궁의 숨어 있는 오행의 상대수를 쓰는 경우가 있다. 중궁 지반수가 1일 때 오행의 상대수는 6이고, 3이 있을 때 상대수는 8이다.

④ 구궁의 팔방(八方)에서 대충방은 중궁을 통해야 직접적이고 확실한 영향을 줄 수 있다.

2) 중궁 수리 오행

(1) 중궁의 水氣·木氣

중궁에 水氣가 겸왕하면 쌍둥이를 낳고, 3·8木이 있으면 태를 목에 감고 나온다. 기문의 연국 해단에서 1·6에 대한 해석은 독특한데 세궁이 상비(相比)하고 1·6水가 중궁이나 명궁에 동하면 이사수·동업운으로 본다. 기본적으로는 손재의 기운이다. 비록 1·6水가 동하지 않고 세궁이 겸왕하지 않아도 水氣가 있으면 이러한 영향이 있다고 판단하는 경우도 있다.

(2) 중궁의 火氣·金氣

연궁·중궁·세궁의 홍국수 상황을 보아 세 개가 모두 화금상전(火金相戰)하면 액이 있다. 이 경우 연궁에 상문·화해를 만나면 반드시 관의 액이다.

중궁 하나만 보더라도 중궁이 火金이면 연국에서 흉사이다. 예를 들어 이것이 관이면 수감생활을 할 기운으로 보며 재성이면 부채 등이다.

3) 중궁에 식상 동궁
(1) 중궁 식상에 대한 기본사항

성정의 특징

중궁에 식상이 있으면 한마디로 끼가 있다. 자신의 기운이 강하여 규율을 싫어하며 정조관념이 약한 특징이 있다. 또한 관성을 치는 기운이므로 무식한 행동을 많이 하며, 남편복과 자식복이 없는 명이다. 중궁의 식상이 극충되거나 세궁에 살기가 중중(重重)한 경우는 색정으로 인해 그 끝이 좋지 못하다. 이 때 연궁이 비겁으로 되면 이러한 경향이 강화된다. 중궁이 양의 식상이면 모든 남자의 애인이 될 수 있는 명이고, 음의 식상이면 잡된 여자이다. 그러나 식상이 유기(有氣)하면 부자의 명이 될 수 있다. 아울러 중궁 식상이 매우 왕하면 남의 자식을 키울 수 있다. 남편복도 없을 뿐만 아니라 남편을 극할 수 있는 명이다. 이 경우 관성궁이 아주 약하면 수절할 수 있지만, 사진에 火氣·金氣가 강하면 수절을 못한다.

중궁의 식상이 火氣·金氣로 이루어졌거나 삼살이 중중하면 화류계 여성·무당·연예인 등의 기질이 있다. 사진동처에 火氣·金氣가 강한 경우에도 이런 영향이 있다.

중궁의 식상은 헛소리 등으로 그 사람의 됨됨이를 믿을 수 없다고 보며, 이 경우 식상이 살중(殺重)하면 그 사람의 말이 거칠어 다른 사람에게 상처를 입힌다.

중궁 식상과 음사의 발생

건명인 경우 중궁이나 명궁에 식상·재(곤명인 경우는 식상과 관성)가 동하면 음사(淫事)가 발생한다. 이 경우 의기(儀奇)와 성문(星門)을 반드시 참조한다. 丙庚과 乙庚이 동하여도 음행에 노출된 명이다.

식상이 태왕

① 부부관계 : 중궁의 식상이 강하면 기본적으로 관성을 해치는 성분으로 작용한다. 이 경우 관성이 아주 약하면 관성이 파진(破盡)되어 혼자 살게 된다. 그러나 관성의 수리가 火金으로 살기가 있으면 재혼한다. 火金의 수리는 약세 여부에 영향을 덜 받는다.

② 부모·자식복 : 식상이 태왕한 경우 부모복이 없다. 인수의 기운을 상외하기 때문이다. 또한 자식복도 없다. 특히 식상의 수리가 너무 왕하든지 명국 중에 식상의 수리가 너무 왕하면 남의 자식을 키운다.

③ 몸 : 식상의 설기가 너무 강하면 명주의 몸이 허약하다.

중궁 식상수의 형충파해

중궁은 자식의 산실이다. 또한 식상은 자식의 육친이다. 식상이 형충되는 것은 자궁이 좋지 않은 것이므로 부부관계에 좋지 않다. 자식을 낳는 것도 힘들어 낙태·사산 등이 있다.

중궁의 식상 수리가 水氣

색정이 강하다. 정조관념이 극히 희박하고 부부간에도 불화가 있다. 이 경우 중궁에 극충이 되면 음란함이 더욱 강해진다. 이혼과 국제결혼의 가능성도 있다.

중궁 식상 수리의 살기

중궁의 식상 수리가 살기를 가지고 있고 곤명인 경우 비천한 신분이다. 예를 들면 술집여자·첩실 등으로 연예인·무당도 해당된다. 언뜻 독해 보이기는 해도 자신의 마음을 추스릴 수 없고, 남을 유혹하거나 유혹에 쉽게 넘어가는 성격이기도 하다. 곤명에 중궁 식상이고 5·7·9 삼살이면 바람기가 있고 남편을 치는 패륜도 한다.

중궁 식상과 비겁궁과의 관계

중궁의 식상은 남편을 치는 성분이며 세궁의 왕기는 관성을 상외하는 작용을 한다. 바람 등으로 집안을 망치고 극충이 되면 음란함이 극심하다. 직업적으로 볼 때는 중궁에 식상이 강하면서 세궁이 강한 경우 식상의 영향이 강해지므로, 아래 사람과 관련된 교직이나 동식물을 기르는 일이 적합하다. 세궁이 약한 경우는 자식복이 없고 명주도 질액으로 고생하는 명이다. 설기가 강하기 때문이다.

중궁에 식상이 있고 연궁이 비겁이면 식상의 본질이 생재와 탈기에 있으므로 명주가 재물에 치중하여 욕심이 많으나 설기하는 성분으로 수전노의 기질은 없다. 또 다른 예로 중궁 식상에 세궁 천반이 재성인 경우는 중궁의 식상이 생재하여 일진수를 설기하는 형세로 재물은 화가 되고 병이 된다. 그러나 세궁에 재성이 가림하여 재물을 밝히고 여자를 이용하여 돈을 벌려는 마음도 가져 본다. 돈을 목적으로 결혼하는 명이다.

중궁 식상과 재성궁과의 관계

곤명으로 중궁에 식상이 있고 연궁에 재성이 동궁하면 음식 솜씨가 있다. 그러나 세궁·재성궁이 공망이 되거나 살(殺)을 가지면 반대이다. 이러한 솜씨를 가지고 음식업 등을 하는 것도 어울린다. 직업적인 공명은 연궁·월궁의 재성 유무로 판단한다. 이것은 기본 3궁이 생으로 연주되어 재물의 기운이 강화되기 때문이다. 당연히 세궁 수리가 왕하여 재성의 기운을 감당하여야 성공할 수 있다. 아울러 연궁과 월궁이 길격이어야 성공할 수 있다.

 직업을 택하는 경우는 재성의 수리 오행을 기준으로 한다. 예를 들어 재성의 수리가 土이면 농사·토목·건축 등이 어울린다. 국 중에 재성이 없거나 실기하는 경우 기술 등은 있으나 재물이 쌓이지 않아서 가난한 명이다.

 중궁 식상에 흉살이 있으면 재성궁이 아무리 좋아도 수명이 짧고 잔병으로 고생하는 명이다. 그리고 곤명에 중궁의 식상궁과 재성궁이 합이 들거나 동처에 있든지 중궁 식상 위에 재성이 있든지 아니면 반대인 경우 살림살이에 욕심이 많다.

중궁 식상과 관성궁과의 관계

 곤명이며 중궁에 식상이나 관성이 동하는 경우에 식상·관성이 무기(無氣)하거나 살을 띠면 성욕에 굶주린다. 또 세궁이 왕한데 관성이 약하거나 중궁에 식상·관성이 동하면 남자를 그리워한다. 곤명에 중궁 식상·재성이 왕하고 관성이 왕하면 몸 주고 돈도 주고 버림받는 형상이다. 중궁에 식상이나 관성이 왕하면 일부종사하기 어려우며, 식상과 관성이 합충이 되는 시기에 이혼하고 인수운·관성운에 재혼한다.

 (2) 중궁 식상과 동궁하는 육친에 따른 해석
 ① **중궁 비겁/식상 동궁** : 중궁 비겁/식상(천반육친/지반육친, 이하 동일)인 경우 천반의 비겁이 식상을 생하므로 식상의 속성이 강해져서 관성을 치는 기운이 강해진다. 성격상 약간 안하무인의 기질

이 있으며, 생재의 기운으로 재성궁이 아름다우면 운세의 흐름은 나쁘지 않다.

② **중궁의 식상이 겸왕** : 중궁 식상/식상인 경우는 식상이 겸왕하다. 식상이 인수를 쳐서 부모와의 인연이 없고, 식상 탈기가 강하여 명주의 몸이 허약하며, 기운이 넘치는 것은 모자람만 못하다는 태과 불급의 역학원칙에 따라 자식과의 인연도 약하다. 정조관념이 없는 편이고 질서를 깨는 방자한 성정이다.

연국에서 12운성으로 태궁에 생문·생기가 동궁하는 경우, 식상궁이 겸왕한 경우, 중궁에 쌍수(雙水)인 식상이 동하는 경우 쌍둥이를 출산할 가능성이 있다.

③ **중궁 재성/식상 동궁** : 재성의 기운이 강하여 욕심이 많은 명이다.

④ **중궁 관성/식상 동궁** : 식상과 관성을 유통시키는 재성을 밝히므로 색을 밝힌다. 자체 극으로 그 성격은 나쁘다. 재성이 필요 오행인지 판단해야 한다.

⑤ **중궁 인수/식상 동궁** : 인수인 천반이 상극하는 관계이다. 무엇보다 인수가 식상을 치므로 부모와의 인연이 없다고 보며 자식과도 큰 인연이 없다. 인수가 삼살의 살기가 있으면 불구 자식을 둘 수도 있다고 본다. 식상은 늙어서는 관성을 치게 되므로 노년이 고독해진다.

중궁 수리 자체에서 식상이 수극되는 상황이다. 식상은 본래 치귀자(治鬼者)의 역할을 하는 육친인데 이것이 수극된다는 것은 무력해진다는 것이다. 거기다 사진으로부터 수극되면 더욱 무력해지므로 각종 질병을 조심하여야 한다. 특히 생식 계통과 관련된 유방·자궁의 질병, 출산으로 인한 질액을 조심한다.

4) 중궁에 재성 동궁
(1) 중궁 재성에 대한 기본사항

중궁 재성의 특징
① 성격 : 중궁에 재성이 있으면 직관의 성분인 인수를 치므로 편협한 마음이 있다. 움직이는 것을 좋아하고 활동성이 있으며, 풍류를 즐기고 재물 욕심이 있다.
② 부부관계 : 여자는 중궁에 재성이 있으면 남자를 늦게 알아 늦바람이 난다. 중궁의 재성은 건명에는 처로 보며, 일단 중궁에 재성이 강한 것은 길한 작용을 하지만 충극이 되거나 살중하면 부부의 연이 부실하여 재혼 등의 기미가 있는 명이다. 이 경우 세궁이 약하면 재성을 감당하지 못하여 흉하다. 반대로 세궁이 왕하면 재생관(財生官)하는 것으로 보아 길하다.

중궁 재성수의 형충파해
재성궁이 형충파해(刑沖破害)로 깨져 있으면 처덕이 없다. 처에게 기댈 마음인데 오히려 처를 돌봐야 한다.

중궁 재성 수리가 水氣
① 직업 : 중궁 재성이고 기문국의 재성이 水氣를 띠면 상업에 길하다.
② 부부관계 : 늦바람이 난다. 여자의 경우 남자로 인해 고통이 많은 명이다. 국 중에 水氣가 왕한 경우 그 남편은 백수건달 · 노름꾼 등 비정상적인 인물이다.

중궁 재성 수리의 살기 여부

① 부부관계 : 재성수가 살기가 강하면 일단 부부관계가 좋지 않다. 처를 얻으면 가족간에 분란이 일어나고 파탄을 맞을 가능성이 높다. 중궁 재성수가 합이 되거나 살기가 강하면 처가 외국인이거나 화류계에 있는 여자이다. 또한 살기가 강한 경우 명주도 정상적인 결혼을 하기 힘들고 재혼할 우려가 있다.

② 부모 : 재성 수리가 살기가 있다는 것은 생보다는 극에 치중한다는 것이다. 결국 이런 영향으로 인수인 부모가 파진되어 부모복이 없다. 특히 인수궁의 상황이 좋지 않거나 실기한 경우에는 이런 영향이 더 강하게 나타난다.

중궁 재성과 비겁궁과의 관계

세궁(비겁궁)에 식상이 가림하고 중궁 재성이면 욕심이 많고 처가에 기댄다. 재물 때문에 결혼하기도 하는 등 재욕을 위해서라면 무엇이든 하는 사람이다. 중궁 재성인 경우 연궁이 식상이면 좋으며 이 때는 사업으로 성공할 수 있다.

또한 중궁에 재성이 있고 연궁에 재성이 있거나 기문국 전체에서 재성궁이 왕기를 띠면서 충극이 안 되는 경우에는 그의 부인이 활동적이다. 건명인 경우에 처를 무시하고 남의 여자를 넘보며, 처에게 얹혀 사는 것을 당연하게 생각한다. 세궁이 약할수록 그런 경향이 커진다.

중궁에 재성이 동하고 세궁이 수생·득지하여 왕하면 재물과 처를 감당할 수 있다. 그러므로 신수국에서는 재물을 얻거나 처를 얻는 시기가 된다. 나아가 색란이 일어나는 경우도 있다. 이에 반해 세궁이 쇠약한 경우는 손재가 있다.

중궁 재성과 식상궁과의 관계

세궁을 제외하고 기문국에서 중요하게 취급하는 동처는 연궁과 중궁이다. 연궁은 세궁의 원신(源神) 역할을 하며, 중궁은 구궁의 영원한 동처로 취급된다. 그래서 세궁·중궁·연궁을 기문국의 기본궁이라고 한다. 이 기본궁이 상생으로 연주되면 성국이라 하며, 이 중 연궁과 중궁이 상생하는 것을 중요시한다. 그러므로 식상궁은 연궁에 있는 것을 가장 좋게 본다. 이 경우 재물의 영화가 있다.

중궁 재성과 재성궁과의 관계

기문국에서 재성이 왕하고 중궁에 재성이 있으면 재성이 인수를 극하는데, 인수는 덕과 명예로 보는 것으로 재파인(財破印)을 이룬다. 이로 인해 지독한 수전노의 기질이 있고, 직업으로 상업과 재정 등의 분야가 적합하다.

중궁 쌍재(雙財)는 부모복이 없고 여자가 길보다는 흉으로 작용한다. 그러나 기본궁인 연궁에서 비겁의 기운으로 눌러 주면 재성의 길함을 살릴 수 있다.

중궁 재성과 관성궁과의 관계

기문국에서 암동하는 궁으로 꼽는 곳이 겸왕궁·중궁·총괘궁이다. 겸왕궁은 그 기운이 강하여 동처가 아니라도 동처로 취급한다. 이런 궁은 생하는 육친에 기운을 주는 궁이다. 중궁 재성인 경우 관성을 생하므로 관성궁의 상황이 좋으며, 관록이 있고 재물복도 있다.

중궁 재성과 인수궁과의 관계

곤명으로 연궁 인수가 중궁 재성을 극하면 여명인 경우 천하고 음란하다. 또한 시댁과 인연이 없어 시부모를 모시지 못한다.

(2) 중궁 비겁 / 재성 동궁
비겁이 가림할 경우 건명은 부모·여자와 인연이 없다.

(3) 중궁 식상 / 재성 동궁
식상이 가림하면 길하지만 욕심이 많다.

(4) 중궁 재성 겸왕
일진 수리가 약하거나 살기가 있으면 재물에 대한 탐욕이 강하고 재물이 화가 된다. 건명의 경우 중궁이 이와 같이 쌍재이면 인수를 극하여 부모와의 인연이 약하고, 대개의 경우 여자와 금전이 화가 된다. 그러나 쌍재를 연궁이 비겁이 되어 규제하면 좋게 작용한다. 곤명인 경우 단재(單財)가 길하고, 쌍재이면 도리어 관성의 기운을 해쳐 남편과 이별·사별의 기운이 있다.

(5) 중궁 관성 / 재성 동궁
건명은 부모·여자와 인연이 없다. 곤명은 세궁이 약하면 길하다고 보지만 세궁이 왕하거나 살기가 있으면 바람기가 있다.

(6) 중궁 인수 / 재성 동궁
재파인이 되기 때문에 재복은 있으나 음란하다.

5) 중궁에 관성 동궁
(1) 중궁 관성에 대한 기본사항
관성은 타인이 자신의 생활에서 중심이 되는 성분이다. 그리고 명주를 치는 기운이며 눈치가 발달하는 요소이다. 중궁에 관성이 있는 경우 남을 얕보는 기질이 있고 성격이 급하며 눈치가 빠르다. 관성이 왕하면 색을 밝히고 음란하며, 관성이살이 되는 것이므로 기운이 강하면 살중으로 불미하다.

중궁 관성을 보는 요령

중궁에 관성이 거하면 우선 가림하는 육친을 분별하고 다른 궁에 있는 인수와 식상의 기운을 본다. 다른 궁에 인수가 없으면 관인상생(官印相生)이 안 되어 발전이 없고, 식상이 너무 강하면 관성이 그 귀함을 다하지 못한다.

다음으로 세궁의 세기를 보는데, 이것은 관성이 중궁에 있는 경우 이것을 감당하기 위해서는 세궁이 왕기(旺氣)를 가져야 하기 때문이다. 그리고 다른 동처와의 관계를 보아 월궁이 충극되면 불미한 것으로 본다. 월궁의 재성은 재생관으로 재운이 길하다고 본다.

중궁 관성수의 형충파해

① 애정 : 여명에 중궁의 관성이 합되면 생활이 문란하다. 칠살과 합이 되는 것이므로 자살 등으로 스스로를 상해하는 수도 있다. 관성이 극충되는 경우 남을 배려하는 성정이 아니기 때문에 부부관계에 문제가 많다.

② 성정 : 관성이 합이 되고 인수궁이 왕한 상태로 관인상생이 되면 고독한 명이다. 또한 관성궁이 왕기를 가지고 있고 길성의 도움이 있으면 성정이 기품이 있고 지식이 높다.

중궁 관성 수리가 水氣

국 중에 관성궁이 왕하고 水氣가 중하면 처덕으로 출세하지만 살중·무기하면 바람을 피운다.

중궁 관성 수리의 살기 여부

중궁의 관성을 식상 수리가 극충하고 관성 수리가 살기가 강하면 아이 있는 남자와 결혼한다. 관성 수리가 살기를 띠는 경우는 남편의 기운이 아주 흉한데, 게다가 묘절지(墓絶地)에 있으면 남편이 사고로 죽게 된다. 중궁 관귀가 천마를 만나는 경우에는 관귀의 기운이 강해진다.

중궁 관성과 비겁궁과의 관계

① 부부관계 : 중궁에 관성이 있으면 연궁에 어느 육친 수리가 있는지 주목한다. 곤명에 연궁 식상이면 극관(剋官)하여 남편복이 없다. 반면에 연궁 재성이면 재생관하여 남편복이 있다. 만약 세궁이 왕하고 관성이 水氣를 띠는 경우 명주는 아주 음란하다.

② 성정 : 비겁이 약한 경우 중궁의 관성을 감당하지 못하여 옹졸하고 소인배이다.

③ 직업 : 중궁의 관성이 강하고 연궁의 수리가 극충하는 경우 치귀자로 성공할 수 있다. 중궁에 관귀가 거하고 수생하거나 연궁에서 생하는 경우, 일진수가 겸왕·승왕·거왕한 경우는 무관·장수의 명이다. 또한 법관·의사·경찰 등의 직업과도 인연이 있다.

중궁 관성과 식상궁과의 관계

연궁 식상이며 관성이 살기가 없으면 남편과 대립하는 관계이다. 보통 연궁·중궁에 관귀가 동하면 흉격으로 보지만 이를 눌러 줄 식상의 기운 또한 왕생한 경우는 제살이 되어 화살된다.

중궁 관성과 재성궁과의 관계

① 부부관계 : 곤명에 연궁이 재성궁이면 재생관으로 음란한 명이

다. 중궁 관성이 살기가 강하면 집 밖에 남편이 있는 상이다.
　②금전 : 중궁 관성이 왕하고 월궁에 재성이면 부자의 명이다.

　중궁 관성과 관성궁과의 관계
　①부부관계 : 국 중에 관성의 기운이 너무 왕하면 부부간에 좋지 않다. 남자로 인한 마음고생도 심하여 알코올중독이나 도박 등에도 탐닉하게 된다.
　②직업 : 국 중 관왕(官旺)이나 길격이면 공무원이나 활동적인 직업이 맞으며 흉격이면 건달·깡패가 된다.

　중궁 관성과 인수궁과의 관계
　①직업 : 중궁 관성을 연궁이 충극하면 치귀지명으로 발복할 수 있다. 치귀지명은 중궁에 관성이 있고 연궁이 인수이면서 세궁이 왕한 것이 기본이다. 이런 환경이 되어야 화살이 되는데 만약 화살이 안 되면 건달생활을 한다.
　②성정 : 관인상생이 되는데 세궁이 왕하고 살이 있으면 모든 것을 쉽게 생각하고 물건에 대한 집착이 없는 명이다. 아울러 조심성도 없다. 관인상생이 안 되는 경우 관이 살로 작용하므로 발전이 없다. 단, 일진수가 왕하면 이런 영향이 줄어든다.

　(2) 중궁 비겁 / 관성 동궁
　성격이 조급하고 음란하다.

　(3) 중궁 식상 / 관성 동궁
　관성의 살기를 눌러 주므로 길하다.

(4) 중궁 재성 / 관성 동궁

중궁 재성/관성인데 왕기이거나 살중하면 부친과 인연이 별로 없고, 일진수가 약한 경우는 흉액이 있는 명이다.

(5) 중궁 관성 겁왕

일간이 입묘, 세궁의 지반수가 묘절(墓絶), 중궁은 쌍귀인 경우에는 요절한다. 중궁 관성/관성 가림하면 관성이 살로 작용한다. 그 성정은 임기응변에 능하고 음란하다. 부부간의 문제도 많으며, 살중하면 몸이 건강치 못하다. 곤명에 쌍관(雙官)이면 남편과 인연이 별로 없다. 직업은 기문국이 길국이면 공직 계통·종교계·육영사업 등에 길하다.

(6) 중궁 인수 / 관성 동궁

중궁 인수/관성 가림의 경우 세궁이 약할 때는 관인상생으로 길하게 본다.

6) 중궁에 인수 동궁

(1) 중궁 인수에 대한 기본사항

중궁에 인수가 동하는 경우에 장점은 명주가 인품이 있다는 것이고, 단점은 권태감과 일을 추진하는 데 있어 끝을 못 보는 용두사미의 경향이 있다는 것이다. 처자와 인연이 박하다.

중궁 인수의 왕쇠 판단

중궁과 사진에 인수가 왕한 경우 지식이 높고 논리적인 면이 강하므로 논리를 중심으로 하는 직업에 종사하는 것이 좋다. 인수가 왕한 경우 식상인 자식을 치므로 자식과의 인연은 없다.

중궁 인수의 형충파해

① 부모 : 중궁에 인수가 있고 사진의 인수가 합이 되든지 인수의 수리가 水氣가 왕한 경우 부모가 바람을 피운다. 또한 명주에게 배다른 형제가 있다.

② 부부관계 : 기문국의 관성궁이 왕한데 중궁에 인수가 왕하거나 중궁 인수가 극충이 되면 자식과의 인연이 약하고 재물 때문에 문제가 생기며, 곤명인 경우는 일부종사가 어렵다.

중궁 인수와 비겁궁과의 관계

중궁의 인수는 명주에게 좋은 역할을 한다지만 그것도 세궁인 비겁궁이 약세인 경우이고, 세궁이 너무 왕하면 명주는 재물복이 없고 부부관계도 좋지 않다.

중궁 인수와 식상궁과의 관계

중궁에 인수가 동하고 식상궁이 쇠약하면 명주에게 재산이 많아도 그 자식이 재산을 탕진한다. 아울러 자식복도 없다.

중궁 인수와 재성궁과의 관계

월궁에 재성이 가림한 경우 부자로 살 수 있으나 부모로부터 가업이나 재산을 상속받기는 어렵다.

중궁 인수와 관성궁과의 관계

관인상생의 관계를 이루는지 살펴야 한다. 관성궁이 지나치게 왕하면 관성이 칠살의 작용을 하므로 명주의 몸이 좋지 않다.

중궁 인수와 월궁과의 관계

중궁에 인수가 있고 월궁 천반에 인수가 동하면서 월궁과 중궁이 극충되는 경우는 지식이 높다. 그러나 부모의 도움은 받을 수 없다. 또한 처가 부모와 인연이 없어 부모를 모시기 싫어한다.

(2) 중궁 비겁 / 인수 동궁

비겁이 가림하는 경우 형제·동료·지인의 일로 피해를 많이 입고 부부관계도 원활하지 않다.

(3) 중궁 식상 / 인수 동궁

식상이 가림하는 경우 경제적으로는 길하지만 가족·지인과 불화가 심하고 부부·자식과도 인연이 깊지 못하다.

(4) 중궁 재성 / 인수 동궁

관인상생과 식신생재(食神生財)로 부자는 될 수 있지만 인수가 식상을 제압하므로 자식과의 인연은 깊지 못하다. 부부관계도 좋지 않다.

(5) 중궁 관성 / 인수 동궁

곤명의 경우는 관인상생으로 남편과 자식복이 있다. 남자의 경우는 관성의 명예와 인수의 영향으로 부명이다.

(6) 중궁 인수 겸왕

중궁 쌍인이면 일단 복은 있는데 단점으로 자식과의 인연이 별로 없다. 권태감으로 직장을 자주 옮기지만 재복은 있다. 중궁에 겸왕한 인수가 동하면 대개 명주에게 이익이 있는 것으로 단하는데, 이 때 명궁에 관귀가 동하지 않아야 한다. 이 경우 명궁에 재성이 동하면 재물과 관련된 일이 흉하다. 그 밖의 육친도 명궁에 동궁하면 마찬가지로 해당 육친이 불미하다고 해석한다. 중궁 인수가 겸왕하여 길한 작용을 하는 경우도 세궁이 길격을 이루고 이를 감당할 수 있어야 길하다고 단한다. 중궁의 겸왕한 인수가 쌍화·쌍금이면 관액과 질액이 있다. 또한 중궁에 쌍인이 동하면 화살이 된다. 단, 쌍인이 쌍화·쌍금으로 이루어지는 경우, 삼살회동이 되는 경우는 예외로 화살이 안 된다. 쌍인이 공망에 있어도 화살작용은 한다고 본다.

3부 택방택시론

1장 태을팔진부

기문둔갑에서 각 궁에 배치된 괘문성장(卦門星將)을 사신(四神)이라고 한다. 기문의 팔장·구성은 모두 귀신(貴神, 일반적으로 사용하는 鬼神이 아님)들의 명칭이다. 또한 기문둔갑에서는 각 구궁에도 고유의 귀신들이 있으므로 가히 기문둔갑은 귀신을 다루는 학문이라고 볼 수 있다.

따라서 사주 명리가 기본적으로 월령이라는 계절이 운명에 지대한 영향을 미치는 것으로 보고 이를 다루는 학문이라고 할 수 있다면, 기문은 시간과 공간에 있는 귀신들이 나라와 지방, 사람의 명에 미치는 영향을 논하는 신들의 학문이라고 할 수 있다. 그리고 이러한 신들의 영향을 어떻게 받을 것인가에서 개운의 의의를 찾을 수 있다. 이렇게 개운(開運)을 찾는 것은 나라 전체의 개운까지도 포함하므로 중국의 당나라 현종 시대에는 구궁의 신을 모시기 위해 단을 쌓기도 하였다.

여기에서는 기문둔갑에서 많이 사용되는 부적과 그 만드는 방법을 알아본다. 특히 후대에 이르러 도술 등과 결합되어 복잡해진 부적 등은 제외하고 대표적인 육갑신장부(六甲神將符)·육정신군부(六丁神君符)·팔문신장부(八門神將符)를 알아본다.

1. 부적의 의의

1) 부적의 기원과 사용
부적이란 무엇인가? 바라는 것을 계속 소리로 반복하면 그것이 '만트라(mantra, 眞言)' 즉, '주문'이 된다. 그리고 이 주문이 어떤 기호로써 표현된다면 이것이 곧 '부적'이다.

기원
인류가 바위나 동굴에 해·달·짐승·새·사람 등 주술적인 암벽화를 그린 것으로부터 부적의 기원을 찾을 수 있다. 우리나라는 단군설화에서 그 기원을 찾기도 한다. 태초에 환인이 환웅에게 주었던 천부인(天符印)에 대해 여러 학설이 분분하지만, 천부인을 하늘의 위치를 상징하는 세 개의 부적으로 해석하는 경우가 많다.

사용
삼국유사 권1 진흥왕대 기록에는 죽은 임금의 혼백과 도화녀(桃花女) 사이에 태어난 비형(鼻荊)이 귀신의 무리들을 다스렸는데, 그때 사람들이 글을 지어, "성제의 혼이 낳으신 아들 비형의 집이 여기로구나. 날고 뛰는 잡귀들아, 행여 이 곳에 머무르지 말라"고 하였고 이 글을 붙여서 귀신을 물리쳤다는 이야기가 있다. 또한 신라시대의 처용설화에서 처용이 그의 아내를 범한 역귀를 노래와 춤으로써 감복시킨 뒤, 처용의 화상을 그려서 문에 붙인 곳에는 절대로 들어가지 않았다고 하여 부적이 이 시기에도 사용되었음을 말해 준다. 이후로는 동의보감을 쓴 허준(許浚)도 부적의 효용성에 대해 인정한 부분이 많고, 동학교도들이 총칼이 피해 간다는 궁을부(弓乙符)를 지닌 사례도 있다.

2) 기문둔갑과 부적

부적의 시작은 기문

역학에서는 마고가 후손에게 전해준 천부삼인(天符三印)이 부적의 시작이라고 보기도 한다. 천부삼인은 북두칠성과 해와 달의 형상을 그린 것이라고 전해진다. 그러나 도가(道家)의 술서인『육정육갑금쇄경(六丁六甲金鎖經)』과『만법귀종(萬法歸宗)』에는 치우천왕(蚩尤天王)에게 패한 황제(黃帝)가 칠성단을 쌓고 7일 동안 하늘에 기도하여 하늘에서 천부영장(天符靈章)과 육정육갑금쇄경이 내려왔으며, 이를 이용하여 74회 전투에서 치우천왕을 이길 수 있었다는 기록이 있다. 여기서 천부영장은 북두칠성을 그린 부적이고, 육정육갑금쇄경은 육정육갑신장을 부리는 주문과 부적이었다. 그러므로 부적의 시작은 기문둔갑의 시작과 같다.

북두구성

현재 기문에서 칠성의 각 별은 옥황상제를 보좌하는 천신으로 귀하게 보고 있으며, 보두법(步斗法)은 신령과 통하는 방법으로 많이 이용된다. 북두칠성의 이름은 국자모양의 끝부터 손잡이 부분의 끝까지 고유 신의 이름이 있는데 순서대로 탐랑(貪狼)·거문(巨門)·녹존(祿存)·문곡(文曲)·염정(廉貞)·무곡(武曲)·파군(破軍)이다. 또한 각 칠성에는 구성이 배치되는데 탐랑에는 천영, 거문에는 천임, 녹존에는 천주, 문곡에는 천심, 염정에는 천금, 무곡에는 천보, 파군에는 천봉구성이 배치된다.

3) 진인보두법

기문에서 칠성의 자리를 밟아 나가는 방법으로 진인보두법(眞人

步斗法)과 기문비두법(奇門飛斗法)이 있다. 여기에서는 진인보두법만 알아본다. 진인보두법을 행하면 신령과 통하게 되는데, 하루 한 차례씩 100일간 해야 된다. 먼저 깊은 밤에 땅에 북두칠성의 형상을 별과 별 사이의 간격을 세 자 거리로 그려 놓고 주문을 외우면서 왼발과 오른발로 밟아 나간다. 이 방법은 은밀히 해야 하고, 사악한 자에게는 전하지 말 것이며, 함부로 발설하면 재앙을 받는다고 전한다. 주문은 다음과 같다.

斗要玅兮十二神 承光明兮元武陳 氣髣髴兮如浮雲 七變動兮上應,
두요묘혜십이신 승광명혜원무진 기방불혜여부운 칠변동혜상응
天知變化兮有吉凶 入斗宿兮過天關, 律呂兮治甲乙合 履天英度天任,
천지변화혜유길흉 입두숙혜과천관 율려혜치갑을합 이천영도천임
淸冷淵兮陸凌沈 柱天柱兮擁天心, 從此度兮登天禽 依天輔兮望天沖,
청냉연혜육능침 주천주혜옹천심 종차도혜등천금 의천보혜망천충
入天芮兮出天蓬 斗道通兮剛柔濟, 添福祿兮流後世 出幽明兮十萬歲.
입천예혜출천봉 두도통혜강유제 첨복록혜류후세 출유명혜십만세

2. 부적을 만드는 방법

1) 부적의 재료
(1) 바탕 재료

괴황지

보통 가로 10cm, 세로 15cm 크기 이내의 닥나무로 만든 괴황지(槐黃紙)를 쓴다. 괴황지는 전통 재래한지이다. 삼을 삶은 물에 한지를

담귀 낸 것인데 일식을 전후하여 삶아서 그 물을 일곱 번 들이는 것이 원칙이다. 누런 빛이 도는 창호지를 쓰기도 한다.

종이 외의 재료

종이 외에 돌·나무·청동·바가지·대나무 부적 등도 있다. 나무 부적 중에는 벼락을 맞은 복숭아나무나 대추나무 부적이 상서로운 힘을 갖는다고 믿고 있다. 이것은 나무가 벼락을 맞을 때 번개신이 깃들어 잡귀가 달아난다는 생각 때문이다. 어떤 사람은 수백만 원을 들여 벼락 맞은 대추나무나 귀금속에 음각 등을 하여 부적을 만들지만 기문에서는 특별한 경우를 제외하고는 이 방법을 쓰지 않는다. 특히 일부 돈에 눈먼 사람들이 전기합선을 이용하여 벼락 맞은 대추나무를 만드는 사례도 있으므로, 인연이 되어 얻는 것이 아니라면 굳이 이것을 고집할 필요는 없다는 생각이다. 특히 기문에서는 각 부적마다 규격이 따로 정하여져 있고 비단을 이용하는 경우도 많으며 색도 지정된 경우가 많은데 그에 따라 만들어야 확실한 효과가 있으므로 각 신장별 부적 만드는 법을 알아 재료를 택하는 것이 좋다.

(2) 경면주사

부적을 쓸 때는 경면주사(鏡面朱砂)나 영사(靈砂)를 곱게 갈아 기름 또는 설탕물에 개어서 쓴다. 경면주사에 사향 등의 향료를 넣었다고 주장하는 사람도 있지만 진짜 사향을 넣는지는 의심스럽다. 경면주사를 구하여 곱게 갈고 참기름(또는 들기름)으로 개어서 가는 붓으로 법도에 따라 정성스럽게 쓰면 된다.

(3) 붓

붓은 子年 子月 子日 子時에 잡은 쥐로 만드는 것이 원칙이다.

2) 부적을 쓰는 의식

① 부적을 쓰는 날 : 보통 甲子日, 庚申日, 단오에 쓴다.『불경요집』에는 "부적은 반드시 甲子時에 의관을 정대하고 정좌한 뒤 써야 하며 그 전부터 일체 잡인과의 교류를 끊고 남녀 합방을 금한다"라고 하였다. 한 번에 많은 부적을 써 놓을 때 참조한다.

② 사종오횡 : 사종오횡(四縱五橫)은 모든 악의 범접을 금한다는 마음으로 행하는 방법이다. 보통 땅에 칼 등을 이용하여 선을 긋지만 실내에서는 바닥에 손으로 선을 긋는다. 먼저 세로로 평행이 되게 4개의 직선을 긋고, 그 위에 겹치게 하여 가로로 5개의 직선을 그려 그물 모양으로 만든다. 한 손으로 긋기도 하지만 오른손으로 사종하고 왼손으로 오횡하는 것이 원칙이며, 기문의 각종 주문을 외울 때도 먼저 이 방법대로 한다.

③ 고치 : 고치(叩齒)는 고치칠통(叩齒七通)이라 하여, 옥황상제를 보필하는 북두칠성의 칠성신의 감응을 비는 마음으로 이를 일곱 번 딱딱 소리 나게 부딪치는 것이다. 이것이 후대에 각종 수련법이나 관법(명상법의 일종)을 수련하기 전에 이를 부딪쳐 정신을 깨우는 방법으로 변화되었다.

위의 ①~③을 순서대로 행하고 각 六甲의 신이 임하도록 묵념하며 일곱 번 부른다. 그리고 육갑신장부를 쓸 때는 동쪽, 육정신군부를 쓸 때는 남쪽으로 앉아 숨을 들이쉬고 붓에 그 호흡을 불어넣는 마음으로 혼신을 다하여 쓴다. 부적을 일필로 단번에 써야 한다는 주장도 있지만 실제로 부적을 만들다 보면 부적의 문양상 한번에 쓰기 어려우므로 정성을 다하여 쓰면 된다.

3) 부적을 쓰는 방법

① 재료의 색 : 각 부적은 나름의 색이 있으므로 색을 맞추어 만든다. 예를 들어 甲戌旬의 六己의 부적은 그 신이 구천청황(九天靑黃) 아래 윤관(綸綰. 벼슬을 내리고 감독하는 일)하므로 부적의 종이는 황색을 사용한다.

② 크기 : 각 신장의 크기를 비례대로 줄여서 그리는 것을 원칙으로 한다. 예를 들어 육갑신장의 키는 1장 9척이므로 부적은 이것을 비례에 맞게 줄여 그린다. 길이의 환산은 1척(尺)은 약 30cm(30.30cm)이고, 1장(丈)＝10척, 1척＝10촌(寸), 1촌＝10분(分), 1분＝10리(釐), 1리＝10호(毫)이다.

3. 기문 부적의 종류별 사용법

일반적으로 부적의 종류는 사용 목적과 기능에 따라 두 가지로 나눌 수 있다. 하나는 주술의 힘으로 좋은 것을 증가시켜 이익을 보게 하는 부적이고, 다른 하나는 사(邪)나 액(厄)을 물리쳐서 소원을 이루게 하는 부적이다. 전자의 부적으로는 생자부(生子符) · 가택편안부 · 재수대길부 · 칠성부 · 소망성취부 · 초재부(招財符) · 대초관직부(待招官職符) · 합격부 · 만사대길부 등이 있고, 후자에는 귀불침부(鬼不侵符) · 벽사부(壁邪符) · 구마제사부(驅魔除邪符) · 축사부(逐邪符) 이외에 벌레와 짐승을 막는 비수불침부(飛獸不侵符) · 야수불침부(野獸不侵符) 및 재앙을 예방하려는 삼재예방부 등이 있다. 또한 살을 막아 주는 상문부(喪門符) · 도살부(度煞符)와 병을 물리

치는 병부(病符)가 있다.

사용방법은 부적을 아픈 곳에 붙이거나 불살라서 마시기도 하고 벽이나 문 위에 붙이거나 몸에 지니고 다닌다. 부적을 태워 물에 타서 먹는 것은 경면주사에 함유되어 있는 수은을 가라앉히기 위해서이다.

기문에서 가장 대표적으로 사용되는 부적은 육갑신장부와 육정신군부·팔문신장부이다.

1) 육갑신장부

육갑신장부(六甲神將符)의 육갑신은 문신(門神)·호신(戶神)·음신(陰神)의 도움을 받아 시간을 지배하는 신장이다. 이러한 육갑신은 오행의 기운을 통솔하고 관할하는 최고의 상신(上神)으로 작용하여 기문둔갑에서 가장 중요하게 생각하는 신장이다. 각 신장들은 성정이 다르고 주관하는 일도 다르다. 문신과 호신은 시간을 감독하는 신이며, 음신은 음(陰)으로 육갑신을 도와주는 신장이다.

실제적으로 위험에 노출되는 모든 일, 즉 전투·출행·운전·여행 등에 이용되며, 특별한 일을 정해진 시간에 할 경우에는 그 시간을 지배하는 육갑신장부를 소지하지만 대개는 육갑신장부 여섯 개를 한 조로 사용한다. 이동하는 사람이 지니게 하므로 양(陽)의 부적으로 불린다. 육정신군부와 같이 이용하기도 하며, 각 육의신이 주관하는 일에서 도움을 받는 방법은 부적을 소지하고 그 행하는 방향을 향하여 신명(神名)을 부르고 60보(실내에서는 6보) 나아간 뒤 시계 반대방향으로 돌아 태음방(太陰方)으로 들어가는 것이다.

2) 육정신군부

육정신군부(六丁神君符)의 육정신은 음신·육정·육정옥녀(六丁

玉女)라고 불린다. 각 순(旬)의 육갑신을 음성적으로 도와주는 신장이다. 이 신장은 자미원(紫微垣)에 거하는 옥황상제의 시녀로 丁으로 시작되는 연월일시를 지배한다. 즉 甲子旬의 丁卯, 甲戌旬의 丁丑, 甲申旬의 丁亥, 甲午旬의 丁酉, 甲辰旬의 丁未, 甲寅旬의 丁巳 연월일시의 육갑신의 음신이며, 부적을 가진 사람을 은밀히 도와준다.

이 육정신군부는 신장의 특성상 계약·결혼 등의 각종 화합과 은밀하게 추진하는 일에 사용된다. 사용방법은 육갑신장부와 동일하다. 이 음신의 도움을 받으려면 부적을 지니고 각 순에 따른 음신의 주문을 외운다. 참고로 이 주문을 외워 도움을 받고자 하는 사람이 모사를 행하며 뒤를 돌아보면 음신의 도움이 없게 된다고 전한다. 주문은 甲子旬인 경우, 정묘옥녀 호아우아 무령상아, 시아자 청아자 반수기앙(丁卯玉女 護我佑我 無令傷我, 視我者 聽我者 反受其殃)이다. 다른 순은 옥녀의 이름만 바꾸어 주면 된다.

3) 팔문신장부

팔문신장부(八門神將符)는 육갑신장부나 육정신군부와 달리 공간적으로 작용하는 힘이 큰 부적이다. 그래서 보통 정(靜)의 부적, 음의 부적이라고도 하지만 시(時)에 따라 팔문이 변하므로 시간적인 요소를 전혀 배제할 수는 없다. 팔문신은 팔진을 칠 때 이용하며, 팔방의 기운을 통솔·제어·조절하는 작용을 하므로 가택·업소·공장 등의 장소에 붙이거나 소각하여 주변의 땅에 묻는다. 사용할 때 기문 조식에서 알아본 바와 같이 팔문의 본래 자리의 방향에 붙이기도 하고 평생국이나 연국 등을 조식하여 각 팔문의 방향대로 붙이기도 한다.

4. 기문둔갑 부적

1) 육갑신장부

기문둔갑 중 둔갑이란 말 그대로 甲이 숨는 것, 육갑이 육의로 바뀌는 것을 말한다. 그냥 변화하여 구궁에 포국되는 문자적인 의미만 있는 음양오행의 요소라면 아주 단순하겠지만, 실제로는 각 육의가 나름의 명칭과 하는 일 등이 정하여진 신(神)으로 구궁에 위치한다. 이른바 육갑신으로 위치하는 것이다. 우선 육갑신의 명칭 등과 실제적으로 도움을 받는 방법을 알아본다.

(1) 육무신(六戊神) : 甲子旬의 신
- 신명은 왕문경(王文卿)이고, 호(號)는 비천대제(飛天大帝)이다. 그 형상은 서수인신(鼠首人身)으로 키가 1장 9척이고 양광천루궁(陽光天壘宮)에 거한다. 성정을 보면 충효의 마음이 있어 어질지 못하고 의롭지 못한 자를 주살한다. 육무신의 음신은 정묘(丁卯兎首)이다. 문명(門名)은 서의(徐議)이고 호명(戶名)은 공손제(公孫齊)이며, 문호(門戶)의 도움을 받으려면 옷고름을 풀고 나가라고 전한다.
- 주관하는 것은 병졸에 대한 권한을 가지고 단에 올라 군령을 내리는 일과 원수로 계책을 세우고 용병하고 식량을 운반하는 일이다.
- 부적은 길이 1척 9촌, 폭 3촌 1분의 비율로 하며, 청흑지(靑黑紙)에 주사로 쓴다.

(2) 육기신(六己神) : 甲戌旬의 신
- 신명은 하리통(何利通)이고 호는 엄랑(掩郞)이며, 형상은 견수

인신(犬首人身)으로 여자의 모습을 하고 있다. 천황천구궁(天隍天廐宮)에 거하며, 성정은 술을 좋아하고 정의로운 장수를 기쁘게 도와주며 나쁜 적을 척결한다. 육기신의 음신은 정축(丁丑牛首)이다. 문명은 천가(天可)이고, 호명은 서가(徐可)이며, 문호의 도움을 받으려면 하늘을 바라보고 문호의 이름을 부른다.
- 주관하는 것은 나무를 베어 길을 내고, 둑을 막아 제방을 쌓는 일이다.
- 부적은 길이 1척 6촌, 폭 2촌 9분의 비율로 하며, 누런 비단에 주사로 쓴다.

(3) 육경신(六庚神) : 甲申旬의 신
- 신명은 개신(蓋神)이고 호는 육부(六府)이며, 형상은 후수인신(猴首人身)으로 키가 2척 5촌으로 작고 천월궁(天鉞宮)에 거한다. 그 성정을 보면 단 음식을 좋아하고 음행을 좋아한다. 순한 사람을 도와주며 이치에 어긋나는 이를 처단한다. 육경신의 음신은 정해(丁亥猪首)이다. 문명은 사마광(司馬光)이고, 호명은 석전(石戰)이다. 문호의 도움을 받으려면 문호의 이름을 부르면서 옷고름을 풀고 간다.
- 주관하는 일은 입산하여 각종 동물을 사냥하는 것이다.
- 부적은 길이 1척 5촌, 폭 2촌 7분의 비율로 하며, 흰 비단에 홍주사(紅朱砂)로 쓴다.

(4) 육신신(六辛神) : 甲午旬의 신
- 신명은 영광(靈光)이고 호는 평수장군(平水將軍)이다. 마수인신(馬首人身)의 형상으로 키는 1장 9척이고 청홍하(青紅下)를 윤관하며, 그 성정이 강하므로 되도록 불러서 쓰지 않는 것이

좋다. 살찐 개와 여자를 좋아하고 말고기를 싫어하며, 착한 이가 원수 갚는 일을 도와준다. 육신신의 음신은 정유(丁酉鷄首)이다. 문명은 석가(石家)이고 호명은 자가(子可)이다. 문호의 도움을 받으려면 옷고름을 풀고 빠르게 나아간다.
- 주관하는 일은 군영 설치, 군대 순시, 전투 등이다.
- 부적은 길이 1척 9촌, 폭 1촌 2분의 비율로 한다. 청지(靑紙)나 홍지(紅紙)에 흑단사(黑丹砂)로 쓴다.

(5) 육임신(六壬神) : 甲辰旬의 신
- 신명은 함장(含章)이고, 호는 평만장군(平蠻將軍)이다. 용수인신(龍首人身)의 형상으로 키는 1장 9척이고 청황하(靑黃下)에 윤관한다. 그 성정이 참다운 자를 즐겨 도와주고, 요사한 기운과 악인을 척결하는 일을 한다. 육임신의 음신은 정미(丁未羊首)이다. 문명은 공손착(公孫錯), 호명은 사마승(司馬勝)으로 문호의 도움을 받으려면 머리를 풀었다 다시 매고 간다.
- 주관하는 것은 관직을 구하는 일, 장수의 선임, 임지에 부임하는 것이다.
- 부적은 길이 1척 9촌, 폭 3촌 9분의 비율로 하며, 청황지(靑黃紙)에 주사로 쓴다.

(6) 육계신(六癸神) : 甲寅旬의 신
- 신명은 감병(監兵)이며 호는 권가랑(權佳郞)이다. 호수인신(虎首人身)의 형상으로 키는 1장이고 천원지위(天苑之位)에 거한다. 그 성정을 보면 육신 중에 성질이 가장 조급하지만 강자를 누르고 약한 자를 도와주며 사악한 자를 제거한다. 육계신의 음신은 정사(丁巳蛇首)이다. 문명은 공손광(公孫光)이고 호명은

사마강(司馬强)이다. 문호의 도움을 받으려면 허리띠를 풀고 간다.
- 주관하는 것은 출행과 도둑을 잡는 일, 병사의 사기를 진작시키는 일, 병사를 훈련시키는 일이다.
- 부적은 길이 1척 8촌, 폭 2촌 7분의 비율로 한다. 청지에 주사로 쓴다.

2) 육정신군부

(1) 정묘신군(丁卯神君)
- 육무신의 음신으로 군호(君號)는 육장군(六將軍)이며, 키는 1장 6척이고 토수인신(兎首人身)의 형상이다. 거하는 곳은 영석청적하(鈴錫靑赤下)이다.
- 성품이 부드럽고 화합하는 성정이 있으며, 구천뢰화(九天雷火)의 권한을 받아 사악한 것을 척결하고 귀신을 참하며 진인(眞人)을 보좌하는 일을 주관한다.
- 부적은 길이 1척 6촌, 폭 3촌 2분의 비율로 한다. 청홍지(靑紅紙)에 주사로 쓴다.

(2) 정축신군(丁丑神君)
- 육기신의 음신으로 군호는 혁장군(奕將軍)이며, 키는 1장 9척이고 우수인신(牛首人身)의 형상이다. 거하는 곳은 천한궁(天漢宮)이다.
- 향이 나는 물건을 좋아하고 수리(水利)의 권한을 가져 물에서 싸우는 것을 좋아하며 도적을 척결하는 것을 주관한다.
- 부적은 길이 1척 8촌, 폭 5촌 3분의 비율로 하며, 황색 비단에 주사로 쓴다.

(3) 정해신군(丁亥神君)
- 육경신의 음신으로 군호는 도장군(塗將軍)이며, 키는 1장 4척이고 저수인신(猪首人身)의 형상이다. 거하는 곳은 천황궁(天皇宮)이다.
- 쌀로 된 음식을 좋아하고 술을 마시며, 청하는 것에 늦게 응기하므로 시간이 별로 없이 급하게 청하지 말아야 한다. 순한 자를 도와주며 거슬리는 자를 주살하는 신이다.
- 부적은 길이 1척 4촌, 폭 2촌 9분의 비율로 한다. 검붉은 비단에 홍주사로 쓴다.

(4) 정유신군(丁酉神君)
- 육신신의 음신으로 군호는 비장군(飛將軍)이며, 키는 1장 6척이고 계수인신(鷄首人身)의 형상이다.
- 성품이 험악하여 함부로 범하지 못하며, 술과 고기를 좋아하고, 육박전은 좋아하지만 수전(水戰)은 싫어한다. 적군의 군영과 보루를 격파하며 달아나는 군사를 잘 추격한다.
- 부적은 길이 1척 6촌, 폭 3촌 1분의 비율로 한다. 붉은 비단에 주사로 쓴다.

(5) 정미신군(丁未神君)
- 육임신의 음신으로 군호는 일장군(日將軍)이며 키는 1장 8척이고 양수인신(羊首人身)의 형상이다. 거하는 곳은 남극궁(南極宮)이다.
- 과일·채소와 매운 것을 좋아하며 비(약한 비)를 싫어한다. 주관하는 일은 포로를 잡고 적진을 깨뜨리는 것이다.
- 부적은 길이 1척 8촌, 폭 3촌 1분의 비율로 한다. 붉고 누런 비

단에 주사로 쓴다.

(6) 정사신군(丁巳神君)
- 육계신의 음신으로 군호는 진장군(陳將軍)이며, 키는 1장 4척이고 사수인신(蛇首人身)의 형상이다. 거하는 곳은 천병궁(天屛宮)이다.
- 성정이 독하므로 함부로 부르지 않으며, 가축을 즐겨 먹는다. 수륙전 가리지 않으며 빼앗긴 성을 되찾고 적진을 무찌르는데 변화무쌍하다.
- 부적은 길이 1척 4촌 9분, 폭 2촌 9분의 비율로 한다. 붉은 비단에 흑단사로 쓴다.

3) 팔문신장부
팔문신장부의 실제 부적 문양은 이 책의 부록을 참고한다. 『처음 배우는 기문둔갑』에서 각 팔문의 길흉사를 언급한 적이 있지만 다시 정리해 본다.

(1) 생문(生門)
- 별명 : 생기(生氣)
- 생문 방향의 길한 일 : 재물이나 공직을 구하는 일, 매매, 공격, 피난하는 방향으로 좋다. 이 방향은 삼승궁(三勝宮)과 오불격궁(五不擊宮)이라 하여 다툼에서 승리할 수 있는 방향이다.
- 생문 방향의 흉한 일 : 생문 방향으로 매장을 하거나 초상을 치르면 흉하다. 아울러 이 방향에서 재물의 다툼이 있으면 관재가 발생한다.

(2) 상문(傷門)
- 별명 : 녹존(祿存) · 상해(傷害)
- 상문 방향의 길한 일 : 돈을 받는 일과 어로 · 수렵에 길하다.
- 상문 방향의 흉한 일 : 출병과 매장 · 출행 등을 하면 자신이 다치거나 남이 다치는 것을 본다.

(3) 두문(杜門)
- 별명 : 문곡(文曲) · 둔장(遁藏)
- 두문 방향의 길한 일 : 귀인을 방문하는 일, 재물을 구하는 일, 저장하고 지키는 일, 숨는 일, 약을 채집하는 일에 길하다. 태을구성 중 길성을 만나면 술과 음식이 생기고 우환이 해결된다.
- 두문 방향의 흉한 일 : 사람을 찾는 방향으로는 맞지 않으며 대체로 흉한 작용을 한다.

(4) 경문(景門)
- 별명 : 염정(廉貞) · 문서연회(文書宴會)
- 경문 방향의 길한 일 : 교제 · 잔치 · 청탁 · 관광 · 오락 · 도박 · 수렵에 길하다. 이외에 귀인을 만나는 일, 문서의 허가를 얻는 일, 관리가 도둑을 체포하기에 좋다.
- 경문 방향의 흉한 일 : 경문이 흉한 구성을 만나는 경우 일이 막혀서 안 풀린다.

(5) 사문(死門)
- 별명 : 거문(巨門) · 상사(喪死)
- 사문 방향의 길한 일 : 장사를 치르고 매장하는 방향으로 좋고, 사냥과 범인을 잡는 일에 길하다.

- 사문 방향의 흉한 일 : 재앙이 일어난다. 재산이 없어지고 상복을 입게 되는 방향이기도 하다. 특히 이 방향은 귀인을 만나거나 모략을 꾸미는 일에는 대흉하다.

(6) 경문(驚門)
- 별명 : 파군(破軍) · 경해(驚駭)
- 경문 방향의 길한 일 : 사냥, 송사, 도박, 도둑 체포와 잃은 물건을 찾는 일, 술과 음식을 구하는 일에 좋다.
- 경문 방향의 흉한 일 : 출행 · 임관 · 소송 등에 흉하다. 구설, 다툼과 부상, 사업 실패, 목숨을 잃는 일이 발생한다.

(7) 개문(開門)
- 별명 : 무곡(武曲) · 개시(開始)
- 개문 방향의 길한 일 : 귀인을 만나는 일, 개업, 사업 확장, 이주, 물건을 사고 파는 일, 여행에 좋다.
- 개문 방향의 흉한 일 : 치정(治政) · 염탐에는 좋지 않다.

(8) 휴문(休門)
- 별명 : 탐랑(貪狼) · 재영(財榮)
- 휴문 방향의 길한 일 : 휴양 · 천인상합(天人相合)의 방향으로 귀인을 만나거나 혼인 · 부임 · 이주 · 매매 그리고 재산의 이익을 취하는 일에 좋다.
- 휴문 방향의 흉한 일 : 형을 집행하고 옥에 가두는 일은 안 좋다.

5. 평생국에서 어떤 부적을?

음력 1962년 2월 29일 未時(春分 中元 陽遁 9局)

| 乙 辛 癸 壬　坤命 平生局 |
| 未 未 卯 寅 |

戊 壬 傷門	庚 戊 杜門	丙 庚 景門
壬 辛 生門	癸	丁 丙 死門
辛 乙 休門	乙 己 開門	己 丁 驚門

※ 팔문은 시가팔문임

1) 평생국을 기준으로 팔진도를 이용하는 방법

명주의 평생국을 바탕으로 팔진도(八陣圖)를 설치한다. 본래 좋은 일진을 잡아 생기가 강한 산에서 하는 것이 원칙이다. 원칙대로 하면 비용이 많이 들고 절차가 복잡하므로 간단하게 실내에서 하는 방법을 소개한다. 이것은 모든 나쁜 살을 없애고 소망을 이루어 주는 방법이다. 연국을 기준으로 신수팔진·재수팔진·결혼팔진 등을 할 때도 다음의 방법에 준한다.

① 먼저 명주의 팔진도를 평생국(또는 연국. 이하 동일)을 바탕으로 그린 다음 팔진을 펼칠 장소의 중앙에 놓는다. 팔진도의 밑에는 미리 준비한 태을부(太乙符)·육정부(六丁符)를 감춘다.

② 팔진도 주변 팔방에 팔족장 정도의 거리에 촛불을 밝히고 명주

의 평생국에 맞추어 팔문신장부를 놓는다. 팔문의 위치는 일가팔문이 아닌 시가팔문을 기준으로 한다.

③ 준비한 과일·포·고기를 올려 상을 차린 후 향을 사른다. 각 팔문 방향에 술을 올린 후 묵념한다.

④ 제사가 끝난 후에 중앙에서 팔진도·태을부·육정부를 태운다. 팔문부는 해당 방위에서 태운다. 그리고 길문인 생문·개문·휴문·경문(景門) 중 득기한 문을 택해서 걸어 나온다. 위의 평생국은 곤궁에 있는 경문이 득기한 문이다.

2) 태을부와 팔문부를 사용하는 방법

태을부와 팔문부를 하나의 부적으로 만들고 양신부(陽神符)·음신부(陰神符)를 각 1개씩 만들어 한 조로 사용한다. 연국인 경우도 이에 준한다.

태을부는 태을구성부라고도 한다. 북방 감궁에 속하는 구성으로 태을을 부를 수 있는 부적이 태을부인데, 이것을 부적의 중앙에 배치한다. 팔문부는 태을부를 중심으로 팔방에 배치하여 그린다. 명주의 평생국의 시가팔문과 같게 배치하여야 한다. 이와 같이 한 장의 괴황지에 부적을 그려 집안의 벽에 붙이거나 액자 등에 넣어 걸어 둔다.

명주에게는 양신부와 음신부를 만들어 주는데, 양신부는 평생의 시간을 주관하는 순수에 해당하는 육갑부를 말한다. 명주가 乙未時 출생이므로 순수는 甲午 순이다. 그러므로 육신신장부를 만든다. 음신부는 육신신을 음성적으로 도와주는 신군이다. 甲午 乙未 丙申 丁酉로 이어지므로 정유신군부를 만든다. 양신부는 명주가 갖고 다니게 하고, 음신부는 다른 사람이 볼 수 없는 서랍·장롱 등에 보관케 한다.

6. 연국에서는 어떤 부적을?

음력 1962년 2월 29일 未時(春分 中元 陽遁 9局)
2003년 연국 : 음력 2003년 2월 29일 未時(春分 中元 陽遁 9局)

```
己 癸 乙 癸   坤命 2003年局
未 卯 卯 未
```

己 壬 休門	乙 戊 生門	辛 庚 傷門
丁 辛 開門	癸	壬 丙 杜門
丙 乙 驚門	癸 己 死門	戊 丁 景門

　팔진도를 이용하는 방법과 태을부·팔문부를 사용하는 방법은 기문 바탕국이 다를 뿐 평생국의 방법과 같다. 아울러 팔진도·태을부·팔문부를 사용할 수 없는 부득이한 경우에는 연국에 맞는 양신부와 음신부·팔문부를 만든다. 양신부는 연국의 순수를 기준으로 한다. 己未는 순수가 甲寅 癸이므로 육계신장부(六癸神將符)를 지니게 한다. 이에 따른 음신부는 甲寅 乙卯 丙辰 丁巳로 이어지므로 정사신군부를 보관하게 한다. 팔문부는 길문 중 득기한 팔문을 쓰든지 아니면 명주의 소망을 참조하여 만든다.

2장 금함옥경도

1. 금함옥경도의 의의

　금함옥경도(金函玉鏡圖)는 제갈공명(諸葛孔明)이 기문둔갑을 활용하여 싸움에 승리하기 위해 만든 그림이다. 일종의 용병도라고 할 수 있다. 이 용병법의 출발은 황제 헌원(軒轅)과 치우천왕(蚩尤天王)의 전투에서 만들어진 기문둔갑을 기초로 한다.
　그러나 이 금함옥경도는 제갈공명이 창안한 방법이 아니라 용문산의 한 굴 속에서 우연히 발견한 것을 보완한 것으로 전한다. 제갈공명이 금함옥경도의 방법에 대해서 이르기를 "이 글은 용병에도 길하지만 일반 인간사의 선택에도 유리하다"고 하였다. 즉 일상사에도 충분히 활용할 수 있는 방법이다.
　보통 금함옥경도의 원본으로 사용하는 것은 중국 종남산에 있는 적청(狄靑)의 집에 숨겨져 있던 것을 악비(岳飛)가 일별로 정리한 것이다. 여기에서는 일별로 정리된 것을 모두 싣지는 못하고 일부분만 예로 들었다. 원리를 충분히 이해하면 예로 든 금함옥경도 이외의 나머지 것들도 충분히 알 수 있다.

2. 금함옥경도의 기본 구성

1) 금함 일가팔문의 배치

금함옥경도에서 일가팔문을 배치하는 방법은 보통 인사 기문에서 사용하는 일가팔문의 포국방법과는 차이가 있다. 포국방법은 60간지의 원래 자리를 음둔(陰遁)과 양둔(陽遁)으로 구분하여 육십갑자가 앉은 자리에 휴문을 앉힌다. 양의 일간(甲丙戊庚壬)이면 팔문의 순서대로 구궁을 좌회전하고, 음의 일간(乙丁己辛癸)이면 구궁을 우회전한다. 이 방법을 나누어 설명한다.

60간지의 원래 자리를 따질 때는 음둔과 양둔을 구별하여 구궁을 역행 또는 순행하되 한 궁에서 3일을 머물고 중궁은 건너뛴다. 甲子는 양둔일 경우는 하나의 양기(一陽)가 시작되는 감궁에서 출발하고, 반대로 음둔일 경우는 일음(一陰)이 시작되는 이궁에서 출발한다.

癸酉 甲戌 乙亥 丁酉 戊戌 己亥 辛酉 壬戌 癸亥	乙酉 丙戌 丁亥 己酉 庚戌 辛亥	丁卯 戊辰 己巳 辛卯 壬辰 癸巳 乙卯 丙辰 丁巳
庚午 辛未 壬申 甲午 乙未 丙申 戊午 己未 庚申		己卯 庚辰 辛巳 癸卯 甲辰 乙巳
壬午 癸未 甲申 丙午 丁未 戊申	甲子 乙丑 丙寅 戊子 己丑 庚寅 壬子 癸丑 甲寅	丙子 丁丑 戊寅 庚子 辛丑 壬寅

이것은 양둔일 경우 감궁에 있는 甲子·乙丑·丙寅·戊子·己丑·庚寅·壬子·癸丑·甲寅의 날에는 감궁에 휴문을 매기고, 양의 일간인지 음의 일간인지에 따라 구궁을 좌회전 또는 우회전하여 배치하라는 뜻이다. 음둔일 경우는 다음과 같이 배치된다.

丙子 丁丑 戊寅 庚子 辛丑 壬寅	甲子 乙丑 丙寅 戊子 己丑 庚寅 壬子 癸丑 甲寅	壬午 癸未 甲申 丙午 丁未 戊申
己卯 庚辰 辛巳 癸卯 甲辰 乙巳		庚午 辛未 壬申 甲午 乙未 丙申 戊午 己未 庚申
丁卯 戊辰 己巳 辛卯 壬辰 癸巳 乙卯 丙辰 丁巳	乙酉 丙戌 丁亥 己酉 庚戌 辛亥	癸酉 甲戌 乙亥 丁酉 戊戌 己亥 辛酉 壬戌 癸亥

　실제로 휴문이 닿는 궁을 찾을 때 위와 같이 양둔과 음둔을 구별하지 않고, 양둔을 기준으로 일진을 찾은 뒤 대충방으로 음둔의 일진을 찾는 것이 쉽다. 예를 들어 양둔 辛未日인 경우를 본다. 다음 순서대로 포국한다.

　① 우선 자원(子元)을 찾는다. 왼손을 이용하여 未의 자리에 辛을 올리고 子의 마디까지 헤아린다. 천간의 역순으로 돌린다. 즉, 辛庚己戊丁丙乙甲을 헤아리면 子의 자리에 甲이 닿으므로 辛未가 甲子元임을 알 수 있다.

　② 甲子·戊子·壬子(줄여서 甲戊壬 자원)는 양둔의 원래 자리가 감궁이고, 丙子·庚子(줄여서 丙庚 자원)는 원래의 자리가 건궁이다. 이것은 甲子元은 감궁에서 시작한다는 뜻이므로 왼손의 수장을 이용하여 辛未의 자리를 찾으면 진궁이 된다.

　③ 금함팔문을 배치할 때 辛未는 음간이므로 역행하여 팔문을 포국한다. 만약 음둔 辛未日인 경우는 양둔으로 찾은 辛未의 자리가 진궁이므로 음둔은 대충방인 태궁에 휴문이 앉게 된다.

양둔 辛未日인 경우

開門	驚門	死門
休門		景門
生門	傷門	杜門

음둔 辛未日인 경우

杜門	傷門	生門
景門		休門
死門	驚門	開門

2) 일진 중심의 태을구성 배치

금함옥경도에서 일진(日辰)을 중심으로 태을구성(太乙九星)이 어떻게 구궁에 배치되는지 양둔과 음둔으로 구분하여 알아본다.

양둔 계묘일인 경우

60간지를 모두 구궁에 배치하면 다음과 같다. 이 표를 보면 甲子가 간궁에서 출발하여 구궁을 순행한다.

己巳 戊寅 丁亥 丙申 乙巳 甲寅 癸亥	乙丑 甲戌 癸未 壬辰 辛丑 庚戌 己未	丁卯 丙子 乙酉 甲午 癸卯 壬子 辛酉
戊辰 丁丑 丙戌 乙未 甲辰 癸丑 壬戌	庚午 己卯 戊子 丁酉 丙午 乙卯	壬申 辛巳 庚寅 己亥 戊申 丁巳
甲子 癸酉 壬午 辛卯 庚子 己酉 戊午	丙寅 乙亥 甲申 癸巳 壬寅 辛亥 庚申	辛未 庚辰 己丑 戊戌 丁未 丙辰

위의 방식으로 60간지를 배치하려면 복잡하므로 순수(旬首)를 이용하여 간단하게 속간법으로 배치한다. 순수와 결합하면 다음과 같다.

⑥甲寅 癸	②甲戌 己	④甲午 辛
⑤甲辰 壬		
①甲子 戊	③甲申 庚	

위의 표를 보면 순수는 戊己庚辛壬癸의 순서대로 간궁에서부터 구궁을 순행한다. 위의 표를 이용하여 癸卯日이 어느 궁에 배치되는지 알아보기 위해 왼손을 이용하여 卯의 자리에 癸를 올리고 甲이 나올 때까지 짚어 나가면 午의 자리에 甲이 닿는다.

즉 순수는 甲午 辛이 된다. 손가락 마디를 이용하여 甲午의 자리에서 癸卯까지 헤아리는데, 순서대로 돌리면 곤궁에 닿는다. 표로 나타내면 다음과 같다.

③丙申	⑧辛丑	①甲午 ⑩癸卯
②乙未	④丁酉	⑥己亥
⑦庚子	⑨壬寅	⑤戊戌

일진의 구궁상의 자리를 찾았으면 그 자리에서부터 태을→섭제→헌원→초요→천부→청룡→함지→태음→천을(암기할 때는 태섭헌초부청함음천)의 순으로 구궁을 순행(양둔일 경우)하면서 붙여 나간다. 癸卯日인 경우 금함옥경도의 태을구성은 다음과 같이 배치된다.

③ 軒轅	⑧ 太陰	① 太乙
② 攝堤	④ 招搖	⑥ 靑龍
⑦ 咸池	⑨ 天乙	⑤ 天符

음둔일 경우

음둔일 경우 각 일진의 구궁에서의 자리는 다음 표와 같다. 양둔과 다른 점은 구궁을 짚어 가는 순서가 곤궁에서 출발하여 구궁을 역행한다는 것이다.

辛未 庚辰 己丑 戊戌 丁未 丙辰	丙寅 乙亥 甲申 癸巳 壬寅 辛亥 庚申	甲子 癸酉 壬午 辛卯 庚子 己酉 戊午
壬申 辛巳 庚寅 己亥 戊申 丁巳	庚午 己卯 戊子 丁酉 丙午 乙卯	戊辰 丁丑 丙戌 乙未 甲辰 癸丑 壬戌
丁卯 丙子 乙酉 甲午 癸卯 壬子 辛酉	乙丑 甲戌 癸未 壬辰 辛丑 庚戌 己未	己巳 戊寅 丁亥 丙申 乙巳 甲寅 癸亥

위의 표를 바탕으로 구궁에 순수를 표시하면 다음과 같다. 순수도 곤궁에서부터 역행한다. 태을구성을 붙이는 요령은 양둔과 같으므로 양둔의 내용을 참조한다. 순수인 戊己庚辛壬癸의 순서를 잘 알아두어야 나중에 조식할 때 헷갈리지 않는다.

	③ 甲申 庚	① 甲子 戊
		⑤ 甲辰 壬
④ 甲午 辛	② 甲戌 己	⑥ 甲寅 癸

3) 금함옥경도에서의 팔문 해석

금함옥경도에 배치된 팔문은 방향이 중요하다. 그러므로 인사 기문에서 각 팔문을 해석하는 것과는 차이가 있다. 자세한 내용은 기문 부적을 설명한 장을 참조한다.

4) 금함옥경도에서의 태을구성 해석
(1) 태을(太乙)
- 길사 : 귀인의 도움을 받고 혼인과 출행에 길하다. 길성 중의 길성으로 결정하는 모든 일이 길하다고 보는 것이 태을이다. 또한 장기 등 내기를 하면 이익이 있는 구성이기도 하다. 출행하면 좋은 사람을 만나 모든 일이 순조롭게 진행된다.
- 흉사 : 태을은 안정의 신이므로 적극적으로 군사를 움직여 적을 공격하는 것은 좋지 않다. 즉, 일상사에서도 공격보다 방어가 좋다. 태을을 안전의 신 또는 탐랑(貪狼)이라고도 한다.

(2) 섭제(攝提)
- 길사 : 섭제가 닿을 때는 두문불출하는 것이 최고의 방책이다. 부득이 움직이는 경우 상생의 궁에 있으면 그 화가 적다. 단, 물건을 숨기거나 몸을 숨기는 데는 좋다.
- 흉사 : 섭제는 소란을 일으키고 사망과 흉함을 몰고 오는 구성이다. 특히 사문과 같이 있는 경우는 크게 흉하여 곡성과 비명을 몰고 온다. 농사를 짓는 이의 가축을 상하게도 한다. 기문국 상 상생이면 대액을 면할 수 있지만 흉한 국이면 재물을 구하는 데 큰 어려움이 있다. 섭제가 닿을 때는 감추고 저장하는 데만 이용한다. 중상모략을 당하는 시기이므로 수양해야 한다.

(3) 헌원(軒轅)
- **흉사** : 헌원이 닿을 때는 도적이 흥하고 관재와 흉화가 있다. 출입에 말썽이 있으며, 장거리여행은 일이 어긋나기 쉽고 소란스런 일이 생긴다. 도모하는 일은 될 듯하면서 이루어지지 않는다. 기문국상 상생이면 그 화액(禍厄)이 늦게 오고, 상극이면 대액이 빨리 온다.

(4) 초요(招搖)
- **길사** : 초요는 기본적으로 흉성이다. 초요를 평성(平星)으로 보는 경우가 있는데 이는 상생의 궁에 앉았을 때이다. 이 때는 남을 이기거나 투기적인 일이 의외로 잘 될 수 있다.
- **흉사** : 초요는 중궁에 드는 것을 꺼린다. 초요가 닿을 때 피를 보는 싸움이 있으며, 매사 이루어지지 않고 구설과 흉한 일이 있다. 타인과 다투거나 음해(陰害)가 많아지고 집에 불안한 일이 있다. 매사 이루어지기 어려운 구성이다.

(5) 천부(天符)
- **길사** : 천부는 수양, 전투와 관련된 일, 군량미 수송 등에 길하다.
- **흉사** : 천부가 닿을 때는 질액(疾厄)을 얻는다. 구설이 있고 도모하는 모든 일이 이루어지지 않는다. 숨은 여자의 모략이 있고 관재도 있다. 초상집에 가는 것은 반드시 화가 있고 음식이나 술로 체하여 고생한다. 경영이나 매매에 어려운 일이 있고 수표 거래 등은 남에게 이용당한다. 상극이면 나간 사람은 귀가시기가 늦어지고 찾는 사람은 거처를 알 수 없게 된다.

(6) 청룡(靑龍)
- 길사 : 청룡은 도모하는 모든 일에서 크게 소득이 있다. 병자는 치료해 줄 의사를 만나고 재산상으로도 큰 이득이 있으며 일상사의 결정에 대길한 길성이다. 상생이면 재운이 길하고 형파(刑破)되어도 해롭지 않게 본다.

(7) 함지(咸池)
- 길사 : 함지는 북쪽 방향에 못이나 우물을 파는 일은 길하다.
- 흉사 : 모든 것이 사라지고 침체된다. 아울러 관재와 구설이 있는 구성이다. 초상집을 방문하는 일은 피하고, 타인의 모략에 빠질 수 있으며 은밀히 도모하는 일이 발각된다. 재물을 구하는 일은 밑 빠진 독에 물 붓는 형상이다. 이 방향에 앉아 도박을 하면 반드시 지고 적을 공격하는 일은 불가하다. 상생이면 큰 해가 없으나, 상극이면 액으로 어려움이 있는 방향이다.

(8) 태음(太陰)
- 길사 : 태음은 음성적으로 도움을 받는 길성이다. 재물을 얻는 데 길하고 이성(異性)이 따르는 경사도 있다. 뇌물 등을 받아도 탄로나지 않는다. 삼길문을 얻어 태음을 보면 재앙이 침입을 못한다.
- 흉사 : 전투(특히 회군할 때)에는 복병이 있으므로 경거망동하지 않는다. 일상사에서 숨은 이의 방해를 주의한다.

(9) 천을(天乙)
- 길사 : 천을은 귀인의 구성이고, 모든 일을 길하게 한다. 재물과 혼인에도 길하다. 또한 오불격궁(五不擊宮)과 삼승궁(三勝

宮)의 방향이다. 단, 甲申 庚이 앉아 있는 경우는 공격이 가능하다.
- 흉사 : 연기상 六庚 태백이 천을과 합(궁이 합하여지는 것)이 되면 성패가 많은 것으로 보고, 태백과 천을이 동궁하면 형제간에 분란이 있다.

5) 희신방

희신방(喜神方)은 출행의 방향으로 대길하고 시합·내기 등에서도 이 방향을 향하여 앉으면 길하다고 본다.

日	甲	乙	丙	丁	戊	己	庚	辛	壬	癸
喜神	寅卯	辰戌	申酉	午未	巳亥	寅卯	辰戌	申酉	午未	巳亥

6) 황흑도일시

황흑도일시(黃黑道日時) 중 황도는 청룡(靑龍)·명당(明堂)·금궤(金匱)·대덕(大德. 또는 天德)·옥당(玉堂)·사명(司命)을 말한다. 흑도는 천형(天刑)·주작(朱雀)·백호(白虎)·천뢰(天牢)·현무(玄武)·구진(勾陳)을 말한다. 황도는 길시·길방이 되고 흑도는 흉시·흉방이 된다. 이러한 황흑도일시는 날(日)을 기준으로 시(時)와 방위를 따지고, 월(月)을 기준으로 날을 따지기도 한다. 예를 들어 다음의 황흑도일시 표에서, 날을 기준으로 하면 子午日은 子時에 금궤가 닿고, 월을 기준으로 하면 子午月이 子日에 금궤가 닿는다고 본다.

황도흑도일시\월·일	青龍黃道	明堂黃道	天刑黑道	朱雀黑道	金匱黃道	天德黃道	白虎黑道	玉堂黃道	天牢黑道	玄武黑道	司命黃道	勾陳黑道
인	자	축	인	묘	진	사	오	미	신	유	술	해
묘	인	묘	진	사	오	미	신	유	술	해	자	축
진	진	사	오	미	신	유	술	해	자	축	인	묘
사	오	미	신	유	술	해	자	축	인	묘	진	사
오	신	유	술	해	자	축	인	묘	진	사	오	미
미	술	해	자	축	인	묘	진	사	오	미	신	유
신	자	축	인	묘	진	사	오	미	신	유	술	해
유	인	묘	진	사	오	미	신	유	술	해	자	축
술	진	사	오	미	신	유	술	해	자	축	인	묘
해	오	미	신	유	술	해	자	축	인	묘	진	사
자	신	유	술	해	자	축	인	묘	진	사	오	미
축	술	해	자	축	인	묘	진	사	오	미	신	유

7) 천보시

천보시(天甫時)를 만나면 만사가 길하다. 甲己日-己巳時, 乙庚日-甲申時, 丙辛日-甲午時, 丁壬日-甲辰時, 戊癸日-甲寅時가 천보시이다.

8) 삼승궁과 오불격궁

삼승궁(三勝宮)은 공격자가 이 방향에서 공격하면 승리할 수 있다고 보는 방향이다. 오불격궁(五不擊宮)은 적이 이 방향에 있을 때 공격하면 안 되는 다섯 방향이다. 삼승궁은 천을·구천·생문이 있는 방향이고, 오불격궁은 삼승궁에 구지와 옥녀의 방향이 추가된다. 단, 천을의 방위에 甲申 庚이 앉아 있으면 공격할 수 있다.

9) 십악대패일

십악대패일(十惡大敗日)은 중요한 일을 할 때 피해야 하는 날이다.

月	寅 1	卯 2	辰 3	巳 4	午 5	未 6	申 7	酉 8	戌 9	亥 10	子 11	丑 12
甲己年			戊戌				癸亥			丙申	丁亥	
乙庚年				壬申					乙巳 庚辰			
丙辛年			辛巳									
戊癸年						己亥			甲辰			

10) 홍사일·황사일·왕망일·중상일

홍사일(紅紗日)은 가취(嫁娶, 시집 가고 장가 가는 일)를 피하는 날이다. 황사일(黃沙日)은 출행과 이주·가취·취임 등에 피하는 날, 왕망일(往亡日)은 출행과 이주·가취 및 의사를 찾고 병을 치료

月	寅 1	卯 2	辰 3	巳 4	午 5	未 6	申 7	酉 8	戌 9	亥 10	子 11	丑 12
紅紗日	巳	酉	丑	巳	酉	丑	巳	酉	丑	巳	酉	丑
黃沙日	午	寅	子	午	寅	子	午	寅	子	午	寅	子
往亡日	寅	巳	申	亥	卯	午	酉	子	辰	未	戌	丑
重喪日	甲庚	乙辛	戊己	丙壬	丁	戊己	甲庚	乙辛	戊己	丙壬	丁	戊己

하는 일 등을 피하는 날, 중상일(重喪日)은 산소를 쓰거나 이장하는 것을 금하는 날이다.

11) 천귀일 · 천희일 · 천성일 · 천부일

천귀일(天貴日)은 귀인을 만나거나 관직을 구하는 데 길한 날이며, 천희일(天喜日)은 출행 · 이주 · 혼인과 식구를 늘리는 일 및 취임 등에 길한 날이다. 천성일(天成日)은 산소를 만드는 일이나 이주 · 출행 · 혼인 · 계약 · 매매 등에 길한 날이다. 천부일(天富日)은 재물을 구하는 일, 복을 비는 일, 잔치, 집을 짓고 수리하는 일 등에 길한 날이다.

月	寅 1	卯 2	辰 3	巳 4	午 5	未 6	申 7	酉 8	戌 9	亥 10	子 11	丑 12
天貴日	甲乙	甲乙	甲乙	丙丁	丙丁	丙丁	庚辛	庚辛	庚辛	壬癸	壬癸	壬癸
天喜日	戌	亥	子	丑	寅	卯	辰	巳	午	未	亥	子
天成日	未	酉	亥	丑	卯	巳	未	酉	亥	丑	卯	巳
天富日	辰	巳	午	未	申	酉	戌	亥	子	丑	寅	卯

12) 천덕일 · 천덕합일 · 월덕일 · 월덕합일

천덕일(天德日)은 만사에 길한 날이며, 천덕합일(天德合日)은 천덕일과 합이 되는 날로 천덕일과 같이 만사에 길하다. 월덕일(月德日)은 산소를 만드는 일, 출행과 이주, 혼인 등에 길한 날이다. 월덕합일(月德合日)은 월덕일과 합이 되는 날로 길한 날이다.

月	寅	卯	辰	巳	午	未	申	酉	戌	亥	子	丑
	1	2	3	4	5	6	7	8	9	10	11	12
天德日	丁	申	壬	辛	亥	甲	癸	寅	丙	乙	巳	庚
天合日	壬	巳	丁	丙	寅	己	戊	亥	辛	庚	申	乙
月德日	丙	甲	壬	庚	丙	甲	壬	庚	丙	甲	壬	庚
月合日	辛	己	丁	乙	辛	己	丁	乙	辛	己	丁	乙

13) 천사일

천사일(天赦日)은 죄를 지은 이가 풀려 나고 어려움에서 빠져 나오는 날이다. 5월과 11월은 해당일이 없다.

月	寅	卯	辰	巳	午	未	申	酉	戌	亥	子	丑
	1	2	3	4	5	6	7	8	9	10	11	12
天赦	戊寅	戊寅	戊寅	甲午		甲午	戊申	戊申	戊申	甲子		甲子

14) 28수 · 복단일 · 금강살

28수

28수(宿)란 하늘의 북극성을 중심으로 적도상에 위치한 28개의 별(항성)을 말하고, 그 이름은 각항저방심미기(角亢氐房心尾箕), 두우여허위실벽(斗牛女虛危室壁), 규루위묘필자참(奎婁胃昴畢觜參), 정귀류성장익진(井鬼柳星張翼軫) 등이다.

다음 조견표에서 예를 들어 申子辰日이 수요일이면 기수(箕宿)가 된다. 또는 寅午戌日의 목요일부터 각수(角宿)가 시작되므로 다음 요일의 아래칸으로 한 칸씩 내려가면서 차례로 붙여 28수를 찾는다.

일 \ 요일	월	화	수	목	금	토	일
申子辰	畢	翼	箕	奎	鬼	氐	虛
巳酉丑	危	觜	軫	斗	婁	柳	房
寅午戌	心	室	參	角	牛	胃	星
亥卯未	張	尾	壁	井	亢	女	昴

28수에 해당하는 일진의 길흉은 다음과 같다.

- 각수 : 무엇을 만들거나 혼인에는 길하지만 산소를 옮기거나 고치는 일은 흉하다. 특히 초하루인 경우 대흉하다.
- 항수 : 무엇을 만들면 식구가 다치거나 죽고, 혼인은 공방의 기운이 있으며, 장사를 지내도 크게 상할 수 있는 흉한 날이다. 그믐이 특히 흉하다.
- 저수 : 건물을 짓거나 혼인에는 길하지만, 매장이나 산소를 고치는 일 등은 흉하다.
- 방수 : 매사에 길하지만 매장에는 흉하다.
- 심수 : 모든 일에 불길한 기운이 있다.
- 미수 : 건물을 짓는 일, 매장, 문을 내는 일, 혼인 등에 모두 길하다.
- 기수 : 새로운 것을 만드는 일, 매장, 산소의 수리, 문을 내는 일 등에 모두 길하다.
- 두수 : 모든 일에 길하다. 특히 새로운 것을 만들고 매장하는 일에 길하다.
- 우수 : 매사 불길한 날이다.
- 여수 : 집을 짓는 일, 안장하고 문을 내는 일에 모두 흉하다.
- 허수 : 모든 일에 길하지만 장사에는 흉하다.

- 위수(危宿) : 집을 짓는 일, 안장하고 문을 내는 일에 모두 흉하다.
- 실수 : 집을 짓는 일, 안장하고 문을 내는 일에 모두 흉하다.
- 벽수 : 새로운 것을 만드는 일, 매장, 산소의 수리, 문을 내는 일, 혼인 등에 모두 길하다.
- 규수 : 집을 짓거나 수리하는 일에는 길하지만, 매장하고 문을 내는 일은 흉하다.
- 루수 : 혼인과 문을 내는 일, 안장 등에 길하게 보지만 그믐이라면 이 모든 일이 흉하다.
- 위수(胃宿) : 매장과 혼인에 길하다.
- 묘수 : 집을 짓거나 수리하는 것은 길하지만 매장하고 문을 내는 일, 혼인에는 흉하다.
- 필수 : 만드는 일, 매장, 문을 내는 일, 혼인 등에 다 길하다.
- 자수 : 매장에만 길하고 모든 일에 흉하다.
- 참수 : 집을 수리하는 일은 길하지만 그 밖에 혼인, 안장, 문을 내는 일 등은 흉하다.
- 정수 : 문을 내는 일과 집을 짓는 일 등은 길하지만 매장에는 흉하다.
- 귀수 : 매장에는 길하지만 집을 짓는 일, 혼인 등은 불길하다. 특히 보름날이 더 흉하다.
- 류수 : 매장과 물건을 만드는 일에 흉하다.
- 성수 : 혼인에는 길하지만 흉성을 만나면 이별수가 있다.
- 장수 : 매장·혼인·출행·취임과 군사를 움직이는 일에 모두 길하다.
- 익수 : 매장에는 길하지만 문을 내는 일과 물을 막는 일에는 흉하다.

- 진수 : 집을 짓는 일, 배를 만드는 일, 안장, 출행에 길하다.

복단일과 금강살

복단일(伏斷日)은 子日의 허수, 丑日의 두수, 寅日의 실수, 卯日의 여수, 辰日의 기수, 巳日의 방수, 午日의 각수, 未日의 장수, 申日의 귀수, 酉日의 자수, 戌日의 위수, 亥日의 벽수를 말한다. 복단일은 각종 출행·혼인·상량(上樑)에 크게 꺼리는 날이다. 금강살(金剛殺)은 28수 중 '각항규루귀우성'의 7수로 칠살일(七殺日)이라고도 하며 출군·원행에 크게 꺼리고 경영이나 재물을 구하는 일 등에 모두 불리하다. 벼슬을 구하거나 구직·혼인·이사 등에도 크게 꺼리는 날로, 기문에서는 이 날을 대금강신치일(大金剛神値日)이라고 한다.

3. 일진별 금함옥경도

이제까지 설명한 내용을 기초로 일진별 금함옥경도 중 태을구성과 팔문을 보면 다음과 같다. 예로 양둔·음둔별로 각 2개씩만 제시한다.

동지 후 양둔 甲子日

靑龍(乾) 杜門(巽)	攝堤(坤) 景門(離)	招搖(巽) 死門(坤)
天符(中) 傷門(震)	咸池(兌)	天乙(離) 驚門(兌)
太乙(坎) 生門(艮)	軒轅(震) 休門(坎)	太陰(艮) 開門(乾)

동지 후 양둔 乙丑日

天符(中) 死門(坤)	太乙(坎) 景門(離)	軒轅(震) 杜門(巽)
招搖(巽) 驚門(兌)	靑龍(乾)	太陰(艮) 傷門(震)
天乙(離) 開門(乾)	攝堤(坤) 休門(坎)	咸池(兌) 生門(艮)

하지 후 음둔 丙寅日

靑龍(乾) 開門(乾)	太乙(坎) 休門(坎)	太陰(艮) 生門(艮)
咸池(兌) 驚門(兌)	天符(中)	軒轅(震) 傷門(震)
攝堤(坤) 死門(坤)	天乙(離) 景門(離)	招搖(巽) 杜門(巽)

하지 후 음둔 丁卯日

天符(中) 驚門(兌)	天乙(離) 死門(坤)	咸池(兌) 景門(離)
靑龍(乾) 開門(乾)	招搖(巽)	攝堤(坤) 杜門(巽)
太乙(坎) 休門(坎)	太陰(艮) 生門(艮)	軒轅(震) 傷門(震)

3장 연파조수가

1. 연파조수가 개요

1) 연파조수가 의의

연파조수가(煙波釣叟歌, 釣歌, 釣叟歌)는 기문둔갑에서 일종의 강령처럼 사용하는 글이다. 기문둔갑의 책들이 여러 권 나와 있지만 기문둔갑 전문과 해석을 상세하게 설명해 놓은 책을 아직 보지 못했다.

기문이 우리나라에서는 홍국수와 결합하여 주로 인사를 보는 데 사용하지만 중국에서는 방향과 시간을 택하는 데 주로 이용하였다. 이와 같이 택방(擇方)·택시(擇時)에 기문을 이용하기 위해서도 연파조수가의 이해가 필수적이다. 특히 연파조수가의 내용을 보면 기문둔갑 요소인 의기와 패문성장의 내용, 격국 등을 파악할 수 있어 찬찬히 공부하면 기문의 깊이를 더할 수 있다.

본래 연파조수가를 강태공(姜太公)이 지었다는 설도 있으나 그 후대의 인물인 장자방(張子房)이 등장하는 것으로 보아서는 강태공의 글은 아니다. 일부에서는 중국 송나라 초의 국사였던 조보(趙普)가 지었다고 하지만 아직은 확실하게 확인되지 않은 상태이다.

여기에서는 전해지는 연파조수가 본문을 바탕으로 『기문총서(奇門總序)』, 『작용묘법(作用妙法)』, 『기문묘비(奇門妙秘)』, 『산향주객

(山向主客)』,『총법천기(總法天機)』 등의 관련 사항을 참조하여 해석하였다. 또한 일부 해석은『처음 배우는 기문둔갑』의 내용과 중복되지만 이해를 돕기 위해 다시 실었다.

2) 시가팔문

이제까지 인사 기문을 다루며 팔문은 일가팔문을 포국하여 이를 중심으로 국을 해석하여 왔다. 그러나 기문작괘법이나 연파조수가에서 사용하는 팔문은 시가팔문으로 그 조식방법을 분명히 알아야 한다. 시가팔문의 조식방법에 대해서는『처음 배우는 기문둔갑』에서 대강 다루었는데, 인사 기문국에서 다루는 일가팔문과 달리 시가팔문은 시간을 기준으로 팔문을 붙인다. 시가팔문을 붙이는 방법을 예를 통하여 순서대로 알아본다.

(1) 시주가 닿는 자리를 찾는다

시주가 닿는 자리를 찾기 위해서는 육의(六儀)와 삼원수(三元數)의 개념을 알아야 한다. 육의라는 것은 시주의 대행자 또는 우두머리로 볼 수 있다. 즉 甲子旬의 甲子·乙丑·丙寅·丁卯·戊辰·己巳·庚午·辛未·壬申·癸酉라는 10개의 시간을 戊가 대행하고, 甲戌旬의 甲戌·乙亥·丙子·丁丑·戊寅·己卯·庚辰·辛巳·壬午·癸未를 己라는 육의가 대행한다는 것이다. 이렇게 육갑을 대행하는 육의를 순수(旬首)라고 한다. 각 순의 순수를 보면 甲子 戊, 甲戌 己, 甲申 庚, 甲午 辛, 甲辰 壬, 甲寅 癸이다.

삼원수는 각 절기의 상원·중원·하원 삼원별로 甲子가 어느 궁에서 출발하는지를 나타낸다. 예를 들어 1이라면 甲子가 1궁인 감궁에서 출발하고, 삼원수가 2라면 甲子가 2궁인 곤궁에서 출발한다.

즉, 甲子가 삼원수의 고유 구궁에서 출발하여 양둔이면 구궁을 순행하고, 음둔이면 구궁을 역행하는 방식으로 시간이 흘러간다는 것이다. 이러한 시간의 흐름을 간지로 모두 표시하기 복잡하므로 육의로 대신하여 육십갑자를 구궁에 배치한 것이 육의삼기의 포국이다. 만약 양둔이고 삼원수가 '1'이라면 시간은 다음과 같이 구궁을 돌아간다. 음둔 1국인 경우는 뒤에 이어지는 표와 같다.

양둔 1국의 경우 시주의 구궁 순행방법

④ 辛 丁卯 丙子 乙酉 **甲午** 癸卯 壬子 辛酉	⑨ 乙 壬申 辛巳 庚寅 己亥 戊申 丁巳	② 己 乙丑 **甲戌** 癸未 壬辰 辛丑 庚戌 己未
③ 庚 丙寅 乙亥 **甲申** 癸巳 壬寅 辛亥 庚申	⑤ 壬 戊辰 丁丑 丙戌 乙未 **甲辰** 癸丑 壬戌	⑦ 丁 庚午 己卯 戊子 丁酉 乙卯
⑧ 丙 辛未 庚辰 己丑 戊戌 丁未 丙辰	① 戊 **甲子** 癸酉 壬午 辛卯 庚子 己酉 戊午	⑥ 癸 己巳 戊寅 丁亥 丙申 乙巳 **甲寅** 癸亥

음둔 1국의 경우 시주의 구궁 역행방법

⑥ 癸 己巳 戊寅 丁亥 丙申 乙巳 **甲寅** 癸亥	① 戊 **甲子** 癸酉 壬午 辛卯 庚子 己酉 戊午	⑧ 丙 辛未 庚辰 己丑 戊戌 丁未 丙辰
⑦ 丁 庚午 己卯 戊子 丁酉 丙午 乙卯	⑤ 壬 戊辰 丁丑 丙戌 乙未 **甲辰** 癸丑 壬戌	③ 庚 丙寅 乙亥 **甲申** 癸巳 壬寅 辛亥 庚申
② 己 乙丑 **甲戌** 癸未 壬辰 辛丑 庚戌 己未	⑨ 乙 壬申 辛巳 庚寅 乙亥 戊申 丁巳	④ 辛 丁卯 丙子 乙酉 **甲午** 癸卯 壬子 辛酉

위의 표를 자세히 보면 육의인 戊己庚辛壬癸가 있는 곳에는 항상 육갑이 들어 있다는 것을 알 수 있다. 그리고 양둔과 음둔은 항상 시간의 간지가 대충방에 있다는 것을 알 수 있다. 이러한 두 가지 성질을 이용하여 특정 시주가 구궁의 어디에 위치하는지 손쉽게 찾을 수 있다. 다음의 예로 알아보자.

음력 1961년 6월 12일 辰時(大暑 中元 陰遁 1局)

丙	戊	乙	辛
辰	午	未	丑

시(時)가 丙辰時이므로 순수는 甲寅 癸이며, 음둔 1국이므로 감궁에서부터 구궁을 역행시켜 순수를 배치한다. ⑤가 있는 자리에 戊를 놓고 구궁을 역행하면 ①이 있는 자리에 癸가 배치된다. 즉 甲寅 癸가 배치되는 것이다. 여기서부터 시주의 자리를 찾는다. 중궁에 甲寅을 넣고 음둔이므로 역행시키면 된다. 역행해서 ③의 위치에 가면 시주인 丙辰이 나온다.

②乙卯	⑥	④
③丙辰	①甲寅	⑧
⑦	⑤	⑨

(2) 순수궁의 고유 팔문을 시주의 자리에 놓고 순행시킨다
　구궁의 고유 팔문은 다음과 같다. 단, 순수가 곤궁에 있는 경우 고유 팔문은 기곤(寄坤)의 원칙에 따라 곤궁의 팔문인 사문을 쓴다.

杜門	景門	死門
傷門	死門으로 代用	驚門
生門	休門	開門

　위의 예인 든 일시의 시가팔문은 순수궁의 고유 팔문인 사문(중궁이므로 대용한 것)을 진궁에 옮기고 팔문의 순서대로 구궁을 좌회전, 즉 시계방향으로 돌리면 아래와 같이 배치된다. 한마디로 시가팔문은 순수를 이용하여 시주를 찾고, 그 자리에 순수궁의 팔문을 옮겨 놓은 후 차례로 좌회전 순행시켜서 얻는다. 이런 과정은 『처음 배우는 기문둔갑』 p.161 丙辰時의 난에서 확인해 볼 수 있다. 음둔 1국에 곤궁으로 표시된 것은 휴문이 곤궁에 닿는다는 것이다.

驚門	開門	休門
死門		生門
景門	杜門	傷門

2. 연파조수가 본문

陰陽逆順妙難窮(음양역순묘난궁)　二至還鄕一九宮(이지환향일구궁)
若能了達陰陽理(약능료달음양리)　天地都來一掌中(천지도래일장중)
軒轅黃帝戰蚩尤(헌원황제전치우)　涿鹿經年苦未休(탁록경년고미휴)
偶夢天神授秘訣(우몽천신수비결)　登壇致祭謹虔修(등단치제근건수)
神龍負圖出洛水(신룡부도출락수)　彩鳳銜書碧雲裏(채봉함서벽운리)
因命風后演成文(인명풍후연성문)　遁甲奇門從此始(둔갑기문종차시)
一千八十當時制(일천팔십당시제)　太公刪成七十二(태공산성칠십이)

逮於漢代張子房(체어한대장자방)　一十八局爲精藝(일십팔국위정예)
先須掌上排九宮(선수장상배구궁)　縱橫十五在其中(종횡십오재기중)
次將八卦論八節(차장팔괘론팔절)　一氣統三爲正宗(일기통삼위정종)
陰陽二遁分順逆(음양이둔분순역)　一氣三元人莫測(일기삼원인막측)
五日都來換一元(오일도래환일원)　接氣超神爲準的(접기초신위준적)
認取九宮爲九星(인취구궁위구성)　八門又遂九星行(팔문우수구성행)
九宮逢甲爲値符(구궁봉갑위치부)　八門値使自分明(팔문치사자분명)
符上之門爲値使(부상지문위치사)　十時一換堪憑據(십시일환감빙거)
値符常遣加時干(치부상견가시간)　値使逆順遁宮去(치사역순둔궁거)
六甲元號六儀名(육갑원호육의명)　三奇卽是乙丙丁(삼기즉시을병정)
陽遁順儀奇逆布(양둔순의기역포)　陰遁逆儀奇順行(음둔역의기순행)
吉門偶爾合三奇(길문우이합삼기)　直此須雲百事宜(직차수운백사의)
更合從傍加檢點(갱합종방가검점)　餘宮不可有微疵(여궁불가유미자)
三奇得使誠堪取(삼기득사성감취)　六甲遇之非小補(육갑우지비소보)
乙馬逢犬馬鼠猴(을마봉견마서후)　六丁玉女騎龍虎(육정옥녀기용호)
又有三奇遊六儀(우유삼기유육의)　號爲玉女守門扉(호위옥녀수문비)
若作陰私和合事(약작음사화합사)　請君但向此中推(청군단향차중추)
天三門兮地四戶(천삼문혜지사호)　問君此法如何處(문군차법여하처)
太冲小吉與從魁(태충소길여종괴)　此是天門私出路(차시천문사출로)
地戶除危定與開(지호제위정여개)　擧事皆從此中去(거사개종차중거)
六合太陰太常君(육합태음태상군)　三辰元是地私門(삼진원시지사문)
更得奇門相照耀(경득기문상조요)　出行百事總欣欣(출행백사총흔흔)
太冲天馬最爲貴(태충천마최위귀)　卒然有難宜逃避(졸연유난의도피)
但當乘取天馬行(단당승취천마행)　劍戟如山不足畏(검극여산부족외)
三爲生氣五爲死(삼위생기오위사)　勝在三兮衰在五(승재삼혜쇠재오)
能識遊三避五時(능식유삼피오시)　造化眞機須記取(조화진기수기취)

就中伏吟爲最凶(취중복음위최흉)　　天蓬加着地天蓬(천봉가착지천봉)
天蓬若到天英上(천봉약도천영상)　　須知卽是反吟宮(수지즉시반음궁)
八門反伏皆如此(팔문반복개여차)　　生在生兮死在死(생재생혜사재사)
就是凶宿得奇門(취시흉숙득기문)　　萬事皆凶不堪使(만사개흉불감사)
六儀擊刑何太凶(육의격형하태흉)　　甲子値符愁向東(갑자치부수향동)
戌刑未上申刑虎(술형미상신형호)　　寅巳辰辰午刑午(인사진진오형오)
三奇入墓宜細推(삼기입묘의세추)　　甲日那堪入坤宮(갑일나감입곤궁)
丙奇屬火火墓戌(병기속화화묘술)　　此時諸事不須爲(차시제사불수위)
更兼六乙來臨二(경겸육을래임이)　　月奇臨六亦同論(월기임육역동론)
又有時干入墓宮(우유시간입묘궁)　　課中時下忌相逢(과중시하기상봉)
戊戌壬辰兼丙戌(무술임진겸병술)　　癸未丁丑一同凶(계미정축일동흉)
五不遇時龍不精(오불우시룡부정)　　號爲日月損光明(호위일월손광명)
時干來剋日干上(시간래극일간상)　　甲日須知時忌庚(갑일수지시기경)
奇與門兮共太陰(기여문혜공태음)　　三船難得總加臨(삼선난득총가림)
若還得二亦爲吉(약환득이역위길)　　擧措行藏必遂心(거조행장필수심)
更得値符値使利(경득치부치사리)　　兵家用事最爲貴(병가용사최위귀)
常從此地擊基沖(상종차지격기충)　　百戰百勝君須記(백전백승군수기)
天乙之神所在宮(천을지신소재궁)　　大將宜居擊對沖(대장의거격대충)
假令値符居離位(가령치부거이위)　　天英坐取擊天蓬(천영좌취격천봉)
甲乙丙丁戊陽時(갑을병정무양시)　　神居天上要君知(신거천상요군지)
坐擊須憑天上奇(좌격수빙천상기)　　陰時地下亦如此(음시지하역여차)
若見三奇在五陽(약견삼기재오양)　　偏宜爲客是高强(편의위객시고강)
忽然逢着五陰位(홀연봉착오음위)　　又宜爲主好裁詳(우의위주호재상)
値符前三六合位(치부전삼육합위)　　太陰之神在前二(태음지신재전이)
後一宮中爲九天(후일궁중위구천)　　後二之神爲九地(후이지신위구지)
九天之上好揚兵(구천지상호양병)　　九地潛藏可立營(구지잠장가입영)

若逢六合利逃形(약봉육합이도형)　　伏兵但向太陰位(복병단향태음위)
天遁月精華蓋臨(천둔월정화개림)　　天地人分三遁名(천지인분삼둔명)
人遁當知是太陰(인둔당지시태음)　　地遁日精紫雲蔽(지둔일정자운폐)
此爲天遁自分明(차위천둔자분명)　　生門六丙合六丁(생문육병합육정)
地遁如斯而已矣(지둔여사이기의)　　開門六乙合六己(개문육을합육기)
欲求人遁無過此(욕구인둔무과차)　　休門六丁共太陰(휴문육정공태음)
藏形遁踪斯爲美(장형둔종사위미)　　要知三遁何所宜(요지삼둔하소의)
庚丙相加誰會得(경병상가수회득)　　庚爲太白丙熒惑(경위태백병형혹)
六丙加庚熒入白(육병가경형입백)　　六庚加丙白入熒(육경가병백입형)
熒入白兮賊須滅(형입백혜적수멸)　　白入熒兮賊卽來(백입형혜적즉래)
格卽不通悖亂逆(격즉불통패란역)　　丙爲悖兮庚爲格(병위패혜경위격)
天乙加丙爲飛悖(천을가병위비패)　　丙加天乙爲悖符(병가천을위패부)
日干加庚飛干格(일간가경비간격)　　庚加日干爲伏干(경가일간위복간)
同一宮兮戰於國(동일궁혜전어국)　　加一宮兮戰在野(가일궁혜전재야)
値符加庚天乙飛(치부가경천을비)　　庚加値符天乙伏(경가치부천을복)
加己爲刑最不宜(가기위형최불의)　　庚加癸兮爲大格(경가계혜위대격)
又嫌歲月日時逢(우혐세월일시봉)　　加壬之時爲小格(가임지시위소격)
六庚謹勿加三奇(육경근물가삼기)　　更有一般奇格者(경유일반기격자)
匹馬雙輪無返期(필마쌍륜무반기)　　此時若也行兵去(차시약야행병거)
六丁加癸雀投江(육정가계작투강)　　六癸加丁蛇妖嬌(육계가정사요교)
六辛加乙虎猖狂(육신가을호창광)　　六乙加辛龍逃走(육을가신용도주)
百事逢之莫措手(백사봉지막조수)　　請觀四者是凶星(청관사자시흉성)
甲加丙兮龍回首(갑가병혜용회수)　　丙加甲兮鳥跌穴(병가갑혜조질혈)
爲事如意十八九(위사여의십팔구)　　只此二者是吉星(지차이자시길성)
諸事逢之總趁情(제사봉지총진정)　　八門若遇開休生(팔문약우개휴생)
杜好邀遮及隱形(두호요차급은형)　　傷宜捕獲終須護(상의포획종수호)

景門投書幷破陣(경문투서병파진)　驚能擒訟有聲名(경능금송유성명)
若問死門何所主(약문사문하소주)　只宜吊死與行刑(지의적사여행형)
蓬任沖甫禽陽星(봉임충보금양성)　英芮柱心陰宿名(영예주심음숙명)
甫禽心星爲上吉(보금심성위상길)　沖任小吉未全享(충임소길미전향)
大凶蓬芮不堪使(대흉봉예불감사)　小凶英柱不精明(소흉영주부정명)
大凶無氣變爲吉(대흉무기변위길)　小凶無氣亦同之(소흉무기역동지)
吉宿更能逢旺相(길숙경능봉왕상)　萬擧萬全功必成(만거만전공필성)
若遇休囚幷廢沒(약우휴수병폐몰)　勸君不必進前程(권군불필진전정)
要識九星配五行(요식구성배오행)　須求八卦考義經(수구팔괘고희경)
坎蓬星水離英火(감봉성수리영화)　中宮坤艮土爲營(중궁곤간토위영)
乾兌爲金震巽木(건태위금진손목)　旺相休囚看重輕(왕상휴수간중경)
與我同行卽爲相(여아동행즉위상)　我生之月誠爲旺(아생지월성위왕)
廢於父母休於財(폐어부모휴어재)　囚於鬼兮眞不忘(수어귀혜진불망)
假令水宿號天蓬(가령수숙호천봉)　相在初冬與仲冬(상재초동여중동)
旺於正二休四五(왕어정이휴사오)　其餘倣此自研窮(기여방차자연궁)
急卽從神緩從門(급즉종신완종문)　三五反復天道享(삼오반복천도향)
十干加符加若錯(십간가부가약착)　入墓休囚吉事危(입묘휴수길사위)
十精爲使最爲貴(십정위사최위귀)　起宮天乙用無遺(기궁천을용무유)
天目爲客地耳主(천목위객지이주)　六甲推兮無差理(육갑추혜무차리)
勸君莫失此玄機(권군막실차현기)　洞澈九星扶明主(동철구성부명주)
宮制其門不爲迫(궁제기문불위박)　門制其宮是迫維(문제기궁시박유)
天網四張無路走(천망사장무로주)　一二網低有路通(일이망저유로통)
三至四宮離迴避(삼지사궁리회피)　八九高張任西東(팔구고장임서동)
節氣推移時候定(절기추이시후정)　陰陽順逆要精通(음양순역요정통)
三元積數成六紀(삼원적수성육기)　天地未成有一理(천지미성유일리)
請觀歌中精微訣(청관가중정미결)　非是賢人莫傳與(비시현인막전여)

3. 연파조수가 해설

1) 양순음역의 원칙

> 陰陽逆順妙難窮(음양역순묘난궁) 二至還鄕一九宮(이지환향일구궁)
> 若能了達陰陽理(약능료달음양리) 天地都來一掌中(천지도래일장중)

　음양이 구궁을 순행하고 역행하는 것은 그 이치가 오묘하고 궁리하기 어려운 것이다. 기문둔갑에서 음양이 바로 흐르는 순행과 거꾸로 흐르는 역행의 기준이 되는 이지(二至)는 절기의 동지와 하지를 말한다. 동지에서 하지까지는 양둔이라 하고 구궁을 순행한다. 하지에서 동지까지는 음둔이라 하고 구궁을 역행한다.
　양둔일 경우에 순행한다는 것은 구궁의 1궁에서 9궁까지 궁의 순서에 따라 가는 것이고, 역행한다는 것은 구궁의 수리를 역으로 가는 것이다. 만약 음양이 이렇게 순역하는 진정한 원리를 알게 되면 천지가 손 안에 있게 되는 것이다. 구궁을 구궁 수리에 따라 간다는 것은 마방진의 원리상 사방의 균형과 조화를 위해 필연적이다.
　그리고 여기서 동지와 하지는 명리에서 쓰는 절기가 아닌 초신접기를 적용한 절기이다. 기문둔갑은 甲己에 子午卯酉日부터 절기가 시작되는 것이 원칙이므로 동지의 경우 동지 전의 甲己에 子午卯酉일부터 동지가 시작되는 것으로 본다.

2) 기문둔갑의 유래

> 軒轅黃帝戰蚩尤(헌원황제전치우) 涿鹿經年苦未休(탁록경년고미휴)
> 偶夢天神授秘訣(우몽천신수비결) 登壇致祭謹虔修(등단치제근건수)

> 神龍負圖出洛水(신룡부도출락수) 彩鳳銜書碧雲裏(채봉함서벽운리)
> 因命風后演成文(인명풍후연성문) 遁甲奇門從此始(둔갑기문종차시)

황제 헌원이 구려족인 치우천왕과 탁록현에서 싸웠다. 해가 지나도록 이기지 못하였는데 우연히 천신에게 빌어 비결을 얻었다. 이에 단을 쌓고 제사를 올린 뒤 조심스럽고 정성스럽게 이 비결을 닦아 기문둔갑을 발전시켰다. 우리나라에서는 황제 헌원이 자부선인에게 비결을 얻은 것으로 주장하고 있다.

기문둔갑의 바탕은 하도와 낙서의 상(象)과 수리에 있다. 신령스런 용이 부도를 지니고 낙수에서 나오고 채봉이 글을 물고 구름에서 나오자 황제가 이를 얻었다. 황제가 풍후로 하여금 그 상수(象과 數)를 문자로 풀이하도록 하여 이로부터 기문둔갑이 본격적으로 시작되었다.

풍후는 조식 3층을 만들었는데 풍후의 둔갑조식삼층(遁甲造式三層)은 하늘의 형상인 구성, 사람의 형상인 팔문, 땅의 형상인 구궁을 말한다. 채봉함서라는 것은 상문용갑신장(上文龍甲神章)이며, 용부도라는 것은 복희 때의 용마부도를 말한다. 용마라는 것은 천지의 정기가 모아져 형상으로 나타난 것이다. 말의 몸과 용 비늘을 가진 것이 용마이며 높이는 8척 5촌으로 알려져 있다.

『기문총서(奇門總序)』에는 위의 내용에 대하여 더 자세히, 황제가 대요(大撓)에게 명하여 북두를 사용하여 갑자를 짓게 하였으며 용성(容成)에게 명하여 역을 만들게 하였다고 기록되어 있다. 그 후에 신령스런 거북이인 신구에게서 수리를 얻어 기문둔갑의 기초로 삼으니 이것이 기문에서 사용하는 구궁도이다.

기문둔갑은 기을임(奇乙壬) 삼수(三數)라 하여 동양학의 으뜸이 되는 학문이다. 『역수총단(易數總斷)』에 하늘의 원기를 천원(天元)

이라 하고, 천원의 구성을 금책·은책·옥책으로 구분하였다. 이 세 개의 책이 바로 기문둔갑·태을·육임이다.

또한 『역수총단』에서는 기문둔갑을 분정역갑(分丁役甲)이라고 한다. 분정은 삼기의 으뜸인 丁을 말하고, 역갑은 육갑의 대행자인 육의를 말한다. 즉 분정역갑은 육의와 삼기를 이용하는 학문을 말한다.

3) 기문국의 구성과 음양둔 18국

> 一千八十當時制(일천팔십당시제) 太公刪成七十二(태공산성칠십이)
> 逮於漢代張子房(체어한대장자방) 一十八局爲精藝(일십팔국위정예)

기문둔갑을 처음 사용할 때는 1080국이었으나 이후 강태공인 여상(呂尙)이 72국으로 간략하게 만들었다. 다시 한대 장자방이 이것을 18국으로 줄여 양둔 9국과 음둔 9국으로 하여 이 18국을 기문국으로 사용하게 되었다. 이 과정을 시기별로 알아보면 다음과 같다.

- 황제가 처음 기문을 만들 때는 24절기·삼원·60국을 곱한 4320국이었다. 삼원은 상원·중원·하원을, 일원은 5일을 말한다. 기문둔갑에서 일원은 甲己 뒤에 오는 5일씩을 말한다. 60국은 60시를 말하는데, 이것은 일원 5일에 12시진을 곱한 것이다.
- 풍후가 간략하게 만든 1080국은 24절기와 45국을 곱한 것이다. 45국은 일원의 5일에 상·중·하원의 삼원과 절기의 삼원을 곱하여 얻은 숫자이다. 결국 황제의 4320국을 4분의 1로 줄인 셈이다.

• 장자방의 18국은 양둔을 9국으로 나누고 음둔을 9국으로 나눈 것이다.

4) 기문 수리와 절기 · 삼원

先須掌上排九宮(선수장상배구궁) 縱橫十五在其中(종횡십오재기중)
次將八卦論八節(차장팔괘론팔절) 一氣統三爲正宗(일기통삼위정종)

기문둔갑에서는 구궁에 종횡 또는 대각선, 어느 쪽으로 더해도 그 수의 합이 15가 되도록 수를 배치한다. 이 때의 수는 신령스런 거북인 신구의 수리를 이용하는데, 각 수리는 다음과 같이 배치된다. 즉 감궁에 一, 곤궁에 二, 진궁에 三, 손궁에 四, 중궁에 五, 건궁에 六, 태궁에 七, 간궁에 八, 이궁에 九가 배치된다.

四	九	二
三	五	七
八	一	六

또한 팔괘가 있는 구궁의 각 궁에 팔절인 동지 · 입춘 · 춘분 · 입하 · 하지 · 입추 · 추분 · 입동, 즉 이지이분사립(二至二分四立)의 절기가 배치된다. 그리고 각 절기의 일기(一氣)는 삼원인 상원 · 중원 · 하원을 통괄하는 것이다. 예를 들어 2000년 입동은 음력 10월 12일에 드는데 초신접기(超神接氣)를 적용하면 10월 7일 甲子日부터 입동 상원이 된다. 이 날로부터 삼원을 따지면 다음과 같다. 연파조수가에서 차장팔괘론팔절(次將八卦論八節), 일기통삼위정종(一氣統三爲正宗)이란 이를 말한다.

7	8	9	10	11	12	13	14	15	16
甲子	乙丑	丙寅	丁卯	戊辰	己巳	庚午	辛未	壬申	癸酉
◀── 上元 ──▶					◀── 中元 ──────────▶				

17	18	19	20	21	22	23	24	25	26
甲戌	乙亥	丙子	丁丑	戊寅	己卯	庚辰	辛巳	壬午	癸未
◀────── 下元 ──────▶					◀── 上元(小雪의 상원) ──▶				

삼재(三才)의 변화는 기문의 삼원이 되고 팔괘는 팔둔(八遁)의 문, 즉 팔문이 된다. 이 때 삼재는 천인지(天人地), 삼원은 상원·중원·하원을 말한다. 그리고 팔둔의 둔은 숨는다는 뜻으로 육갑이 육의 아래 숨는 것을 말한다. 여기서 기문둔갑이라는 용어가 생겨났다.

5) 삼원과 초신접기

> 陰陽二遁分順逆(음양이둔분순역) 一氣三元人莫測(일기삼원인막측)
> 五日都來換一元(오일도래환일원) 接氣超神爲準的(접기초신위준적)

하지부터 음둔, 동지부터 양둔으로 하여 절기를 둘로 나누고 이것을 기준으로 하여 구궁을 순으로 가는 방법과 역으로 가는 방법을 정하는데 이것을 양순음역(陽順陰逆)이라고 한다. 이렇게 음양이 순역하는 이치를 세운 뒤에 5일을 일원으로 하여 초신과 접기의 원칙을 세워 절기와 삼원이 일치하도록 하였다. 초신은 부두(符頭)가 먼저 오고 절입(節入)이 나중에 오는 것이며, 절입이 부두보다 먼저 올 때는 접기라고 한다.

부두는 절기를 이끄는 선행주자이다. 즉, 상원을 이끄는 甲己에 子午卯酉日이 부두이다. 즉 초신이란 甲己 子午卯酉日이 절기가 드는 날(절입)보다 앞에 있다는 뜻이고, 접기란 甲己 子午卯酉日이 절기가 드는 날보다 뒤에 있는 경우를 말한다. 기문에서는 절보가 되는 기간을 제외하고는 甲己 子午卯酉日로부터 절기가 시작된다고 본다.

6) 직부구성과 직사팔문

認取九宮爲九星(인취구궁위구성) 八門又遂九星行(팔문우수구성행)
九宮逢甲爲値符(구궁봉갑위치부) 八門値使自分明(팔문치사자분명)
符上之門爲値使(부상지문위치사) 十時一換堪憑據(십시일환감빙거)

구궁의 각 궁에 구성과 팔문을 일정 원칙에 따라 배치한 후 이를 응용하는 것이 기문둔갑이다. 구성 중 甲(선행주자, 순수로 보면 됨)을 만나는 것을 치부(値符)라 하는데 보통 이를 직부구성(直符九星) 또는 직부라고 한다. 또한 시의 순수궁(旬首宮)에 있는 팔문을 치사(値使)라 하는데 보통 이를 직사팔문(直使八門) 또는 직사라고 한다. 이것은 순수에 따라 움직이므로 10시를 기준으로 구궁을 도는 것이다. 양둔 1국의 예를 들어보자.

- 甲子時가 감궁에서 일어나는 것처럼 이 때는 감궁의 원래 구성인 천봉이 직부가 되고 원래의 감궁에 소속된 팔문인 휴문이 직사가 된다.
- 癸酉에 이르면 10시간(時干)이 지나고 甲戌時가 곤궁에 닿으므로 천예가 직부, 사문은 직사가 된다.
- 甲申時가 진궁에서 일어나므로 천충이 직부이고 상문은 직사가 된다.

- 甲午時가 손궁에서 일어나므로 천보가 직부이고 두문은 직사가 된다.
- 甲辰時가 중궁에서 일어나므로 천금이 직부가 되고 사문은 직사가 된다. 원래 사문은 곤궁에 속한 팔문이지만 기곤의 원칙에 따라 중궁의 직사팔문이 된다. 나머지 예도 이와 같다.

7) 직부구성과 직사팔문의 배치법

> 値符常遣加時干(치부상견가시간) 値使逆順遁宮去(치사역순둔궁거)

구성을 배치하는 방법은 시(時) 순수궁의 구성을 구궁의 지반 시간(時干)이 있는 육의삼기에 올리는 것이 원칙이다. 시가팔문을 배치하는 방법은 시 순수궁의 팔문을 시지(時支)에 붙이는 것이 원칙이다. 이 방법은 의기(儀奇)가 순역(順逆)하므로 당연히 그에 따라 순역한다. 천봉구성은 시간에 의해 구궁을 도는 것이며 직사팔문은 천을(天乙, 선행주자)을 따라 도는 것이다.

8) 천지반 의기의 포국방법과 의기 방위 해석

> 六甲元號六儀名(육갑원호육의명) 三奇卽是乙丙丁(삼기즉시을병정)
> 陽遁順儀奇逆布(양둔순의기역포) 陰遁逆儀奇順行(음둔역의기순행)

육의삼기 중 육의는 육갑의 대행자를 말하므로 戊己庚辛壬癸가 되고, 삼기는 乙丙丁을 말한다. 구궁에 육의삼기를 배치하는 방법은 양둔과 음둔에 따라 달라진다. 양둔에는 육의를 순서대로 배열하고 삼기는 역으로 배열하며, 음둔에는 육의는 역으로 삼기는 순행으로 배열한다.

천지반 육의를 음의(陰儀)와 양의(陽儀)로 나누는 경우도 있다. 둔갑신기에서는 음의와 양의로 나누는데, 이를 천지반으로 보면 지반은 음의가 되고 천반은 양의가 된다.

육의삼기는 방위와 깊은 관계가 있다. 육의삼기를 이용하여 방향을 정할 때는 우선 주객동정을 가려야 한다. 적극적으로 움직일 때는 입향반(立向盤)에 의하여 방위를 선택하는 것이 좋다. 반면에 소극적으로 유지하고 보수하며 고요히 있을 때는 좌산반(坐山盤)에 의하는 것이 좋다. 만약 삼기가 오양(五陽)인 甲乙丙丁戊 위에 있으면 이재객(利在客, 움직임에 좋다)이며, 삼기가 오음(五陰)인 己庚辛壬癸 위에 있으면 이재주(利在主, 움직이지 않는 것이 좋다)이다. 이를 바탕으로 하여 다음을 참조한다.

(1) 을기의 방위와 시간(이하 모두 時干)과의 관계

을기(乙奇)는 일기(日奇)라고도 한다. 이 방위를 얻으면 출행하여 술과 음식을 만난다. 또한 숨는 것에 좋아 상대방에게 발각되지 않는다. 아울러 제사·잔치·이전·혼인 등에 길한 방위이다. 단, 시비·송사·관재(官災)에는 좋지 않다.

(2) 병기의 방위와 시간과의 관계

병기(丙奇)는 월기(月奇)라고도 한다. 이 방위는 火로 金을 녹이는 방향이다. 따라서 분쟁을 해결하고 상업·종교 등에 길하다. 천반 병기가 시간 위에 더해지면 재화(災禍)가 일어나는 방위이다.

(3) 정기의 방위와 시간과의 관계

정기(丁奇)는 옥녀(玉女)라고도 한다. 그 성격이 우아하고 정이 있다. 부탁이나 사람을 들이는 일, 상업 등에 길하지만 길한 중에 근심이 있으며, 사사로운 움직임에 좋은 방위이다. 천반이 시간이고 지반이 정기인 경우 옥녀잠형(玉女潛刑)의 방위라 하여 숨고 감추는 데 길한 방위가 된다.

(4) 六戊의 방위와 시간과의 관계

육무는 六辛과 같이 음양 중 음의 방위이다. 『기문총서』에서는 수비를 하면 절대 상대에게 파괴되지 않는 방위라고 하였다. 그러나 『역수총단』에서는 소극적으로 길한 방위로 본다. 『단』에 이르기를, 육무가 개문·생문·휴문의 삼길문을 얻으면 흉하지만 진궁에 있을 때만 흉하고 다른 궁에 있을 때는 고루 길하다. 천반에 시간이 있고 지반이 육무일 경우 승룡만리(乘龍萬里)의 방위로 도둑을 만난다. 이 방향은 도둑이 도주하는 방위이기도 하다.

(5) 六己의 방위와 시간과의 관계

육기는 六壬과 같이 음양 중 양의 방위이다. 『기문총서』에서는 주객 중 객에게 유리하고 주인에게 불리하므로 공격이 가능한 방위이다. 『역수총단』에 의하면 적극적으로 행동하기에 길한 방위이다. 『단』에 이르기를, 이 방위를 얻고 팔장 중 육합이 같이 있으면 숨고 감추는 데 길하다. 이 방향은 관청과 관련해서 길한 방위이다. 아울러 보통 사람에게는 길한 방위이지만 대인에게는 별로 길한 방위가 아니다. 천반이 시간이고 지반이 육기인 경우 지호(地戶)의 방위이므로 작은 일이나 좀도둑에게 맞다.

(6) 六庚의 방위와 시간과의 관계

육경은 六癸와 같이 형(刑)의 방위이다. 『기문총서』에 이르기를 이 방위로 공격함은 불가하다. 『역수총단』에서는 이 방위를 얻어 억지로 일을 꾸미면 형옥에 갇히게 되므로 함부로 움직이지 말아야 할 방위이다. 천반에 시간이 있고 지반이 육경일 경우 반드시 재해·사망 등이 있다.

(7) 육신의 방위와 시간과의 관계

육신은 육무와 같이 음양 중 음의 방위이다. 『기문총서』에 이르기를 수비하면 절대 상대에게 파괴되지 않는 방위라고 하였다. 『역수총단』에 의하면 소극적으로 길한 방위이며, 이 방위를 얻는 경우 사망하거나 관재의 위험이 있기도 하다. 일반적인 일에 흉하다. 천반이 시간이고 지반에 육신이 되는 경우는 재화(災禍)가 일어나는 흉한 방위이다.

(8) 육임의 방위와 시간과의 관계

천뢰(天牢)의 방위이기도 하다. 육임은 육기와 같이 음양 중 양의 방위이며 『기문총서』에서는 주객 중 객에게 유리하며 주인에게 불리하므로 공격이 가능한 방위로 본다. 『역수총단』에 의하면 적극적으로 행동하기에 길한 방위이다. 그러나 이 방위를 얻으면 두렵고 초조하며, 도망에는 길하지만 병의 점사에서는 불길한 방위이다. 출행하면 번뇌요, 관리를 만나면 시비가 생기는 방위이기도 하다. 천반에 시간이 있고 지반에 육임이 있는 경우 재화가 발생한다.

(9) 육계의 방위와 시간과의 관계

육계는 육경과 같이 형의 방위이다. 『기문총서』에서는 이 방위로 공격함은 불가하다고 하였으며, 『역수총단』에서는 남에게 부담이 되고 번뇌가 생기는 방위라고 하였다. 찾는 사람은 못 찾고, 질병은 악화되거나 발병한다. 도를 닦는 일, 감추고 숨기는 일에는 길하다. 아울러 육계의 방위는 흔들림이 없어 숨기에 좋은 방위가 되기도 하므로 도망하기에 좋다. 천반 육계의 방향은 도망친 사람이 종적이 없게 된다. 천망(天網)은 높낮이에 구분이 있으므로 감궁·곤궁·진궁·손궁에서 도망칠 때는 낮은 데로 진입하여야 하고, 그 외의 다른 궁은 도망할 때 높은 곳을 만나면 방해로 인해 형액을 당하는 방위이다. 천반이 시간이고 지반이 육계인 경우 천망이므로 도망에 적합하다.

9) 팔문 중 길문과 삼기의 결합

> 吉門偶爾合三奇(길문우이합삼기) 直此須雲百事宜(직차수운백사의)
> 更合從傍加檢點(갱합종방가검점) 餘宮不可有微疵(여궁불가유미자)

조식방법에 따라 팔문과 의기를 구궁에 배치하여 길문이 삼기와 같이 있게 되면 이 시기는 만사형통이다. 그리고 구궁에 길신·흉신 중 어떤 신이 있는지 가리고 왕상휴수사를 따져 보면 그 길흉이 분명해진다.

개휴생(開休生)의 삼길문은 그 본래 자리가 건궁·감궁·간궁이므로 북방의 삼백(三白)이라고 부른다. 삼길문은 팔문 중 최고로 길하며, 삼길문과 삼기가 같이 있으면 더욱 길하다. 만약 시가 이 궁에 해당되면 출병·군령 선포·매장·혼인 등 모든 일이 길하다. 그러면 팔문에서 길문과 삼기 중 어느 것을 얻는 것이 더 길할까? 고서에서는 팔문을 얻고 삼기를 얻지 못하는 경우는 그 시기와 방위를 쓸 수 있으나, 삼기를 얻고 팔문 중 길문을 얻지 못하면 끝까지 길하지는 못하다고 하였다. 즉, 삼기보다는 삼길문을 귀하게 본다.

10) 삼기와 삼기득사격

三奇得使誠堪取(삼기득사성감취) 六甲遇之非小補(육갑우지비소보)
乙馬逢犬馬鼠猴(을마봉견마서후) 六丁玉女騎龍虎(육정옥녀기용호)

乙丙丁 삼기가 직사팔문을 만나는 것, 즉 득사하면 진실로 얻는 것이 있으나 다른 육갑이 이를 만나면 조금도 도움이 되지 않는다. 다시 말해서 삼기득사란 을기가 甲戌(己)·甲午(辛)를 만나는 것, 병기가 甲子(戊)·甲申(庚)을 만나는 것, 정기가 甲寅(癸)·甲辰(壬)을 만나는 것이다.

따라서 삼기득사격은 정기득사격·병기득사격·을기득사격을 말한다. 주의할 것은 직사궁, 즉 시의 순수궁에 앉는다는 것이다. 직사궁이 아니면 삼기득사가 안 되고 그 해석은 일반적인 십간대응결을 적용한다. 삼기득사격은 기문 길격 14격 중 하나로, 마치 임금이 자신을 도울 충신을 만나는 길격으로 해석한다. 각 격의 해석은 다음과 같다.

① 을기득사는 사귀는 일과 화목을 도모하는 일에 길하며 여린 것으로 강한 것을 이기는 특징이 있다. 을기득사는 연기의 부부궁·질액궁에 있을 때 길하게 본다.
② 병기득사는 재물 방면에 특히 길하다. 병기득사는 연기의 관록궁에 있을 때 길하게 본다.
③ 정기득사를 얻으면 분쟁이 끝나게 되며 각종 시험에도 길하게 작용한다. 정기득사는 연기의 부부궁에 있을 때 길하게 본다.

그러나 『기문총요(奇門總要)』에 이르기를 삼기득사를 한 경우에도 오불우시(五不遇時)이면 사용하지 말라 일렀으니 이 점을 유념한다. 오불우시는 시간(時干)이 일간(日干)을 극하는 경우를 말한다. 상세한 사항은 p.447의 오불우시격을 참조한다.

11) 삼기와 옥녀수문격

> 又有三奇遊六儀(우유삼기유육의) 號爲玉女守門扉(호위옥녀수문비)
> 若作陰私和合事(약작음사화합사) 請君但向此中推(청군단향차중추)

옥녀수문(玉女守門)을 만나면 다른 사람이 모르게 음성적인 일을 꾸미거나 화합할 때 좋다. 아울러 삼기득사의 방위도 마찬가지이다.

옥녀수문격이란 지반 丁(옥녀)이 직사궁에 있는 경우를 말한다. 직사는 시가팔문의 시 순수궁에 있는 본래의 팔문을 말한다. 예를 들어 시 순수궁이 간궁에 있으면 간궁의 시가팔문인 생문이 거한 곳에 지반 丁이 있는 경우를 말한다.

다른 예로 양둔 1국의 경우 다음 표를 보고 옥녀수문시를 찾아 보면 庚午時가 옥녀수문의 시가 될 수 있다.

① 甲子時에 휴문은 감에서 일어나고,
② 乙丑時에 휴문은 곤에 이르고,
③ 丙寅時에 휴문은 진에 이르고,
④ 丁卯時에 휴문은 손에 이르고,
⑤ 戊辰時에 휴문은 중에 이르고,
⑥ 己巳時에 휴문은 건에 이르고,
⑦ 庚午時에 휴문은 태에 이르러 지반 丁에 甲子旬 庚午時는 옥녀수문이 된다.

丁卯時 辛	壬申時 乙	乙丑時 己
丙寅時 庚	戊辰時 壬	庚午時 丁
辛未時 丙	甲子時 戊	己巳時 癸

이 격은 기문 길격 14격 중 하나이다. 이 격에 닿으면 모든 나쁜 기운이 침범하지 못한다. 연회·혼인에 길하다. 특히 옥녀수문은 연기 부부궁에 있을 때 길하다. 그러나 신수국의 해단에서는 부인이 다른 남자를 따라 달아난다고 보므로 주의한다.

12) 월장가시

이어지는 연파조수가의 내용을 이해하기 위해서는 월장가시(月將加時)의 내용을 알아야 하므로 그 내용을 간략히 소개한다.

보통 기문둔갑의 3대 묘리를 초신접기, 월장가시, 둔가사(遁假詐)로 본다. 초신접기는 실제의 절후와 기문의 삼원을 조정하는 방법을 말한다. 요즘 무윤파니 하면서 초신접기 자체를 부정하기도 하는데 전혀 터무니없는 이론이다. 둔가사는 구둔(九遁), 삼사(三詐), 오가(五假)를 말하는 것으로 『처음 배우는 기문둔갑』의 격국론을 참조한다. 그리고 나머지 하나가 월장가시로, 월장을 시에 올려 놓는 것을 말한다.

월장의 개념

월장가시를 알기 위해서는 우선 월장의 개념을 알아야 하는데 월장은 천월장·지월장으로 구분된다.

월	1	2	3	4	5	6	7	8	9	10	11	12
지기장	立春	驚蟄	淸明	立夏	芒種	小暑	立秋	白露	寒露	立冬	大雪	小寒
천기장	雨水	春分	穀雨	小滿	夏至	大暑	處暑	秋分	霜降	小雪	冬至	大寒
지월장	寅	卯	辰	巳	午	未	申	酉	戌	亥	子	丑
천월장	亥	戌	酉	申	未	午	巳	辰	卯	寅	丑	子

지기장(地氣將)은 보통 우리가 쓰는 절(節)을 말하며, 천기장(天氣將)은 월령의 중기(中氣)를 말한다. 지월장(地月將)은 월의 지지이고, 천월장(天月將)은 월의 지지와 합하는 지지이다. 지월장은 십이천장(十二天將)이라고도 한다. 위의 표에서 1월의 천월장 亥는 우수 후를 지배하는 기운이다. 이러한 천월장과 지월장은 다음과 같이 고유의 이름이 있다.

지지	子	丑	寅	卯	辰	巳	午	未	申	酉	戌	亥
천월장	神后	大吉	功曹	太衝	天罡	太乙	勝光	小吉	傳送	從魁	河魁	登明
지월장	天后	天乙	靑龍	六合	勾陳	騰蛇	朱雀	太常	白虎	太陰	天空	玄武

※ 太衝은 보통 太沖으로도 쓰인다

이 페이지의 맨 위의 표는 정월, 즉 寅月의 절기 중 입절인 입춘이 지나 중기인 우수가 들어오는 시각부터 2월의 중기인 춘분이 들어오기 전까지는 寅과 합이 되는 亥의 천월장 등명을 쓴다는 것이다. 풀이하면 다음과 같다.

- 寅月 雨水 절입시부터 春分 절입시 전까지 亥 천월장 등명 用
- 卯月 春分 절입시부터 穀雨 절입시 전까지 戌 천월장 하괴 用
- 辰月 穀雨 절입시부터 小滿 절입시 전까지 酉 천월장 종괴 用

- 巳月 小滿 절입시부터 夏至 절입시 전까지 申 천월장 전송 用
- 午月 夏至 절입시부터 大暑 절입시 전까지 未 천월장 소길 用
- 未月 大暑 절입시부터 處暑 절입시 전까지 午 천월장 승광 用
- 申月 處暑 절입시부터 秋分 절입시 전까지 巳 천월장 태을 用
- 酉月 秋分 절입시부터 霜降 절입시 전까지 辰 천월장 천강 用
- 戌月 霜降 절입시부터 小雪 절입시 전까지 卯 천월장 태충 用
- 亥月 小雪 절입시부터 冬至 절입시 전까지 寅 천월장 공조 用
- 子月 冬至 절입시부터 大寒 절입시 전까지 丑 천월장 대길 用
- 丑月 大寒 절입시부터 雨水 절입시 전까지 子 천월장 신후 用

13) 천삼문과 지사호

天三門兮地四戶(천삼문혜지사호) 問君此法如何處(문군차법여하처)
太沖小吉與從魁(태충소길여종괴) 此是天門私出路(차시천문사출로)
地戶除危定與開(지호제위정여개) 擧事皆從此中去(거사개종차중거)

구궁의 방위에는 천삼문(天三門)과 지사호(地四戶)의 방위가 있다. 천삼문은 태충·소길·종괴를 말하며 사사로운 출행 방향으로 좋다. 지사호는 제(除)·위(危)·정(定)·개(開)를 말하며 거사할 때 이 방위를 택한다.

14) 지사문과 길문·삼기

六合太陰太常君(육합태음태상군) 三辰元是地私門(삼진원시지사문)
更得奇門相照耀(경득기문상조요) 出行百事總欣欣(출행백사총흔흔)

지사문(地私門)은 육합·태음·태상의 방향을 말한다. 이 방위에 삼기와 팔문 중 길문인 생문·개문·휴문을 만나면 출행하여 만사가 이루어진다.

이제 앞에서 살펴본 내용들을 바탕으로 실제로 천삼문과 지사문·지사호를 찾아보자. 음력 2000년 1월 23일 卯時〔庚辰年 戊寅月 乙卯日 己卯時(雨水 후)〕의 경우를 예로 들어본다.

천삼문·지사문 찾는 방법

월장가시의 내용들을 기초로 한다. 위의 예를 조식해 보면 寅月에 천기장은 1월 우수이고 천월장은 亥이므로 시의 자리인 卯宮에 천월장 亥를 가한 뒤 이것을 십이지의 원래 자리에 표시한다. 다음에 그 자리로부터 무조건 십이지의 순으로 순행한다.

이것을 순서대로 정리해 보면 다음과 같다. 주의할 것은 만약 1월인데 우수 전이라면 천월장은 대한 후의 천월장인 子를 쓴다는 것이다.

① 천월장을 시간에 가하므로 卯의 자리에 천월장 亥를 가한다.
② 일간(日干)을 기준으로 천을귀인이 양지(陽地)와 음지(陰地) 중 어디에 있는지 구분한다. 십이지의 양지와 음지의 구분은 다음과 같다. 표에서 ○는 양지이고, ●는 음지이다. 또한 양지는 외반(外盤), 음지는 내반(內盤)이라고도 한다.

```
●       ●       ●       ●
巳      午      未      申
○                       ●
辰                      酉
○                       ●
卯                      戌
○       ○       ○       ○
寅      丑      子      亥
```

다음으로 알아야 할 것은 천을귀인의 양귀(陽貴)와 음귀(陰貴)의 구분이다. 사주 일간을 중심으로 한 다음의 천을귀인 표는 강희제(康熙帝) 때의 『협기변방(協紀辨方)』에 나온 것을 원칙으로 한다.

日干	甲	乙	丙	丁	戊	己	庚	辛	壬	癸
陽貴	未	申	酉	亥	丑	子	未	寅	卯	巳
陰貴	丑	子	亥	酉	未	申	丑	午	巳	卯

위의 예는 乙日이므로 천을귀인이 申과 子에 있다. 그리고 卯時이므로 卯酉로 양귀와 음귀를 구분하면 양귀가 되며, 이 양귀 申이 子의 자리에 있으므로 양지이다.

③ 양지·음지의 구분에 따라 양지일 때는 순행하고, 음지일 때는 역행하여 12지월장을 배치한다. 12지월장의 배치 순서는 순행이면 천을(天乙)→등사(螣蛇)→주작(朱雀)→육합(六合)→구진(勾陳)→청룡(靑龍)→천공(天空)→백호(白虎)→태상(太常)→현무(玄武)→태음(太陰)→천후(天后)이다. 위의 예는 양지이므로 12지월장은 子의 자리부터 십이지의 순으로 순행하며, 그 결과는 다음과 같다.

靑龍	天空	白虎	太常
丑(大吉)	寅(功曹)	卯(太衝)	辰(天罡)
巳	午	未	申
勾陳			玄武
子(神后)			巳(太乙)
辰			酉
六合			太陰
亥(登明)			午(勝光)
卯			戌
朱雀	騰蛇	天乙	天后
戌(河魁)	酉(從魁)	申(傳送)	未(小吉)
寅	丑	子	亥

 결과적으로 앞에서 예로 든 庚辰年 戊寅月 乙卯日 己卯時(雨水 후)의 경우 천삼문은 卯 태충, 未 소길, 酉 종괴를 말하며, 위의 표에서는 未·亥·丑의 방향이 된다. 지사문은 육합·태음·태상을 말하므로 위의 조식에서는 卯·申·戌의 방향이 된다. 또한 천월장 亥 등명, 午 승광이 앉은 방향을 태충천마(太衝天馬)의 방(方)이라고 한다.

지사호 찾는 방법

 지사호는 건제12신 중 제정위개(除定危開)의 자리를 말하는데, 건제12신(줄여서 建除神)이란 建·除·滿·平·定·執·破·危·

成·收·開·閉의 12신이다. 이를 구궁에 붙이는 방법은 지월장을 용시(用時)에 올려 건·제·만·평·정·집·파·위·성·수·개·폐의 순으로 십이지를 순행 포국한다. 간단히 월건가용시 기순행(月建加用時 起順行)하라고 표현한다.

예를 들어 음력 2000년 庚辰年 戊寅月 乙卯日 己卯時(雨水 후)인 경우 지사호를 붙이는 법은 시지의 자리에 지월장을 가하고 그 곳에서부터 건제12신을 순행시키며, 이를 조식하면 다음과 같다. 그러므로 지사호는 辰·未·戌·丑方이 된다.

辰(滿)	巳(平)	午(定)	未(執)
巳	午	未	申
卯(除)			申(破)
辰			酉
寅(建)			酉(危)
卯			戌
丑(閉)	子(開)	亥(收)	戌(成)
寅	丑	子	亥

15) 태충과 천마

太沖天馬最爲貴(태충천마최위귀) 卒然有難宜逃避(졸연유난의도피)
但當乘取天馬行(단당승취천마행) 劍戟如山不足畏(검극여산부족외)

구궁의 방위 중 태충천마는 갑자기 어려움에 봉착하더라도 그 어려움을 피할 수 있는 방위이다. 그리고 천마의 방향으로 나아가면 창검이 산과 같아도 두려워할 것이 없다.

16) 종삼방과 피오방

> 三爲生氣五爲死(삼위생기오위사) 勝在三兮衰在五(승재삼혜쇠재오)
> 能識遊三避五時(능식유삼피오시) 造化眞機須記取(조화진기수기취)

구궁 중에 세 개의 궁은 생기궁이다. 이 세 궁과 중궁을 제외한 나머지 오궁은 사지(死地)이다. 그러므로 승리는 삼궁에 있으며, 쇠약해지고 패하는 것은 오궁에 있다. 삼궁에 임하고 오궁을 피할 줄 알려면 조화의 기미를 터득하여야 한다.

이에 대해 『기문총서』의 설명을 보면 따라야 할 세 가지 경우(보통 從三의 방위라 함)는 다음과 같다. 대승을 거둘 수 있는 방위이다. 이 경우 삼기를 얻으면 더욱 길하고 생문에서 사문을 향하여 공격하면 대승할 수 있다.

① 순수의 방위에서 수비
② 구천의 방위에서 수비
③ 생문의 방향에서 수비

다음으로 피하여야 할 다섯(避五) 경우는 다음으로 대패하는 경우이다.

① 순수에 있는 적병을 공격

② 구천에 있는 적병을 공격
③ 생문에 있는 적병을 공격
④ 구지의 방향에서 적병을 공격
⑤ 직사에 있는 적병을 공격

17) 복음과 반음

就中伏吟爲最凶(취중복음위최흉) 天蓬加着地天蓬(천봉가착지천봉)
天蓬若到天英上(천봉약도천영상) 須知卽是反吟宮(수지즉시반음궁)
八門反伏皆如此(팔문반복개여차) 生在生兮死在死(생재생혜사재사)
就是凶宿得奇門(취시흉숙득기문) 萬事皆凶不堪使(만사개흉불감사)

천봉이 천봉의 원래 자리, 즉 감궁에 있는 경우를 복음이라 하여 흉하게 취급한다. 또한 천봉이 천영의 자리에 있는 것과 같이 대충방에 앉는 것을 반음이라 하여 이 또한 흉하게 취급된다. 이와 함께 생문이 원래의 자리인 간궁에, 사문이 곤궁에 있는 것도 동일하게 복음으로 취급한다. 이러한 복음·반음은 천봉구성 중 흉성과 같이 있으면 아주 흉하다. 비록 삼기나 길문을 만나더라도 만사가 흉하여 반음과 복음의 영향을 피할 수 없다. 그러나 길문이 복음인 경우 나쁘게 보지 않는 것이 일반적인 예이다.

이에 대해 『기문총요』에도 동일한 언급이 있다. 또한 『기문총서』는 천봉(水)과 경문(火)이 모여 있을 때도 반음으로 피해야 할 기운이라고 보았다.

아울러 『역수총단』에서는 휴문과 천봉, 생문과 천임, 경문과 천영, 개문과 천심이 같은 자리에 있으면 길문의 방향으로 보았다. 이를 복음과 혼동하면 안 된다.

연파조수가의 설명과는 별개로 복음격이 있다. 복음격은 순복음(旬伏吟)·반복음(半伏吟)·별격복음(別格伏吟)의 세 종류로 흉격으로 분류된다. 복음은 천지적막 일월무광(天地寂寞 日月無光)의 상태를 말하며 모든 거동이 불가하다고 보지만, 주(主-靜)에는 무흉으로 보므로 방어가 최선책이다.

- 순복음은 사주의 시주가 甲子·甲戌·甲申·甲午·甲辰·甲寅 時일 때 만들어지는 복음격이다.
- 반복음은 사주의 시주가 戊辰·己卯·庚寅·辛丑·壬子·癸亥 時일 때 만들어지는 복음격이다. 연파조수가의 반음과는 다른 개념이다.
- 별격복음은 시의 순수가 중궁에 있고 시간(時干)이 곤궁에 있는 경우와, 시간이 중궁에 있고 시 순수가 곤궁에 있는 경우에 만들어진다.

18) 의기와 육의격형격

六儀擊刑何太凶(육의격형하태흉) 甲子値符愁向東(갑자치부수향동)
戌刑未上申刑虎(술형미상신형호) 寅巳辰辰午刑午(인사진진오형오)

육의격형(六儀擊刑)은 천반직부(天盤直符)가 형(刑)에 해당하는 지지의 방향에 앉는 것이다.

- 시 순수 甲子 戊가 卯方(진궁)에
- 시 순수 甲戌 己가 未方(곤궁)에
- 시 순수 甲申 庚이 寅·巳의 方(간궁·손궁)에

- 시 순수 甲午 辛이 午方(이궁)에
- 시 순수 甲辰 壬이 辰方(손궁)에
- 시 순수 甲寅 癸가 辰·巳方(손궁)에 앉는 경우를 말한다.

시 순수가 위와 같이 앉을 때 그 자리의 은복지지와 형이 충돌하므로 흉하다. 이 격은 흉격으로 모든 움직임이 불리하다. 모든 것이 파괴되고 단절되는 현상이 일어난다. 참고로 기문국에서 대표적인 흉격이 천망·지망, 패란격, 육의격형격, 백호창광격이다.

19) 삼기와 삼기입묘격

> 三奇入墓宜細推(삼기입묘의세추) 甲日那堪入坤宮(갑일나감입곤궁)
> 丙奇屬火火墓戌(병기속화화묘술) 此時諸事不須爲(차시제사불수위)
> 更兼六乙來臨二(경겸육을래임이) 月奇臨六亦同論(월기임육역동론)

삼기입묘는 삼기를 양순음역의 방법으로 따질 때 12운성으로 묘궁(墓宮)에 드는 경우이다. 삼기입묘격은 기묘격이라고도 한다. 일반적으로 양순음역의 모순 때문에 12운성을 따질 때 오행운성의 방법을 사용하기도 하지만 고서에서는 양순음역의 방법을 사용하였으므로 유의한다. 또한 기문국에서 기본적으로 포국되는 세궁 일진수의 12운성과 혼동하지 말아야 한다. 조수가 원문의 월기는 병기(丙奇)를 말한다. 을기는 일기(日奇), 정기는 옥녀(玉女)라는 별칭으로 부른다. 삼기입묘는 다음과 같다.

- 정기(丁奇)가 丑에 입묘이므로 간궁에 드는 것
- 병기(丙奇)가 戌에 입묘이므로 건궁에 드는 것

- 을기(乙奇)가 戌에 입묘이므로 건궁에 드는 것

삼기입묘격은 흉격으로 분류되어 이 때는 아무 일도 하지 말아야 한다. 삼기는 기문국 전체를 보는 눈과 같은 존재이므로 이것이 '묘'에 들어가면 눈이 감겨지는 것과 같다. 가는 길이 안 보이는 것이다. 그래서 고서에서는 삼기입묘에는 일절 출행·거동 불의하다고 하였다. 삼기입묘격 중 을기입묘격은 기본적으로 난을 당하는 것으로 보고, 부부관계에서 아내가 자식을 낳지 못하는 상이다.

20) 시간과 시묘격

> 又有時干入墓宮(우유시간입묘궁) 課中時下忌相逢(과중시하기상봉)
> 戊戌壬辰兼丙戌(무술임진겸병술) 癸未丁丑一同凶(계미정축일동흉)

사주의 시간이 묘궁에 드는 경우도 피해야 한다. 보통 이와 같은 경우를 시묘(時墓)라고 한다. 예를 들어 乙未時인데 乙이 시궁에 묘(墓)를 만나는 경우이다. 다른 예로 丙戌·戊戌·辛丑·壬辰時도 시궁에 묘를 만난다. 시묘격은 전통적인 12운성의 양순음역의 방법을 사용하며 구궁으로 나타내면 다음과 같다. 이 격은 흉격으로 나가면 방황과 재앙이 따르는 형상이다.

時干	甲乙	丙丁	戊己	庚辛	壬癸
墓宮	坤宮	乾宮	乾宮	艮宮	巽宮

21) 시간과 일간과의 관계 오불우시격

> 五不遇時龍不精(오불우시룡부정) 號爲日月損光明(호위일월손광명)
> 時干來剋日干上(시간래극일간상) 甲日須知時忌庚(갑일수지시기경)

　오불우시는 시간이 일간을 극하는 것이다. 예를 들어 甲日이 庚時를 피해야 하는 것과 같다. 또는 동처에 있는 시간 육의삼기와 일간의 육의삼기가 서로 진극(眞剋. 예를 들어 乙과 辛)하거나, 일지궁과 시지궁이 진극하는 경우이다. 주의할 것은 반드시 동처에 있고 진극해야 한다는 것이다. 또한 천반과 지반의 일간과 시간을 혼용하여 진극이 이루어지면 이 격에 해당된다고 보는 경우가 있다.
　나아가 사주 자체로 시간과 일간을 극하는 경우 오불우시격으로 보기도 하며 금함옥경도에서도 오불우시를 이용하여 나쁘게 보기도 한다.
　『기문총요』에서 오불우시는 용이 그 눈빛을 잃어버리는 때로, 일월이 광명을 잃어버리는 격이라고 하였다. 삼기득사의 영향을 없애는 요소이므로 유의한다. 만사가 대개 흉하고, 각종 점사에서 크게 꺼리는 격이다.

22) 삼기와 삼길문의 결합

> 奇與門兮共太陰(기여문혜공태음) 三船難得總加臨(삼선난득총가림)
> 若還得二亦爲吉(약환득이역위길) 擧措行藏必遂心(거조행장필수심)

　삼기인 乙丙丁과 길문인 생문·개문·휴문, 그리고 태음이 같이 만나는 경우는 드물다. 삼기와 길문이 같이 있으면 길한데 이 경우

만사가 마음 먹은 대로 이루어진다.『비결총부(秘訣總賦)』에서는 삼기가 태음을 만나는 것은 좋지 않고 길문을 만나야 길하다고 하였으므로 이를 참조한다. 보통 기문둔갑에서 길문이란 생문·개문·휴문을 말하는데, 이것은 시가팔문에 적용되는 삼길문이다. 일가팔문에서는 생문·개문·경문(景門)이 삼길문이다.

일이 급해 부득이 삼기와 팔문을 사용할 수 없는 경우에는 오녀반폐지술(五女反閉之術)에 의해 삼기를 육의가 대행케 한다. 일이 급하지 않으면 길문을 사용하는 것이 마땅하다. 삼길문인 생문·개문·휴문을 사용하면 흉이 길로 되므로 하늘의 도리, 즉 순리에 마땅한 것이 된다. 예를 들어 삼기 중 을기가 있어도 길문을 얻지 못한 경우는 을기의 주문을 외워야 한다.

23) 직부궁과 직사궁·대충방

> 更得値符値使利(경득치부치사리) 兵家用事最爲貴(병가용사최위귀)
> 常從此地擊基沖(상종차지격기충) 百戰百勝君須記(백전백승군수기)
> 天乙之神所在宮(천을지신소재궁) 大將宜居擊對沖(대장의거격대충)
> 假令値符居離位(가령치부거이위) 天英坐取擊天蓬(천영좌취격천봉)

병가(兵家)에서는 직부와 직사를 만나면 가장 좋다. 이 경우 그 궁으로부터 대충방(예를 들어 곤궁과 간궁)인 궁을 공격하면 백전백승할 수 있으므로 반드시 기억한다. 천을이 있는 궁은 대장이 머물기 가장 좋은 궁이므로 그 대충방을 공격하는 것이다. 가령 직부가 이궁에 있으면 본래 천영의 자리에 있는 것이므로 그 대충방인 천봉의 방향을 공격한다.『역수총단』에서도 직부와 직사가 충격(沖擊)을 기피한다는 것을 강조하였다. 여기서 천을은 보통 선행주자로 순수를 말하며 천을귀인을 말하는 것이 아니다.

24) 순수궁 · 삼기와 양시 · 음시

> 甲乙丙丁戊陽時(갑을병정무양시) 神居天上要君知(신거천상요군지)
> 坐擊須憑天上奇(좌격수빙천상기) 陰時地下亦如此(음시지하역여차)
> 若見三奇在五陽(약견삼기재오양) 偏宜爲客是高强(편의위객시고강)
> 忽然逢着五陰位(홀연봉착오음위) 又宜爲主好裁詳(우의위주호재상)

甲乙丙丁戊의 다섯 양시(陽時)에는 천을이 천반에 있으며, 이 때 공격하려면 반드시 천반의 삼기가 있는 것을 기준으로 한다. 음시에는 천을이 지반에 있으므로 이를 참고한다. 천을은 순수를 말한다. 여기서 말하는 양시는 甲丙戊庚壬의 양시가 아니고 음시도 乙丁己辛癸의 음시가 아니다.

만약 삼기가 오양(五陽)에 있으면 객이 유리하므로 적이 유리하다는 뜻이다. 『역수총단』에서는 이 경우 이동 · 건축 · 혼인 등에 길하다고 설명하였다.

반면에 삼기가 오음에 있으면 주객 중 주에게 유리하므로 이를 분별하여 사용해야 한다. 『역수총단』에 이르기를 이 경우는 도망 · 건축 · 기도 등에 길하다.

참고로 양시와 음시에 대한 『역수총단』의 설명을 보면 子丑寅卯辰巳午未申酉戌亥時 중 寅卯辰巳午의 다섯 시는 양시이며, 甲乙丙丁戊의 방위로 움직이면 길하다. 未申酉戌亥의 다섯 시는 음시이며, 己庚辛壬癸의 방위로 움직이면 길하다. 또한 『비결총부』에서 양시는 구천을 좋아하고 음시는 구지를 좋아한다고 하였다.

25) 직부팔장의 해석

> 値符前三六合位(치부전삼육합위) 太陰之神在前二(태음지신재전이)
> 後一宮中爲九天(후일궁중위구천) 後二之神爲九地(후이지신위구지)
> 九天之上好揚兵(구천지상호양병) 九地潛藏可立營(구지잠장가입영)
> 伏兵但向太陰位(복병단향태음위) 若逢六合利逃形(약봉육합이도형)

직부팔장은 음둔과 양둔에 따라 다르다. 양둔은 직부(直符) · 등사(騰蛇) · 태음(太陰) · 육합(六合) · 구진(勾陳) · 주작(朱雀) · 구지(九地) · 구천(九天)이고, 음둔은 직부(直符) · 등사(騰蛇) · 태음(太陰) · 육합(六合) · 백호(白虎) · 현무(玄武) · 구지(九地) · 구천(九天)이다.

구천은 군사를 일으키기 좋고, 구지는 군사를 숨기거나 진영을 세우는 데 좋다. 복병은 태음의 방향에 숨기고, 육합을 만나면 도망하기에 유리하다. 『역수총단』에서는 육합과 같이 태음도 도망에 유리한 팔장으로 본다. 『비결총부』에 육합은 본래 길신이지만 흉격을 만나면 맹호가 날개를 단 것처럼 흉하다고 하였다. 그래서 육합은 휴수(休囚)와 형격(刑擊)을 제일 꺼린다.

또한 『역수총단』에서 등사와 구진은 땅에 대한 다툼과 국토분쟁을 일으키고, 백호는 서방의 흉신살이며, 현무는 강력한 도적이라고 한다.

26) 천둔 · 지둔 · 인둔

> 天地人分三遁名(천지인분삼둔명) 天遁月精華蓋臨(천둔월정화개림)
> 地遁日精紫雲蔽(지둔일정자운폐) 人遁當知是太陰(인둔당지시태음)

> 生門六丙合六丁(생문육병합육정) 此爲天遁自分明(차위천둔자분명)
> 開門六乙合六己(개문육을합육기) 地遁如斯而己矣(지둔여사이기의)
> 休門六丁共太陰(휴문육정공태음) 欲求人遁無過此(욕구인둔무과차)
> 要知三遁何所宜(요지삼둔하소의) 藏形遁踪斯爲美(장형둔종사위미)

삼둔은 천둔(天遁)·지둔(地遁)·인둔(人遁)을 말한다. 천둔은 월(月)의 정화가 깃드는 곳이고, 지둔은 일(日)의 정화가 있는 곳이며, 인둔은 태음이 된다.

천둔

천둔은 丙加丁이며 시가팔문 중 생문이 같이하는 경우를 말한다. 격의 구성은 감림시(甘霖時) 선생과 연파조수가의 이론을 따랐다. 『비결총부』에서는 천둔이 용병하기에 가장 좋은 시기라고 하였다. 팔문은 모두 복의 기운이 큰 방위이다. 행사와 왕권을 행하거나 천신에 제사를 지내고 윗사람에게 글을 올리는 것 등 모든 일에 길하다. 천둔은 연기상의 부모궁·재백궁(財帛宮)·관록궁에 있을 때 특히 길하게 본다. 천둔의 요건에 대해서 다음과 같은 설도 있다.

- 丙加戊가 생문에 있을 때
- 丙加丁이 휴문이나 개문을 만날 때
- 丙加丁이 삼길문을 득하고 구지나 태음이 있을 때

지둔

지둔은 乙加己의 상태로 시가팔문 개문에 임하는 격이다. 격의 구성은 감림시·곽비연(霍斐然) 선생의 이론을 따랐다. 지둔을 乙加己·삼길문이 구지·태음·육합 중 하나와 동궁하였을 때 이루어진다고 보는 설도 있다. 지둔은 구둔격 중의 하나로 일반적인 일에 대체로 길하다. 특히 안장(安葬), 군사의 매복, 문을 내는 일, 가옥의 신축 등에 길하다. 지둔은 연기상의 부모궁·부부궁·질액궁에 있을 때 길하게 본다.

인둔

인둔은 천반 정기가 시가팔문 휴문과 태음이 있는 궁에 가림하는 격이다. 격의 구성은 곽비연 선생과 조수가 본문의 이론에 따른 것이다. 인둔은 구둔격 중의 하나로 특히 길한 것은 혼인, 적진의 밀탐, 현사(賢士)의 초청, 사람의 초대, 경영에서 일을 도모하는 것이다. 『비결총부』에서 인둔은 토목과 크게 일어나기에 가장 좋은 시기로 보았으며, 『역수총단』에서는 지둔과 인둔이 종교생활이나 수업, 도를 갈고 닦는 데 좋은 방위라고 하였다.

삼둔은 몸을 숨기고 종적을 감추기에 좋은 곳이다. 삼둔에 대하여 『기문총서』에서는 삼기입묘나 문박(門迫)이 되지 않는 경우에만 해당된다고 조건을 달았다.

27) 六丙 · 六庚 · 태백입형격 · 형혹입백격

> 庚爲太白丙熒惑(경위태백병형혹) 庚丙相加誰會得(경병상가수회득)
> 六庚加丙白入熒(육경가병백입형) 六丙加庚熒入白(육병가경형입백)
> 白入熒兮賊卽來(백입형혜적즉래) 熒入白兮賊須滅(형입백혜적수멸)
> 丙爲悖兮庚爲格(병위패혜경위격) 格卽不通悖亂逆(격즉불통패란역)

六庚을 태백이라 하고, 六丙을 형혹이라 한다. 六丙은 패(悖)라 하여 상하 질서가 문란해지고, 六庚은 격(格)이라 하여 매사가 막혀 통하지 않게 된다. 六庚이 六丙에 드는 것, 즉 庚加丙을 태백입형격이라 하고 곧 적이 온다고 본다. 이 격은 흉격으로 분류된다. 형혹입백격인 丙加庚이 점단할 때 도적이 반드시 퇴각하는 것으로 보는 것과 달리 도적이 반드시 오는 격이라고 본다. 단, 주(主 - 靜)는 흉하지 않다.

六丙이 六庚에 가해질 때는 형혹입백격이라고 한다. 이 격은 기본적으로 흉격으로 분류되지만 점단할 때 도적과 관련해서 이 격이 나오면 도적이 반드시 퇴각한다고 본다. 단, 객(客)은 흉하지 않다.

28) 패부격 · 비패격 · 복간격 · 비간격

> 丙加天乙爲悖符(병가천을위패부) 天乙加丙爲飛悖(천을가병위비패)
> 庚加日干爲伏干(경가일간위복간) 日干加庚飛干格(일간가경비간격)
> 加一宮兮戰在野(가일궁혜전재야) 同一宮兮戰於國(동일궁혜전어국)

(1) 패부격(悖符格)
천반 육병이 천을에 임하는 것이다. 패부격 · 비패격 · 복간격 · 비간격 중 하나가 궁에 가림할 때를 들판에서 싸움이 벌어지는 격이라면, 둘이 가림하는 경우는 나라에서 싸움이 벌어지는 격으로 볼 정도로 흉하다.

(2) 비패격(飛悖格)
순수인 천을이 지반 육병에 임하는 것을 말한다.

(3) 복간격(伏干格)

천반 육경이 지반인 일간에 임하는 것을 말한다. 흉격으로 분류되며 명주와 가족이 상하거나 부부 이별 등의 일이 생긴다. 복간은 연기의 명주궁·부모궁·형제궁에 있을 때 흉하다.

(4) 비간격(飛干格)

천반의 일간이 지반 육경에 임할 때이다. 비간격은 복간격과 다르게 일간에 해당하는 천반의기가 지반 위에 있는 경우를 말한다. 흉격으로 명주와 가족이 다치는 일이 생기고 해당 육친의 덕이 없다고 본다. 비간은 연기의 명주궁·부모궁·형제궁에 있을 때 흉하다.

29) 복궁·비궁·대격·형격

> 庚加値符天乙伏(경가치부천을복) 値符加庚天乙飛(치부가경천을비)
> 庚加癸兮爲大格(경가계혜위대격) 加己爲刑最不宜(가기위형최불의)

(1) 복궁(伏宮)

복궁은 천반 육경이 직부와 천을궁에 임하는 것이다. 경가시순수(庚加時旬首)라고 할 수 있다. 예를 들어 시가 乙丑時라면 庚加戊가 복궁격에 해당한다. 흉격으로 분류된다. 이 때는 양패구상의 형세이므로 주객 모두가 흉하다고 본다. 복궁은 연기의 명주궁·부모궁·형제궁에 있을 때 흉하다.

(2) 비궁(飛宮)

직부와 천을이 지반 육경에 가하여지는 것이다. 복궁격과 반대로 시순수가경(時旬首加庚)의 상태이다. 예를 들어 시가 乙丑時라면 戊

加庚이 비궁격이다. 흉격으로 분류된다. 이 때도 복궁격과 유사하게 양패구상의 형세이므로 주객 모두 흉하게 본다. 비궁도 연기의 명주궁·부모궁·형제궁에 있을 때 흉하다.

(3) 대격(大格)

庚加癸를 말한다. 명궁이 대격이 되면 부귀한 명은 크게 길하지만 천한 명국일 경우는 풍전등화와 같은 위험에 직면한다.

(4) 형격(刑格)

庚加己를 말한다. 관재와 형상(刑傷, 부서지고 다치는 것)을 일으키는 격이다.

30) 육경과 소격·연월일시격·기격

加壬之時爲小格(가임지시위소격) 又嫌歲月日時逢(우혐세월일시봉)
更有一般奇格者(경유일반기격자) 六庚謹勿加三奇(육경근물가삼기)
此時若也行兵去(차시약야행병거) 匹馬雙輪無返期(필마쌍륜무반기)

(1) 소격

庚加壬이며 꺼려야 하는 격이다. 소모되는 일과 손상이 많다.

(2) 연월일시격

연격·월격·일격·시격 등으로 나누는데 천반 庚이 년·월·일·시간(時干) 위에 앉는 경우를 말한다. 또는 세월일시격(歲月日時格)·경격(庚格)이라고 한다. 『비결총부』에서 시격인 경우 지반에 삼기가 있으면 극흉하여 군사를 일으키면 전군 몰사할 기운이 있다고 하였다. 또한 이 격은 떠났던 사람이 오는지의 여부를 결정하는 기준이 된다. 예를 들어 경가연간(庚加年干)이면 연내에 온다고 단하고, 경가월간(庚加月干)이면 월내에 온다고 단한다. 경격이 아니면 오지 않는 것으로 단한다.

(3) 기격

천반 육경이 삼기에 가하여지는 경우로, 신중을 기하고 함부로 군사를 움직여서는 안 된다. 만약 군사를 움직이면 살아 돌아오는 것을 기약할 수 없다.

31) 등사요교 · 주작투강 · 청룡도주 · 백호창광

> 六癸加丁蛇妖嬌(육계가정사요교) 六丁加癸雀投江(육정가계작투강)
> 六乙加辛龍逃走(육을가신룡도주) 六辛加乙虎猖狂(육신가을호창광)
> 請觀四者是凶星(청관사자시흉성) 百事逢之莫措手(백사봉지막조수)

(1) 등사요교

癸加丁. 우환이 들끓고 문서 다툼이 있는 격이다. 객은 무흉하다. 이 격이 국에 보이면 흉성이므로 모든 일에 손을 떼어야 한다.

(2) 주작투강

丁加癸. 이 격이 국에 보이면 흉성이므로 모든 일에 손을 떼어야 한다. 주작 구설이 강에 떨어지는 형상으로 문서 착오수나 일의지체가 있으며 다툼도 반드시 져서 구속될 기운이다. 주는 무흉하다.

(3) 청룡도주

乙加辛. 이 격이 국에 보이면 흉성이므로 모든 일에 손을 떼어야 한다. 재산을 없애고 신체 손상이 있다. 고서에 이르기를 노비가 도망가는 격이니 함께 살던 사람과 이별하는 것과 같은 손재이다. 객은 더욱 흉하게 본다.

(4) 백호창광

辛加乙. 기문의 4대 흉격 중의 하나이다. 이 격이 국에 보이면 흉성이므로 모든 일에 손을 떼어야 한다. 백호가 수풀에 얽혀 미쳐 날뛰는 형상으로 사람이 도모하는 일들이 망하고, 가업도 무너지며, 장거리여행을 금한다. 객은 무흉하다.

32) 비조질혈 · 주작질혈 · 청룡회수

丙加甲兮鳥跌穴(병가갑혜조질혈) 甲加丙兮龍回首(갑가병혜룡회수)
只此二者是吉星(지차이자시길성) 爲事如意十八九(위사여의십팔구)

(1) 비조질혈

丙加甲. 丙火가 자신의 어미인 甲木으로 되돌아와 조질혈격으로 불린다. 여기에서의 甲은 갑자직부(甲子直符)의 戊를 甲으로 보므로 시주가 甲子 · 乙丑 · 丙寅 · 丁卯 · 戊辰 · 己巳 · 庚午 · 辛未 · 壬申 · 癸酉인 경우에 기문국의 丙加戊를 丙加甲으로 보아 이 격을 적용시킨다.

이 격은 기문 길격 14격 중 하나이다. 주작질혈격이라고도 하며 무슨 일이든 시작하면 반드시 성취하는 격이다. 특히 재물과 경영 관련 및 귀인을 만나는 일에 길하다. 길성에 속하므로 매사 마음 먹은 대로 이루어진다. 인명(人命)을 논할 때 재왕생관(財旺生官)은 사간(四干)에 비조질혈을 얻어야 한다. 점사국에서 비조질혈이 있을 때 가택점은 명주의 가옥이 훌륭하고 모든 것이 좋다고 보지만 신액이 있다는 것을 유의한다.

(2) 청룡회수

비조질혈과 반대로 甲加丙이다. 여기에서도 갑자직부상의 戊를 甲으로 보므로 시주가 甲子 · 乙丑 · 丙寅 · 丁卯 · 戊辰 · 己巳 · 庚午 · 辛未 · 壬申 · 癸酉인 경우에 기문국의 戊加丙을 甲加丙으로 본다. 이 격은 기문 길격 14격 중 하나이다. 모든 일에 어려움과 장애가 없는 격이다. 십간대응결로도 해 위에 청룡이 날아가는 형상으로 본다. 흉이 변해 길해지고 움직이면 이익이 있다. 직장에서는 윗사람이 나를 천거하는 형세이다. 인명을 논할 때 장원급제는 사간에 청룡회수를 얻어야 한다.

33) 삼길문과 각 팔문의 해석

八門若遇開休生(팔문약우개휴생) 諸事逢之總趁情(제사봉지총진정)
傷宜捕獲終須護(상의포획종수호) 杜好邀遮及隱形(두호요차급은형)
景門投書幷破陣(경문투서병파진) 驚能擒訟有聲名(경능금송유성명)
若問死門何所主(약문사문하소주) 只宜吊死與行刑(지의적사여행형)

개문 · 휴문 · 생문인 삼길문을 만나면 만사가 순조롭다. 상문은 체포하거나 수렵하는 데 마땅하고, 두문은 눈에 띄지 않도록 가리거나 몸을 숨기는 데 좋다. 경문(景門)은 투서(投書)와 적진을 깨는 데 길하고, 경문(驚門)은 체포와 송사에 길하며, 사문은 조문이나 형

(刑)을 집행하는 데 좋다.

34) 천봉구성의 음양 · 길흉 분류

蓬任沖甫禽陽星(봉임충보금양성) 英芮柱心陰宿名(영예주심음숙명)
甫禽心星爲上吉(보금심성위상길) 沖任小吉未全享(충임소길미전향)
大凶蓬芮不堪使(대흉봉예불감사) 小凶英柱不精明(소흉영주부정명)

* 天甫는 天輔로 쓰기도 한다

구성은 양성과 음성으로 나눌 수 있다. 양성은 천봉 · 천임 · 천충 · 천보 · 천금이며, 음성은 천영 · 천예 · 천주 · 천심이다. 『역수총단』에서는 양성은 양둔궁인 감궁 · 간궁 · 진궁 · 손궁에 있을 때 길하고, 음성이 이궁 · 곤궁 · 태궁 · 건궁의 음둔궁에 있으면 흉하다고 하였다. 요약하면 양성이 양둔궁에 있으면 길하고, 음성이 음둔궁에 있으면 흉하다는 것이다.

또한 『기문묘비』에서는 구궁의 시작인 감궁에 음성인 천영 · 천예 · 천주 · 천심이 있으면 벽(闢)이고, 감궁에 양성인 천봉 · 천임 · 천충 · 천보 · 천금이 있으면 개(開)라고 하였다. 기운이 다한 곳이 감궁이며 음양의 뿌리가 되는 것이 감궁이다. 그러므로 점할 때 개는 길하고 벽은 불길하다. 예를 들어 점을 쳐 벽에 해당되면 기다리는 사람이 오지 않고 소식도 오지 않는다.

천봉구성을 길성과 흉성으로 나누면 다음과 같다.

• 대길성 : 천보 · 천금 · 천심
• 소길성 : 천충 · 천임
• 대흉성 : 천봉 · 천예

• 소흉성 : 천영 · 천주

천봉구성 중 소길성은 완전하게 형통하지 못한다. 그러나 『역수총단』에서는 대길성과 소길성을 나누지 않고 모두 길성으로 분류하였다. 대흉성은 감당하지 못할 재앙을 불러들이고, 소흉성은 매사를 어둡게 한다.

35) 천봉구성의 득기를 보는 방법

大凶無氣變爲吉(대흉무기변위길) 小凶無氣亦同之(소흉무기역동지)
吉宿更能逢旺相(길숙경능봉왕상) 萬擧萬全功必成(만거만전공필성)
若遇休囚幷廢沒(약우휴수병폐몰) 勸君不必進前程(권군불필진전정)

대흉성에 왕상(旺相)의 기운이 없으면 길로 변하고, 소흉성인 경우에도 왕상의 기운이 없으면 역시 길로 변한다. 원문에 대흉성이 무기(無氣)하면 길로 변한다고 하였으나 이는 흉성이 작용하지 못해 소극적으로 길하다는 것이지 적극적인 길의 작용으로 이해하면 안 된다. 예를 들어 천봉은 원래의 자리가 감궁으로 水星이나 천봉이 이궁에 앉아 있고 午月을 만나면 이런 경우가 무기한 것이다. 이때는 사기·혼란의 흉성의 역할을 못한다. 길성은 왕상의 기운을 만나면 모든 일이 이루어지지만 휴수(休囚)나 폐몰(死)의 기운을 만나면 일이 진척되지 않는다.

36) 천봉구성의 오행과 왕상휴수사

要識九星配五行(요식구성배오행) 須求八卦考義經(수구팔괘고희경)

坎蓬星水離英火(감봉성수리영화) 中宮坤艮土爲營(중궁곤간토위영)
乾兌爲金震巽木(건태위금진손목) 旺相休囚看重輕(왕상휴수간중경)
與我同行卽爲相(여아동행즉위상) 我生之月誠爲旺(아생지월성위왕)
廢於父母休於財(폐어부모휴어재) 囚於鬼兮眞不忘(수어귀혜진불망)
假令水宿號天蓬(가령수숙호천봉) 相在初冬與仲冬(상재초동여중동)
旺於正二休四五(왕어정이휴사오) 其餘倣此自硏窮(기여방차자연궁)

천봉구성이 어떤 오행에 속하는지는 반드시 팔괘와 역경으로 찾아본다. 천봉은 감궁의 水星이며, 천영은 이궁의 火星이 된다. 중궁·곤궁·간궁은 土星으로 다스린다. 건궁과 태궁은 金星이며, 진궁과 손궁은 木星이 된다. 이들의 왕상휴수폐(旺相休囚廢)의 기운으로 그 기운의 경중을 구별한다.

- 구성이 생하는 오행의 월(왕상휴수사에서는 休月, 식상월)에서는 구성의 작용력이 왕하다. 구성이 생하면서 그 기운을 마음껏 드러내는 계절이기 때문이다.
- 구성과 같은 오행의 월(왕상휴수사에서는 旺月, 비견월)에서는 구성의 작용력이 상의 상태이다. 오행의 기운이 같으므로 그 작용력이 줄어든다.
- 구성이 극하는 오행의 월(왕상휴수사에서는 囚月, 재성월)에서는 구성의 작용력이 휴로 구성이 휴식에 들어간다.
- 구성을 극하는 오행의 월(왕상휴수사에서는 死月, 관귀월)에서는 구성의 작용력이 수(囚)이다. 그 작용력이 극제를 당하여 힘을 발휘하지 못한다.
- 구성을 생하는 오행의 월(왕상휴수사에서는 相月, 인수월)에서는 구성의 작용력이 폐가 된다. 이는 그 작용력이 미약하여 오

행의 기운을 받는 것이므로 약하게 본 것이다.

예를 들어 水 오행에 속하는 천봉을 왕상휴수폐로 논하면 상은 초동·중동을 말한다. 즉, 초동과 중동은 겨울을 말하고 그 오행이 水로 水星인 천봉과 동일한 오행이므로 이는 상이다. 왕은 구성의 오행이 생하는 월이므로 木月이 되는 것이다. 즉, 寅月과 卯月이다. 또한 인수에 해당되는 월은 폐가 되므로 가을이 천봉에게는 폐다. 이러한 사항은 일반적인 명리와 차이가 있으므로 정리해서 알아 두어야 한다. 구성의 왕상휴수폐의 개념은 구성이 어떤 월에 있을 때 구성의 작용력을 어느 정도로 볼 것인지를 살핀 것이다.

왕상휴수폐	왕	상	휴	수	폐
봄	蓬	沖·甫	柱·心	任·禽·芮	英
여름	沖·甫	英	蓬	柱·心	任·禽·芮
가을	任·禽·芮	柱·心	英	沖·甫	蓬
겨울	柱·心	蓬	任·禽·芮	英	沖·甫
사계	英	任·禽·芮	沖·甫	蓬	柱·心
육친 월	식상	비견	재성	관귀	인수
왕상휴수사	휴	왕	수	사	상

37) 순수궁·삼길문·오가삼사

急卽從神緩從門(급즉종신완종문) 三五反復天道享(삼오반복천도향)
十干加符加若錯(십간가부가약착) 入墓休囚吉事危(입묘휴수길사위)
十精爲使最爲貴(십정위사최위귀) 起宮天乙用無遺(기궁천을용무유)
天目爲客地耳主(천목위객지이주) 六甲推兮無差理(육갑추혜무차리)

勸君莫失此玄機(권군막실차현기) 洞澈九星扶明主(동철구성부명주)

위급한 일을 당하면 신(神)을 따른다. 신은 『삼원경(三元經)』에서 천을이 있는 궁을 말한다. 위급하지 않으면 팔문 중 길문인 생문·개문·휴문의 방위를 따른다. 이 경우 천을은 시의 순수를 말한다. 삼사인 진사(眞詐)·휴사(休詐)·중사(重詐)나, 오가인 천가(天假)·지가(地假)·인가(人假)·귀가(鬼假)·신가(神假)가 반복되면 천도가 형통하다. 십간을 순수에 가하였을 때 만약 천반의 위치에 어긋나서 입묘되거나 휴수 상태가 되면 길한 일도 위태로워진다. 십정(十精)인 십간이 직사가 되면 가장 좋으므로 천을을 운용하면 실수가 없다. 천목(天目)은 객이 되고, 지이(地耳)는 주가 된다. 육갑을 추산할 때는 이러한 이치에 어긋남이 없도록 하고 이러한 이치로 구성을 깨쳐 남을 도와야 하는 것이다. 오가삼사의 요건에 대해서는 『처음 배우는 기문둔갑』 p.707 이하를 참조한다.

38) 팔문과 구궁의 관계 : 박제화의

宮制其門不爲迫(궁제기문불위박) 門制其宮是迫維(문제기궁시박유)

구궁이 팔문을 제약하는 경우는 박격이 아니고 팔문이 구궁을 제약하면 박격이 되어 흉하다. 박격은 길문이 구궁을 극하는 길문피박(吉門被迫)과, 흉문이 구궁을 극하는 흉문피박(凶門被迫)두 가지로 나눈다. 모두 이롭지 않다. 특히 격국론에서 일부 길격이 '박' '제'에 해당될 때 길격을 이루지 못한 것으로 단하는 경우가 있으므로 주의한다. 길문이 궁을 생하면 그 기운이 줄어드는 것으로 길의가 감소된다. 또한 길문을 궁이 극하는 경우도 당연히 길의가 감소된다. 흉문의 경우도 이와 같이 판단하므로 일률적으로 길흉을 가릴 수는 없다. 박제화의는 다음의 관계를 말한다.

- 박격(迫格) : 팔문 오행이 구궁 오행을 극. 예를 들어 생문이 감궁에 있을 때
- 제격(制格) : 구궁 오행이 팔문 오행을 극
- 화격(和格) : 팔문 오행이 구궁 오행을 생
- 의격(義格) : 구궁 오행이 팔문 오행을 생

39) 천망사장격

> 天網四張無路走(천망사장무로주) 一二網低有路通(일이망저유로통)
> 三至四宮離廻避(삼지사궁리회피) 八九高張任西東(팔구고장임서동)

천망사장 중 시간가계(時干加癸)와 계가시간(癸加時干)은 정격에 속하고, 계가사간(癸加四干)과 사간가계(四干加癸)·癸加癸는 준격에 속한다. 癸는 천망이고 壬은 지망이 된다. 이 중 고격(高格)은 癸가 중궁·건궁·태궁·간궁·이궁에 있는 경우를 말하며, 저격(低格)은 癸가 감궁·곤궁·진궁·손궁에 있는 경우를 말한다. 癸加癸일 때만 천망사장이 이루어지는 것으로 보는 이론도 있다. 이 격은 흉격으로 분류된다. 그 영향을 보면 천망사장 중 고격은 인품은 고상하나 위급한 상황을 피할 수 없고, 저격은 인품은 낮으나 일말의 탈출구는 마련한 상황이라고 본다. 일궁(즉 감궁)과 이궁(곤궁)에 있으면 도망할 길이 없고, 삼궁(진궁)·사궁(손궁)에 있으면 피하기 어려우며, 팔궁(간궁)·구궁(이궁)을 만나면 하늘의 그물이 높아 빠져나가기 어렵다. 일단 천망사장에 닿으면 도망갈 길이 막막한 것으

로 본다.

40) 절기와 삼원

節氣推移時候定(절기추이시후정) 陰陽順逆要精通(음양순역요정통)
三元積數成六紀(삼원적수성육기) 天地未成有一理(천지미성유일리)
請觀歌中精微訣(청관가중정미결) 非是賢人莫傳與(비시현인막전여)

모든 일에서 방향과 시기를 정할 때는 절기를 고려하여야 한다. 기문국의 각 구궁에 배치되는 괘문성장인 사신(四神)이 절기의 영향을 받기 때문이다. 예를 들어 천봉구성 중 천임이 가장 왕성한 활동을 하는 계절은 여름이고, 활동이 가장 줄어드는 계절은 겨울이다. 천임을 불교에서 광음자재여래(光陰自在如來)로 보고 대길성이라 하지만 겨울에는 그 기운을 쓸 수 없다. 그러므로 절기를 보고 택방(擇方)과 택시(擇時)를 해야 한다.

아울러 구궁 중에 배치되는 기문의 요소가 음둔과 양둔에 따라 순행 또는 역행이 결정되므로 이러한 이치를 잊어서는 안 된다. 예를 들어 팔문은 간궁에서 갑자가 출발하여 艮 → 兌 → 巽 → 離 → 坎 → 乾 → 震 → 坤 → 艮 → 兌宮의 순으로 가는데 양둔인 경우는 순행하고 음둔인 경우는 역행한다. 또한 기문의 기본 요소인 의기(儀奇)도 음양둔에 따라 양둔인 경우는 순행하고 음둔이면 역행하여 포국된다. 기본적으로 양기가 순행하는 것은 음인 체(體)에서 출발하여 양인 용(用)으로 가는 것이므로 구궁 중 감궁을 출발하여 이궁으로 향하는 것이며, 음기는 이궁을 출발하여 감궁으로 향하므로 역행하는 것이다.

각 절기의 삼원수는 상원·중원·하원수를 말한다. 동지 상원 1

국이라 함은 60갑자가 1궁인 감궁으로 출발한다는 것이고, 동지 중원 7국이라 함은 상원의 60갑자가 구궁을 돈 후 7궁인 태궁으로부터 다시 시작한다는 것이다.

기문의 삼원수는 甲子가 어느 궁에서 출발하는지에 따른다. 60갑자가 가는 방향으로 구궁의 각 궁에 순서수를 넣은 후 어느 방향에서 선을 그어도 세 궁의 순서수의 합은 15가 되는데, 이것은 사방, 구궁, 천지간의 모든 균형을 맞추는 것이며 살아가는 모든 것들이 균형과 중화를 위해 나아가는 운동법칙이기도 하다. 이 법칙이 오행과 상화(相火)의 기틀을 낳고 천지가 만들어지는 원칙이기도 하다. 이제까지 우리가 다룬 기문국은 모두 이러한 수리의 원칙에 의한 구궁도가 바탕이 된 것이다.

이러한 구궁도는 신구낙서(新龜洛書)로부터 출발하여 수를 만든 황제 때의 예수(隸首)를 거쳐 후한시대의 『구장산술(九章算術)』로 이어진다. 다음으로 송나라의 『양휘산법(揚輝算法)』에서 낙서수(洛書數) · 하도수(河圖數) · 사사도(四四圖) · 오오도(五五圖) 등을 내용으로 한 '종횡도(縱橫圖)'로 설명된다.

오늘날 기문둔갑을 활용하지 않는 사람들도 구궁도를 마방진(魔方陣, magic square)이라고 하며 여론조사를 위한 표본추출, 농약살포 등에 이용한다. 그러나 이러한 구궁도의 수리 원리가 천지창조의 기틀이 되며, 창조 후 모든 생물들이 중화와 균형을 위해 나아가는 운동법칙이 된다는 것을 아는 이는 매우 드물다.

이와 같은 구궁도를 기반으로 하는 연파조수가에는 천지간의 참된 이치가 들어 있다. 연파조수가의 참된 이치를 올바로 깨쳤다면 그 이치를 현인에게만 전해 주어야 한다.

1 육갑신장부
(六甲神將符)

육무신(六戊神)

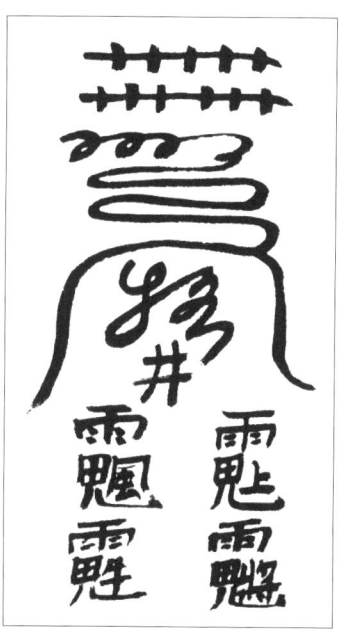

육기신(六己神)

六・甲・神・將・符

　　육경신(六庚神)　　　　육신신(六辛神)

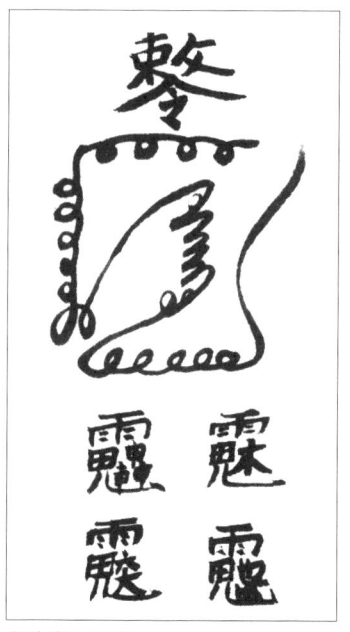
육임신(六壬神)

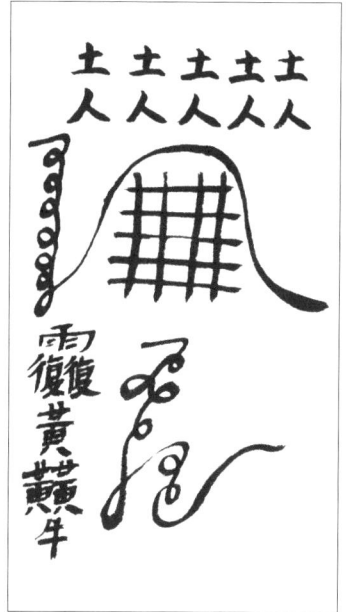
육계신(六癸神)

2 육정신군부 (六丁神君符)

정묘신군(丁卯神君)　　　　정축신군(丁丑神君)

육 · 정 · 신 · 군 · 부

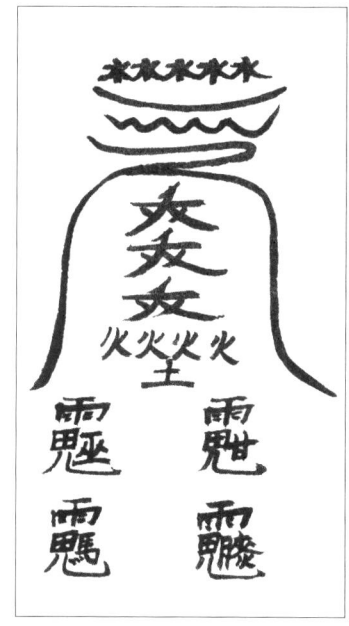
정해신군(丁亥神君)

정유신군(丁酉神君)

六·丁·神·君·符

정미신군(丁未神君)

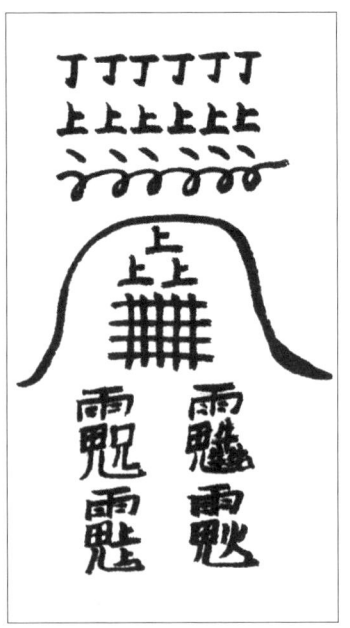
정사신군(丁巳神君)

3 팔문신장부
(八門神將符)

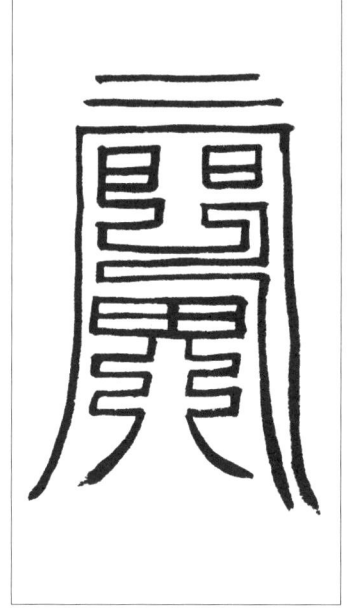

생문(生門)

상문(傷門)

八·門·神·將·符

두문(杜門)

경문(景門)

사문(死門)　　　　경문(驚門)

八·門·神·將·符

개문(開門)

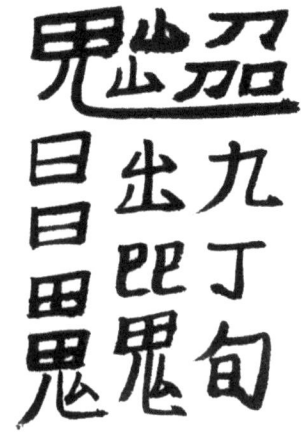

휴문(休門)

기문둔갑 Ⅱ · 사례

글쓴이 | 이을로
펴낸이 | 유재영
펴낸곳 | 동학사

1판 1쇄 | 2003년 5월 13일
1판 4쇄 | 2016년 9월 30일
출판등록 | 1987년 11월 27일 제10-149

주소 | 04083 서울 마포구 토정로 53(합정동)
전화 | 324-6130, 324-6131 · 팩스 | 324-6135
E-메일 | dhsbook@hanmail.net
홈페이지 | www.donghaksa.co.kr
www.green-home.co.kr

ⓒ 이을로, 2003

ISBN 89-7190-233-2 04150

* 잘못된 책은 바꾸어 드립니다.
* 저자와의 협의에 의해 인지를 생략합니다.